LES DERNIERS JOURS
DE FRANÇOIS MITTERRAND

DU MÊME AUTEUR

LA COMÉDIE DES ORPHELINS, *Les vrais fossoyeurs du gaullisme*, Grasset, 2000.

LA GUERRE DE L'ELYSÉE N'AURA PAS LIEU, *théâtre*, Grasset, 2001.

CHRISTOPHE BARBIER

LES DERNIERS JOURS DE FRANÇOIS MITTERRAND

Nouvelle édition

BERNARD GRASSET
PARIS

Photo de couverture :
© David Burnett (Contact Press Images)

ISBN 978-2-246-78498-2

Il n'est pas de nuit pour François Mitterrand. Le voici disparu depuis quinze années, il arriva au pouvoir il y a trente ans, mais il ne se détache pas une seconde de notre présent. Que l'on rouvre un chapitre interdit de sa vie, que l'on ressuscite un de ses mystérieux compagnons, que l'on fouille un tiroir, et le succès de librairie s'avance, l'audience télévisée s'enflamme, la polémique renaîtt. Mitterrand passionne comme s'il était des nôtres, comme si un scandale pouvait encore l'affaiblir, une révélation peser sur son destin, comme si un coup d'éclat pouvait encore lui faire gagner une élection. Ce mort fait le vacarme d'un vivant quand s'ameutent ses partisans et se mobilisent ses détracteurs. Ne manque que le bruissement de sa voix, émiettant la langue française pour nourrir la volière de ses adorateurs ou mitrailler ses ennemis. Il savait, lui, user du subjonctif comme d'un parfum pour ses phrases, et montra plus d'une fois que littérature et politique sont jumelles, parfois incestueuses... Cette gourmandise a définitivement disparu de nos bonbonnières médiatiques, et l'on suce des cailloux en soupirant, parce que parler de Mitterrand, hélas, ne fait plus parler Mitterrand.

Il n'est pas de jour pour François Mitterrand. Ses ombres demeurent, comme autant de doutes sur la place qu'il doit prendre, entre Géhenne et Panthéon. De Gaulle, lui, est vraiment entré dans l'Histoire, puisqu'on peut lui faire dire n'importe quoi sans que l'opinion s'émeuve : chacun se réclame du grand képi, droite et gauche enrôlent le galonné. Le Général est dans le domaine public, pour ne pas dire à la fosse commune. Il n'en est pas de même avec Mitterrand, qui demeure une faille dans la politique française. *Horresco referens* pour une droite qui réforme les retraites, s'excuse des écoutes téléphoniques et déboulonne l'ISF, il est une idole aveuglante pour une gauche qui ne sait comment, sans lui, réunir toutes ses tribus et gagner la présidentielle, une gauche dont les champions sont des Casanova de papier face aux électeurs et des eunuques à la porte de l'Elysée.

L'inverse pourrait pourtant bien advenir, et la droite devrait désormais accueillir l'héritage Mitterrand tandis que la gauche s'en détacherait. Car le temps accomplit son œuvre, et l'érosion des ans qui ruissellent, lentement, fait tomber la statue de François Mitterrand vers la droite. Chaque révélation sur son passé met au jour, un peu plus, un homme de pouvoir fort et de conservatisme convaincu. Les tribunaux militaires en Algérie, l'usage illimité des moyens de l'Etat par le pouvoir exécutif, l'obsession patrimoniale, le souci constant des fidélités au passé... François Mitterrand avance vers l'Histoire en claudiquant sur le pied droit, et ce pas, sur le pavé des mémoires, fait le bruit d'un remords.

C'est en enterrant vraiment son unique président que la gauche pourra s'ouvrir à nouveau les routes de l'avenir et du pouvoir. Ni modèle ni magicien, il ne fut qu'un aventurier de génie, venu d'ailleurs pour apporter la victoire, assez pétri de droite idéologique pour être crédible en un pays qui veut un chef, et assez rempli d'acrimonie envers la droite politique pour être suivi par les masses populaires. Il fut le champion que la gauche ne savait engendrer, le mercenaire improbable ; il se servit d'elle, elle profita de lui. Au pouvoir, c'est par le sfumato qu'il accomplit son chef-d'œuvre, ce noir sur le rouge, cette suie sur le sang qu'on ne peut effacer sans gâter le dessin. Que les socialistes comprennent cela, achèvent leur pathétique travail de deuil et cessent de chercher les preuves et les reliques d'un Mitterrand qu'ils ont rêvé : alors, ils pourront être eux-mêmes pour affronter la droite. Enterrer Mitterrand ne leur garantira pas la victoire à la présidentielle, mais leur évitera d'être certains de la perdre.

Christophe Barbier

C'était le 19 novembre 1994.

Un crachin malingre tombe sur Arras. Devant la gare, une voiture officielle s'arrête : l'après-midi touche à sa fin. « De l'eau », commande un séide à oreillette en entrant dans le Buffet. « Il a un malaise », conclut une voix, tandis qu'une serveuse empotée se précipite au-dehors, un quart Vittel dansant sur un petit plateau.

Mais il n'a pas de malaise. Descendu de voiture, il s'est dirigé vers quelques badauds et converse sous la bruine, serrant des mains, lançant quelques sourires et empochant les encouragements. Le voilà donc, ce président donné pour mort après chaque Conseil des ministres par quelques balladuriens impatients : un vieux cabot intact, dégustant un détour pluvieux pour se lustrer l'ego. Le voilà donc, ce démiurge machiavélique, le dernier à faire de la politique un art et non un métier : une baderne venue troubler un congrès socialiste. Le voilà donc, l'ami de Bousquet, le rival du Général, l'héritier de Jaurès : un voyageur en souffrance, qui gagne en grommelant la salle des pas perdus.

« Quoi ? Dans vingt minutes ? Et qu'est-ce que je vais faire, moi, pendant vingt minutes ? Tiens, vous êtes là ? » Et il passe devant moi, emmenant dans ses phrases deux socialistes en bourgeons qui espèrent encore Delors mais regrettent déjà Mitterrand. J'ai vingt-sept ans, dont treize et demi passés sous son règne. C'est donc la moitié de ma vie qui s'éloigne, jaune et fripée, rogue et ardente, pour prendre le train.

Il est si petit. Il est si vieux. Il est si vivant. Il n'a plus rien à accomplir, sauf sa mort. Soudain, la pluie tombe avec rage sur Arras.

Mai

A la mi-mai, les crépuscules sont tempérés, et la douceur vespérale pose entre chien et loup un halo pastel sur Paris. Avenue du Parc-Saint-James, c'est l'heure où les oiseaux arrêtent de chanter aux frondaisons des jardins privatifs. Cet archipel d'hôtels particuliers jeté sur la mer Morte de Neuilly est aux riches ce que les cités-jardins sont au prolétariat : une certaine idée du paradis terrestre, une idée certaine du conformisme de classe. Le mardi 16 mai 1995, en cet insaisissable instant où l'on comprend que les jours rallongent, le téléphone sonne dans le petit salon d'antichambre de Jean d'Ormesson. Dans cette pièce s'amoncelle un bric-à-brac sympathique, petits trésors d'un grand curieux dont le parti pris des choses a inspiré cet entassement baroque. Le visiteur y patiente en laissant rebondir son regard de verroteries potaches en miniatures surannées, de reliures respectables en toiles trop sages ; le maître de céans y trône parfois avec drôlerie, tentant d'enrubanner de la fumée de ses petits cigares cet éclectique butin. « Allô ? ici François Mitterrand. » D'Ormesson, rompu aux canulars, dresse immédiatement une liste de suspects. Ils sont deux à se partager la première ligne : Jean-Edern Hallier et Jean Dutourd, tous deux habiles contrefacteurs de la voix présidentielle. « Non, non, c'est bien moi, insiste le Président pour couper court au borborygme sceptique de son interlocuteur. J'aimerais vous voir. — Je suis à votre disposition : où et quand vous voudrez », s'incline d'Ormesson. « Demain matin, ce serait très bien. — Je crains que ce ne soit pas très commode pour vous. Vous avez, je crois, une obligation... — La passation des pouvoirs ? Certes, mais c'est à onze heures. Venez donc à neuf heures. — On peut choisir un autre jour... — Non, je tiens à vous recevoir à l'Elysée. A demain [1]. »

1. Entretien avec l'auteur, le 21 octobre 1996.

Jean d'Ormesson, ravi de se plier au plaisir de « Dieu », songe alors à la dernière visite de François Mitterrand avenue du Parc-Saint-James, quelques mois avant l'échéance de mai 1981. Les deux hommes avaient déjeuné en tête à tête dans la salle à manger qui jouxte le petit salon aux curiosités, sous le regard impavide des maharadjah de la tapisserie – scènes de chasse en Inde, sur fond bleu – et celui, tout aussi définitif, des gibiers refroidis des quelques natures mortes pendues au-dessus de la moquette rouge sang. Ce jour-là, le chef de file de l'opposition parle politique, et notamment de ce qu'il veut faire avec les communistes : « Je travaille dans le gris : il y a des fils blancs, des fils noirs, je tisse tout cela et je fais du gris. » Des années plus tard, il glissera à Franz-Olivier Giesbert : « Les hommes ne sont ni noirs ni blancs. Ils sont gris [1]. » Avant de quitter les lieux, Mitterrand demande un taxi, mais d'Ormesson s'offre à le raccompagner. « Il vaut peut-être mieux, pour vous et pour moi, qu'on ne nous voie pas ensemble... » sourit Mitterrand, avant d'accepter la proposition. Mais d'Ormesson le dépose aux Invalides, et le futur Président, discret, se rend à pied rue de Solferino. L'écrivain le plus politique de l'Académie française et le politique le plus littéraire du pays se croiseront à de multiples reprises, leur plus spectaculaire face-à-face intervenant à la télévision en septembre 1992, lors de la campagne du référendum sur le traité de Maastricht, en direct de la Sorbonne. Voulant proposer à Mitterrand de démissionner si le traité était ratifié par le peuple, d'Ormesson s'emmêle alors dans les « oui » et les « non » à Maastricht, comme un carabin dans ses éprouvettes.

Mais c'est à Michel Debré qu'ils doivent leur plus insolite confrontation. Quand l'ancien Premier ministre du général de Gaulle est élu à l'Académie française, en 1988, Jean d'Ormesson, alors directeur de la vénérable institution du quai Conti, doit le présenter, selon l'usage, au chef de l'Etat. Il n'y eut que de rares entorses à cet usage : de Gaulle fit savoir qu'il ne recevrait pas Paul Morand si celui-ci était élu, blessant à mort, par cette promesse de censure, sa première candidature ; quand Morand fut enfin choisi, le Général refusa de l'accueillir à l'Elysée, mais demanda que l'on considérât que la visite était faite. Mitterrand aime trop les cruautés raffinées pour édicter de franches censures ou organiser des visites vir-

1. Franz-Olivier Giesbert, *Le vieil homme et la mort*, Gallimard, 1996.

tuelles : il reçoit donc Michel Debré et son chaperon d'Ormesson. « Il s'avance vers Debré et lui dit : " Bonjour, Monsieur le Premier ministre. Quelle drôle d'idée de vous présenter à l'Académie. " Puis il nous fait asseoir, et, pendant les vingt minutes que dure l'entretien, il n'adresse la parole qu'à moi. A chaque question, j'essaie de remettre Michel Debré dans le jeu, en vain. " Cela a été un peu rude ", glissé-je au nouvel académicien dans la voiture, quand elle franchit les grilles de l'Elysée. " Je m'y attendais, répond Debré. Que voulez-vous, nous savons trop de choses l'un sur l'autre... " » Et il me raconte l'affaire du bazooka [1]. « Le 16 janvier 1957, un obus destiné à tuer le général Salan occit un de ses officiers, et l'interrogatoire du docteur Kovacs, l'un des auteurs de l'attentat, met en cause six personnes, dont le sénateur Michel Debré, qui se retrouve convoqué dans le bureau du garde des Sceaux de Guy Mollet, un certain François Mitterrand... Quelques années plus tard, dans l'affaire de l'Observatoire – encore un attentat fumeux – les rôles sont inversés. » Et Debré a ajouté, conclut d'Ormesson : « Ce n'est pas la peine de s'acharner sur Mitterrand. Il est mort. Il ne resurgira jamais [2]. »

Michel Debré se trompe, et François Mitterrand, comme le résume Jean d'Ormesson « est la plus belle structure perverse du siècle [3] ». Pourquoi le Président finissant a-t-il choisi comme ultime interlocuteur de son règne un vieil adversaire à l'agressivité émoussée par le temps, un ennemi d'hier devenu presque un allié tant ses critiques sont parfumées de respect et ses philippiques, jadis vitriolées, édulcorées en tièdes tisanes ? « D'Ormesson, c'est la complicité dans l'adversité, et n'oublions pas que *Le Figaro* a été le journal le plus agréable avec Mitterrand à la fin de son mandat [4] », avance Laurence Soudet, collaboratrice de longue date du Président. « C'est un clin d'œil, un choix très mitterrandien [5] », se contente d'expliquer Hubert Védrine, qui écrivit, dans *Les mondes de François Mitterrand*, à propos du face-à-face télévisé sur Maastricht, que Jean d'Ormesson « jubile de jouer un instant un tel rôle [6] ». L'intéressé lui fit savoir que le mot « jubile » était inexact,

1. Entretien avec l'auteur, le 21 octobre 1996.
2. Ibid.
3. *Le Grand Débat*, France Culture, le 16 septembre 1996.
4. Entretien avec l'auteur, le 10 juin 1996.
5. Entretien avec l'auteur, le 8 octobre 1996.
6. Hubert Védrine, *Les mondes de François Mitterrand*, Fayard, 1996, p. 559.

trop fort pour un homme qui n'a jamais placé la politique au-dessus de la littérature et qui, de plus, avait conscience de jouer un rôle modeste. « Comme l'a écrit Régis Debray, Mitterrand se plaisait avec les écrivains, jamais avec les intellectuels », explique de son côté Maurice Benassayag, conseiller politique à l'Elysée. « François Mitterrand était un rêveur, pas un théoricien. Les intellectuels veulent des clous d'or pour attacher leurs certitudes, ils croient que la politique est tragique, ils espèrent Valmy, 1848, s'interrogent sur ce qu'ils auraient fait pendant la guerre. Mitterrand disaient d'eux qu'" ils gobent les mouches qui passent en les prenant pour des idées [1] ". »

Le 16 mai 1995, juste avant de téléphoner à Jean d'Ormesson, François Mitterrand a réglé les derniers détails de la passation des pouvoirs qui doit amener Jacques Chirac à lui succéder le lendemain. « Il m'avait demandé de faire partir tous les collaborateurs pour la veille au soir, explique Hubert Védrine, en laissant leurs dossiers à jour et leurs bureaux en état de marche. Cette transition républicaine et cette passation des pouvoirs devaient être des modèles [2]. » Le Président lui-même a rangé son bureau depuis plusieurs semaines, et vient d'en faire changer le mobilier : le bureau et les sièges signés Paulhin sont partis pour l'avenue Le-Play – ses futurs pénates –, remplacés par ceux du général de Gaulle, que Mitterrand a utilisés pendant son premier septennat et qu'il tient à faire installer avant l'arrivée de Jacques Chirac. François Mitterrand reçoit en cet ultime après-midi Roland Dumas, le président du Conseil constitutionnel, qui doit, le lendemain, proclamer les résultats officiels de l'élection présidentielle. « L'usage prévoit que je dise simplement : " L'élection a eu lieu tel jour, a donné tel résultat et Monsieur X est proclamé élu ", explique Dumas au Président. Je trouve cela un peu sec. Je voudrais vous citer, vous remercier. » François Mitterrand le regarde et dit : « Faites comme vous voulez. » « Et pour une fois, dans sa grammaire personnelle, cela voulait dire " oui ", poursuit Dumas. Je suis ensuite allé voir Jacques Chirac, pour lui annoncer, avant tout, qu'il était bien élu, et ensuite que je souhaitais modifier le rituel du lendemain. Et il m'a dit, lui aussi : " Faites comme vous voulez. " J'ai donc fait comme

1. Entretien avec l'auteur, le 9 mai 1996.
2. Entretien avec l'auteur, le 8 octobre 1996.

j'ai voulu. Le 16 au soir, j'ai fait passer un exemplaire de mon discours au nouveau Président [1]. » Le texte ne s'éloigne pas trop de la sécheresse protocolaire. Après avoir annoncé à Jacques Chirac qu'il a officiellement recueilli 15 763 027 voix le 7 mai, Roland Dumas se contente d'ajouter : « Au Président Mitterrand chacun comprendra que j'adresse une pensée respectueuse et reconnaissante. » La République n'en tremble pas sur ses fondements.

Pendant ce temps, François Mitterrand rédige, de son côté, le communiqué officiel qui signe ses adieux à la fonction présidentielle : « Mes chers compatriotes, demain matin, à onze heures, je remettrai la haute charge que vous m'avez confiée au Président de la République, M. Jacques Chirac. Je souhaite à ce dernier de conduire la France dans la paix et la justice. Je vous dis ma gratitude pour tout ce que je vous dois et je forme des vœux pour le bonheur de chacune et chacun d'entre vous. » Le matin même, Mitterrand a reçu le Président de l'Assemblée nationale, Philippe Séguin, pour une visite de courtoisie, puis, après une promenade aux alentours de l'Ecole militaire, Robert Badinter, qui cisela en 1981 le joyau de son bilan présidentiel, l'abolition de la peine de mort. En fin d'après-midi, un impromptu du Faubourg Saint-Honoré se joue à l'instigation de Danielle Mitterrand, qui fait entrer dans l'Elysée une soixantaine d'admirateurs de son mari. Quand il gagne sa chambre à la nuit tombée, le Président peut voir encore dans les bureaux du Palais les derniers cartons de ses collaborateurs, gueules béantes, affamées d'ultimes archives, que des ombres affairées rassasient dans la blancheur crue des pièces vides.

*

* *

A huit heures et cinquante minutes du matin, le mercredi 17 mai 1995, Jean d'Ormesson descend la rue du Faubourg Saint-Honoré sous les yeux complices et les interpellations amicales d'une quarantaine de personnes : « Vous venez voir Chirac ? » questionne l'une des groupies gaullistes. « Non, je viens voir Mitterrand [2] ! » réplique l'académicien, ravi d'interloquer ces braves badauds. Jean d'Ormesson honore deux invitations en une visite : déjà, quand il lui a envoyé un exemplaire dédicacé de *La douane de mer*, le Prési-

1. Entretien avec l'auteur, le 6 novembre 1996.
2. Entretien avec l'auteur, le 21 octobre 1996.

dent lui a répondu d'un bref mot : « Je voudrais vous voir pour vous en parler. » Jean-Pierre Tarot, le médecin du Président, spécialiste de la douleur, accueille d'Ormesson au perron de l'Elysée et le guide vers les appartements privés du Président, que l'écrivain connaît bien, même s'ils ont changé, pour les avoir plus qu'à son tour fréquentés sous Pompidou. Tarot introduit d'Ormesson dans une vaste pièce encombrée de tableaux décrochés et emballés, et les deux hommes conversent quelques instants dans ce décor inédit, comme s'ils étaient chez Talleyrand au lendemain des Cent-Jours. Puis Mitterrand survient et s'installe à la table du petit déjeuner, qui étale sa nappe près des toiles de maître et ses croûtes au milieu de celles offertes au Président. « J'emporte les tableaux qui sont à moi », explique le maître des lieux, avant de questionner : « Que prenez-vous ? » Café et œufs brouillés articulent la conversation. D'Ormesson, délicat, s'enquiert de la santé du Président, qui répond : « Je vais mieux, mais j'ai beaucoup souffert. »

L'écrivain en profite pour critiquer les communiqués officiels de santé du président, distillation pendant plus de dix ans des contre-vérités médico-élyséennes. « Il me répond que la morale des hommes publics n'est pas celle des particuliers et qu'il y a des mensonges d'Etat comme il y a des devoirs d'Etat et qu'il leur arrive de se confondre », rapportera Jean d'Ormesson, quatre ans plus tard, dans *Le rapport Gabriel* (Gallimard), édifiant récit de cette collation.

Les deux septuagénaires parlent de leur enfance, François Mitterrand évoquant sa mère, son parrain Lorrain, si important pour lui, la vie du 104, rue de Vaugirard – sa mariste pension parisienne –, sa première visite à François Mauriac et à Maurice Marcilhacy – dont le fils Pierre fut l'un de ses rivaux à l'élection présidentielle de 1965. Bref, Mitterrand parle de son sujet préféré : lui. Il ânonne une énième fois cette autobiographie comme un bréviaire. « Il parlait à voix basse, et comme je suis un peu sourd, j'avais parfois du mal à entendre [1] », confie d'Ormesson. Raconter qui il fut le dispense d'expliquer qui il est, et lui permet d'éviter la tentation du bilan. D'Ormesson a, lui aussi, vécu des aventures de béjaune, et quelques visites initiatrices, qu'il narre au Président. « Quand j'ai été voir Paul Valéry, il m'a dit : “ Qu'est-ce que vous faites ? ” J'ai répondu que je préparais l'agrégation d'Histoire, mais que j'avais

1. Ibid.

renoncé. “ C’est formidable, il n’y a rien de plus inutile que l’histoire. Vous avez mille fois raison. Et que faites-vous, alors ? — L’agrégation de Philosophie, ai-je enchaîné. — Malheureux ! Il n’y a qu’une chose pire que l’Histoire, c’est la Philosophie. ” François Mitterrand rit, il reprend vie à parler du passé et des autres. Il n’est pas soulagé de partir, mais serein, pas amer du tout, gai, au contraire. Mais il est marqué par les épreuves traversées et redoute celle qui s’avance. Plusieurs fois, il me dit : “ J’espère que nous allons nous revoir, mais je n’en suis pas sûr. ” Nous évoquons nos familles politiques, et chacun dit à l’autre : “ Les vôtres ne sont pas mal, les miens sont des crétins. ” Il me dit du bien de Jacques Chirac, d’Edouard Balladur et d’Alain Juppé, et humilie les autres. Je n’ose raconter ce qu’il me glisse sur Bernard Pons ou Charles Millon. Il est plus dur encore avec les siens, mais il devait en rajouter pour me faire plaisir. Plusieurs de mes amis de gauche m’ont dit : “ S’il t’a dit cela d’untel, c’est pour que tu le répètes. ” Mais je ne le crois pas. Il n’avait pas le ton d’un Président recevant un ex-directeur du *Figaro* [1]. »

La conversation est comme les œufs, brouillée, emmêlant les sujets au petit bonheur de la fourchette du dialogue. « François Mitterrand m’a fait penser à André Malraux, poursuit d’Ormesson. Parce qu’ils ont tous deux mis en scène leur destinée, mais également en songeant à Malraux finissant, à qui je rendais visite dans sa retraite de Verrières. Il ne me parlait alors que de textes religieux, de saint Jean, des deux Testaments. François Mitterrand, lui, évoque avec passion la circulation entre les esprits, la réversibilité des mérites, la Communion des Saints et l’Ecclésiaste, dont je lui cite un passage, qu’il connaît : “ Il y a pour tout un moment, et un temps pour toute chose sous le ciel : un temps pour enfanter et un temps pour mourir [2]. ” » François Mitterrand connaît-il aussi ces lignes de l’Ecclésiaste : « Mieux vaut la fin d’une chose que son commencement ; mieux vaut patience que superbe » ; « Chien vivant vaut mieux que lion mort » ? Et Jean d’Ormesson fait-il sienne la conclusion du même Qôhèlet : « Sois averti que faire beaucoup de livres n’a pas de fin » ? Les deux hommes parlent ensuite de René Bousquet et de Jacques Attali. Jeunesse, politique, religion et polémiques : le cycle mitterrandien de toute conversation est res-

1. Ibid.
2. Ibid.

pecté, auquel il ne manque que la littérature. Impasse curieuse pour un petit déjeuner avec un écrivain, mais ils en ont déjà tant parlé. A dix heures et demie, Jean-Pierre Tarot passe la tête par l'embrasure de la porte : « Monsieur le Président, il faut que vous vous prépariez. — Laissez-moi encore dix minutes, réplique Mitterrand, qui ajoute pour d'Ormesson : Ils veulent que je me mette en marin ! » « J'ai déduit de son costume gris qu'il voulait dire " en bleu marine [1] " », précise l'écrivain. Avant de prendre congé, d'Ormesson se risque et aborde l'affaire Bousquet. De celui qui vit ses derniers instants de pouvoir, la réponse tombe, glaçante : « Vous constatez là l'influence puissante et nocive du lobby juif en France. » Terrible aveu, au sortir de la vie publique, comme si toute l'amertume accumulée devait demeurer, parole quasi officielle, du côté de la lumière, et jaillir donc avant que François Mitterrand ne devienne un citoyen – presque – comme les autres. « Il y a un grand silence. L'ombre de mon arrière-grand-mère passe sur l'Elysée », enchaîne d'Ormesson, qui couche vite sur le papier, de retour à Neuilly, cette terrible confidence. En 1999, sa publication dans *Le rapport Gabriel* déclenchera une terrible polémique – la dernière – sur l'antisémitisme de Mitterrand [2]. « Je crois que ce qui amusait Mitterrand au milieu de ses souffrances, écrira-t-il plus tard, c'était de s'entretenir amicalement avec un adversaire [3]. » Quand d'Ormesson quitte l'Elysée, à onze heures moins le quart, on déroule dans la cour le tapis rouge de la passation des pouvoirs, ultime empaquetage d'un double mandat, comme un gros ruban sur le dernier carton de déménagement de la Mitterrandie.

Une étrange course anime le mercredi 17 mai au matin le dernier carré des collaborateurs de François Mitterrand, une course à l'envers, une course à celui qui quittera l'Elysée après tous les autres. « Je suis parti le dernier, affirme Maurice Benassayag, en même temps que le Président, dans une voiture suiveuse. J'étais chargé d'organiser la passation des pouvoirs ; la semaine précédente, nous avions fait visiter les lieux aux futurs collaborateurs de Jacques Chirac, pour leur expliquer l'Elysée [4]. » « J'avais pris volontairement le tour de permanence la nuit précédente pour être

1. Ibid.
2. cf. infra, pp. 70-75.
3. *Le Monde*, le 12 janvier 1996.
4. Entretien avec l'auteur, le 9 mai 1996.

la dernière. Je suis restée dans l'appartement de fonction et j'ai quitté l'Elysée dans la foulée de François Mitterrand [1] », surenchérit Laurence Soudet. En fait, Pierre Chassigneux, directeur de cabinet de François Mitterrand, Hubert Védrine, secrétaire général de l'Elysée, et son adjointe Anne Lauvergeon sont les seuls à assister vraiment aux dernières minutes de pouvoir de François Mitterrand. Michel Charasse lui-même a quitté les lieux dès potron-minet, après avoir transporté, la veille, ses affaires dans son bureau du Sénat : « J'ai passé ma dernière nuit à l'Elysée, puis j'ai cherché un carton que j'avais égaré dans mon déménagement. Il a fallu ensuite trouver quelqu'un pour le descendre. Si bien que, quand j'ai voulu aller dire au revoir au Président, un peu après neuf heures, il était trop tard : Jean d'Ormesson était déjà avec lui. Je suis allé regarder la passation des pouvoirs à la télévision, avant de me rendre avenue Le-Play, au numéro 9, pour voir si tout était prêt dans les nouveaux appartements-bureaux de François Mitterrand [2]. »

A l'Elysée, à onze heures pile, Jacques Chirac vient prendre, en compagnie du secrétaire général qu'il a choisi pour l'Elysée, Dominique de Villepin, possession de son poste. François Mitterrand est en haut du perron, avec à sa gauche, en retrait de quelques pas, Hubert Védrine. Après la poignée de main usuelle, les deux chefs d'Etat se retirent. Ils grimpent l'escalier d'honneur et, avant de s'enfermer dans celui du Président, traversent le bureau « de passage », où se tient Anne Lauvergeon. Jacques Chirac découvre alors que François Mitterrand a eu « l'élégance », ce sera son mot, de faire remettre le mobilier dans l'état où de Gaulle l'avait laissé à son départ, en 1969 [3]. Védrine et Villepin se sont, eux aussi, retirés, mais n'ont plus grand-chose à se dire. En liaison fréquente depuis 1993, Villepin étant directeur de cabinet d'Alain Juppé au Quai d'Orsay, ils ont convenu de ne pas se voir de la veille du premier tour au lendemain du second. Puis ils n'ont cessé de se contacter pendant les dix jours qui ont précédé la passation des pouvoirs. Dans l'ombre des couloirs de l'Elysée se tient également Jacques Pilhan, qui, déjà, a supervisé la passation des pouvoirs pour Jacques Chirac. Serviteur du Président sortant avant de l'être du nouveau, il se passe à lui-même le pouvoir de la communication.

---

1. Entretien avec l'auteur, le 10 juin 1996.
2. Entretien avec l'auteur, le 11 avril 1996.
3. Pierre Favier et Michel Martin-Roland, *La décennie Mitterrand*, Seuil, tome 4, p. 618. Entretien avec Jacques Chirac, le 21 mars 1997.

« J'avais informé François Mitterrand que j'allais travailler pour Jacques Chirac, afin qu'il ne l'apprenne pas de l'extérieur. Mais je ne lui ai pas demandé l'autorisation. Car il m'aurait répondu : " Faites comme vous voulez, mon cher. " Tout cela aurait été hypocrite [1]. » Dans le bureau présidentiel, François Mitterrand et Jacques Chirac passent une heure à converser. Entre secrets d'Etat et confidences de copropriétaires, code nucléaire et conseils domestiques, ils parlent des... canards de l'Elysée, ces colverts qui pataugent dans l'étang du jardin. « N'êtes-vous pas chasseur ? », interroge Mitterrand. « Pas le moins du monde », répond Chirac. « Surtout, ne les nourrissez pas artificiellement, ils ont l'habitude de se débrouiller seuls », poursuit le Président sortant. « Rassurez-vous, j'en prendrai grand soin », conclut le Président entrant.

Pour Mitterrand, l'heure du bilan sonne, aux quatorze coups de son double mandat. « Vous avez accompli deux septennats : il n'y a rien au-dessus de cela », lui lance Jean-Pierre Elkabbach au cours d'un des nombreux entretiens, inédits, filmés à l'Elysée en 1993 et 1994. « Au-dessus d'un Président qui a fait deux septennats, il y a n'importe quel grand artiste, réplique Mitterrand : un grand écrivain, un grand peintre... » Son passif est une longue liste de reniements, d'échecs chiffrés, de relents affairistes, la cendre froide des illusions socialistes et l'inusable concrétion du chômage. Dans l'autre plateau de la balance pèsent quelques symboles, empreintes sur l'Histoire – comme l'abolition de la peine de mort et la construction européenne – ou confettis de vie quotidienne – congés supplémentaires et jeunisme ambiant. « Il est parti avec beaucoup de regrets et d'amertume vis-à-vis de lui-même, estime Pierre Bergé. Ne pas avoir terminé la tâche, achevé le chemin tracé avant 1981. Le second septennat devait couronner son œuvre : il a marqué le pas et ouvert la voie à la droite. Le destin se trompe parfois [2]... » Mais l'essentiel n'est pas là, dans un compte d'apothicaire du pouvoir exercé, impossible addition d'un interminable festin politique. « Je n'ignore pas cette croyance fort répandue : les affaires de ce monde sont gouvernées par la fortune et par Dieu ; les hommes ne peuvent rien y changer, si grande soit leur sagesse ; il n'existe même aucune sorte de remède ; par conséquent il est tout à fait in-

1. Entretien avec l'auteur, le 24 juillet 1997.
2. Entretien avec l'auteur, le 24 juin 1996.

utile de suer sang et eau à vouloir les corriger [1]. » François Mitterrand, comme Machiavel, sait comment il faut s'opposer à la fortune : avec discernement et opportunisme. C'est l'improvisation qui le mena, arrimée à quelques certitudes comme une voile gonflée pivote selon le vent, mais toujours autour du même mât. Tout jugement est inutile en un tel cabotage : l'essentiel est que le bateau avance. « Mitterrand est un homme qui a réussi, qui s'est réussi, si je peux me permettre ce barbarisme. C'est là-dessus qu'il est jugé, résume Serge July. (...) Dans le monde où nous vivons, l'expérience la plus commune des gens est celle d'une accumulation de défaites personnelles et collectives. Mitterrand, lui, a réussi la vie qu'il voulait [2]. »

Ce n'est donc pas dans la relecture des cent dix propositions de 1981 ou de la *Lettre à tous les Français* de 1988 qu'il faut quêter la table de calcul nécessaire au bilan de François Mitterrand, mais dans le premier brouillon de ses ambitions. Dans ce « Tout ou rien » griffé nerveusement, chez une amie, dans un portrait chinois, à la question « Que voulez-vous être ? » Dans cette longue « Ode à la France », récit d'une évasion réussie, rédigée en 1943 pour la revue *Métier de Chef*, et recopiée in extenso – dix pages ! – dans ses pseudo-mémoires, où l'on peut lire : « Si mon pays m'était apparu moins vivace que mon appétit, moins vaste que mon ambition, moins riche que mes désirs, moins rigoureux que mon exigence, moins grand que mon espoir, quelle délivrance dérisoire [3] ! » Dans ces premiers mots de Président, prononcés lors de son investiture du 21 mai 1981 : « Quelle plus haute exigence pour notre pays que de réaliser l'alliance du socialisme et de la liberté, quelle plus belle ambition que de l'offrir au monde de demain ? (...) C'est convaincre qui m'importe, et non vaincre [4]. » Qu'a-t-il thésaurisé de ce bric-à-brac onirique ? Il fut presque tout au royaume des accomplissements terrestres et se retrouve presque rien au seuil de la mort, alors que l'on dépouille du manteau de sacre son corps gangrené. Trouvant la France à la hauteur de son exigence, il a hissé son ambition à la dimension de son pays. Le socialisme s'est dissous dans la liberté, en un breuvage doux-amer, plus somnifère que

1. Machiavel, *Le Prince,* Livre de Poche, 1984, p. 130.
2. Serge July, « Une certaine idée des Français », *Le Débat*, n° 91, septembre-octobre 1996, p. 18.
3. François Mitterrand, *Mémoires interrompus*, Odile Jacob, 1996, p. 33.
4. *François Mitterrand, discours, 1981-1995*, Europolis, 1995, p. 25.

cordial pour le pays, nouvelle mixture conservatrice. François Mitterrand n'a pas convaincu mais n'a cessé de vaincre, jusqu'à cette implacable coalition de l'âge et du cancer.

L'homme qui est en face de lui ce 17 mai 1995, il l'a vaincu comme les autres, plus qu'à son tour, et lui cède une place qui n'a pas été prise. Mitterrand ne se rend pas. Mitterrand meurt. « Le 17 mai, c'est la journée de la transfiguration et de la mort, philosophe Jean Daniel. Jacques Chirac fait de la mort prochaine de François Mitterrand une transfiguration de lui-même. Pour la première fois, il réussit une mise en scène : assaut d'amabilités, continuité de l'Etat, image de la France aux yeux de l'étranger. Mitterrand, lui, me fait penser à Voltaire vieux, dans la conjonction d'un ton, d'un timbre et d'un teint, venue de l'au-delà et qui montre néanmoins qu'il est encore là, partout. Découragement du corps, rage de l'esprit [1]. » Si la passation des pouvoirs, la « transfiguration », est réussie, si la mise en scène fonctionne, c'est qu'il y a eu une répétition générale. C'était au début de la même année, dans le salon Pompadour de l'Elysée, quand Mitterrand reçut les vœux de Nouvel An de celui qui n'était alors que maire de Paris : « Chirac trouve les mots justes pour parler de la santé de Mitterrand. Ce dernier est touché. (...) " Quatorze ans, en effet, c'est long, lui répond le Président, mais cela représente certains avantages. Par exemple, cela m'a permis de mieux vous connaître ". (...) Mitterrand et Chirac se parlent vraiment. De la vie, de la mort [2]. » François Mitterrand a vaincu tous les adversaires dressés sur sa route, et l'adversité même. Et pourtant la fragrance d'un échec profond est là, qui a empesté les derniers mois de pouvoir et ne s'estompe pas dans le parfum des lauriers à la tardive moisson; il faudra les chrysanthèmes et l'encens de janvier pour couvrir quelques jours les relents faisandés d'un règne trop long de quelques ans. Le 6 mars 1972, dans sa chronique de *L'Unité*, François Mitterrand se gausse des rêveries d'André Malraux, qui vient d'imaginer le dialogue qu'auraient tenu Mao et de Gaulle : « Quand vous étiez la France », ... lance le Timonier apocryphe au Général. « Absorbée par consubstantiation, fondue dans la personne réelle de son chef. On devine comment l'explication théologique prépare le retour en

1. Entretien avec l'auteur, le 15 octobre 1996.
2. Laure Adler, *L'année des adieux*, Flammarion, 1995, p. 296.

force des vieux mythes [1] », dénonce Mitterrand. Vingt-trois ans plus tard, celui que l'on surnomme Dieu n'est pas la France, mais il a été, comme le brosse Jean d'Ormesson, « représentatif de tous les Français, successivement : les Français de droite, les catholiques, les Vichyssois, les Résistants, les socialistes, le centre, les communistes [2] ».

Il est midi passé. François Mitterrand et Jacques Chirac achèvent leur entretien. Le second jouit de l'accomplissement de sa vie, le premier avance un peu plus vers la mort, seule compagne désormais de ses journées, puisque le pouvoir s'évanouit en une poignée de main devant un perron. « J'étais en partance pour Amman, dans le salon d'attente d'Air France à Roissy, raconte Jack Lang. Boutros Boutros Ghali m'avait demandé de le conseiller à l'occasion de la " Conférence des Femmes " de Pékin, et la sœur du roi Hussein de Jordanie organisait une séance de travail. J'ai regardé la passation des pouvoirs à la télé. Cela avait de la classe, et puis il y a eu cet instant particulier : Jacques Chirac descend les marches et s'avance, prêt à accompagner François Mitterrand jusqu'à sa voiture. Mais celui-ci l'en empêche, d'un geste qui semble dire : " Ça y est, c'est votre tour, pour moi c'est fini. Laissez-moi partir seul. " Jacques Chirac a eu un regard émouvant [3]. » Mitterrand hésitait « à partir de l'Etoile, comme Coty, ou de l'Elysée, comme Giscard [4] ». C'est donc de l'Elysée, sans les huées ni le cérémonial tragi-comique concocté par son prédécesseur. Au fond de la voiture, invisible, se tient Danielle. En entendant une dernière fois le gravier de la cour crépiter sous les pneus en un bruit d'arbre qu'on abat, à quoi songe François Mitterrand, désormais ancien Président ? « Je n'aurai pas la moindre larme à l'œil quand je quitterai ces lieux », affirmait-il le 14 décembre 1994 devant la rédaction du *Nouvel Economiste*, qui lui remettait le prix du Politique de l'année. « C'est malheureux, mais je crois que je vais rater ma sortie à deux mois près. Vous vous rendez compte ? A deux mois près [5] », se plaignait-il un peu plus tôt dans le même automne au-

1. François Mitterrand, *La paille et le grain*, Livre de Poche, 1996, p. 63.
2. Hugues Le Paige & Jean-François Bastin, *François Mitterrand, portrait en surimpressions*, op. cit.
3. Entretien avec l'auteur, le 11 juillet 1996.
4. Sylvie Pierre-Brossolette, *Paroles de Présidents*, Plon, 1996, p. 301.
5. Franz-Olivier Giesbert, *Le vieil homme et la mort*, op. cit., p. 46.

près de Franz-Olivier Giesbert. Il n'a pas raté sa sortie, mais offre aux photographes le même « sourire jaune citron, d'un vieux citron tombé par terre [1] », qu'il tendait alors à son plus intime biographe. Il est une parabole que Mitterrand, qui la tenait du chancelier autrichien Kreisky, aimait à répéter : celle du funambule Karl qui, à la suite d'un pari avec son ami Johann, reste une semaine sur son fil, un pied en l'air, en interprétant du Mozart au violon ; « Cela ne valait pas Yehudi Menuhin », commente Johann à la descente de Karl. « J'ai savouré comme il convient cet apologue sur les difficultés du pouvoir. Il servira à qui voudra [2] », ajoute Mitterrand. Danseur de corde, il a passé quatorze ans sur l'une des plus raides ; mais il a moins bien joué que le général de Gaulle...

Cachés sous le grand escalier aux angles vifs, Anne Lauvergeon, Pierre Chassigneux et Hubert Védrine regardent s'éloigner la voiture du Président. Puis ils s'esquivent par la cour est. « Bonne chance. Salut », lance Hubert Védrine à Dominique de Villepin, avant de rejoindre sa femme dans la voiture attachée au secrétariat général, dont il est convenu qu'il dispose jusqu'à son domicile de la rue de Luynes. Lauvergeon et Védrine vont d'abord rue de Solferino, au siège du PS, où une réception attend Mitterrand, de retour sur le continent socialiste après quatorze ans passés en haut du phare élyséen. Jacques Chirac commence sa vie de Président. Il remontera bientôt les Champs-Elysées en cortège officiel, au cœur d'une flèche de motards chromés, prononcera son discours d'investiture devant les corps constitués, aréopage républicain dont il écoutera les allocutions. « En 1981, j'étais là comme ami du Président Mitterrand : nous n'étions qu'une poignée, se remémore le vieux radical Maurice Faure, présent en 1995 comme membre du Conseil constitutionnel. Chirac a été humainement parfait. Démagogue, car c'est plus fort que lui, mais parfait [3]. » « Moi aussi, j'ai pensé à 1981, confie Pierre Joxe, président de la Cour des comptes, et surtout à François Mitterrand embrassant Pierre Mendès France. » Après avoir prononcé sa brève proclamation et écouté la réponse de Chirac, Roland Dumas s'approche du nouveau Président et lui glisse : « Vous n'avez pas été surpris par mon

1. Ibid.
2. François Mitterrand, *La paille et le grain*, op. cit., p. 254.
3. Entretien avec l'auteur, le 7 octobre 1996.

discours, vous aviez eu le temps de le lire [1] ? » Et Jacques Chirac lui répond : « C'était parfait. »

Dans sa voiture, quelques minutes après midi, passant la Seine au pont de la Concorde, François Mitterrand n'est plus qu'un simple citoyen.

*

* *

Quelques hectomètres plus loin, quand il descend de son véhicule sur ce trottoir du boulevard Saint-Germain qu'il a tant arpenté, François Mitterrand est redevenu le premier des socialistes. Accueilli par Henri Emmanuelli, alors patron du PS, Laurent Fabius, Pierre Mauroy, Louis Mexandeau et Ségolène Royal, il descend la rue de Solferino entre les barrières où s'accoudent, rose au poing, les militants. Il serre des mains, écoute les « merci » scandés de loin en loin. « J'ai trouvé ce jour-là qu'il n'y avait pas beaucoup de monde, regrette Laurent Fabius. J'aurais aimé qu'il y en eût autant au retour qu'il y en avait au départ, en 1981 [2]. » Tandis que la foule et une escouade de gendarmes se referment derrière lui, Mitterrand pénètre dans l'hôtel particulier qui sert de siège au parti qu'il a fondé. François Mitterrand était revenu en 1988, après sa réélection, puis le 10 mai 1991, pour fêter le dixième anniversaire de son accession à l'Elysée. Cette fois, une étrange cérémonie l'attend, retour au bercail mâtiné d'adieu. « La question était : qu'est-ce qu'on fait pour son départ du pouvoir, raconte Emmanuelli. Nous ne voulions rien organiser près de l'Elysée car nous craignions les sifflets des supporters chiraquiens. " Pourquoi pas chez lui, rue de Bièvre ? " a lancé quelqu'un, mais ce n'était pas très facile pour des discours [3]. » Le premier secrétaire du parti téléphone au Président le lundi précédent, le 15 mai, pour lui proposer de venir au 10, rue de Solferino après avoir quitté le 55, rue du Faubourg Saint-Honoré. « Ce n'est pas opportun », réplique François Mitterrand. Mais Emmanuelli insiste et, deux heures plus tard, le Président le rappelle pour lui donner son accord, en précisant : « Je bouclerai la boucle. Je ne veux pas donner le sentiment que je reprends une carrière politique, donc je viendrai avec Danielle. Je fe-

1. Entretien avec l'auteur, le 6 novembre 1996.
2. Entretien avec l'auteur, le 31 mai 1996.
3. Entretien avec l'auteur, le 25 juin 1996.

rai Elysée, Solferino, chez moi. — Vous êtes ici chez vous », lui répond Emmanuelli, le 17 mai, en guise de bienvenue, dans la cour centrale de l'immeuble de la rue de Solferino, où s'entassent les permanents du parti. Alors que le Président serre les mains de ses partisans, un homme en imper se faufile derrière l'équipage présidentiel pour gagner sa place parmi les dignitaires socialistes : Lionel Jospin, en retard, mains dans les poches et sourire flamboyant, passe en foulées légères où le Président avance à petits pas. François Mitterrand retrouve le candidat fraîchement battu par Jacques Chirac au pied de l'estrade, aux côtés de Paul Quilès : « Vous vous souvenez, lui dit le député du Tarn, en 1981 nous étions là tous les trois. Vous, nouveau Président, moi qui étais votre directeur de campagne et Lionel Jospin comme premier secrétaire. Et j'avais fait un discours pour dire : " Ça y est, vous êtes Président, vous partez [1]... " — Beau souvenir, beau souvenir », répond Mitterrand en serrant les deux hommes par le bras. En 1978, l'ingénieur Quilès est le seul socialiste élu député à Paris. Deux mois plus tard, François Mitterrand lui confie l'organisation de sa campagne pour le Congrès de Metz et, chaque matin, rue de Bièvre, lui décrit l'état du parti, fédération après fédération : « De mémoire, il me disait : " Ici, X est dangereux, Y et Z se détestent pour une affaire de femmes, on peut s'appuyer sur W. " Je notais tout sur un cahier, et j'ai prévu le résultat du Congrès à 1 % près. Nous avons gagné, puis il m'a nommé secrétaire aux Fédérations [2]. »

Après avoir fendu les cercles de la Mitterrandie, le vieux président gravit les marches de l'estrade et écoute les propos amènes d'Emmanuelli. Puis il s'approche du micro : « Je fais aujourd'hui, en sens inverse, le chemin parcouru il y a quatorze ans. » A l'improvisade, en un propos qui baguenaude sur les faubourgs du temps, balançant entre le bilan chronologique et la synthèse philosophique d'un trop long règne, Mitterrand prononce son dernier discours public. Il y aura certes quelques apparitions médiatiques dans les mois à venir, mais d'ersatz de meeting, point. Cet adieu à la politique est hoquetant, riche des obsessions des derniers temps – ce procès permanent qui lui est fait –, des haines de tou-

1. Entretien avec l'auteur, le 25 juin 1996.
2. Ibid.

jours – Michel Rocard, dont il souligne l'absence – et de l'angoisse à venir – « J'ai besoin d'un peu de temps maintenant pour reprendre pied, si jamais je reprends pied. » Un lapsus – 1943 au lieu de 1983 – s'offre en pitance aux critiques, les contrevérités les plus éhontées – les « affaires » auraient éclaté parce que la gauche a clarifié le financement politique – s'emboîtent dans les jugements vitriolés sur la vie interne du parti. Le propos est interminable et s'éteint plus qu'il ne s'achève, dans une conclusion en spirale qui retarde autant que possible la noyade dans le silence.

Mitterrand descend alors de l'estrade et grimpe, sur la gauche de la cour, les quelques marches qui mènent aux bureaux. Une houle humaine se forme, au ressac partagé entre la sortie du bâtiment et les arrières du Président, menacé par la bousculade. Les dignitaires du PS le protègent tant bien que mal, rideau d'éléphants, et le Président entre seul dans le petit hall. Jean-Luc Mélenchon, l'un des animateurs de la Gauche socialiste, l'y accueille : arrivé en retard, il n'a pu gagner l'estrade des officiels, et s'est réfugié dans cette coulisse. « Ah, Mélenchon, je suis content de vous voir ! lui lance Mitterrand, essoufflé par sa laborieuse escalade du perron. — Merci d'être venu, lui répond Mélenchon. Je vous présente ma compagne, Pascale Le Néouannic, car, si je ne le fais pas, elle ne me le pardonnera pas [1]. » Mélenchon s'aperçoit alors que Mitterrand fixe avec anxiété l'escalier qui s'amorce devant lui et s'enroule en hautes marches de pierre jusqu'au premier étage. « Prenons l'ascenseur, pendant qu'il marche encore. — Pourquoi dites-vous " encore " ? s'interloque le Président. — Parce qu'ici, tout se déglingue [2] », réplique, pince-sans-rire, l'ultra du socialisme, à moitié au ban du parti depuis l'avènement du jospinisme. « Non, non. Il faut faire un effort », conclut Mitterrand avant d'attaquer la première marche. « Je me suis alors souvenu de cette visite à l'Elysée, pendant la présidentielle, où pour la première fois il m'avait reçu allongé. Je lui avais dit dès mon entrée : " Je m'en vais, je vous laisse vous reposer. " Et il avait répondu : " Restez ", en essayant de se lever, avec un masque de douleur. Je m'étais précipité pour l'aider et il m'avait écarté en disant : " C'est un combat de tous les instants. " Une fois debout, il m'avait harangué, contre la tentation de se rapprocher des centristes [3]. »

1. Entretien avec l'auteur, le 9 avril 1996.
2. Ibid.
3. Ibid.

En haut de l'escalier, Mitterrand fait le tour des bureaux comme un ancien propriétaire, remarque quelques changements de mobilier, puis traverse sans s'attarder le bureau du premier secrétaire. Plus loin, les socialistes lui annoncent qu'ils ont un cadeau pour lui, comme s'il s'agissait d'un départ en retraite comme les autres. « Je n'ai besoin de rien », réplique le Président, avant d'apprendre que c'est une voiture, une Renault Twingo verte qui a été choisie. « C'est trop. Je refuse. — Le problème, plaide Emmanuelli, c'est qu'on l'a déjà achetée. On ne savait pas quoi vous offrir, vous avez tout. — Eh bien, organisez une tombola dont le premier lot sera cette voiture », suggère François Mitterrand, qui finalement, se laisse fléchir, devant les arguments avancés, avoués ou tacites : Latche, ses petits-enfants, Mazarine... Mais il demeure boudeur jusqu'à la fin de cette ultime visite rue de Solferino. Dehors, quelques gouttes de pluie brouillent la vue des badauds qui attendent, le nez en l'air, une apparition de leur idole au balcon. A l'intérieur, la cohue des convives s'étiole étrangement : « Je ne suis pas resté longtemps, je n'étais pas très à l'aise dans le climat du moment au PS, explique Laurent Fabius. Je savais ce que François Mitterrand pensait d'une partie de ceux qui étaient là. Je savais ce qu'ils pensaient de lui. Il y avait la part des comportements stéréotypés de politesse républicaine, mais dans l'affectif, on souhaiterait de l'authentique [1]. » « Il y avait trop de monde, complète pudiquement Jean Glavany, je n'étais pas bien dans mes baskets, ce n'était pas assez intime [2]. » « Beaucoup, rue de Solferino, pensaient que François Mitterrand n'était qu'un vieux crocodile, résume un ancien collaborateur du Président à l'Elysée, mais ils savaient que son parcours était extraordinaire. François Mitterrand les considérait comme des nains, mais des nains de son camp. » « Ceux qui disaient : “ On aurait souhaité un passé plus net pour François Mitterrand ”, ceux-là étaient rue de Solferino le 17 mai, comme ils étaient à Liévin en 1994 [3] », lâche, plus franchement, Georges Kiejman, en une limpide allusion à Lionel Jospin, qui, huit mois plus tôt, affirmait : « On voudrait rêver d'un itinéraire plus simple et plus clair pour celui qui fut le leader de la gauche [4]. »

1. Entretien avec l'auteur, le 31 mai 1996.
2. Entretien avec l'auteur, le 11 mars 1996.
3. Entretien avec l'auteur, le 3 avril 1996.
4. *Le Point*, le 10 septembre 1994.

Le malaise, en effet, a une raison simple : depuis dix jours, fort de ses 47,3 % au second tour de l'élection présidentielle, c'est Lionel Jospin, triomphal perdant, qui est le maître virtuel du Parti socialiste. Les instances en place, menées par l'âpre et pugnace Henri Emmanuelli, sont en sursis. Jospin possède le socialisme en viager, et ce sont les obsèques politiques de Mitterrand que la France célèbre en cette journée du 17 mai. Depuis 1988, le parti d'Epinay est devenu rebelle à François Mitterrand; le voilà qui soudain lui est presque étranger, aux mains d'un nouveau patron dont le programme affiche, entre autres, pour pilier idéologique, la démitterrandisation. Mitterrand vient dire au revoir à un parti qui est déjà dans l'après-Mitterrand. C'est pourquoi il ne transmet ce jour-là aucun héritage à Lionel Jospin : c'est plus tard, dans l'été, et à d'autres, qu'il livrera son testament. Mitterrand vient ici clore son histoire, fermer un maillon sur la chaîne de son destin, et non baptiser l'aventure politique d'un autre, qu'il n'a pas choisi et qui ne l'aime plus. « Ça ne recommencera plus. Tant de fois, nous avions subi des échecs à ses côtés, et nous avions recommencé. Cette fois, c'était certain, et nous n'avions que cela en tête : ça ne recommencera plus. » Le lamento de Louis Mexandeau, vieux grognard mitterrandien perdu dans la piétaille de Solferino, qui mêle son chagrin au crachin de mai, est un juste résumé. Une aventure est bel et bien achevée, qui est vainement venue chercher une fin dans ce parti où elle n'a trouvé qu'un passé. « Les destins veulent changer de chevaux », cita Jospin face à Chirac, en débat télévisé, à quelques jours du second tour de la présidentielle, dans un emprunt à Byron. Le nouveau chef des socialistes a enfourché le sien, qui tient l'amble vers d'autres victoires. Et François Mitterrand quitte à pied la rue de Solferino.

*
* *

Il lui suffit d'aller tout droit au long du boulevard Saint-Germain, dont le flot de voitures remonte la Seine, jusqu'à la rue de Bièvre. Il y arrive à treize heures vingt-cinq, précédé d'une énorme gerbe de roses rouges. Dans la cour intérieure de leur domicile, aux pavés encombrés de pots de fleurs, François et Danielle Mitterrand retrouvent leur fils Gilbert et la jeune étudiante néerlandaise qu'il va prochainement épouser, Cornelia Van Hujgevoodt, qui ont regardé à la télévision la passation des pouvoirs. « Il est entré simplement, et nous a montré qu'il fallait passer à autre chose. Il nous a dit : " On va déjeuner à côté, ensemble [1]. " » Quatorze ans plus tôt, le 10 mai 1981 au soir, quand il arriva chez lui en provenance de Château-Chinon, le tout nouveau Président but une camomille au milieu d'une poignée d'amis et monta se coucher. Le 17 mai 1995, il reste vingt minutes chez lui, pour souffler. Le 22 rue de Bièvre, acheté en 1971, ce sont 252 mètres carrés cachés derrière un grand portail vert, partagés entre François et Danielle Mitterrand et leurs enfants, qui disposent chacun d'un studio. Derrière sa cour pavée, cet hôtel particulier truffé de caves cache un amas de pièces qui s'enfilent comme des perles au fil des escaliers embrouillés. Le décor n'a pas vraiment changé depuis les années soixante-dix : les chaises moulées en plastique, la table ronde et sa nappe fleurie, l'huile accrochée au mur, qui déroule comme un labyrinthe les ruelles jaunes d'une ville du Maroc. Mais cela n'est pas étonnant, tant le Mitterrand d'avant le pouvoir contenait en lui, comme une chrysalide, le Mitterrand régnant. « Bièvre », aire inviolée, recèle les secrets de l'éternel Mitterrand.

Quand on apprit que le Président se faisait sculpter son buste par l'artiste Daniel Druet, idolâtres et détracteurs philosophèrent sur l'homme et l'Histoire : Mitterrand cherchait l'immortalité de ses traits comme il mettait tout en œuvre pour laisser à la postérité une statue majestueuse, sa mégalomanie – ou son génie – n'avait d'égal que son narcissisme – ou son amour des arts. Pourtant, dès avant 1981, Mitterrand possédait son propre buste : blanc, trop réaliste pour irradier vraiment une force artistique, il avait servi de matrice à son effigie du musée Grévin. Mitterrand l'avait fait monter sur un socle cubique de bois veiné, et le laissait négligemment dans un coin de sa bibliothèque, cerné de reliures ventrues et luisantes, muse immaculée de son minuscule bureau. Face à l'œuvre de Druet, Mitterrand fut surpris un jour en train de caresser son buste, d'interroger ainsi la terre glaise, bras tendu, laissant plusieurs doigts franchir ensemble la cascade des lèvres, en un geste d'aveugle, en un geste d'amoureux. Combien de fois, seul rue de Bièvre, a-t-il ainsi cherché, dans son double de plâtre, la clef de son propre mystère ? Combien de fois a-t-il comparé le masque vieillissant de sa peau à celui, buriné mais intangible, de son alter ego ?

1. Entretien avec l'auteur, le 18 novembre 1996.

De même, François Mitterrand a toujours conservé à portée de la main plusieurs cannes qu'il tenait de ses aïeux : comment s'étonner alors de la curiosité aiguë, de la douloureuse gourmandise avec laquelle il a abordé sa propre vieillesse ? Tout cela dormait rue de Bièvre depuis des années ; la présidence n'a rien inventé, à peine a-t-elle éclos certains bourgeons intimes, se contentant souvent d'exposer au soleil les corolles troglodytes d'une âme mystérieuse.

Dans la double vie du Président, la rue de Bièvre était un sanctuaire. Là moins encore qu'ailleurs il ne mêlait les strates de son entourage. « Chacun était côté Bièvre ou côté Branly, puis Le-Play, résume Jean-Pierre Soisson, bourguignon et, accessoirement, ministre de Mitterrand. Moi, c'était Bièvre. Le dimanche soir, très souvent, on s'y retrouvait pour un repas d'amitié. Il y avait un pot au feu et un seul vin pour tout le repas. Mitterrand est un homme de la terre. Il mangeait très lentement, mastiquait avec application, s'arrêtait. Et il parlait de même, en s'arrêtant et en repartant. Il avait une conversation intérieure et ne voulait pas brusquer les choses. A la fin, avec la maladie, il parlait encore plus lentement [1]. » A partir de mai 1995, c'est tous les jours dimanche pour François Mitterrand. Bièvre incarne ce retour à une vie qui devrait être normale, s'il n'y avait le cancer. « Il allait faire autre chose : écrire, voyager, goûter tout ce que la vie politique lui avait interdit de goûter pleinement. Malgré le bémol de la maladie, il retrouvait la vie normale, c'est-à-dire la vie improvisée [2]. » Gilbert Mitterrand se trompe. La nouvelle vie de son père, c'est-à-dire la fin de sa vie, est déjà le contraire d'une improvisation. Il y a certes les foucades de la maladie, qui l'obligent à annuler in extremis des rendez-vous ou à prolonger des séjours, mais chaque mois, des huit qui lui restent à vivre en un compte à rebours dont il pressent le tempo, va être minutieusement organisé, voué, dans un scénario discipliné, à un des grands thèmes qui l'obsèdent. Mitterrand y songe-t-il pendant les vingt minutes de pause qu'il s'octroie rue de Bièvre en ce début d'après-midi ? Sans doute a-t-il depuis longtemps dressé la feuille de route de son ultime parcours.

« On va déjeuner à côté, ensemble. » Danielle sort la première, à deux heures moins le quart, et gagne, quelques immeubles plus

1. Entretien avec l'auteur, le 28 octobre 1996.
2. Entretien avec l'auteur, le 18 novembre 1996.

loin, La Bièvre, un restaurant kabyle qui propose un « couscous royal » à 78 F et un « coucous président » à 81 F : la valeur ajoutée de la République est donc de 3 F. François Mitterrand, étoffé d'un lourd manteau noir et d'une écharpe de la même couleur, la rejoint quelques minutes plus tard, accompagné de son fils, de sa jeune future bru, de Jean-Pierre Tarot et du labrador femelle, Baltique. Le premier repas du retraité dure une heure et demie, que le Président sortant achève en conviant à sa table des badauds et les journalistes qui le suivent sans relâche depuis la matinée. Pendant quelques minutes, la gargote devient un mini-Solutré, et la confidence se glisse comme un sucre dans le café, goût banal et pourtant adjuvant indispensable : l'histoire du 22 rue de Bièvre, du quartier métamorphosé en vingt années malgré la Seine immuable, le récit des dernières heures élyséennes, la complainte de Danielle qui ne veut pas des archives présidentielles à son domicile, « plein comme un œuf », les projets esquissés d'un vieil homme diminué, le soulagement reconnu du bout des lèvres, comme s'il entachait les ultimes mois d'un Président arrimé au pouvoir. A trois heures vingt, peu après Gilbert, Danielle se lève, suivie par son mari. Elle, retourne au 22, lui, en compagnie de Tarot, glisse sur la pente douce de la rue de Bièvre, comme s'il flottait sur le fantôme du ru parisien, et s'en va vers la Seine, vers l'île de la Cité, en jetant le même regard familier aux vaguelettes du fleuve et à leurs jumelles de la rive, ces reliures inégales amassées aux baraques des bouquinistes.

*
* *

Après cette flânerie, François Mitterrand se rend avenue Le-Play, dans ses nouveaux locaux. Il est incongru qu'il vienne finir ses jours dans une rue dédiée à l'un des apôtres du catholicisme social, inspirateur du paternalisme... Au numéro 9 de cette via bourgeoise se dresse, au coin de l'avenue de La Motte-Picquet, un immeuble ventru, comme s'il s'agissait de bomber le torse à l'intention de la martiale façade de l'Ecole militaire. Bâti par L'Industrielle Foncière en 1927, sur des plans de J. & A. Fidler, l'édifice entasse ses six étages de pierre claire, surmontés de combles avec des fenêtres en chien assis. Au niveau du cinquième étage, des bas-reliefs évocateurs dominent les balcons des appartements : un barbu musclé sème du grain, une main sur le ventre pour soutenir son tablier garni de semence, entouré de deux femmes nues, aux cheveux longs, l'une tranchant des épis à la faucille et l'autre les liant en gerbes. Au coin de l'immeuble, à la verticale des appartements privés de François Mitterrand, d'autres cariatides nues portent des fagots ou des paniers de fruits. L'immeuble a été ravalé, et l'intérieur rénové, pour l'arrivée de François Mitterrand : « Près de l'Ecole militaire, à Paris, un immeuble au luxe un peu ostentatoire, comme les aiment les médecins qui ont réussi [1] », écrit Christine Ockrent dans *L'Express*. Michel Benmussa radiologue « qui a réussi » et principal occupant de l'immeuble, envoie à la journaliste, qu'il compte parmi ses patientes, « une correspondance acide » : « Elle m'a répondu en reconnaissant son erreur [2]. »

Au long de l'avenue, de jeunes marronniers dressent leurs troncs sveltes, et suspendent en ce mois de mai, au-dessus des passants, les grappes de leurs roses fleurs. La porte du numéro 9 abrite derrière des parenthèses en fer forgé une épaisse vitre qui s'ouvre sur une caméra cachée dans l'interphone ; un policier en faction complète cet attirail de vigilance. Il a semblé curieux à nombre de ses proches que François Mitterrand choisisse de se retirer au cœur du VIIe arrondissement de Paris, seul quartier de la rive gauche qui ressemble à la rive droite, grande flaque bourgeoise parsemée d'un archipel d'administrations et de ministères. « Tout, avenue Le-Play, respirait le mausolée et la mort [3] », cingle Jack Lang. « François Mitterrand pouvait vivre n'importe où, explique Pierre Bergé, et il a d'ailleurs passé de longues années dans une chambre d'hôtel, au Vieux-Morvan de Château-Chinon. A Le-Play, il appréciait surtout la proximité du Champ-de-Mars, à cause de son goût pour les balades avec Baltique. L'appartement était paisible, l'espace promenade très pratique : cela lui suffisait [4]. » François Mitterrand va goûter, tant que le cancer le lui permettra, ces escapades qu'il affectionne, « quand l'esprit chevauche au rythme de la marche avant de partir au galop [5] ». « Il faut se dégourdir, confia-t-il un jour à un écrivain, la mort arrive toujours par les pieds. »

1. *L'Express*, le 6 juillet 1995.
2. Entretien téléphonique avec l'auteur, le 30 septembre 1996.
3. Entretien avec l'auteur, le 11 juillet 1996.
4. Entretien avec l'auteur, le 24 juin 1996.
5. François Mitterrand, *La paille et le grain*, op. cit., p. 232.

Laurence Soudet, qui organisait également le déménagement d'Anne et Mazarine Pingeot des locaux du quai Branly, avait repéré un autre site pour le Président, notamment dans le XVIe arrondissement, mais Le-Play est choisi assez vite. « C'était la première proposition du secrétariat général du gouvernement, confirme Anne Lauvergeon, et François Mitterrand l'a acceptée. Il a visité les lieux deux fois avant de dire " oui ", et une fois encore après les travaux. Néanmoins, il ne s'est rendu sur place qu'après une grande insistance de ses collaborateurs, et sans montrer un vif intérêt. Pour lui, il n'y avait plus rien après le devoir d'Etat, après l'Elysée. De plus, Le-Play, c'était dangereux : c'était la mort [1]. » L'exil de Mitterrand jette donc l'ancre entre les locaux de l'émir du Qatar et ceux du grand-duché du Luxembourg. Exil doré qui n'a rien d'un Longwood, mais si l'avenue Le-Play n'est qu'une île d'Elbe, le cancer est une Sainte-Hélène sulfureuse, rocher empoisonné d'où Mitterrand ne peut que contempler l'océan de sa vie, au ressac faiblissant. « Les locaux de Le-Play, où Mitterrand ne s'est jamais vraiment installé, n'ont pas de mémoire, explique Louis Mexandeau. Il les a choisis pour qu'ils ne puissent pas peser sur ses décisions ultimes quand il devrait les prendre. Il est difficile de partir pour le dernier voyage de Latche ou de Bièvre. Le-Play était impersonnel, clinique [2]. »

Les locaux identifiés sous l'interphone par un limpide « F. M. » se tiennent au troisième étage. Dans le hall glacé aux quelques arbustes en pots et aux lustres en tubes de verre, stalactites congelées, un escalier en pierre pâle tend sa rampe et une large moquette beige s'avance, qui se mue en étroit tapis moutarde à partir du premier étage. Deux ascenseurs, face à face, offrent une alternative jumelle à l'escalade des marches. Minuscules et biseautés, avec un miroir d'angle, ils sont plaqués d'acajou. Les 240 mètres carrés loués par l'Etat sont divisés en deux : 90 mètres carrés pour les bureaux du Président et de ses collaborateurs, le reste à usage privé, où le Président s'installe en compagnie de sa seconde famille. « François Mitterrand n'aimait pas beaucoup recevoir, et cette ambiguïté des locaux, mi-bureaux, mi-appartement, lui plaisait [3] », explique Laurence Soudet. Juste derrière la porte, l'ancien Président fait rapide-

1. Entretien avec l'auteur, le 18 juin 1996.
2. Entretien avec l'auteur, le 3 octobre 1996.
3. Entretien avec l'auteur, le 10 juin 1996.

ment accrocher l'immense portrait à la mine de plomb qu'a tracé de lui, en 1989, Jean Hucleux. Gigantesque, François Mitterrand trône dans une veste rurale et un pantalon épais, ajoutant le côtelé de cet accoutrement rustique au marouflage du papier. Le reflet luisant sur les mocassins, l'œil aiguisé, le pli de la main ou la ride présidentielle sont saisissants de précision, Mitterrand de papier scrutant son étriqué royaume. La grise effigie domine le hall d'attente aux murs blancs, où des canapés de cuir noir sont posés sur un tapis bleu à traits rouges marqué « Los Angeles 91 ». Sur le mur gauche est suspendue une photo de l'Egypte, prise par le satellite Spot ; en face, le même œil spatial a saisi le mont Ararat. Ces clichés colorés sont fortement symboliques : Mitterrand affectionne l'Egypte, dont la civilisation apprend si bien à rêver la mort ; l'arche de Noé accosta au sommet du mont Ararat après le Déluge, avant que son timonier rebâtisse l'humanité. C'est l'alpha et l'oméga de la civilisation que Mitterrand a placés face à face dans la salle d'attente de son dernier refuge. Le parallélépipède d'une télévision et la rondeur d'une bonbonne d'eau complètent le mobilier de cette antichambre, avec une table basse de bois anthracite et, au fond du couloir, le buste sculpté par Daniel Druet. Il n'est que l'avant-garde d'une cohorte de bustes qui s'allonge dans le couloir menant aux appartements privés, haie d'honneur de Mitterrand pour Mitterrand. Le portrait signé Hucleux, c'est Mitterrand saisi dans l'instant de sa Présidence ; le buste signé Druet, c'est Mitterrand figé dans l'Histoire.

Dans cette dernière parcelle de Mitterrandie, la place est comptée pour les ultimes collaborateurs de l'ancien Président. A gauche de la porte s'ouvre le local attribué aux officiers de sécurité, à côté d'une petite cuisine. En face de l'entrée se tient le bureau de Jean Kahn, vieux compagnon arraché au Conseil d'Etat. Au mois de mars précédent, François Mitterrand lui a demandé de l'accompagner dans l'au-delà du pouvoir, et Kahn a accepté : « Il s'agissait pour moi d'effectuer un travail de secrétariat bien ingrat. Je traitais le cas type de l'étudiant en maîtrise qui trouve avantageux de remplacer un travail par une interview, en espérant lever un coin du voile [1]. » Affectant une misanthropie qui n'arrive pas à cacher son humour froid, Kahn s'installe avenue Le-Play dans un bric-à-brac

1. Entretien avec l'auteur, le 15 mai 1996.

soigné : un portrait de François Mitterrand – le Président dans la cour de l'Elysée, au milieu d'orangers plantés dans de grandes caisses – est accroché à droite de l'entrée de son bureau. Un buste de Marianne, version Jacques Faizant, trône dans un coin, au milieu de canards miniatures. En achetant, parce qu'il l'avait cru réel tant il était bien peint, un de ces volatiles dans un magasin chinois de la rue de l'Odéon, Kahn a entamé sans le savoir une collection enrichie par ses amis et les hasards de ses voyages. Les plus précieux de la nichée sont restés à son domicile, mais une poignée de ces canards l'a suivi avenue Le-Play. Mitterrand, qui a perdu la placide compagnie des colverts de l'Elysée, peut se consoler au spectacle coloré des canards de Jean Kahn.

Une porte plus loin, deux bureaux meublent une pièce un peu plus vaste : l'un d'eux est occupé par Dominique Bertinotti, qui fait office d'archiviste auprès du Président. Arrivée à l'Elysée en 1992, cette brune pimpante a su à l'automne 1994 que François Mitterrand souhaitait la garder à ses côtés après l'Elysée, afin de gérer la masse des archives qu'il emporterait avec lui et de le documenter pour ses livres. Assise dos à la fenêtre, Dominique Bertinotti voit parfois le Président surgir et s'installer dans le fauteuil en face d'elle, scrutant par-dessus l'épaule de son interlocutrice la proue beige du Champ-de-Mars et l'ocre terrasse de l'immeuble en face. Il s'installe de même dans la pièce voisine, où travaillent face à face ses deux secrétaires attitrées, Christiane Dufour et Joëlle Jaillette. La première a les cheveux frisés et le caractère expansif; la seconde est plus fluette et réservée sous ses cheveux raides. Toutes deux sont au service de Mitterrand depuis une vingtaine d'années et lui portent en apparence une vénération ancillaire. Dans leur bureau, hors le coffre-fort, tout est voué au culte mitterrandule : son portrait officiel, livre en main, est accroché sur le mur à gauche en entrant, non loin d'une immense photo prise lors de l'ultime meeting de la campagne présidentielle de 1988, à Toulouse, le candidat Mitterrand se tenant debout devant une brassée de drapeaux tricolores. Le seul tableau de la pièce qui ne soit pas une effigie de Mitterrand lui est plus intimement lié encore. Au-dessus de leurs bureaux, les deux femmes ont accroché une peinture que leur a offerte leur patron en 1991, signée Hambourg. Avec ses arbres bas sous un ciel de Provence, son mas au fond du verger et ses fleurs rouge sang recouvrant tout le sol, l'œuvre jure un peu dans le décor design de l'avenue Le-Play, goutte de miel posée sur du plâtre.

Tel est l'étrange équipage que François Mitterrand a recruté pour souquer sur son vaisseau fantôme, sous la houlette d'un discret second, Bernard Latarjet, conseiller pour la Culture à l'Elysée. « Nous n'avions pas été choisis au hasard, explique Bertinotti. Un point commun nous réunissait : à l'Elysée, nous n'étions pas des courtisans, nous avions tous notre libre arbitre [1]. » « Il n'avait pas besoin d'une grosse équipe, explique un ancien “ gradé ” du cabinet élyséen. Il lui fallait un secrétariat très dévoué – Dufour et Jaillette –, une personne pour trier les archives – Bertinotti –, quelqu'un qui passe régulièrement pour traiter le courrier important et les demandes d'interview – Latarjet – et un vieux compagnon pittoresque et scrogneugneu – Kahn. » « Si chacun avait pu choisir ses collègues de bureau, il n'aurait pas pris ceux-là, tempère une autre ancienne du Château. Je n'aimais pas aller à Le-Play. J'avais l'impression, en entrant, de soulever un drôle de couvercle. » D'heureux élus qui justifient le choix de leur personne et s'entre-détestent hors la fidélité au Président : le mitterrandisme a survécu à l'exercice du pouvoir grâce au musée vivant de l'avenue Le-Play. Hébergée par le fondateur du paternalisme, l'autorité avunculaire use des mêmes rouages complexes qu'au sommet de l'Etat.

L'aréopage reçoit le renfort de moussaillons de passage, comme Marie-Claire Papegay, qui continue à s'occuper des impôts et des factures du Président, ou Muriel de Pierrebourg, son ancienne attachée de presse, qui lui retrouve certains articles de journaux, ainsi que d'un amiral de réserve, Michel Charasse. « De l'Elysée il a fait son antre, son point d'arrimage, son port d'attache [2] », écrit Laure Adler, évoquant la petite chambre Directoire où le Mamelouk de Mitterrand a passé d'innombrables nuits pendant quatorze ans. Avenue Le-Play, c'est une fréquente escale que trouvera le sénateur du Puy-de-Dôme, rapporteur de missions diverses, notamment estafette pour transmettre souhaits et doléances au pouvoir de droite. Pendant ces derniers mois de la vie de François Mitterrand, ses anciens collaborateurs vont préserver quelque peu leurs liens, tissant un invisible et distendu maillage. « C'était un réseau actif, témoigne Muriel de Pierrebourg, une bourse d'échange

1. Entretien avec l'auteur, le 2 mai 1996.
2. Laure Adler, *L'année des adieux*, op. cit., p. 223.

d'informations, et d'entraide aussi, pour rechercher de vieilles notes dont il avait besoin. Le Président nous faisait passer des petits mots : " Merci pour votre lettre ", " Untel ne va pas bien, aidez-le "... Parfois, il transmettait même des petits cadeaux, des livres [1]. » Comme il y a en Angleterre un « shadow cabinet », comme il y a autour de Mitterrand, depuis l'aggravation de sa maladie, un « bedroom cabinet », se forme ainsi dans Paris un « ghost cabinet », club des vétérans de l'Elysée. Il les avait réunis en 1994 à Rambouillet, pour un déjeuner ensoleillé précédé d'une longue promenade forestière, puis, en mai 1995, pour un ultime dîner à l'Elysée. Ils n'oublient pas celui qui ne les a pas oubliés.

Au troisième étage du 9, avenue Le-Play, au-delà du bureau des secrétaires, derrière la lourde porte, commence le royaume privé de François Mitterrand, mystérieux limbes où il peut à la fois être un ancien Président très actif et un homme à la dérive, un travailleur et un malade, un bien vivant et un déjà mort. C'est quelques pas derrière cette porte – mais le pressent-il alors ? – qu'il rendra son dernier souffle, dans cet ensemble de pièces lové dans l'arrondi de l'immeuble et que le couloir semble relier comme un fragile cordon ombilical au monde extérieur. Dès la porte franchie, à droite, s'ouvre le bureau présidentiel, miniature, débarrassée des ors et des moulures, de celui de l'Elysée. Le Président est inondé de lumière quand il travaille, à l'abri de stores blancs, sur un meuble bleu à filets rouges. Il a, en effet, apporté de l'Elysée le mobilier qu'avait réalisé pour lui, au début du second septennat, le styliste Pierre Paulhin : canapé, fauteuils, bureau, classeurs... Le cuir travaillé des meubles semble une mer figée, et Mitterrand lance sur les vaguelettes de son plan de travail les frêles esquifs de son bric-à-brac. « Comme à l'Elysée, son bureau semblait celui de Madame Verdurin, décrit Maurice Benassayag. Autant sa chambre était sobre, autant son bureau était encombré de photos et de bibelots qui avaient leur importance. Il s'agissait de laisser des traces, de semer des cailloux, pour vaincre la mort [2]. »

En mai 1995, les « cailloux » de Mitterrand sont, hors de vraies pierres, quelques boîtes, une ou deux boules, un coupe-papier en bois assez grossier et même l'effigie des animaux de la crèche :

1. Entretien avec l'auteur, le 30 septembre 1996.
2. Entretien avec l'auteur, le 9 mai 1996.

âne, bœuf et mouton ! Derrière lui, sur des étagères en verre aux trois quarts vides, s'alignent en rangs épars d'uniformes reliures. Non loin, discret, se tient le fauteuil de cuir noir « assis-couché » où François Mitterrand peut lire ou converser sans trop souffrir ou trop s'humilier, dans cet entre-deux de la vie où l'a traîné le cancer. Quand la douleur est trop forte, Mitterrand garde la chambre. Dans le couloir, un peu plus loin à gauche, elle ouvre sur la cour un cube blanc à l'austérité conventuelle. Le lit est sans décorum, entouré seulement de petites tables de nuit en Plexiglas ; la bibliothèque, encastrée dans le mur, recèle des ouvrages sur Venise, Vézelay ou l'art roman, ainsi que le *Livre des morts* égyptien. Une photo de Baltique, une gravure de Venise, une aquarelle assez médiocre et un portrait de saint François d'Assise ponctuent la pièce, plus proche d'une chambre de motel que de l'intime refuge d'un ancien Président de la République française. « A l'Elysée, il y avait beaucoup de livres, des photos, compare Marie de Hennezel, l'une de ses dernières confidentes. La petite chambre de Le-Play ne portait pas sa marque. Elle était impersonnelle [1]. »

*
* *

Le mercredi 17 mai après-midi, François Mitterrand vient prendre possession de son nouveau domaine, où, aux côtés de Mazarine et Anne Pingeot, il va désormais vivre. Il prend ses marques, et entame en douceur sa nouvelle existence. Michel Charasse est là, qui a déjeuné avec Christiane Dufour et Joëlle Jaillette ; il est encore là le lendemain, en compagnie d'Anne Lauvergeon, pour déjeuner avec le Président, qui a choisi un restaurant italien de la rue de Grenelle, Chez Gildo, pour ces premières agapes en son nouveau quartier. Le déjeuner va devenir un instant privilégié de la vie de Mitterrand. « Il faisait appeler la veille, voire à la dernière minute, comme à l'Elysée [2] », se souvient Maurice Benassayag. Mais si les improvisations de jadis étaient dues aux contraintes de l'agenda du pouvoir et aux caprices du Prince, celles de l'avenue Le-Play sont commandées par la maladie. « Tout était suspendu à sa santé, confirme Pierre Bergé. Un samedi matin, il m'appelle chez moi.

1. Entretien avec l'auteur, le 17 juin 1996.
2. Entretien avec l'auteur, le 9 mai 1996.

“ Vous êtes là, dit-il, tout surpris. Qu’est-ce que vous faites à Paris un week-end? ” Je lui explique alors que je suis sur le départ, qu’un avion m’attend dans une heure. Il voulait m’inviter à déjeuner [1]. »

Mitterrand élit au fil des jours quelques adresses proches de son bureau, sans perdre le goût du nomadisme gastronomique. S’il n’aime pas La Cantine des Gourmets, il affectionne les tables offrant une roborative pitance, comme Chez Clémentine ou l’auberge D’chez Eux, qui sert avenue de Lowendal des cochonnailles et du foie gras en vantant sa tradition de la farandole des desserts! « Jean-Pierre Tarot l’incitait à échanger ces plats dignes contre de la purée et du jambon, raconte Jean Kahn. Mais François Mitterrand a tenu jusqu’au bout à maintenir son mode de vie, contre les exigences du traitement [2]. » Mitterrand fréquente également l’établissement réputé de Paul Minchelli : « Minchelli fut le dernier restaurant où il avait l’habitude de se faire voir [3] », écrit d’ailleurs Jean-Edern Hallier. « Le Président, pourtant, n’avait guère apprécié que le chef révélât le menu de son soixante-dix-huitième anniversaire : du steak d’autruche », précise un ancien collaborateur de l’Elysée. Enfin, Mitterrand garde ses habitudes dans quelques restaurants plus éloignés : la brasserie Lipp du boulevard Saint-Germain, Le Duc, le Balzar et, le samedi, L’Assiette, rue du Château, dans le XIVe arrondissement, que les initiés appellent « Chez Lulu ». « Il avait lu un jour dans *L’Express* : “ C’est un restaurant où va Pierre Bergé. ” Il m’a donc apostrophé : “ Vous ne m’y avez jamais emmené ! ” Et je lui ai promis de le faire : “ La patronne vous plaira, c’est une ancienne communiste. ” Il a beaucoup aimé, au point de me dire à de nombreuses reprises, dans d’autres restaurants : “ C’est moins bon que chez Lulu [4]. ” »

Mais le plaisir, gastronomique et égotiste, des déjeuners en ville, se gâte souvent en souffrance. « Un jour, raconte Benassayag, avec deux autres anciens de l’Elysée, Christian Nique et l’adjoint de Pierre Chassigneux, nous déjeunions Chez Gildo en compagnie du Président. On riait, mais on voyait bien que le Président souffrait. Il faisait des efforts pour nous interroger, moi sur le Conseil d’Etat,

1. Entretien avec l’auteur, le 24 juin 1996.
2. Entretien avec l’auteur, le 15 mai 1996.
3. Jean-Edern Hallier, *Les puissances du Mal*, Editions du Rocher-Les Belles-Lettres, 1996, p. 251.
4. Entretien avec l’auteur, le 24 juin 1996.

Nique sur sa spécialité, l'Education, et l'adjoint de Chassigneux sur Andorre, qu'il connaissait bien. Et il s'enlisait dans ses discours récurrents : les pseudo-accusations sur son attitude pendant la guerre, le cynisme qui l'aurait fait choisir la gauche par calcul politique... On se faisait des signes discrets pour ne pas prendre de dessert et écourter le repas, mais, une fois dehors, il a tenu à rentrer à pied à ses bureaux [1]. » Quand il est trop faible pour sortir, mais assez en forme pour se lever, François Mitterrand reçoit dans la petite salle à manger de l'avenue Le-Play. « Il savait que je n'étais pas un fin gourmet, qu'aller au restaurant ne m'amusait pas, alors il me gardait à déjeuner dans ses bureaux, témoigne Henri Emmanuelli. Un jour, il m'a gardé alors même qu'il avait déjà un invité. Quand on est partis, celui-ci m'a dit : " Je viens le voir parce qu'il me remonte. " J'étais ébahi [2]. »

Le jeudi 18 mai après déjeuner, François Mitterrand repart du restaurant de Gildo Ugolini comme il y est venu : à pied. Entre la rue de Grenelle et l'avenue Le-Play, il passe par la rue Cler, où le fameux marché aux primeurs propose les premières cerises de la saison. Le Président les goûte, morceaux rutilants d'une vie qu'il semble avoir à nouveau conquise, comme si le cancer était resté à l'Elysée. Un petit sac de papier brun à la main, il poursuit son chemin au milieu des badauds. Le soleil fait luire les cerises, mais le fond de mai est frais : le Président porte les mêmes manteau noir et écharpe assortie que la veille, renforcés d'un chapeau, Michel Charasse pousse son ventre à travers un imper anthracite, Anne Lauvergeon tient fermée sa parka blanche, et même le garde du corps de Mitterrand a revêtu un épais blouson ; seul le docteur Tarot offre aux courants d'air le col béant d'une chemise rose. Le lendemain, une nouvelle balade mène Mitterrand au sortir de son déjeuner, de la rue de Bièvre, au long des quais de Seine. Le printemps est lui aussi de sortie, et Mitterrand se promène en portant cette fois une légère veste grise sur une cravate rouge. Il semble en pleine forme, et le soleil violent gomme sur son visage des mâchures brunes de la vieillesse et de la maladie. Mitterrand fut tout au long de sa vie un flâneur assidu, arpenteur des forêts de Latche ou du Morvan, des rues de Venise ou de Château-Chinon. Il est, lui, aussi, ce *Piéton de*

1. Entretien avec l'auteur, le 9 mai 1996.
2. Entretien avec l'auteur, le 25 juin 1996.

Paris glorifié par Léon-Paul Fargue. Et comme le poète quitta la Chapelle de sa jeunesse pour s'échouer, hémiplégique, boulevard Montparnasse, le politique est venu accoster ces étranges rivages du VIIe arrondissement où il n'a rien à faire. Ses escapades seront l'étalon de sa santé, une sorte de « cancéromètre », la forme du malade étant proportionnelle aux distances parcourues.

L'entourage ne s'y trompe pas, qui compte les pas du Président, ni les paparazzi, pour qui une journée à trois balades – matinale, postprandiale et crépusculaire – est riche de clichés d'un Président bon pied à défaut d'avoir bon œil. François Mitterrand lui-même, qui ne porta jamais de montre, se soumet à la loi des aiguilles, et chronomètre chacune de ses sorties pour atteindre une heure de marche quotidienne, étiage thérapeutique. Avant l'été, les journées sont longues et la maladie un peu distraite, qui laisse Mitterrand baguenauder à sa guise. Les quais l'attirent souvent, tant « la flânerie s'est toujours sentie là chez elle [1] ». Habitué des créneaux que dessinent les cabanes de bouquinistes au-dessus de la Seine, Mitterrand goûte également l'aval du fleuve, jusqu'au grand virage du Champ-de-Mars. « Rien n'est plus de Paris qu'un quai de Seine, chante Fargue, rien n'est plus à sa place, dans son décor [2]. » La vaste esplanade qui déroule ses rangées d'arbres de l'Ecole militaire à la tour Eiffel offre d'innombrables circuits à l'ancien Président, qui tricote ses balades entre rues et allées de sable, glissant ses pas comme le lacet d'un corset entre la ville et le jardin. « La nuit, la Tour, les pieds écartés sur un bûcher trop petit pour elle, pissait debout la Loïe Fuller et les Fontaines Lumineuses. (...) Aujourd'hui, la Tour Eiffel ne s'embrase plus jamais. Elle est devenue tout à fait sérieuse. Elle tape, jour et nuit, de la machine à écrire [3] », se plaignait Fargue. Mitterrand en pense-t-il autant, grignotant le sable à petits pas sous les jupes augustes de la Tour? Parfois, il évoque avec ses compagnons de flânerie les musiques qu'il envisage pour ses obsèques... Les badauds, souvent, abordent cet ancien Président, pour congratuler le politique ou, quand ils ne l'ont pas aimé, rendre hommage, au moins, à son courage face au cancer. L'automne venu, les distances raccourciront, et les curieux qui approchaient sans hésiter cet homme tenant sa chienne en laisse auront vergogne à déranger une

1. Léon-Paul Fargue, *Le piéton de Paris*, Gallimard, 1995, p. 79.
2. Léon-Paul Fargue, *Le piéton de Paris*, op. cit, p. 72.
3. Léon-Paul Fargue, *Le piéton de Paris*, op. cit, p. 255.

silhouette blafarde, soutenue sous chaque bras et claudiquant de banc en banc.

Le samedi 20 mai, c'est un presque jeune homme qui pousse l'effort jusqu'à la rive droite. Parti de la rue de Bièvre en compagnie de son fils Jean-Christophe, François Mitterrand remonte le quai de la Tournelle, traverse le pont Sully et glisse jusqu'à la place de la Bastille, casquette grise sur la tête. Il n'y a ni la pluie ni la foule du 10 mai 1981, et néanmoins l'attroupement se forme autour du Président. La marche l'échauffe, il ôte son gros manteau, et ne rebrousse chemin que parce que les badauds sont trop nombreux à l'arrêter dans la rue. Le lundi 22 mai, François Mitterrand et son épouse déjeunent chez Lipp, en compagnie, notamment, de Pierre Favier, correspondant de l'AFP à l'Elysée durant ses deux septennats. Favier est l'un des meilleurs connaisseurs de l'ère Mitterrand, dont il a tiré, avec Michel Martin-Roland, de précieux récits [1]. « Lipp est à coup sûr un des endroits, le seul peut-être, où l'on puisse avoir pour un demi le résumé fidèle et complet d'une journée politique ou intellectuelle française », assure Fargue. L'ancien Président, dans le brouhaha de la brasserie, confie à Favier le résumé de ses premières journées d'après-pouvoir, et le sentiment qui domine en lui : « Je suis soulagé, j'ai pu aller jusqu'au terme, même si pendant les dernières semaines, ce fut parfois difficile. Ce que certains appellent le vide de l'après-pouvoir ne m'inquiète pas du tout. Au fil de mes promenades sur le Champ-de-Mars, presque quotidiennes, je rencontre beaucoup de Françaises et de Français, rarement de mon bord dans ce quartier. Figurez-vous qu'une vieille dame m'a dit hier : " Je n'ai jamais voté pour vous, mais si cette fois vous aviez été candidat, je l'aurais fait sans hésiter [2]. " »

Quelques jours plus tard, c'est devant Anne Lauvergeon qu'il tient des propos similaires. Il a souhaité, à nouveau, déjeuner avec l'ancienne secrétaire générale adjointe de l'Elysée, qui sera d'ailleurs, tout au long des mois à venir, l'une de ses plus fréquentes invitées. François Mitterrand l'appelle ce jour-là pour la première fois à son nouveau bureau de la Banque Lazard. Au téléphone, il se présente comme Monsieur Lorrain – le nom de sa mère – à la secrétaire d'Anne Lauvergeon. « C'est pour ne pas vous com-

1. Pierre Favier & Michel Martin-Roland, *La décennie Mitterrand*, Seuil, 1990-1995.
2. AFP, le 8 janvier 1996.

promettre dans cet établissement », explique-t-il à son ex-collaboratrice, éberluée. « Pendant ce déjeuner, il m'a confié qu'il était très content d'avoir un supplément de vie devant lui, qu'il ne ressentait aucune tristesse, juste un peu de nostalgie pour le jardin, les promenades qu'il offrait et un peu de mélancolie pour les canards [1]. » L'ancienne secrétaire générale adjointe de l'Elysée, comme elle le fut lors des derniers mois du pouvoir, demeure une précieuse confidente du Président. Qu'elle soit en voyage fréquent à New York, pour le compte de la Banque Lazard, n'effraie pas François Mitterrand. Il l'appelle souvent en fin de matinée – soit à six heures du matin outre-Atlantique – ou en fin d'après-midi – soit à l'heure du déjeuner à New York. « Ma secrétaire savait toujours dans quel restaurant je me trouvais. François Mitterrand me disait nettement, comme il l'avait toujours fait : “ Ça ne va pas. J'ai mal [2]. ” »

Pierre Bergé et Georges-Marc Benamou déjeunent à leur tour avec Mitterrand, non pas le lundi 22 mai comme l'affirme Benamou, à la mémoire approximative, dans *Le dernier Mitterrand*, mais probablement quelques jours plus tard. Détail cocasse, Mitterrand, à propos de Lipp, déclare à Benamou : « Je viens de partir, et je ne veux pas m'afficher dans des endroits [3]. » En fait, il y a déjeuné il y a peu, et souhaite varier ses sorties... Les deux acolytes de feu *Globe* découvrent un Mitterrand en tenue de retraité, soucieux de l'itinéraire de ses promenades autant que du profil de son bilan présidentiel. Agacé par l'accueil enthousiaste réservé aux débuts du septennat Chirac, Président citoyen stoppant la monarchie républicaine à la Mitterrand, il entonne le couplet des regrets à venir, de la nostalgique postérité qui sera comme une patine sur ses deux septennats, les protégeant de l'oxyde de l'Histoire. Amer et mauvais joueur, Mitterrand est toujours un virtuose du coup de griffe mais, arraché aux contingences de l'actualité, il apparaît arc-bouté sur le passé. Quittant ses convives, il choisit avec soin le parcours de sa promenade digestive. Et pourtant, ce piéton qui s'éloigne est un homme qui ne regarde plus devant lui.

*

* *

1. Entretien avec l'auteur, le 18 juin 1996.
2. Ibid.
3. Georges-Marc Benamou, *Le dernier Mitterrand*, Plon, 1997, p. 154.

Effritées par la douleur, les journées défilent avenue Le-Play, charriant les visiteurs, prestigieux ou anonymes. « Il est flatteur de croiser George Bush dans son immeuble [1] », souligne Michel Benmussa, qui accueille de temps en temps Mitterrand, pour un cliché de contrôle, dans son cabinet de radiologie. Le docteur confesse également, de temps à autre, l'émoi de patientes qui viennent de partager quelques secondes d'ascenseur et un entrebâillement de porte avec l'ancien chef d'Etat. « Comme il y avait deux ascenseurs, il demandait à son garde du corps de prendre celui d'en face... La patiente arrivait chez moi bouleversée, émerveillée [2]... »

L'activité principale de François Mitterrand demeure intellectuelle. Les premières semaines sont noyées de courrier, transmis par sacs entiers de l'Elysée, où les Français écrivent toujours. Mais la lettre la plus inattendue provient à François Mitterrand par voie de presse : il s'agit de la *Lettre ouverte à un président de la République sortant* écrite par Alain Delon et publiée dans *Le Figaro*. Emouvante et confuse, évoquant quelques rencontres furtives au détour de diverses mondanités – un match de boxe, une remise de décoration, un rendez-vous chez Jacques Attali – la lettre est un hommage simple et viril : « Au début de cette année où l'on évaluait – sans vergogne et à voix haute – les chances que vous aviez de terminer vivant votre mandat, je vais vous faire rire : j'ai prié pour que vous y parveniez [3]. » Ces quelques lignes maladroites, écrites au soir du départ de François Mitterrand, dans l'ambiance champagnisée du Festival de Cannes, vont porter bonheur à Alain Delon. Selon l'acteur, c'est ce courrier signé d'un « saltimbanque de droite » qui lui vaut dans les mois suivants une ribambelle d'honneurs : critiques de gauche célébrant son talent, émissions de télévision l'intronisant invité spécial, hommage de la Cinémathèque française, récompense au Festival de Berlin... François Mitterrand n'a pas vu l'acteur depuis le 14 juillet 1994 : au détour d'un salon de l'Elysée, Delon lui souffle : « Il faut vous représenter. — Il y a la dure loi de l'âge », soupire le Président, avant de laisser conclure le comédien par une réplique de théâtre : « Et que faites-vous de la loi du peuple [4] ? » A la fin de mai 1995, il lui envoie une réponse dactylographiée, ornée de son habituelle signature

1. Entretien téléphonique avec l'auteur, le 30 septembre 1996.
2. Ibid.
3. *Le Figaro*, le 19 mai 1995.
4. Laure Adler, *L'année des adieux*, op. cit., p. 218.

à l'encre bleue, un peu difforme. François Mitterrand marque d'abord son étonnement face à ces félicitations venues d'un homme de droite. Mais, poursuit-il en substance, Alain Delon est une institution dans le cinéma, et il est assez logique qu'une institution rende hommage à une institution... Il avoue enfin son émotion à la lecture des mots de l'acteur, et lui confie : « Les sentiments que je vous porte ont, comme les vôtres, franchi les frontières que vous évoquez et se sont rencontrés. »

Si François Mitterrand dicte alors toutes ses lettres, même les missives qui mériteraient, comme celle-ci, d'être manuscrites, c'est qu'il ne peut plus écrire à la main. Alors qu'elle le laisse marcher à sa guise, la maladie a grippé son bras jusqu'à le sevrer de ce suprême plaisir. « Il a essayé de se mettre à la machine à écrire, mais il n'a pas pu, témoigne Laurent Fabius. François Mitterrand n'était pas seulement un homme de plume, c'était aussi un homme de stylo. La maladie lui avait enlevé le plus cher, hors la lucidité : l'écriture. Et puis un jour il m'a envoyé une lettre rédigée à la main, d'un graphisme un peu tremblotant : " Je peux me remettre à écrire, avant c'était impossible [1]. " » Pendant ces premières semaines d'inaction, François Mitterrand garde en mémoire ses projets d'écriture. Le temps libre qui soudain irrigue ses journées fait germer en lui de vieux projets enfouis : un livre sur Laurent de Médicis, aux recherches amorcées vingt ans plus tôt, et toujours remis à l'heure de la retraite, ou encore un ouvrage sur le coup d'Etat du 2 décembre 1851. Pour ce dernier projet, Mitterrand prend même quelques dispositions : Bernard Latarjet demande à Thierry Charmasson, membre diligent du service de presse de l'Elysée entre 1993 et 1995, de se tenir prêt à des recherches sur Napoléon III. Mais la maladie revient à la charge et contraint Mitterrand à limiter ses ambitions au simple achèvement des ouvrages en cours, les dialogues autobiographiques avec le journaliste Georges-Marc Benamou et l'essai-plaidoirie sur sa politique à l'égard de l'Allemagne en 1989-1990. A aucun moment Mitterrand n'envisage de rédiger de vrais mémoires. La maladie, parfois distraite, ne s'absente jamais assez longtemps pour lui tolérer un tel loisir, mais, surtout, Mitterrand n'en a pas envie. Le genre semble l'effrayer, il n'a jamais écrit que des livres de circonstance – bilan d'action, essais d'actualité, compilation de chroniques – et

1. Entretien avec l'auteur, le 31 mai 1996.

l'avocat en lui se sent appelé dans l'urgence à démonter les accusations dont on l'accable plus qu'à narrer une vie tant de fois racontée.

Il est un autre ouvrage qu'escompte publier à brève échéance François Mitterrand : le recueil de tous les discours qu'il a consacrés, entre 1993 à 1995, aux diverses festivités du cinquantenaire de la Libération. Débarquements, armistices, tragédies et faits d'armes lui ont permis, au fil des commémorations, de parler paix, Europe, Histoire. Et lui ont fourni l'occasion, avant tout, de répondre aux attaques sur son passé, d'évoquer *sa* guerre et *sa* Libération. Le recueil envisagé, annexe pour une plaidoirie perpétuelle, ne verra pas le jour, le Président consacrant de nombreuses pages de ses deux ouvrages déjà en cours à cette autodéfense. De plus, une piraterie éditoriale vient saboter l'idée d'une telle compilation. Jean-François Beau, directeur des mystérieuses éditions Europolis, écrit au Président, à peine installé avenue Le-Play, pour lui annoncer la publication d'une partie de ses discours : cinquante-trois allocutions sélectionnées et commentées par Beau et Jean-Christophe Ulmer, un « consultant », 565 pages traversant les deux septennats de Mitterrand. « Ils écrivaient en substance : “ Nous vous avons fait une surprise pour votre départ de l'Elysée ”, raconte Jean Kahn. Le Président était fort mécontent [1]. » Après un courrier signifiant son désir de rester maître de la publication de ses écrits, et constatant que l'ouvrage prévu, *François Mitterrand, Discours, 1981-1995*, est paru, Mitterrand s'en remet à Maître Georges Kiejman pour attaquer Europolis. Le mardi 23 mai, le tribunal de grande instance de Bobigny, sur requête de François Mitterrand, ordonne la saisie pour contrefaçon de l'ouvrage d'Europolis, curieusement dédié à Michel Destot, socialiste qui s'apprête alors à être élu maire de Grenoble. Les récriminations de Beau, militant de gauche, et de Jean-Christophe Ulmer restent vaines, tout comme leur engagement à reverser les bénéfices de l'opération à la lutte contre le Sida. « Le Président est capable de faire ses bonnes œuvres lui-même [2] », tranche Kiejman, tuant dans l'œuf la collection, au titre prometteur, dont se revendique le livre condamné : « L'Esprit civique... »

1. Entretien avec l'auteur, le 15 mai 1996.
2. *Le Monde*, le 26 mai 1995.

C'est donc comme plaignant que François Mitterrand a une ultime fois affaire à la Justice. Est-ce cette estocade aussi légitime que peu risquée qui lui rappelle soudain qu'il est toujours inscrit au barreau? Est-ce parce qu'il souhaite clore pour solde de tout compte les divers registres de sa vie? Quarante et un ans après y être entré, Maître Mitterrand décide de quitter la confrérie des avocats. Le 30 mai, le Conseil de l'ordre avalise sa démission et l'autorise à s'inscrire sur le tableau supplémentaire créé en 1851 pour les avocats ayant exercé au moins vingt ans. Le geste semble bénin, qui n'entraîne que quelques entrefilets dans la presse, il est pourtant d'importance. « Dans la vie, il ne devrait y avoir que des avocats [1] », a-t-il glissé quelques jours plus tôt à Georges-Marc Benamou. Déjà Président honoraire, Mitterrand devient avocat honoraire, et l'homme lui-même se retire lentement de la vie, âme presque honoraire. Ce mois de mai est un automne, qui le dépouille de ce qui fut sa vie. Certes, les honneurs, l'amitié, la liberté sont là ; le temps retrouvé enrubanne ses journées des plaisirs de l'existence et la fragrance de la vraie vie embaume son nouveau quotidien. Mais tout cela n'est qu'illusion. La vie de François Mitterrand s'en va en lambeaux : celui, doré, du pouvoir, celui, oublié, de l'avocature, celui, déchiqueté, de la politique.

Le lundi 29 mai, François Mitterrand tombe. Faux pas, vertige ou perte de conscience, il s'agit d'une de ces nombreuses chutes qui, depuis de longs mois, émaillent ses journées et écaillent son visage en le précipitant sur le sol ou sur l'angle vif d'un meuble. Cette fois, c'est l'arcade sourcilière du Président qui a été ouverte, ainsi que le bas de son front. Il en gardera pendant deux semaines une cicatrice rouge, stigmate de vieillesse. Mai s'en va, et la maladie revient : il faut à nouveau opérer le Président. « Le but de nostre carrière, c'est la mort, c'est l'objet nécessaire de nostre visée : si elle nous effraye, comme est-il possible d'aller un pas avant, sans fièvre [2] ? » François Mitterrand n'a pas peur de la mort, et avance vers elle du pas léger et insouciant du flâneur. François Mitterrand a peur du mois de mai. Il en a peur depuis plus de vingt ans, depuis ce jour de 1973 où un chauffeur de taxi portugais lui a glissé : « On sait dans mon pays que mai est fou [3]. » Rêvant face au crépuscule, badaud parmi d'autres place du Trocadéro, Mitterrand

1. Georges-Marc Benamou, *Le dernier Mitterrand*, op. cit., p. 157.
2. Montaigne, *Essais*, livre 1, chapitre 20, Garnier-Flammarion, 1969, p. 129.
3. François Mitterrand, *La paille et le grain*, op. cit., p. 173.

a convoqué alors en sa mémoire les funestes mois de mai de sa vie : la guerre, la mort du père, celle d'un ami, 1958... Il ignore alors que mai lui offrira aussi la victoire mais, au bas de cette page qui est sans doute la plus belle qu'il ait écrite, il conclut néanmoins : « Si mai est fou, c'est de vivre. Un bonheur insoutenable [1]. » En 1995, c'est la douleur qui est trop souvent insoutenable. Mai s'en va, son dernier mois de mai. Mai n'est plus fou de vivre et Mitterrand doit se faire une raison de mourir.

1. François Mitterrand, *La paille et le grain*, op. cit., p. 174.

Juin

François Mitterrand entre en juin en sortant de l'hôpital. Le mardi 30 mai, il s'est installé au centre médico-chirurgical de la Porte de Choisy et, le lendemain, le professeur Guy Vallancien a pratiqué sur l'ancien Président une légère intervention : remplacer sa sonde urétérale. « Tout s'est passé normalement et sans problème », déclare le praticien après cet acte, bénin puisque le changement de la sonde intervient environ une fois par an chez les personnes âgées qui ont été opérées d'un cancer de la prostate. Mitterrand passe une seconde nuit en clinique et, le jeudi 1er juin au matin, regagne ses locaux de l'avenue Le-Play. Guy Vallancien a sans doute voulu profiter de la bonne forme de son patient pour intervenir sans tarder, mais il provoque une véritable tempête au sein du corps médical proche du Président. Jean-Pierre Tarot, opposé à cette initiative, ne supporte pas d'avoir été doublé par un confrère, et surtout trahi par son malade. Après une franche explication avec Mitterrand, il ramasse les affaires qu'il a déjà installées avenue Le-Play et disparaît. Cette brouille sérieuse ne durera pas, mais une complicité est rompue entre le souffrant et le docteur antidouleur; elle ne se rétablira réellement qu'avec la grave rechute de Mitterrand au mois d'août et, surtout, le séjour des deux hommes à Belle-Ile, en septembre.

La guerre des blouses blanches de l'Elysée a mis en présence une demi-douzaine de combattants principaux, et quelques mercenaires de renfort. Il est incroyable que la santé du premier personnage de l'Etat ait été l'objet, notamment lors de sa dernière année de pouvoir, d'une telle rivalité. Le coupable est facile à désigner : il s'agit de François Mitterrand lui-même. « François Mitterrand ne se soignait pas normalement, ce qui explique les cycles de forme et de méforme, tranche Henri Emmanuelli. Il jouait entre plusieurs médecins comme il mettait en rivalité sur chaque dossier ses collaborateurs ou ses amis politiques. Il s'est appliqué à lui-même ce traitement qu'il réservait aux autres [1]. » « Pour faire prendre un Diantalvic à François Mitterrand, c'était tout un combat, se souvient Anne Lauvergeon. Qui plus est, chacun dans son entourage proposait son médecin [2]. » « François Mitterrand a toujours aimé mettre les êtres qui le servaient en concurrence, conclut Charasse. Nul ne pourra sans doute jamais dire si, dans ce cas précis, il a été victime de son système favori, ou s'il en a profité [3]. » L'exceptionnelle longévité de Mitterrand malade – quinze ans de survie avec un cancer métastasé – n'est pas seulement l'unique point d'accord de tous les médecins qui l'ont approché, mais semble aussi une excellente plaidoirie pour ce système : diviser pour être mieux soigné. L'apparence est trompeuse. La résistance de Mitterrand doit surtout à sa volonté hors du commun et aux excellentes réactions aux traitements d'un organisme peu habitué aux médicaments. Mais le mitterrandisme appliqué à la médecine demeure un désastre thérapeutique : le confort du malade, souvent épuisé par des soins erratiques, en est mis à mal, et l'espoir d'une vraie guérison réduit à néant.

A cette fâcheuse méthode s'ajoute le profond mépris de l'intéressé pour la médecine. « En 1975, Mitterrand m'a demandé ce que je faisais, se souvient Jean-Marie Le Guen, chef des socialistes parisiens. A l'époque, j'achevais mes études de médecine. Quand je le lui ai dit, Mitterrand m'a répliqué : " Les médecins sont tous des Diafoirus [4]. " » Considérant sa propre maladie, Mitterrand redouble de scepticisme à l'égard des docteurs. Son père est mort d'un cancer de la prostate après deux ans de souffrances ; son frère Philippe a trépassé de la même manière ; Jacques et Robert, soignés très tôt, ont pu juguler ce mal familial. Pour François Mitterrand, ce cancer atavique ne s'éradique pas : il ne demande pas aux médecins de le guérir, il n'exige qu'un sursis et la garantie de conserver toutes ses facultés intellectuelles jusqu'au bout. Pour se soigner, Mitterrand se fie à de vieux remèdes de bonnes femmes, respecte des secrets de rebouteux qui confinent à la superstition. « Il buvait fréquemment une tisane que lui avait

1. Entretien avec l'auteur, le 25 juin 1996.
2. Entretien avec l'auteur, le 18 juin 1996.
3. Michel Charasse, *55, faubourg Saint-Honoré*, Grasset, 1996, p. 289.
4. Entretien avec l'auteur, le 23 janvier 1996.

fournie, en lui disant simplement qu'elle était bonne, un paysan morvandiau, se souvient un proche du Président. Ce breuvage empestait effroyablement. » « Le vrai problème, ce sont les médicaments, poursuit Michel Charasse. (...) Il disait souvent : " Ma grand-mère m'a conseillé de me méfier. Les médicaments empoisonnent le sang, certains sont même cancérigènes. Il faut en prendre le moins possible [1]. " » Au-delà de cette sympathie vieillotte pour les poudres de Perlimpinpin, Mitterrand est un exécrable patient, hypocondriaque à souhait, qui tisse lui-même la nasse médicale où il enserre son destin. Hormones, chimiothérapie, rayons, homéopathie : les soins varient selon le médecin en grâce autant que selon les impératifs biologiques.

Après la mort de son frère, Robert Mitterrand décrira, dès le 9 janvier 1996, les scènes molièresques de la chambre présidentielle : « Le Président est forcément la personne la plus mal soignée. Il y a autour de lui quatre ou cinq médecins pas d'accord sur la méthode, mais quand on leur parle de faire venir quelqu'un de l'étranger, on répond qu'on n'a pas besoin d'étranger, qu'on n'a pas besoin de guérir le Président, mais de le soigner [2]. » « Quelqu'un de l'étranger », c'est le professeur Edson Pontès, chirurgien renommé de Detroit, qui a soigné avec succès Robert Mitterrand. Son cas est exemplaire de l'archaïsme de l'environnement médical de Mitterrand. Il n'a vu son « patient » qu'au cours de petits déjeuners ou de déjeuners, la santé du chef de l'Etat servant de sujet de conversation, jamais sans la présence d'un autre médecin. Une seule fois, Pontès a pu examiner Mitterrand, ce qui ne l'a pas empêché de prescrire une chimiothérapie et de délivrer d'autres conseils d'outre-Atlantique. Les médecins ne pouvaient pas, pour la plupart, soigner normalement Mitterrand, mais aucun n'a songé à le dispenser de ses prescriptions. Une fois dans le cercle, il fallait marquer sa différence, offrir l'inédit à défaut de la guérison. « C'est dans l'univers des médecines de cour et des médecines de potentat que nous sommes tout à coup replongés [3] », constate Paul Yonnet.

A la fin de 1994, deux médecins ont été éloignés par François Mitterrand, et deux autres sont adoubés. Les disgraciés du chevet présidentiel sont les docteurs Gübler et Kalfon. Le premier, sorte

1. Michel Charasse, *55, faubourg Saint-Honoré*, op. cit., p. 292.
2. TF1, le 9 janvier 1996.
3. Paul Yonnet, « Je ne vous quitterai pas », *Le Débat*, n° 91, 1996, p. 41.

de médecin de famille des Mitterrand, est un généraliste à rouflaquettes aux allures de Charles Bovary, dont le dévouement est la plus précieuse des compétences. Il a, dix ans durant, assuré le suivi quotidien du cancer présidentiel, vérifiant que les traitements étaient respectés et parant aux urgences, telle cette embolie de 1982, en pleine nuit, alors que le Président est à Hambourg ! « Un jour, Gübler a oublié sa mallette, se gausse un collaborateur du Président. Quand on l'a ouverte pour savoir à qui elle appartenait, on s'est aperçu qu'elle était pleine de médicaments périmés ! » « Le docteur Gübler m'a soignée pour une grippe et il a failli me tuer en me prescrivant de la pénicilline et de l'aspirine, alors que j'y suis allergique », accuse Christina Forsne, l'« amie » suédoise de François Mitterrand. Doux rêveur ou praticien incompétent, Gübler a gardé le secret. Le colonel Kalfon, médecin militaire attaché au Président, a développé, lui, une bien sympathique thérapie : « Moi, je ne lui parle que de la vie, que des plaisirs de la vie [1]. » Tous deux sont lentement évincés, puis brutalement écartés.

Auprès du Président s'imposent alors des praticiens à la personnalité plus épanouie, propres à fasciner leur malade, à provoquer la jalousie de l'entourage élyséen et à soulever la polémique. Il y a, d'abord, le docteur Philippe De Kuyper, un homéopathe belge réputé, qui exerce à Versailles. Rapidement contesté par les autres médecins de l'Elysée, il est accusé d'administrer au Président des produits élaborés par le professeur Beljanski, condamné plusieurs mois plus tôt pour exercice illégal de la médecine. « Ces attaques m'ont touché, mais ne m'atteignent plus, se souvient l'intéressé. La Vérité avec un grand V n'est pas exprimable pour le moment : il faut du temps. Tout cela est tragique et dérisoire [2]. » A la tête de la coalition anti-Kuyper se trouve Jean-Pierre Tarot, l'autre toubib adoubé à l'automne 1994. Il a surgi dans l'univers médical du Président à moto, quand Gübler eut recours à son véloce et discret concours pour porter à un laboratoire d'analyses, en septembre 1992, les prélèvements cancéreux d'un opéré de l'hôpital Cochin, un certain Xavier Carpentier, alias François Mitterrand. Pourtant, le Président le connaît déjà, n'ayant pas oublié que ce docteur a su accompagner vers une mort digne plusieurs de ses relations, dont son ami Jean Riboud. En novembre, Tarot lui est rattaché à sa de-

1. Laure Adler, *L'année des adieux*, op. cit., p. 230.
2. Entretien téléphonique avec l'auteur, le 30 septembre 1996.

mande, car il souffre atrocement du dos. A partir de la seconde opération du Président, en juillet 1994, la présence de Tarot croît sans cesse. Il passe le Noël suivant à Venise, en compagnie de son malade et de Mazarine. Après le départ de l'Elysée, il n'est plus seulement le principal médecin de Mitterrand : il est son confident, son tuteur, son ombre. Disponible à volonté, il est également son « Guérassime », ce paysan philosophe qui veille sur les derniers jours d'Ivan Ilitch, le héros de Tolstoï, éclairant sa vie et facilitant sa mort. Dans ses conversations avec Tarot, François Mitterrand entend un bruit agréable : l'écho du burin qu'il manie pour achever sa statue. Tarot est un prescripteur inflexible, qui n'hésite pas à rudoyer son patient, mais il est l'affidé idéal pour justifier une vie. Avec lui, nulle question dérangeante, nul procès en révision : Tarot n'est pas un chirurgien du passé, il est le médecin du présent, qui calme la douleur physique et ne réveille pas les tourments de l'âme.

Ce ballet ridicule et sordide des « clysterium donare » n'a pas seulement été la conséquence des jalousies professionnelles. Les différents médecins élus par le Président répondent à une volonté politique. « Si la multiplicité des avis médicaux me paraît une chose normale, pourquoi le Président a-t-il délibérément créé des rivalités entre nous [1] ? » geint le docteur Kalfon. La réponse est simple : Mitterrand voulait éliminer sans le dire certains de ses médecins et en projeter d'autres en avant-scène. C'est ainsi qu'il congédie d'un mot le docteur Gübler à l'entrée du studio de l'Elysée où il se rend, le 31 décembre 1994 – une semaine après son Noël vénitien avec Tarot –, pour enregistrer ses ultimes vœux de Nouvel An : « Vous, ce n'est pas la peine d'entrer. » C'est bien de cela qu'il s'agit : entrer ou ne pas entrer sur la scène présidentielle. Pour Mitterrand, maîtriser l'image de sa maladie et de sa mort prochaine, c'est-à-dire maîtriser sa propre image, passait par la manipulation du corps médical. Comme il lui fallait s'afficher avec tel ministre ou telle personnalité pour imposer tour à tour l'image d'un Président bon gestionnaire, proche des jeunes ou ancré à gauche, il lui fallait choisir la bonne blouse blanche pour bien user de son cancer. De 1981 à 1992, c'est Gübler qui est là : le dévoué, le discret, si grotesque parfois que nul ne le songerait détenteur du plus grand secret d'Etat. Quand la maladie est publique

1. Laure Adler, *L'année des adieux*, op. cit., p. 299.

vient le temps des grands professeurs, Steg et Debré en tête, l'institution médicale opérant l'institution présidentielle, les mandarins au chevet du chef de l'Etat. Quand il ne s'agit plus d'être malade, mais d'avancer vers la mort, surgissent alors les carabins du mystère, cet énigmatique docteur Kuyper, aux mixtures sulfureuses, et ce merveilleux docteur Tarot, qui semble soigner avec une présence et des paroles. « De son état de santé il usera comme d'une arme à double tranchant, glisse pudiquement Laure Adler : il saura se faire plaindre par ses adversaires du gouvernement, à qui il inspirera du coup un immense respect, et puisera sa force dans ses souffrances, qu'il ne taira guère, pour s'avancer nu, seul, à bout de forces, afin d'expliquer son attitude pendant l'Occupation [1]. »

Six semaines avant son départ de l'Elysée, Mitterrand donne une preuve spectaculaire de sa gestion politique du « staff » médical élyséen. Le jeudi 23 mars 1995, *Paris-Match* publie un éloge du docteur Tarot ; dans une lettre datée du mardi 28, dont Mitterrand demande la publication au directeur de *Match*, le Président rétablit l'équilibre par un vibrant hommage à Philippe De Kuyper et à ses prescriptions « que j'observe chaque jour et qui jouent un rôle décisif dans mon rétablissement ». Pour Gübler, que Mitterrand remercie également dans sa lettre à *Match*, c'est De Kuyper, jaloux, qui a exigé ce courrier de la main présidentielle. L'explication est un peu courte. Mitterrand, qui choisit ses médecins, tient à ce que les disgrâces demeurent confidentielles, et veut noyer dans un hommage unanime tous les praticiens qui l'ont approché. Le fidèle Michel Charasse perpétuera cette tactique : entre les épreuves de son livre de demi-confidences et la version finale de l'ouvrage, il rallongera d'un paragraphe le passage consacré à la rivalité Tarot-De Kuyper, glorifiant le premier mais n'accablant pas le second, et les créditant tous deux d'avoir su convaincre le Président d'arrêter la chimiothérapie pour se livrer aux rayons. Si la maladie est d'évidence pour Mitterrand une arme politique, qu'elle soit tue en un effroyable mensonge d'Etat ou érigée en courageuse sortie par le haut, c'est qu'il l'a souvent croisée dans sa carrière. Le 24 mai 1977, il lui consacre des lignes sarcastiques dans *L'Unité* : « D'année en année, la rumeur court dans les salles de rédaction et les dîners parisiens, s'enfle, gagne la province et se fait vérité. Je serais, murmure-t-on assez haut pour que les sourds entendent, atteint d'un

1. Laure Adler, *L'année des adieux*, op. cit., p. 221.

mal mystérieux – et quand on dit d'un mal qu'il est mystérieux chacun comprend qu'il ne l'est pas. (...) Quant aux médecins de Molière, ils ont tranché que je mourrai. Un jour ou l'autre [1]. » Mensonge ou vérité, le cancer est un compagnon de longue date de Mitterrand. Les médecins de Molière ont fini par avoir raison. Mais entre-temps, François Mitterrand les a roulés dans la farine, et s'est servi d'eux pour ajouter quelques enluminures à son mythe, et faire d'un banal cancer de la prostate un caducée du talent politique.

*

* *

Le vendredi 2 juin, bien que fortement affaibli par la bénigne opération de la veille, François Mitterrand reprend son habitude des déjeuners en ville. C'est Georges-Marc Benamou qui en est cette fois l'invité. Il leur faut progresser dans le livre d'entretiens : la matière s'est amplement sédimentée durant leurs longues heures de dialogue, mais Mitterrand n'a encore rien lu ni corrigé et, surtout, il n'a pas trouvé l'angle directeur de l'ouvrage, ce qu'il appelle « le fil rouge ». Il ne le trouvera pas lors de ce déjeuner, consacré à la roborative cuisine de l'auberge D'Chez Eux, avenue de Lowendal, entre le faux cochon de lait pendu au plafond, entouré de vraies cochonnailles langées de torchons, et la paire de sabots vissée au mur. Mitterrand a préféré parler de ses projets de voyage et de Mazarine, qui passe brièvement prendre le café. Après ce menu inhabituel pour un convalescent, Mitterrand rentre à pied avenue Le-Play, serrant les mains des passants audacieux et conversant avec Benamou. Déjà, Solutré occupe son esprit. Il part le lendemain pour Cluny, fief des Gouze, la famille de sa femme, camp de base traditionnel avant l'ascension de la Roche. Dans le train, un seul sujet de conversation anime le cortège mitterrandien, lambeaux de cour rapiécés pour l'occasion : doit-il ou ne doit-il pas monter? Jean-Pierre Tarot était opposé à cette escalade, et l'obstination de son patient, ajoutée à l'intervention du 31 mai, l'a convaincu de se retirer sous sa tente. « Nous étions quelques-uns à lui dire de ne pas faire l'ascension [2] », explique Pierre Bergé.

1. François Mitterrand, *L'abeille et l'architecte*, Livre de Poche, 1996, p. 292.
2. Entretien avec l'auteur, le 24 juin 1996.

« Beaucoup le lui ont déconseillé, corrige Jack Lang. Il laissait planer le doute, mais il avait déjà décidé d'y aller [1]. »

François Mitterrand, qui somnole sur son siège, est, en effet, déjà résolu. « Le défi n'était pas d'arriver en haut pour prouver sa forme, précise son fils Gilbert, car il n'était plus en représentation politique, mais il tenait à respecter cette tradition. Agir comme d'habitude était sa manière de lutter contre le cancer [2]. » Dans le bric-à-brac de la légende mitterrandienne, l'ascension de la Roche de Solutré est un rite lié à la Résistance, une promesse d'escalade annuelle formulée pendant la guerre et respectée sans faute depuis 1946 – hormis un ajournement de quelques semaines en 1968 –, une sorte de mont Valérien privé. En fait, l'origine de la tradition est moins lyrique, comme l'a révélé en 1994 Roger Gouze, beau-frère de François Mitterrand. En 1946, rejoignant ses parents à Cluny pour le week-end de Pâques, Gouze emmène Mitterrand, et entraîne toute la famille en haut de la Roche le dimanche matin, avant un plantureux déjeuner, arrosé au pouilly-fuissé, dans un bistrot voisin : « Du saucisson chaud, de la poularde à la crème et une superbe crème au chocolat [3]. » C'est ce dessert, rarissime en temps de privations, qui plonge les convives dans une douce euphorie digestive. Mitterrand propose alors de reproduire chaque année un tel dimanche d'agapes, vœu accepté et exaucé, le dimanche de Pentecôte remplaçant celui de Pâques, pour escompter une météo agréable. « Ces jours de Pentecôte, en avance de peu sur le solstice, sont bien le sommet de l'année [4] », écrira-t-il en 1973 dans *La paille et le grain*, en des lignes d'églogue qui suivent de peu celles, tout aussi inspirées, consacrées à mai. Dans cette page fort bien écrite, Mitterrand évoque le panorama offert par le sommet de la Roche, « ce spectacle auquel je me suis abonné il y a vingt-huit ans [5] », enracinant ainsi son pèlerinage en 1945, et non 1946... Légère entorse au temps, qui rapproche Solutré de la guerre, et baptise la tradition au sang de la Résistance plutôt qu'à la crème au chocolat.

Le dimanche 4 juin, le réveil du Président est tardif et douloureux. La foule est déjà amassée au long des pentes de la Roche de

1. Entretien avec l'auteur, le 11 juillet 1996.
2. Entretien avec l'auteur, le 18 novembre 1996.
3. *Le Parisien*, le 16-17 avril 1994.
4. François Mitterrand, *La paille et le grain*, op. cit., p. 176.
5. François Mitterrand, *La paille et le grain*, op. cit., p. 177.

Solutré, grimpant de quelques pas puis se retournant pour guetter l'arrivée de Mitterrand, quand surgit un véhicule tout-terrain. Contournant les vignes, il s'agrippe à la pente le plus longtemps possible avant de stopper. Mitterrand s'en extirpe : il a revêtu une chemise de jean bleu et une veste de toile vert pâle qui lui donnent l'air d'un ouvrier en congé. Une casquette grise sur la tête, il empoigne sa canne et la plante dans le sol, fermement, dès ses premiers pas. A Paris, il aime flâner les deux mains dans le dos, en tenant à l'horizontale une fine canne, ornée, à son sommet, d'un oiseau bleu. En 1965, méditant sa prochaine candidature, encore secrète, à l'élection présidentielle, il arborait en homme de la terre un long bâton noueux à pommeau rond. Cette fois, pour l'ultime ascension, l'utile l'a emporté sur le symbolique. La canne en bois verni, au manche recourbé, est une classique canne de vieillard. Elle l'aide à progresser lentement sur la pente, à trouver son chemin dans le delta de traces qui s'allonge entre les massifs de buis, les pierres rouges et les longues flaques de poussière ocre. Les rochers, polis par des millions de pas, se muent en marches qu'on dirait de porphyre. Mitterrand avance par bribes, cherchant son souffle en de fréquentes pauses, déguisées en instants d'admiration devant le paysage. Devant lui s'étend la plaine de Mâcon, immuable depuis ces autres lignes de 1973 : « Quand la brume ne monte pas des fonds de Saône, on distingue la barre du Jura et parfois, par-dessus le massif des Alpes, invisible, l'équerre du Mont-Blanc [1]. »

En cette ultime Pentecôte, il est midi passé quand Mitterrand essaye de gravir les flancs de Solutré, et la chaleur a brouillé depuis longtemps le paysage, en un flou chancelant. Seul le serpentin orangé d'un TGV vient fendre cette buée assoupie qui se referme sans tarder derrière lui. De l'autre côté de la Roche, le paysage est bien plus vif, aux lignes encore acérées malgré l'heure avancée : d'une mer de vignes aux vaguelettes bien peignées émergent les récifs de quelques bois touffus et verts. Solutré et la roche jumelle qui se tient plus au nord semblent deux vagues monstrueuses, pétrifiées lors de tempêtes préhistoriques. Mais François Mitterrand ne voit rien de tout cela. Il lui reste quelques hectomètres à parcourir pour que ce panorama dévide à ses pieds sa pelote de beautés : il n'y arrivera pas. « Passez au-delà des ronces, ne vous découvrez pas à la vue », lui conseille à plusieurs reprises Jack Lang. Mais il

1. Ibid.

est trop tard : ces vapeurs de la terre qui annoncent l'été asphyxient Mitterrand, qui demande à s'asseoir. Un pliant est vite fiché en terre, et Mitterrand reprend des forces, la canne posée à l'horizontale sur ses genoux couverts d'un épais velours côtelé brun. La foule s'agrège alors autour de ce promeneur épuisé, qui abrite son visage d'une main, offre des regards vides et respire avec peine. Les sourires forcés et les plaisanteries de Jack Lang et Roger Hanin ne trompent personne. Est-il indécent de rester, comme le grommelle une promeneuse en rangeant son appareil photo, ou bien demeurer à mi-pente avec ce Président à bout de forces est-il un ultime hommage, comme le lance ce barbu en un sonore « Merci et bravo » ? Chacun décide en son âme et conscience, et la foule lentement s'éclaircit. « Il m'a dit ressentir une violente douleur interne, et une forte nausée [1] », rapporte Jack Lang.

Au bout de quelques minutes, le Président reprend sa marche, et aborde la zone où l'herbe se fait rare et la pierre plus blanche et plus glissante. Le sommet est tout proche, mais Mitterrand défaille encore, et demande à s'asseoir sur le sol. Une couverture noire est déployée, un garde du corps s'installe derrière lui pour lui faire un dossier de fortune de ses genoux, ses proches s'assoient également. « Quinze jours plus tard, il y serait arrivé sans problème [2] », regrette Lang. « Il y avait ces gens qui l'épiaient, toute cette curiosité pas très saine, le défi devenait gêne, explique Gilbert Mitterrand. A quelques-uns, nous serions restés encore un peu et il y serait arrivé [3]. » Ressaisi, Mitterrand engage la conversation avec les journalistes : l'anesthésie générale du mercredi précédent, les canards de l'Elysée, la Twingo des socialistes, les livres à lire, les promenades dans Paris, la fidélité de Baltique... Après une demi-heure de bavardage divaguant, consacrée avec beaucoup de malice à éviter tout propos sur Jacques Chirac, Mitterrand se relève et entreprend de descendre. La foule s'écarte alors et termine l'ascension, tandis que le Président glisse, suivi d'un petit comité, vers le bas de la Roche. Il s'éloigne du chemin et fend la prairie. « Chaque herbe de ce champ que je traverse pour monter la roche de Solutré est fleur. Mes pas y tracent un chemin d'arc-en-ciel où dominent le mauve et le bleu [4]. » En ce dimanche de Pentecôte, Mitterrand le bucolique

1. Entretien avec l'auteur, le 11 juillet 1996.
2. Ibid.
3. Entretien avec l'auteur, le 18 novembre 1996.
4. François Mitterrand, *La paille et le grain*, op. cit., p. 176.

le cède à Mitterrand l'élégiaque : les herbes de Solutré ont le panache grisonnant et Mitterrand laisse un sillage pathétique en descendant la roche de sa gloire passée et de son ultime échec.

Après avoir retrouvé son 4 x 4, Mitterrand rejoint les « saucissonneurs », ces campeurs grenoblois qui sont depuis des années du rendez-vous de Solutré, riches de crêpes, de beignets, de charcuteries et de vin blanc. Mitterrand enfile un chandail marine pour ne pas se refroidir, puis évoque la souffrance subie lors de l'ascension et son soulagement à être parvenu si haut. Héros de l'apéritif, il fanfaronne : Solutré, en vérité, a eu raison de ses forces. « Cet échec l'a terriblement affecté, concède Gilbert Mitterrand. La maladie était la plus forte, sa volonté ne pouvait plus passer outre sa santé [1]. » C'est à quatorze heures passées que Mitterrand gagne le « second restaurant » de Solutré. En cinquante et un ans de pèlerinage, il n'y a eu en effet que deux adresses à mitonner le déjeuner des grimpeurs, la petite troupe ne désertant l'établissement originel que quand il changea de propriétaire. Le menu, lui, est le même depuis 1946 : saucisson chaud lyonnais, poulet à la crème de morilles, crème au chocolat. François Mitterrand va beaucoup mieux et profite du repas à pleines dents. Roger Hanin égaye la tablée où s'alignent les membres des familles Gouze et Mitterrand, Georges Kiejman, Pierre de Bénouville, Louis Mermaz, Jack Lang et d'autres. François Mitterrand sourit, et son visage semble soudain, quand les rides s'arrondissent sur ses joues grises, un buste de marbre cipolin. On parle de faits divers fameux, de Jean Marin, speaker de Radio-Londres, qui est mort la veille, des grands orateurs de l'Histoire.

A dix-sept heures, un succédané de conférence de presse s'organise dans le jardin ; ce ne sont plus des petites phrases sur l'actualité politique que l'on attend, mais un peu de philosophie, un testament déguisé en digestif. Pascale et Justine, les filles de Gilbert, sont là également, qui enserrent le cou de leur grand-père, offrant un cliché de tendresse aux paparazzi. Puis Mitterrand reprend la route de Cluny, renonçant au jeu de piste du val lamartinien, cette suite de visites qui le mène chaque année de Milly au château de Saint-Point, suivant le poète de la maison de l'enfance à la tombe. Il aimait tant s'entendre déclamer Lamartine sous les frondaisons de Saint-Point, et se recueillir au pied des grilles du caveau

1. Entretien avec l'auteur, le 18 novembre 1996.

du poète, surmonté de l'inscription « Speravit anima mea » – « Il mit son espoir dans son âme. » Il y a dans cette épitaphe le synonyme du « Je crois aux forces de l'esprit » qu'il chuchota aux Français lors de ses ultimes vœux présidentiels. Et François Mitterrand s'interrogea souvent sur ce soldat tué en novembre 1916 – quelques jours après sa propre naissance –, dont les restes, selon sa dernière volonté, furent inhumés aux pieds de Lamartine.

Ce n'est que partie remise. Le lendemain, lundi de Pentecôte, Mitterrand se lève en pleine forme. Il consacre sa matinée, comme chaque année, à une visite studieuse de Cluny et de ses ruines, suivie d'une flânerie de lèche-vitrines. Mitterrand a revêtu exactement la même tenue que la veille, casquette, chaussures de marche et canne incluses, relevée simplement d'une écharpe grenat qui s'arrondit en un généreux jabot. Après un regard appuyé aux quelques librairies croisées sur son chemin, qui offrent en vitrine les derniers ouvrages sur Jacques Chirac, François Mitterrand et ses deux complices d'escapade – Hanin et Kiejman – s'arrêtent à la terrasse du café de La Nation, rue Lamartine. Au petit crème du matin, Mitterrand préfère un quart d'eau minérale... Le déjeuner du lundi est un autre moment fort du pèlerinage de Pentecôte. Roger Hanin raconte, comme chaque année, l'histoire de la « chemise lilas », que tous connaissent – elle demeure un mystère pour ceux qui n'ont jamais eu de visa pour la Mitterrandie – et qui fait rire encore ; Pascal Sevran pousse la chansonnette au dessert, tandis que Mitterrand sucre son fromage blanc et l'interroge sur les amours des vedettes. Mitterrand égaye aussi la conversation en narrant comment de fort gentilles dames lui ont demandé un jour de leur dédicacer des ouvrages de... Jean Montaldo, le plus acharné de ses imprécateurs : « Ça parle de vous, Monsieur le Président. — Oui, oui, je sais, on m'a dit ça. » « Je crois que les gens ne lisent pas les livres qu'ils achètent », conclut le Président en un sourire. Danielle Mitterrand parle de Fidel Castro, puis embrasse Gilbert et ses filles qui reprennent la route vers le Sud-Ouest, tandis que son mari écourte le repas : il a promis aux vieux de l'hospice de Cluny de leur rendre visite avec Roger Hanin. « J'ai peur qu'ils nous gardent », glousse le comédien. « Je prends quand même plus de risques que vous [1] », réplique Mitterrand. La visite à l'hospice per-

1. Rapporté par Pascal Sevran, *Gala*, le 11 janvier 1996.

met de disloquer le cortège des pèlerins, qui s'en retournent vers Paris. François Mitterrand, accompagné seulement de son épouse, de sa belle-sœur Christine Gouze-Rénal et d'un garde du corps, va pouvoir rendre hommage, tranquillement, à Lamartine.

Suivant à la lettre le bréviaire pentecôtiste, il se rend en fin d'après-midi au château de Cormatin, à quelques kilomètres au nord de Cluny, dans un village baigné par la Grosne. « Mes promenades me conduisent chaque année à Cormatin. Le temps n'en altère point les plaisirs. C'est le pays de Lamartine. Là il rencontra Nina de Pierreclau et tenta de l'aimer ; plus tard il y écrivit son programme politique. Il y revint, au soir de sa vie, quand ne comptaient plus que les poèmes [1]. » En 1995 plus que jamais, c'est l'âme de Lamartine que Mitterrand vient quêter à Cormatin. Il a gardé sa panoplie de promeneur, troquant néanmoins ses chaussures de montagne contre des souliers de ville. Il commence sa visite par les jardins, humant les roses, frôlant la gloriette et son labyrinthe de haies, s'égarant sous les chênes où il s'assit, en 1993, avec Mikhaïl Gorbatchev, musant sous les tilleuls tricentenaires de l'allée Lamartine. « C'est Nous que doivent traduire et la Pierre et la Plante pour que nous puissions nous promener en nous-mêmes », clame un écriteau à l'entrée du parc, en une sentence volée au *Gai Savoir* de Nietzsche. C'est exactement le cas pour Mitterrand : se promenant chez Lamartine, il flâne chez lui. Mitterrand est-il Lamartine ? « Les comparaisons sont presque trop faciles [2] », a raison de tempérer Hugues Le Paige, tout comme il rappelle avec opportunité les phrases d'Henri Guillemin, biographe du poète : « Lamartine veut le pouvoir : il marchera à son but pendant quatorze ans sans le perdre un instant du regard, avec une fixité toute-puissante [3] » ; « Lamartine rejoint la gauche : mais c'est afin de s'emparer d'elle [4] ».

Mais c'est dans la pensée et la vie de Lamartine lui-même que l'on puise les plus édifiantes preuves de l'identification du Président au poète. Lamartine, estompé de l'Histoire littéraire par l'ombre terrible de Hugo, et chassé de l'Histoire politique par

1. François Mitterrand, « Cormatin », *Connaissance des Arts*, juillet-août 1994.
2. Hugues Le Paige, *Mitterrand, 1965-1995, la continuité paradoxale*, L'aube, 1995, p. 183.
3. Henri Guillemin, *Lamartine*, Seuil, 1987, p. 76.
4. Henri Guillemin, *Lamartine*, op. cit., p. 80.

l'ambition messianique de Louis-Napoléon Bonaparte, a malgré tout réalisé dans l'échec cette fusion des lettres et du pouvoir. Hugo fut une grande âme du combat républicain, mais ne tint de barricades que dans *Les Misérables*. Lamartine, sauvant le drapeau tricolore par une harangue téméraire, juché sur une chaise branlante, a senti l'odeur de la poudre. Hugo fut le génie littéraire du siècle, mais sa poésie était plus grande que l'Homme. Lamartine sut faire vibrer les cœurs par une musique à tempo humain. « L'idéal d'une vie humaine a toujours été pour moi celui-ci : la poésie de l'amour et du bonheur au commencement de la vie ; le travail, la guerre, la politique, la philosophie, toute la partie active qui demande la lutte, la sueur, le sang, le courage, le dévouement au milieu ; et enfin le soir, quand le jour baisse, quand le bruit s'éteint, quand les ombres descendent, quand le repos approche, quand la tâche est faite, une seconde poésie ; mais la poésie religieuse alors. » C'est le poète qui trace ce chemin, mais n'est-ce pas celui qu'a emprunté Mitterrand, des élans littéraires fougueux qui le font rimer au Stalag ou écrire des centaines de lettres à sa fiancée de jeunesse, Marie-Louise Terrasse, aux méditations sur l'au-delà qui le font dialoguer à la fin de sa vie avec Jean Guitton, visité en hélicoptère présidentiel, ou avec frère Roger de Taizé, salué à chaque Pentecôte, en passant par la longue conquête politique ? « Lamartine n'a pas longtemps erré, répond Mitterrand en hommage. Si l'on songe à son milieu d'origine, aux normes de son éducation, à sa place dans ce que l'on appelait le monde, à sa situation sociale, il est vraiment très remarquable qu'entre son adolescence et les années qui sont au centre aujourd'hui de notre Histoire, 1845, 1848 et les années suivantes, il est tout à fait remarquable, selon un mot fameux, qu'il soit devenu ce qu'il était [1]. » C'est la métamorphose du poète que décrit Mitterrand, mais n'est-ce pas la sienne qui se tient en filigrane, cette mue qui l'a projeté d'une famille catholique de la bourgeoisie provinciale aux avant-gardes des escadrons de la gauche laïque ? « Renverser le pouvoir est un pauvre métier, le conquérir et y établir ses idées, voilà l'œuvre. (...) Je commence dès ce jour ma vraie carrière politique. (...) Je vais faire de la grande opposition [2]. » Qui écrit ces lignes : le héraut de la Révolution de 1848 ou l'imprécateur de mai

1. François Mitterrand, allocution d'ouverture du colloque « Lamartine et ses familiers dans la vie régionale », Mâcon, 12 octobre 1990.
2. Lamartine, Lettre au comte de Circourt, le 6 septembre 1842.

1958 ? Elles sont de Lamartine, mais inspirent *Le coup d'Etat permanent.* Lamartine réclame en 1836 l'abolition de la peine de mort, Mitterrand l'exauce en 1981. Lamartine naît catholique inspiré et finit panthéiste mystique, comme Mitterrand.

« Le ruissellement du vent dans le feuillage du tremble, qui peut être assimilé à un écho lamartinien [1]... » risque François Nourissier pour cerner le Mitterrand littéraire. Et pourtant Mitterrand n'est pas Lamartine, il en est plutôt l'envers. Il a porté plus haut son ambition politique, mais il a déserté tout rêve littéraire. « Si on voulait chercher, dans notre XIXe siècle, un homme qui lui ressemble, il faudrait regarder du côté de " M. Thiers " plutôt que vers Lamartine, tranche François Furet. Car de Thiers Mitterrand possède la vie à la fois bourgeoise et bohème, l'orgueil de ne rien devoir qu'à son talent, le génie d'ajustement aux circonstances et aux régimes [2]. » Rêver d'être Lamartine et choisir d'être Thiers, parce que Thiers « arriva » et que Lamartine échoua, c'est là peut-être le drame intime de François Mitterrand, l'amertume de son succès. Elle infuse à Cormatin, jusqu'à ce cabinet de Sainte-Cécile que le Président affectionne – « C'est le lieu de la lecture et de la méditation [3]. » Et si la tradition solutréenne était moins inspirée par la crème au chocolat du retour d'escalade que par l'amère tisane lamartinienne ? Quittant cette demeure bâtie au début du XVIIe siècle par Jacques du Blé, un favori de Marie de Médicis que sa reine appelait « mon rousseau » par amour pour l'orangé de ses cheveux, Mitterrand regagne Paris. Il ne s'arrête pas à Taizé pour converser avec frère Roger : son dialogue avec la mort a, depuis quelques mois, besoin d'une grammaire plus savante que celle de l'Eglise catholique.

*

* *

Durant ces deux jours en Bourgogne, François Mitterrand a pris une importante décision, qu'il couvait depuis de longs mois et qu'il décide alors de formaliser. Après l'escalade ratée de la Roche de Solutré, en fin d'après-midi, Mitterrand ménage un long aparté avec Georges-Marc Benamou. « Nous n'avons pas encore le " fil

1. *L'Express*, le 13 avril 1995.
2. Ibid.
3. François Mitterrand, « Cormatin », art. cit.

rouge " pour le livre », amorce Mitterrand, avant de lâcher, au bout de quelques minutes de conversation : « Ce sera " de Gaulle et moi ". » Depuis plusieurs entretiens, conscient qu'il faut sans tarder poser la charpente du livre, Benamou plaide pour cet axe directeur. Mitterrand hésite, tergiverse, ébroue sa coquetterie et laisse s'agglutiner les arguments pour une comparaison entre Lui et l'Autre. En fait, il déborde d'envie de raconter cet éternel rendez-vous manqué, d'entortiller un peu ces deux fils qui cousent l'après-guerre sans jamais se nouer. Il ne cache pas que, parmi la quinzaine de livres de sa plume, *Le coup d'Etat permanent* est son préféré ; à quelques visiteurs, il confie qu'il veut écrire un ouvrage consacré au premier Président de la Ve République. Mais ce *De Gaulle par Mitterrand* est une tâche trop rude pour lui : fatigué, il lui préfère le confort d'un livre d'entretiens, et glisse son rêve en filigrane dans cet ouvrage qui sera publié après sa mort, sous le titre *Mémoires interrompus. «* C'est aussi, et peut-être d'abord, contre les *Mémoires de guerre* et les *Antimémoires* que les *Mémoires interrompus* ont été improvisés [1] », détecte alors le sagace Marc Lambron.

Au sortir de l'Elysée, le livre d'entretiens entre Benamou et Mitterrand est une émulsion incertaine, nourrie des nombreux entretiens entre les deux hommes. Deux méthodes ont été utilisées. Pour les thèmes ne prêtant guère à polémique selon Benamou, des interviews en continu ont été réalisées : ainsi, deux séances consécutives ont permis de boucler le souvenir des évasions du Stalag. Pour les passages les plus ombragés de la vie de Mitterrand, l'acharnement discontinu a été la règle. Benamou recense quinze à vingt séances pour l'unique année 1942, avec des questions récurrentes : est-il arrivé à Vichy le 26 janvier ou le 14 février ? « Sur Vichy en 1942, c'était une traque aux souvenirs, résume Benamou. Il y avait, sur certaines questions, la mémoire défaillante de François Mitterrand et aussi sa volonté de brouiller les pistes [2]. » Début juin, tout est donc décidé : le récit de sa vie politique s'enroulera autour de leur adversité. « Voilà pourquoi, moi qui n'ai jamais été gaulliste, je n'ai jamais été anti [3] », écrit-il au tout début de *La paille et le grain*. Vingt-quatre ans plus tard, après avoir raconté son 18 juin de blessé de guerre et livré ses réflexions sur l'acte fon-

1. *Le Point*, le 27 avril 1996.
2. Entretien avec l'auteur, le 27 juin 1996.
3. François Mitterrand, *La paille et le grain*, op. cit., p. 26.

dateur du gaullisme, il répète en conclusion de la même analyse les mêmes mots dans ses *Mémoires interrompus* : « Voilà pourquoi moi, qui n'ai jamais été gaulliste, je n'ai jamais été non plus " anti [1] ". » Cette dernière tentative d'autobiographie est riche de semblables autoplagiats, tant Mitterrand a déjà ressassé, du *Coup d'Etat permanent* à *Ma part de vérité*, son manuel d'antigaullisme. Car il est bel et bien « anti », obsédé par la lutte contre le Général, puis contre son fantôme, l'opposition étant au bout du compte une posture plus confortable que la comparaison.

De leur première rencontre, en 1943, à la villa des Glycines d'Alger, au duel présidentiel de décembre 1965, en passant par la réunion des chefs de parti, le 31 mai 1958, à l'hôtel La Pérouse, où seul Mitterrand se lève contre « l'ère des pronunciamientos », ils sont deux pôles antagonistes d'une même Histoire. Ou, comme l'écrit joliment Jean-Marie Borzeix : « De Gaulle et Mitterrand marchent dans l'Histoire à contretemps [2]. » Mitterrand est dans l'administration de Pétain quand de Gaulle œuvre à Londres, résistant de l'intérieur quand de Gaulle mène la France Libre des expatriés et des coloniaux, jeune premier manœuvrier de la IVe République quand de Gaulle en est le vieil ermite, solitaire quand de Gaulle fait l'unanimité, revenant quand de Gaulle décline. Si Lamartine est l'alter ego de Mitterrand, de Gaulle est son anti-ego. L'Histoire semble bégayer, qui a vu Louis-Napoléon Bonaparte évincer Lamartine du pouvoir et qui, cent dix ans plus tard, met un autre César sur le chemin de Mitterrand. N'est-ce point pour cela que Mitterrand, de 1958 à 1969, multiplie, horresco referens, les allusions à Napoléon III pour dénoncer de Gaulle ? Et pourtant ils auraient pu s'entendre, Mitterrand lui-même en convenant : dans son discours à l'Assemblée nationale, le 1er juin 1958, il explique pourquoi il ne votera pas le soutien à de Gaulle, mais ajoute qu'il pourrait se rallier, « mais à une condition ». Le reste du propos se perd dans le brouhaha parlementaire, râle de la IVe République. Jamais Mitterrand ne lèvera le voile sur cette condition qui l'eût transformé en gaulliste. Interrogé par Benamou, il élude la question en plagiant, une fois de plus, son propre discours de l'époque. Sans doute, pour qu'il accepte le nouveau régime, fallait-il qu'il en soit le maître. C'est d'ailleurs ce qui advint en 1981, l'auteur du *Coup*

1. François Mitterrand, *Mémoires interrompus*, op. cit., p. 124.
2. Jean-Marie Borzeix, *Mitterrand lui-même*, Stock, 1973, p. 101.

d'Etat permanent trouvant fort à son goût les institutions taillées pour le Général.

« Je le cite quand je le dois », réplique Mitterrand à qui lui reproche de ne pas avoir nommé de Gaulle dans son allocution du cinquantenaire du Débarquement, en juin 1994. « " Qu'on cesse de croire que je me réfère constamment au général de Gaulle ", grognait-il souvent en Conseil des ministres [1] », rapporte Jean-Noël Jeanneney. Certes, mais s'il n'en parle – presque – jamais, il y pense toujours. Débarquant à l'Elysée en mai 1981, il interroge : « Où était installé le général de Gaulle ? Mettez-moi dans le bureau du général de Gaulle. » Et à de nombreuses reprises, confronté à un problème de protocole, il tranche : « Faites comme faisait le général de Gaulle [2]. » Jusqu'à cet ultime Conseil des ministres de mai 1995 où il s'exclame : « Quand je pense qu'on dit que je suis un opportuniste, alors que pendant vingt-trois ans je n'ai cessé de combattre avec constance celui dont tous les Français disaient qu'il était le grand chef de la nation [3] ! » Le 27 août 1944, quand le général de Gaulle passe en revue les membres du gouvernement provisoire d'Alexandre Parodi, il lance à Mitterrand un flatteur et sarcastique : « Encore vous ! » Pendant cinquante ans, Mitterrand sera contraint de lui renvoyer l'apostrophe, croisant de Gaulle à chaque virage de sa sinueuse carrière : « Encore vous ! »

En privé, d'ailleurs, Mitterrand se laisse aller à son obsession. Alain Duhamel ayant commis dans *Le Point* un long parallèle entre de Gaulle et Mitterrand, ce dernier l'invite à un déjeuner, charmant repas conclu par un infernal dessert. In cauda venenum, Mitterrand sort un exemplaire de l'hebdomadaire truffé de corrections, signale les contresens, omissions et injustices, et passe trois quarts d'heure à ce corrigé narcissique. Au même Duhamel, il livrait des années plus tôt la clef de son opposition à de Gaulle : « Qui ne se fait une idée de la France ? J'en ai plusieurs. Celle que j'ai reçue des miens, je ne l'ai pas oubliée et je la garderai jusqu'à la mort [4]. » Le face-à-face titanesque inspire Jean d'Ormesson plus que tout autre. « De Gaulle, c'est l'épopée, Mitterrand, c'est le roman. Ce qui inté-

1. *Le Grand Débat*, France Culture, le 16 septembre 1996.
2. Rapporté par Pierre Favier, *Les Brûlures de l'Histoire*, « François Mitterrand et les grands rendez-vous de l'Histoire », France 3, le 11 janvier 1997.
3. Rapporté par François Léotard, *Le Point*, le 27 avril 1996.
4. François Mitterrand, *Ma part de vérité*, Livre de Poche, 1972, p. 31.

ressait de Gaulle, c'était la place de la France dans l'Histoire; ce qui intéressait François Mitterrand, c'était la place de François Mitterrand dans l'Histoire [1] », jette-t-il, trop bon pour de Gaulle et trop dur pour Mitterrand. « De Gaulle a toujours été un petit peu en avant de l'Histoire et il a entraîné l'Histoire derrière lui. François Mitterrand est un peu en arrière de l'Histoire et c'est l'Histoire qui l'entraîne. Il ne change pas l'Histoire, il la suit avec une merveilleuse intelligence [2] », poursuit-il avec plus de justesse. Le verdict du bon sens est moins lyrique, qui distingue un grand homme d'un grand politique, un destin érigé en mythe d'une carrière édifiée en destin. Les antagonistes n'étaient pas de même nature, et leur époque respective n'ayant pas la même température, ils ont été à l'échelle des circonstances. La distance entre de Gaulle et Mitterrand est donc celle qui sépare un conflit mondial d'un choc pétrolier, la guerre d'Algérie des événements de Nouvelle-Calédonie, la poignée de main avec Adenauer de celle avec Kohl à Verdun. « Il n'est pas de Français vivant qui soit plus digne de la pérennité de l'Histoire que le chef de la France libre », écrivait François Mitterrand dans *Le Monde*, le 13 mars 1958. Quarante ans plus tard, il n'est pas de Français mort qui ait évincé de Gaulle.

Pour ce qui est de solder le différend entre lui et de Gaulle, comme d'ailleurs pour transcender les polémiques et fixer l'Histoire, les *Mémoires interrompus* seront un échec. Dès juin 1995, quand s'amorce la phase concrète d'élaboration du livre, avec les premières séries de corrections portées sur les textes bruts des entretiens, Mitterrand connaît une première brouille avec Benamou. Leurs rencontres seront de moins en moins des séances de travail, résumées le plus souvent à des échanges de vues, des bavardages anodins ou d'affables déjeuners. Mitterrand saisit à la lecture des premiers feuillets que ce livre ne sera pas *le* livre qu'il souhaiterait laisser à la postérité : ni testament, ni coup d'éclat, ni manœuvre de génie pour museler ses procureurs. Il ne jette pas moins toutes ses forces dans l'entreprise, mais elle l'agace parfois autant qu'elle le mobilise. *De Gaulle et Mitterrand*, c'est un autre qui l'écrira. Maurice Benassayag, l'un de ses conseillers politiques à l'Elysée, convie le Président à déjeuner pour lui signifier qu'il a entrepris cet ouvrage de politique comparée. « Vous n'avez jamais

1. *Le Grand Débat*, France Culture, le 16 septembre 1996.

2. Hugues Le Paige & Jean-François Bastin, *François Mitterrand, portrait en surimpressions*, op. cit.

été un adversaire du Général, répond Mitterrand. Vous l'aimiez bien. — C'est vrai, concède Benassayag. — Je vous fais confiance, vous serez objectif, conclut Mitterrand. Si vous avez besoin d'archives, vous pouvez me les demander [1]. » Délivrant ainsi une procuration pour écrire le livre qu'il aurait aimé signer, Mitterrand doit être soulagé : Benassayag, son ex-collaborateur, ne saurait être un arbitre trop sévère dans ce match impossible à gagner.

*

* *

La longue liste des mises en accusation de François Mitterrand ne connaît aucun tabou. En juin 1995 s'écrit l'épilogue de la plus infamante interrogation : Mitterrand est-il antisémite ? Ainsi formulée, la réponse est abrupte et ne souffre pas de réserves : c'est non. « François Mitterrand est allergique à l'antisémitisme, déclare l'historien Jean-Pierre Azéma. On ne trouve dans sa vie aucun acte d'antisémitisme, même pendant sa jeunesse de droite [2]. » « Antisémite, lui ? Impensable. Je crois bien le connaître, c'est un ami du peuple juif. » C'est Elie Wiesel qui tranche ainsi, alors qu'il est en visite à Paris pour le lancement du premier tome de ses mémoires, *Tous les fleuves vont à la mer*, et que déferle au même moment la tempête Péan : dans *Une jeunesse française*, le journaliste détaille les activités de Mitterrand à Vichy et ses liens postérieurs avec René Bousquet, secrétaire général de la Police sous Vichy. Wiesel semble inébranlable : Mitterrand ne lui a-t-il pas plusieurs fois confié qu'après la fin de son second mandat, il aimerait bien se retirer quelque temps à Jérusalem ? Certes, Mitterrand est plus attiré par le carrefour des religions que par l'Etat juif, mais un antisémite pourrait-il nourrir un tel rêve ?

Pourtant, deux ans plus tard, dans le second tome de ses mémoires, c'est le même Wiesel qui écrit : « Car soudain je comprends qu'il y a une cohérence et une logique dans la trajectoire politique de François Mitterrand. Son refus d'enquêter sur le passé nazi de certains Français et de les traduire en justice, sa coutume de faire secrètement déposer tous les ans une gerbe sur la tombe de Pétain, ses liens avec d'anciens cagoulards et d'autres colla-

1. Entretien avec l'auteur, le 9 mai 1996.
2. *Les Brûlures de l'Histoire*, « François Mitterrand et les grands rendez-vous de l'Histoire », émission citée.

borateurs, sa volonté de dissimuler toute cette partie de sa vie, son habitude même de s'entourer de juifs : tout cela doit pouvoir s'expliquer [1]. » Entre la certitude de 1994 et le doute effroyable de 1996, il y a eu les ravages de l'affaire Bousquet, cet ami de quarante ans de Mitterrand, et le suicidaire système de défense du Président. A l'automne 1994, ébranlé par les révélations du livre de Péan, Wiesel demande un rendez-vous à Mitterrand. « Le monde se trompe sur deux choses, lui dit Wiesel. Tout d'abord il se trompe en pensant qu'un grand homme est incapable de commettre des erreurs ; ensuite, il se trompe en pensant qu'une fois l'erreur commise, le grand homme cesse d'être grand [2]. » En citant cet aphorisme d'un rabbin, Wiesel pense amener son interlocuteur à une forme d'aveu, un mea culpa honorable. S'être trompé sur Bousquet, avoir été trompé par Bousquet, n'est pas un crime. Mais Mitterrand ne reconnaît aucune erreur. En quatre-vingt-dix minutes, Mitterrand ne cède rien, mais accepte d'aller plus loin, en répondant à des questions écrites de Wiesel. Le Prix Nobel les envoie par fax à Anne Lauvergeon, mais, selon lui, Mitterrand décide après les avoir lues de briser là.

En mars 1995, c'est Odile Jacob qui renoue le dialogue. Il s'agit d'achever d'urgence ce livre d'entretiens entre les deux hommes, que les emprunts de Jacques Attali dans le premier tome de *Verbatim* semblaient avoir tué dans l'œuf. « Elle a convaincu Mitterrand qu'il était nécessaire pour lui de faire ce livre, et elle a dit à Wiesel que le Président était mourant et qu'achever l'ouvrage était l'une de ses dernières volontés », glisse un témoin. Wiesel est interloqué, et refuse de cosigner avec Mitterrand un ouvrage qui ne contiendrait aucune question sur Bousquet et Vichy. Odile Jacob obtient l'accord de Mitterrand : elle reçoit de nouvelles questions de Wiesel et se charge de récupérer les réponses. Au bout du compte, dans *Mémoire à deux voix*, on ne trouve que deux questions sur Bousquet, curieusement placées à la fin du chapitre « Foi », et non au suivant, « Guerres ». La brouille entre les deux hommes repart de plus belle le 14 avril suivant, quand Mitterrand déclare à Bernard Pivot : « Permettez-moi de vous dire, pour l'exactitude de l'Histoire, que c'est moi qui lui ai demandé. Au mo-

1. Elie Wiesel, ... *et la mer n'est pas remplie*, Seuil, 1996, p. 457.
2. Elie Wiesel, ... *et la mer n'est pas remplie*, op. cit., p. 455.

ment où il a fallu imprimer ce livre, j'ai dit : " Moi, je n'accepte pas de le publier si vous ne me posez pas de questions sur l'affaire Bousquet, alors que vous vous êtes exprimé, à New York, sur ce sujet. Dans ce cas-là, il n'y aura pas de livre [1]. " » Pour Wiesel, c'en est trop ; il écrit une violente et chagrine missive au Président : « Ne suis-je pas venu spécialement de New York, en septembre justement, pour vous parler de ce sujet ? Et surtout pour vous écouter ? Ne vous ai-je pas envoyé, ainsi que convenu, quelques jours après notre rencontre, mes questions, deux pages de questions, auxquelles vous n'avez pas jugé utile de répondre ? Pensez-vous, Monsieur le Président, que j'aurais accepté, moi, de publier ce livre sans notre échange sur Bousquet [2] ? » Wiesel envoie par fax ces quelques mots, et, ne recevant aucun courrier de retour, contacte Anne Lauvergeon : « le Président ne répondra pas », confirme-t-elle.

Pourtant, Mitterrand ne l'oublie pas. Et c'est dans le courant du mois de juin 1995 qu'il écrit à Wiesel une lettre que le Prix Nobel ne rendra pas publique, mais qui l'atterre. Mitterrand explique que c'est en recevant les épreuves du livre qu'il a constaté l'omission de leur « dialogue sur Bousquet [3] », et qu'il a réclamé sa réintégration. « Dans sa lettre, ce n'est plus à moi, mais auprès d'Odile Jacob qu'il l'avait exigé, précise Wiesel, qui condamne : Eh bien là, il n'y a plus d'ambiguïté. Il n'y a que contradiction et, je regrette de devoir le constater, déformation des faits [4]. » Mitterrand a-t-il commis un simple lapsus devant Pivot ? Il semble que non. « François Mitterrand m'a dit qu'il avait réclamé à Wiesel des questions sur Bousquet [5] », témoigne Jacques Attali. Wiesel ou Mitterrand : l'un des deux ment, et la version rapportée par le premier dans ses mémoires n'a pas été contestée, pas même par Anne Lauvergeon, placée aux premières loges lors de ces événements, et peu suspecte d'antimitterrandisme primaire. En juin 1995, la brouille est consommée entre les deux hommes, alors que leur livre commun, empli de complicité et de respect mutuel, est sur tous les rayonnages. Les « deux voix » cessent à jamais leur dialogue : « Je n'ai pas répondu à sa réponse. A quoi bon lui répéter mes argu-

1. *Bouillon de Culture*, France 2, le 14 avril 1995.
2. Elie Wiesel, ... *et la mer n'est pas remplie*, op. cit., p. 463.
3. Elie Wiesel, ... *et la mer n'est pas remplie*, op. cit., p. 465.
4. Ibid.
5. Entretien avec l'auteur, le 30 septembre 1996.

ments ? Apparemment, il refuse de comprendre. Peut-être en est-il incapable [1] », conclut Wiesel. « Est-ce que certains de vos amis juifs vous ont blessé en ne vous croyant pas ? » avait demandé Pivot au Président, le 14 avril 1995. « Ce n'était pas mes amis », avait cisaillé Mitterrand.

Dans les mois qui suivent, Elie Wiesel continue néanmoins à s'interroger sur le passé de François Mitterrand, ses réponses et ses silences. Son jugement alors ne cesse de s'aggraver, jusqu'à ces lignes publiées au lendemain de sa mort, en conclusion de ce qui devrait être un hommage : « Il ne mentionnait jamais Vichy. Aujourd'hui, je n'en finis pas de me poser la question : pourquoi [2] ? » De l'automne de 1994 à la fin de sa vie, Mitterrand, considérant indigne le procès qui lui est intenté, accumule contrevérités et mauvaise foi. Le 12 septembre 1994, il affirme avoir tout ignoré, à l'époque, des lois antijuives, précisant qu'il s'agissait de mesures contre les juifs étrangers. Or il s'agissait des juifs français et ne pas connaître alors ces dispositions semble peu crédible pour les historiens. « Je n'ai pas eu non plus – comme le prétend Klarsfeld, malveillant ou mal renseigné – à signer un papier certifiant que je n'avais pas d'ascendants juifs [3] », précise Mitterrand dans ses *Mémoires interrompus*, comme il l'a maintes fois répété. Pourtant, la première phrase du formulaire d'obtention de la francisque, qu'il a reçue, est : « Je, soussigné, déclare être français de père et de mère, n'être pas juif aux termes de la loi du 2 juin 1941 [4]. »

L'ensemble du système de défense de Mitterrand est faussé. Une note secrète est confectionnée à l'Elysée, à l'automne de 1994, pour servir d'argumentaire aux proches du Président qui auraient à prendre sa défense. En plusieurs parties, disparate et redondante, elle traite de « François Mitterrand et Vichy », « François Mitterrand et la Résistance », « Le cas Bousquet », et s'achève par une liste des « gestes et mesures relatifs aux persécutions racistes et à l'antisémitisme » et par une fiche qui donne des raisons de ne pas souhaiter de tardifs procès de responsables vichyssois. Comme le

1. Elie Wiesel, ... *et la mer n'est pas remplie*, op. cit., p. 465.
2. *Paris-Match*, le 18 janvier 1996.
3. François Mitterrand, *Mémoires interrompus*, op. cit., p. 72.
4. *Les Brûlures de l'Histoire*, « François Mitterrand et les grands rendez-vous de l'Histoire », émission citée.

discours de Mitterrand, la note comporte quelques à-peu-près, tel celui de considérer la réunion de Montmaur, en juin 1942, comme la « création d'un mouvement clandestin », et s'appuie essentiellement sur la chronologie. Mais le problème n'est pas tant ce que Mitterrand a fait que le refus de reconnaître toute erreur, d'avouer avoir mal jugé, à l'époque et plus tard, telle situation – la législation antijuive – ou tel personnage – Bousquet. A mal se défendre, préférant une négation aussi inflexible qu'inefficace à un mea culpa mesuré, il se prive d'une évidente absolution et devient de plus en plus suspect d'accord profond avec ceux qu'il a trop approchés. « Je n'ai jamais mis le bout du doigt dans l'antisémitisme [1] », s'écrie-t-il. C'est vrai. Mais à l'ignorer – en 1942 – ou à le minorer – en fréquentant Bousquet –, et surtout en refusant de reconnaître ses erreurs, il a drapé d'ambiguïté sa position, semblant excessivement indulgent à l'égard de ce qu'il déclarait honnir.

Plusieurs témoins sont plus virulents et, tout en souhaitant pour la plupart garder l'anonymat, estiment ou craignent que l'ambiguïté mitterrandienne ait, ici, caché de plus noires pensées. Certains ne rapportent que des plaisanteries : « Combien de fois m'a-t-il dit qu'Elie Wiesel le fatiguait avec ses questions sur la Bible », se souvient ainsi Jean Daniel, le directeur du *Nouvel Observateur*. « Et, devant Jean Lacouture et moi, il a lancé un jour : " Le pire, avec cette histoire entre Jacques Attali et Elie Wiesel, c'est que je vais être obligé de faire le livre avec Wiesel [2] ! " » « C'était le 3 décembre 1992 à la Chancellerie », se souvient de son côté Jean-Pierre Soisson, après un dîner aux saveurs cosmopolites, servi par des jeunes de tous horizons. « Nous dégustions en digestif une framboise de la Forêt-Noire. Helmut Kohl a raconté alors à François Mitterrand une histoire juive horrible, et François Mitterrand a éclaté de rire. La situation était très gênante. Kohl savait le prendre [3]... » C'est un ancien Premier ministre de François Mitterrand qui rappelle, à son tour, cet ahurissant dialogue. « " Ma mère était catholique, mais pas antisémite ", lâche Mitterrand devant moi. Elle me disait : " Après tout, la Sainte Vierge était juive. — Oui, ai-je répondu, le Christ aussi. " Pour moi, cet exemple signe

1. François Mitterrand, *Mémoires interrompus*, op. cit., p. 73.
2. Entretien avec l'auteur, le 15 octobre 1996.
3. Entretien avec l'auteur, le 28 octobre 1996.

l'antisémitisme, comme quand quelqu'un dit : " Je ne suis pas antisémite, j'ai un ami juif[1]. " »

L'exemple, malheureux selon cet ancien titulaire de Matignon, est récurrent chez Mitterrand, qui le considère, au contraire, comme fondateur de son aversion pour l'antisémitisme. C'est au retour d'un voyage à Saint-Sébastien, où son propre père l'avait emmenée rendre visite à Paul Déroulède en exil, qu'Yvonne Lorrain, future mère de François Mitterrand, prit l'antisémitisme en aversion, écœurée par la conversation ferroviaire des disciples du leader d'extrême droite. « Alors ma mère, qui n'avait jamais vu de juif de sa vie et savait bien que le Christ et la Vierge devaient l'être, a été horrifiée », raconta Mitterrand à deux de ses portraitistes. « Non, je ne peux plus voir ces gens, ce n'est pas possible, a-t-elle écrit dans ses carnets, c'est tout le contraire de ce que je sens[2]. » Un autre témoin se souvient d'un trait lancé par Mitterrand au détour d'une conversation sur Sarajevo : « Vous avez vu les noms des journalistes et des intellectuels qui se mobilisent pour la Bosnie ? Tous juifs. Ils ont trouvé leurs juifs[3]. » Et puis il y a la terrible confession faite à Jean d'Ormesson, le 17 mai 1995 au matin, sur « l'influence puissante et nocive du lobby juif[4] ». « Mitterrand avait un fond d'antisémitisme classique de la bourgeoisie de droite[5] », conclut l'ancien Premier ministre qui dialogua avec lui de la judaïté de la Sainte Famille.

Mitterrand ne donna jamais aucun signe d'antisémitisme actif, au contraire, mais son rapport à la communauté juive, conflictuel, semble daté, comme s'il n'avait pu, en ce domaine, s'arracher à son milieu familial. N'est-ce pas le sens de son ultime argument, dans le « dialogue sur Bousquet » avec Wiesel : « Je me suis affranchi au fil des années des contraintes de mon milieu, de mon éducation, de certains de ses préjugés. Je préfère avoir suivi ce chemin-là, m'exonérant progressivement de l'environnement conservateur qui était le mien, pour aller à la rencontre des idéaux de la gauche, plu-

---

1. Entretien avec l'auteur.
2. Pierre Jouve & Ali Magoudi, *François Mitterrand, portrait total*, Carrère, 1986, p. 137.
3. Entretien avec l'auteur.
4. Le 21 octobre 1996, Jean d'Ormesson m'avait rapporté cette citation en me demandant l'anonymat. Trois ans plus tard, il la raconta dans *Le rapport Gabriel*. L'écart entre ces deux dates prouve qu'il n'a pas inventé l'anecdote pour les besoins de son roman, comme certains mitterrandiens l'envisagèrent lors de la polémique qui s'ensuivit.
5. Ibid.

tôt que le chemin inverse suivi par bien d'autres, notamment dans les années dont nous parlons, celles de l'avant-guerre et de la guerre. Ce cheminement n'a pas été sans heurts ni sans difficultés, mais je l'ai fait et j'en ressens quelque fierté [1]. » Aux « heurts » et aux « difficultés », il faut ajouter quelques résurgences de ces « préjugés » qui baignaient la bourgeoisie charentaise d'avant guerre. La conversion politique de Mitterrand, certes opportuniste, n'en a pas moins été sincère, qui l'a vu en première ligne des grands combats. Mais de conversion psychologique profonde, il n'y en eut point. La façon dont Mitterrand a régi sa famille adultérine, géré ses problèmes d'argent ou vécu son dialogue avec la communauté juive est celle de la bourgeoisie de sa jeunesse. L'âge, la maladie, le sentiment diffus de l'échec de son second septennat et l'âpreté de certaines attaques ont rétabli les raideurs de la jeunesse, que l'habileté de l'homme sain, ductile à souhait, masquait sans problème. La fin approchant, un autre Mitterrand perce sous Mitterrand, fidèle à ses racines mais infidèle à lui-même, et Mitterrand devient ce qu'il aurait dû être s'il ne s'était combattu.

*
* *

Une semaine après l'équipée solutréenne, François Mitterrand doit reprendre la route. Dans sa tournée d'adieux à la Bourgogne, Château-Chinon est une étape obligée et la date du voyage est imposée par le calendrier électoral : le dimanche 11 juin 1995 se tient en effet le premier tour des élections municipales. En quelques jours, l'ancien Président a récupéré toutes ses forces. Le jeudi 8 juin, il se lance dans une longue promenade au Champ-de-Mars, en compagnie de Michel Charasse. La conversation est animée, Mitterrand parle en faisant de grands gestes, et les flâneurs glissent de l'ombre des arbres épanouis au soleil qui ruisselle sur le toboggan de la tour Eiffel, puis marquent une longue pause sur un banc. Parti avec imper et écharpe, Mitterrand ne tarde pas à se réchauffer aux rayons de juin, et, en simple veste, se coiffe d'une casquette. Les badauds sont nombreux à interrompre sa marche, et Mitterrand a un mot pour chacun. Il pose pour cette jeune photographe, tombe la casquette, hilare, devant cet homme médusé qui s'est levé de son

1. François Mitterrand & Elie Wiesel, *Mémoire à deux voix*, Odile Jacob, 1995, p. 110.

banc pour lui serrer la main, et précède enfin, sur le chemin du retour, une classe entière de bambins ébaubis. A quelques jours de l'été, François Mitterrand est en pleine forme. Le samedi 10 juin, il débarque donc une ultime fois à Château-Chinon, après une halte de gourmet à Saulieu, dans le restaurant de Bernard Loiseau. Il a déjà profité, quelques semaines plus tôt, d'une escapade en Bourgogne pour venir déjeuner, accompagné seulement de Jean-Pierre Tarot et d'un officier de sécurité, à cette petite table tranquille que lui réserve le chef, derrière la salle commune.

En 1995, Mitterrand ne cesse de venir dire adieu à Château-Chinon, dont il fut le maire pendant vingt-deux ans, de 1959 à son élection à la présidence. Il y est le 28 janvier, à l'invitation des socialistes nivernais, pour célébrer l'anniversaire de sa candidature à la présidence de la République, se repaître du pitoyable spectacle des candidats à sa succession, Lang, Emmanuelli et Jospin, et constater les ravages du temps : « Des visages surgissent, qui restituent au mien les marques, les blessures que le miroir me dissimule [1] », écrivait-il déjà en 1972, alors que ses Morvandiaux fêtaient ses vingt-cinq ans de Parlement. Il y passe à deux reprises au printemps pour voter, avec le choix ostentatoire – et illégal, car il faut en prendre au moins deux – du seul bulletin Jospin, afin de faire taire les rumeurs. Et le voilà à nouveau en train d'arpenter les dévers de cette triste bourgade nivernaise. C'est par hasard qu'il a choisi la Nièvre, en 1946, sur les conseils d'Henri Queuille, et après avoir hésité avec la Vienne, où il possédait des racines familiales mais ne pouvait nourrir aucun espoir de victoire électorale. Le 19 octobre 1946, trois semaines avant le scrutin législatif, Mitterrand signe sa déclaration de candidature, après avoir ajouté un « r » à son nom, mal orthographié par le fonctionnaire de la préfecture... Le 10 novembre suivant, la liste qu'il mène obtient 30 080 voix et un seul élu : lui-même. C'est par hasard également qu'il choisit Château-Chinon pour les municipales de mars 1959, après avoir hésité avec Clamecy, ville plus favorable mais dirigée par l'un de ses amis, le docteur Barbier. Pendant vingt-sept ans, il trône dans un petit bureau décoré d'un atlas cantonal vert, d'un insolite voltmètre, d'un téléphone de bakélite noir et de gravures agrestes. Puis la mairie déménage vers l'ancien palais de justice, dont l'ancienne appellation, vingt ans plus tard, est toujours visible au frontispice du

1. François Mitterrand, *La paille et le grain*, op. cit., p. 131.

bâtiment, cocasse filigrane. Aux pieds de Monsieur le maire s'étend le paysage bourrelé et âpre du Morvan.

Nivernais d'occasion puis d'adoption, François Mitterrand n'en a pas moins érigé en rite ses retours à Château-Chinon : la collation chez Ginette Chevrier, la patronne de l'hôtel du Vieux-Morvan, où Mitterrand eut de spartiates quartiers pendant vingt-deux ans; « l'arrêt-gâteau chez les amis (très bonne tarte-tatin [1]) »; la visite du musée du Septennat, où sont exposées les merveilles offertes au Président, et qui le résument parfois avec tant d'éloquence, comme cette tour de Babel offerte lors d'un voyage à Venise, en 1982, cette roue de bois aux deux mille rayons, œuvre d'un charron saintongeais, ou ce portrait de lui composé par un artiste sud-coréen avec les mots d'un de ses discours de 1981 ; la visite du musée du Costume; le bonjour au chêne offert par la Reine d'Angleterre pour l'un de ses anniversaires; le détour par l'étang du Président, à Planchez-en-Morvan... En 1995, le circuit est plus bref, mais Mitterrand profite néanmoins de son ancien fief. Au déjeuner, il confie à Pierre Favier : « La postérité? L'après-Mitterrand? Les Français jugeront; je n'ai pas à me mêler de cela [2]. »

Puis c'est le retour vers la capitale. François Mitterrand, accompagné de son épouse, de Roger Hanin et de Christine Gouze-Rénal, gagne Nevers, où il doit monter dans le train Béziers-Paris. Une mésaventure l'attend : le wagon présidentiel n'a pas été accroché, comme prévu, en gare de Clermont-Ferrand. Le contrôleur du train, en urgence, déplace les passagers de première classe pour libérer l'espace du Président. Quelques brandons de monarchie luisent donc encore dans le quotidien de simple citoyen de François Mitterrand? Dans le cahotement du train, il continue à philosopher devant Favier : « La mort? Il faut y penser et s'y préparer chaque jour. Vous devriez y penser vous aussi... Ce n'est pas elle qui me fait peur, c'est de ne plus vivre [3]. » Psautier mille fois ânonné, en guise d'exorcisme, par un homme qui rabâche sa philosophie de l'après. En juin 1995, la maladie ne fournit plus, comme à l'Elysée, un ultime défi : tenir. Elle avait, dans les jeux du pouvoir, remplacé l'ambition, éteinte par l'âge et les succès suprêmes. Elle n'est pas

1. Laure Adler, *L'année des adieux*, op. cit., p. 314.
2. AFP, le 8 janvier 1996.
3. Ibid.

encore, néanmoins, la seule compagne du Président, celle qui l'amène vers le grand rendez-vous. La rémission dont profite alors l'ancien Président perturbe les calculs de tous ceux qui le voyaient s'effondrer en quelques semaines, une fois privé de la béquille des obligations élyséennes, et ses propres pronostics. Que faire pour occuper ce sursis ? Les projets de livres, de voyages, et la douceur de la vie aux côtés de Mazarine fournissent l'essentiel de la réponse. Mais Mitterrand ne peut s'empêcher de grignoter une dernière fois les fruits de la politique. Les municipales, la reprise des essais nucléaires et la « jospinisation » du parti socialiste pendant l'été vont lui fournir une dernière occasion de s'adonner en catimini à sa passion d'une vie.

Dès le 11 juin au soir, Mitterrand s'est délecté de la soirée électorale, de ce grand lifting qui redessine le visage de sa France politique. Plusieurs jours plus tard, déjeunant avec Georges-Marc Benamou entre les deux tours, il dressera une carte de France des fiefs ébranlés, des bonnes surprises et des duels serrés. Le lundi 12, à dix heures du matin, il s'empare de son téléphone, et appelle les élus du premier tour qui comptent pour lui. Il en est ainsi de Marie-Noëlle Lienemann, vainqueur à Athis-Mons, dans l'Essonne, avec 53,72 % des voix. « Bravo, vous devez être contente », lui souffle-t-il. « Je vous le dois un peu [1] », répond Madame le maire. « Ta ta ta, c'est vous. — Et vous, comment allez-vous ? — C'est déjà formidable de vivre et de respirer. — Surtout quand on a accompli sa tâche. » Puis l'ancien Président et son ex-ministre du Logement parlent du bilan de la gauche, avant de prendre congé. « On se revoit bientôt », lance Mitterrand. « Ça tombe bien, reprend au vol Lienemann, je suis dans les Landes du 15 juillet au 15 août. — Je serai à Latche. Je vous appelle. »

Le Président joint ensuite Jean-Louis Bianco, secrétaire général de l'Elysée puis ministre de l'Equipement dans le gouvernement de Pierre Bérégovoy. « Il m'a interrogé en détail, tant il était surpris de l'ampleur de ma victoire : 55,03 % des voix au premier tour. Moi, je le sentais pendant ma campagne, mais lui ne comprenait pas comment cela était possible contre un sortant de grand charisme, maire depuis dix-huit ans. François Mitterrand connaissait bien la région : il venait au printemps pour voir les amandiers en fleur, il

1. Entretien avec l'auteur, le 21 juin 1996.

venait plus tard à Moustiers et à Valensole, il aimait l'été, les blés et la lavande [1]. » Après quelques coups de téléphone supplémentaires, François Mitterrand, fort guilleret, enfile une audacieuse cravate verte sur son costume gris perle et s'en va déjeuner au Conti, une excellente table du XVIe arrondissement. Il y rejoint son vieil ami André Rousselet, patron d'*Infomatin* après avoir été celui de Canal +, et sa jeune et blonde épouse. Le déjeuner est excellent et détendu, et le chef, Michel Ranvier, en grande tenue blanche, raccompagne des clients hilares jusqu'à sa devanture boisée. Mitterrand embrasse Madame Rousselet, lui tient longuement la main, et rivalise de préséances avec son mari, qui achève un gros cigare. Les adieux s'éternisent, et un petit attroupement de badauds se coagule sur le trottoir de la rue Lauriston. Ce lendemain de premier tour est une journée parfaite : les dernières escarres de sa chute de la fin mai s'estompent, son visage semble moins creux, le teint est moins cireux, et la cravate verte le rend pimpant. La gauche gagne, et Mitterrand rajeunit.

Pourtant, ces municipales sont pour lui une petite mort politique, une de plus. La présidentielle s'était jouée sans lui, mais il en était néanmoins un héros, par sa capacité de nuire, de phrases assassines en compliments venimeux, par son héroïsme de malade, par sa tournée d'adieux de chef d'Etat. Quitter la scène, c'est être encore dessus, et d'un tel acteur on attendait une sortie méritant toute l'attention. Aux municipales, pour la première fois depuis plus de cinquante ans, il est absent. Même son déplacement de simple électeur à Château-Chinon n'a pas suscité d'intérêt. De plus, l'incompréhension face au succès de Bianco est symptomatique : s'il se régale des résultats de cette élection, la dernière qu'il vivra, Mitterrand n'en comprend pas tous les rouages. Parce qu'il n'est plus dans l'action ? Parce que les électeurs ont adopté un nouveau comportement qui signe leur passage à l'après-Mitterrand ? Les bonnes performances de la gauche ont pour raison des exigences nouvelles : éthique, proximité, honnêteté, modestie. Le temps des élus brillants et roublards, au talent opaque, semble révolu, s'ouvre l'âge laïque de la politique. Ressembler à Mitterrand ne signifie plus avoir du talent politique.

Un homme a compris cela depuis plusieurs mois, et tente de ne

1. Entretien avec l'auteur, le 10 septembre 1996.

pas casser le fil qu'il déroule lentement de la chrysalide française : Lionel Jospin s'est beaucoup déplacé lors de cette campagne électorale. Tout en soutenant les candidats du PS, il essaye de deviner ce que les militants socialistes attendent de lui. Un soir, de retour de l'aéroport, il reste un long moment dans sa voiture, en bas de son domicile du VIe arrondissement, à converser avec l'un de ses conseillers. « Il faut que tu prennes le parti [1] », insiste celui-ci. « Je n'en suis pas sûr, rétorque Jospin. Redevenir premier secrétaire, c'est reculer. Prendre le parti ? Pour quoi faire ? Que reste-t-il du PS ? » Derrière ce dilemme cornélien, c'est l'avenir de la gauche qui se joue. L'entourage intime de Lionel Jospin est en majorité hostile à son retour, sept ans après l'avoir quittée, à la tête du Parti socialiste. On lui suggère de tout changer, de supprimer sections et fédérations pour promouvoir des structures régionales, de bâtir une direction qui soit en partie seulement la représentation des courants, et en partie élue au suffrage direct des militants, de changer le nom du PS pour ajouter « démocrate » à « socialiste ». D'autres lui proposent de créer et de diriger une grande fondation qui se tienne au-dessus de tous les partis de gauche et les fédère. D'autres, enfin, de prendre simplement la place qui lui est due après sa prestation présidentielle : la tête du PS. La première solution, c'est Mitterrand 1971, quand le vainqueur d'Epinay sculpte un parti à sa main, et ligote pour dix ans sa minorité. La seconde, c'est Mitterrand 1965, quand le challenger du général de Gaulle veut s'imposer comme centre de gravité d'une gauche obsolète. La troisième, qui semble l'attitude du timide héritier, n'est-elle pas la plus habile ? Mitterrand est toujours vivant, et déboulonner sa statue serait malséant et maladroit. Que Jospin tente de faire Epinay à l'envers, et sa minorité bouillonnante criera au parricide. Prendre ses distances avec Mitterrand fut habile pendant la présidentielle, pour faire accroire, après quatorze ans de socialisme, que Jospin était « le candidat du vrai changement » ; défaire son œuvre en public serait excessif. Jospin a besoin d'une révolution de velours, de meurtres derrière les tentures. Il prendra donc le parti, s'inscrivant dans la continuité socialiste, et serrera lentement le garrot sur le cou des vieux barons et des jeunes nostalgiques.

1. Entretien avec l'auteur.

*
* *

« J'irai à Venise et j'écrirai [1]. » Pas plus que celui d'aller vivre quelque temps à Jérusalem, François Mitterrand n'a accompli ce vœu de retraite. Pourtant, il retourne une dernière fois à Venise en ce mois de juin 1995 : l'élection municipale de Château-Chinon s'étant jouée au premier tour, le week-end du 18 juin est libre de toute obligation. De plus, Mitterrand quitte ainsi la France alors que le nouveau pouvoir gaulliste célèbre en grande pompe l'Appel du 18 juin... A Venise, François Mitterrand loge chez son ami Zoran Music, peintre des paysages slovènes et dalmates, mais aussi des camps de concentration. L'artiste habite la résidence Balbi-Valier, une somptueuse demeure à colonnades, parée de cette blancheur humectée qui est à Venise la toge des palais. C'est là le pied-à-eau, depuis de nombreuses années, du Président de la République, qui jamais ne posséda de villa vénitienne. Non que l'envie lui ait manqué, qu'il poussa jusqu'à quelques investigations immobilières. S'intéressant de près à un palais de la Cité des Doges, il tente même d'en négocier le prix avec la propriétaire, dont le refus poli ne suffit point à bâillonner la rumeur publique : Mitterrand avait acheté. Exaspérée, elle finit par faire imprimer, l'année suivante, une cocasse carte de vœux en trois parties : la première la montre en train d'accueillir Mitterrand à la porte de son palais ; la deuxième narre la visite des lieux par le Président ; sur la troisième, elle le raccompagne sur le seuil, frappé de l'inscription : « Moi, je suis toujours chez moi. Bonne année. » Qu'on lui prête une résidence à Venise irrite moins Mitterrand que cela ne le flatte. Même s'il s'agit pour les curieux, derrière le prestigieux patrimoine, de traquer le financement douteux, Venise est une ville à sa hauteur. Le romanesque, le séducteur, le mystique et le lettré peuvent accepter une commune adresse lagunaire. En janvier 1994 [2], il s'amuse ainsi d'apprendre qu'un reporter du *Point* est parti pour Venise à la recherche de cette demeure « casano-vénitienne ».

A la fin de juin 1995, François Mitterrand est venu à Venise en compagnie d'Anne Pingeot, et s'adonne à la flânerie. Il lui est im-

1. Anecdote rapportée par Franz-Olivier Giesbert dans *Une vie*, Seuil, 1996, p. 684. C'est à Valéry Giscard d'Estaing que Mitterrand confiait, en 1988, ce projet, en précisant qu'avant, il n'accomplirait que trois années sur les sept de son second mandat.
2. Rapporté par Laure Adler, *L'année des adieux*, op. cit., p. 29.

possible de s'égarer dans cette ville qu'il connaît si bien, mais il confie aux hasards de l'errance ses derniers plaisirs vénitiens. « Rien n'égale Venise pour la facilité qu'on a de s'y perdre, de croire s'y reconnaître et de se déconcerter en dix pas [1] », affirme Aragon. « Qui n'a en effet éprouvé comme moi le bonheur simple du promeneur, poursuit François Mitterrand, se perdre dans les ruelles qui semblent s'ignorer et qui composent cependant la plus savante géographie, surprendre un jardin odorant de glycines, recevoir le choc que vous donnent la ligne d'un toit, la couleur d'un mur, la tendre lassitude des ocres, parcourir ses places, rencontrer ses églises, ses palais où l'on ne sait qui l'emporte de la prière ou de l'orgueil [2]... » Mitterrand est si affamé de promenades qu'il a emporté à Venise ses chaussures de Solutré, gros godillots beiges à semelles crantées. Un pantalon et une veste de toile claire, rehaussée de la rosette de la Légion d'honneur, une chemise de vichy bleu marine et le chapeau blanc à ruban noir qu'il affectionne dans ses voyages « exotiques » complètent sa tenue. Pas de canne pour ces promenades : c'est aussi parce qu'il est en forme que Mitterrand a improvisé ce séjour vénitien. Le Champ-de-Mars est trop étroit pour sa santé retrouvée, et il se sent capable d'escalader les ponts bossus et d'affronter le labyrinthe des ruelles. Le sera-t-il encore après l'été ? Mitterrand ne veut pas s'échouer à Venise, il désire l'arpenter, la sillonner, lui offrir cette patience et cette endurance nécessaire pour la séduire et en être surpris.

Mitterrand aime Venise. Le 5 décembre 1973, il jette sur le papier une chronique rageuse et amoureuse : « Le scandale est tellement énorme, absurde, que les faits me dispenseront de commentaires. Il s'agit de Venise. Venise se meurt. Dira-t-on à la fin du siècle que Venise est morte [3] ? » Puis il se relit, rature « à la fin du siècle » et inscrit à la place « bientôt ». Péché véniel de celui qui sait que Venise est immortelle, et que seule est fugace cette occasion d'une indignation raffinée et patrimoniale. Quelques pages d'hydrogéologie sur les acqua alta et une philippique anticapitaliste – les usines des multinationales pourrissent la Lagune – n'enlèvent rien aux premières lignes de ce texte, lettre

1. Louis Aragon, *Les voyageurs de l'impériale*, Gallimard, 1948.
2. Allocution prononcée le 27 avril 1992, lors de la remise du diplôme de docteur en philosophie, honoris causa, par l'Université de Venise.
3. François Mitterrand, *La paille et le grain*, op. cit., p. 218.

d'amour à Venise, où l'on trouve déjà, dans le même hommage, la « ligne d'un toit », la « couleur d'un mur » et la « fatigue des ocres ». Venise n'a guère changé en dix-neuf ans, et l'autoplagiat de Mitterrand n'écorne pas sa sensuelle admiration, enrichie du parfum des glycines, même si, en 1973, Mitterrand s'émeut que toute pierre soit orgueil, alors qu'en 1992 la prière aux mêmes façades le dispute à la vanité... Ce texte de 1973 est important. Dans un premier mouvement, il est tentant de penser que Mitterrand aime Venise parce qu'il y respire la mort. « Et puis Venise. Elle nous serre le cœur car nulle part la beauté n'est plus proche, moins séparable, de la mort [1] », écrivait-il quelques semaines avant de quitter le pouvoir. Mais c'est la beauté que Mitterrand vient chercher ici, et non la mort, même s'il a parfois évoqué la poésie d'un décès aquatique, d'un engloutissement. Il n'est pas de ces romantiques de bazar qui ont fait de Venise la capitale du suicide, songeant « qu'à me recevoir / Serait toujours tout prêt ce lit profond et noir [2] ». Mitterrand considère que la beauté de Venise est une victoire sur la mort : ses récits de Venise abondent en détails hédonistes et forment une leçon de vie plus qu'une plainte mortifère. Mitterrand aime Venise parce qu'il aime la vie. « Peu d'œuvres suggèrent avec autant de force ce qui peut être gagné sur la mort [3] », concluait-il en avril 1995, mêlant son amour de Venise à son admiration pour Music.

Sa réflexion sur la mort ne s'attarde pas à la disparition, elle est obnubilée par « l'après ». C'est donc en Egypte qu'il ira chercher sa philosophie funèbre. Venise s'occupe des corps, pas de l'âme. Venise peut fournir un linceul, pas un au-delà. Ce n'est pas *La mort à Venise* qu'affectionne donc Mitterrand, mais *La mort de Venise*, et c'est là que réside le sens de ses propos sur la proximité de la beauté et de la mort. Il a lu l'ouvrage de Barrès, et goûte lui aussi dans les beautés vénitiennes « le tournant équivoque où, plus abondantes de grâce artistique, elles commencent leur décomposition ». Il achève d'ailleurs son discours d'avril 1992 par un vibrant épilogue : « Assurez sa survie, veillez à ses équilibres, magnifiez son éclat ! Oui, sauver Venise ! Ce sera préserver pour l'Europe qui se construit une façon inimitable de vivre et de penser. Une façon incomparable de créer ce qui se nomme, tout simplement, la

1. François Mitterrand, « Lettre ouverte à Zoran Music », *Muséart*, avril 1995.
2. Alfred de Musset, *Portia*.
3. François Mitterrand, « Lettre ouverte à Zoran Music », art. cit.

“ Beauté [1] ”. » Ce n’est là qu’un écho à son texte de 1973, auquel il ajouta, quelques heures avant l’impression, des lignes d’introspection : « Rien ne me trouble plus que la beauté. De quelles correspondances est-elle le signe [2] ? » Il ne s’agit plus ici d’un plagiat paresseux, mais bel et bien de la continuité mitterrandienne. Cet appel au secours pour Venise, efficace peut-être parce qu’il est un maillon dans une chaîne ininterrompue d’alertes séculaires, est également le signe d’appartenance à la confrérie des écrivains vénitiens, qui chantent ou pleurent la mort prochaine de la Cité en un rite littéraire. En juin 1995, s’il ne songe aucunement à mourir à Venise, peut-être Mitterrand cherche-t-il toutefois, dans son reflet sur les canaux, la Venise de son existence : lui aussi est dans cette flétrissure où la mort approche, cet entre chien et loup de la vie, cette rumeur de putréfaction enivrante qui séduit autant qu’elle épouvante.

Lors de ce dernier séjour dans la Lagune, Mitterrand ne peut parcourir Venise autant qu’il l’aurait souhaité. Les Frari sont bien loin, la Riva degli Schiavoni également, et Mitterrand limite ses promenades aux alentours de son domicile. Le palais Balbi-Valier fait l’angle entre le Grand Canal et le Rio San Vio, à une encablure du pont de l’Académie. Il est facile pour Mitterrand de se laisser glisser jusqu’à la Salute et la Douane de Mer, le maudit palais Dario ou l’opulent palais Grassi, ou bien de fendre la presqu’île jusqu’aux Zattere. Mitterrand fréquente également les trattoria voisines, dont il affectionne l’anonymat autant que la cuisine : Aï Gondolieri, l’Altanella et, la plus proche de toutes, le Cantinone Storico. Là, il se réfugie à chacun de ses voyages, sur le dallage humble, derrière ces vitraux marquetés de rouge qui feraient presque croire, dans le clapotis du canal voisin, qu’on est à Bruges. La façade ruisselle de cette ocre alanguie qu’affectionne Mitterrand, et dont l’omniprésence donne à Venise le visage d’une fille de joie surprise par l’aube pudibonde.

« Aucune ville au monde n’est plus littéraire que Venise [3] », écrivait, quelques semaines avant de prendre avec le Président son ultime petit déjeuner élyséen, Jean d’Ormesson, tentant de voiler

1. Allocution prononcée le 27 avril 1992, lors de la remise du diplôme de docteur en philosophie, honoris causa, par l’Université de Venise.

2. François Mitterrand, *La paille et le grain*, op. cit., p. 218.

3. *L’Express*, le 13 avril 1995.

Mitterrand-le-Florentin par un brumeux Mitterrand-le-Vénitien. Musset, Sand, Rilke, Aragon, Montaigne, Mann, Chateaubriand, Proust, Morand, Casanova, Goethe, Régnier et les autres : Venise est le plus grand salon de tous les temps, figure imposée pour tout écrivain préoccupé par l'âme humaine. D'Ormesson ajoutait, en conclusion de son article à la gloire de Venise plus qu'à celle de Mitterrand : « J'aurais aimé me promener à Venise avec François Mitterrand. Nous aurions parlé de cette république aristocratique, de cette démocratie élitiste, si pleine de contradictions, qui a inventé l'impôt sur le revenu, qui a élevé le masque à la hauteur d'une institution, où les lions ont des ailes et où les pigeons marchent à pied. Nous aurions évoqué tant de beauté, tant de crimes, tant de pouvoir, tant de génie. Nous aurions parlé de la politique, de l'argent, de *La Tempête* de Giorgione, et du petit chien blanc aux pieds de saint Augustin dans le tableau de Carpaccio à San Giorgio degli Schiavoni. Je lui aurais posé des questions. Sur Venise. Sur la vie, qui lui avait tant donné. Sur les arbres, qu'il aimait tant et qui font défaut à Venise. Sur la mort, qui ne fait défaut à personne. Et sur Dieu, dont les peintres de Venise se sont tant occupés. Mais, quoi ! je ne me suis jamais promené avec Mitterrand à Paris, où nous habitons tous les deux. Pourquoi diable lui serait-il venu à l'esprit de se promener avec moi à Venise [1] ? »

A la fin de juin 1995, l'auteur de *La douane de mer* est attablé à la terrasse du restaurant Riviera, « un des meilleurs de Venise [2] », en compagnie de quelques amis. Il y a là le fils de Giuseppe Volpi, ministre des Finances de Mussolini, dont la famille possède un palais dans l'île de la Giudecca, en face des Zattere où trône le Riviera. Première coïncidence, Mitterrand a logé dans la villa Volpi, lors d'un sommet international à Venise, en 1987. « Deux jours plus tard, *La Repubblica* annonçait que j'emménageais villa Volpi [3] », contera-t-il plus tard. Dans la brume de chaleur qui glisse du Bacino di San Marco vers les Zattere, Jean d'Ormesson voit soudain paraître un groupe de promeneurs. Au milieu d'eux, une silhouette lui est familière, qui glisse plus qu'elle n'avance, tant son chapeau semble immobile de pas en pas. Soudain, François Mitterrand est devant lui. Il est accompagné d'Anne Pingeot, de

1. Ibid.
2. Ibid.
3. Laure Adler, *L'année des adieux*, op. cit., p. 29.

Zoran Music et de sa compagne, Ida Barbarigo. D'Ormesson se lève et lui présente ses amis. Une femme très élégante se tourne alors vers l'ancien chef d'Etat. « Monsieur le Président, souffle Jean d'Ormesson, je vous présente Lauren Bacall. » Irréelle rencontre dans une ville irréelle, au pays de Casanova, entre un séducteur agonisant et une beauté des temps passés. Qu'a-t-elle vu sur le front du vieux politique, outre les ocres fatiguées de ses tempes malades ? Qu'a-t-il admiré dans son regard intact, outre le reflet de sa jeunesse amoureuse ? « Alors, Monsieur d'Ormesson, peut-être allons-nous pouvoir nous promener à Venise ? » L'écrivain et le Président font en effet quelques pas au long des Zattere, sans avoir le temps d'évoquer le petit chien blanc de saint Augustin ni la mort qui guette. Ce n'est qu'une brève flânerie, à peine assez longue pour glorifier le génie du hasard et la beauté des coïncidences. Elle vient comme un miracle taquin clore les adieux de François Mitterrand à Venise l'immarcescible.

*

* *

De retour d'Italie, Mitterrand n'a pas le temps de souffler : il part quelques jours plus tard pour Sion, non pas celle de *La colline inspirée* de Barrès, mais la petite commune du Gers, à deux pas d'Aire-sur-l'Adour, dont sa bru Elisabeth, l'épouse de Jean-Christophe, est adjointe au maire. Le samedi 24 juin, elle y célèbre en effet le second mariage de l'autre fils du Président, Gilbert, avec Cornelia Van Hujgevoodt, une étudiante néerlandaise de vingt-sept ans. Le Président semble un peu éprouvé, qui s'appuie sur une canne et, après quelques minutes d'attente au soleil, s'installe dans la minuscule mairie, sur une chaise d'école. Il est assis sur le côté, sous une vieille carte de France, et contemple sa famille, assemblée devant l'écharpe tricolore de Madame l'adjointe au maire. Jean-Christophe, témoin de son frère, est assis aux côtés de Gilbert, Cornelia ayant choisi elle aussi son frère, Guiderick, pour contresigner son acte de mariage. Derrière les mariés se tiennent Danielle Mitterrand, Roger Hanin et Christine Gouze-Rénal, ainsi que les filles de Gilbert, Pascale et Justine. Elles sont les nouvelles héroïnes du clan Mitterrand, depuis que Mazarine, révélée au monde, a perdu les saveurs de l'interdit. Leurs gestes de tendresse pour leur grand-père, après l'ascension de Solutré, ont séduit les journaux spécialisés. « Après ma fille, mes petites-filles, commenta Mitterrand en conversant avec Jean Glavany. Ils me font beaucoup d'honneur. S'ils savaient que Mazarine vit avec un Arabe [1] ! »

Mais les paparazzi traqueront bientôt Ali, comme ils quêteront les clichés des amours de Pascale Mitterrand avec le surfer Robbie Page. C'est à son grand-père que Pascale a confié en tout premier qu'elle avait l'intention de se fiancer avec ce grand blond salé en provenance d'Australie. « C'est un extraterrestre », aurait confié l'ancien Président en découvrant quelques semaines plus tard l'hurluberlu dompteur de vagues. Fin juin, le clan Mitterrand goûte une réunion de famille qui annonce l'été à Latche. Aux quelques journalistes présents dans la salle des fêtes de Sion, où un vin d'honneur est organisé pour célébrer les mariés, Mitterrand ment sans vergogne. Aux uns, il déclare qu'il n'a « aucun nouveau livre [2] » en chantier, alors que l'ouvrage avec Georges-Marc Benamou a trouvé son « fil rouge » et va s'échafauder pendant l'été. Aux autres, alors qu'il a parcouru la Bourgogne et revient de Venise, il affirme : « Je ne fais rien de particulier. Je me repose [3]. » Deux jours plus tard, il est de nouveau sur les routes, pour un ultime pèlerinage en cette Bourgogne à laquelle il a dédié son mois de juin.

Le 26 juin 1944, les soldats allemands fusillent trente hommes devant l'église de Dun-les-Places. Chaque année leur est rendu un hommage, en la présence de François Mitterrand, depuis son élection comme député de la Nièvre. Le lundi 26 juin 1995, il quitte Paris en voiture, accompagné par Anne Lauvergeon. Ce choix ne doit rien au hasard : après avoir tenté de pousser Hubert Védrine vers une carrière politique nivernaise, Mitterrand nourrit cet espoir pour l'ancienne secrétaire générale adjointe de l'Elysée. Ce voyage est donc une sorte d'acte tentateur, de visite guidée en compagnie de l'ancien propriétaire. A dix heures quarante-cinq, ils sont tous deux devant un homme de pierre blanche agenouillé et mourant au pied de son calvaire, proue sépulcrale émergeant d'une épaisse haie de buis. L'ancien Président dépose une gerbe, écoute *La Marseillaise* et *Le Chant des Partisans*, puis accompagne le cortège qui se rend au cimetière : en haut d'une butte escarpée, trente stèles de pierre

1. Entretien avec l'auteur, le 11 mars 1996.
2. *Paris-Match*, le 6 juillet 1995.
3. *VSD*, le 29 juin 1995.

grise, frappées chacune d'un nom, honorent la mémoire des martyrs de Dun. Puis Mitterrand reprend la route. Mais, au lieu de glisser vers Saulieu et un nouveau déjeuner chez Loiseau avant l'autoroute pour Paris, il bifurque à gauche, vers Quarré-les-tombes. La voiture suit alors cette départementale n° 36 qui est le seuil du Morvan, serpent liminaire qui hésite entre Yonne et Nièvre pour couler enfin vers la première. Un peu avant treize heures, sous le soleil de cette fin juin, François Mitterrand quitte à jamais le territoire de la Nièvre.

« " Vézelay, Vézelay, Vézelay, Vézelay ", connaissez-vous plus bel alexandrin de la langue française? J'en ai mieux aimé Aragon [1]. » François Mitterrand veut écouter une dernière fois l'alexandrin de pierre de la basilique romane de Vézelay. Avant ces nourritures spirituelles, il en déguste de plus terrestres au pied de la sainte colline, en s'arrêtant pour déjeuner à l'auberge de l'Espérance, chez Marc Meneau. Avant d'entrer dans le restaurant, Mitterrand raconte à Anne Lauvergeon l'histoire du village de Saint-Père où est installée l'auberge, à deux pas d'une autre église romane, dotée d'un superbe porche clos bourguignon, un narthex comme Mitterrand les affectionne, lui qui aime et la chose et le mot. Dans l'entrée de l'Espérance, Mitterrand ne prête pas attention au gros piano à queue, aux fleurs orange qui s'étalent sur les fauteuils gris, ni même à la *Vénus de Milo* qui accueille les clients. En quelques pas, il est dans le jardin et se retrouve au pied du vieux cèdre qui ombrage les pelouses. Il va déjeuner là, sous les poiriers, auprès du petit ruisseau qui passe sous la maison avant de rafraîchir le jardin. « Il m'a donné sur l'endroit le point de vue du géographe, comme le faisait mon père, qui en était un, raconte Anne Lauvergeon. Analyse de la topographie, découpe du plateau : l'exposé était complet, même s'il n'avait pas une connaissance poussée de la géologie, et si ses réflexions sur la structure en grès du Morvan étaient parfois fumeuses [2]. »

Vient ensuite l'ascension de la colline de Vézelay. Elle est là, pour Mitterrand, cette « colline inspirée » que Maurice Barrès trouva en Lorraine. « Ce que j'ai terriblement aimé chez Barrès, ce qui reste en moi un élément capital de mon évolution, qui me

1. François Mitterrand, *La paille et le grain*, op. cit., p 272.
2. Entretien avec l'auteur, le 18 juin 1996.

touche au fond, c'est la géographie de la France, le visage de la France, le visage physique de la France, son apparence telle qu'elle est, comme ça, sa géologie, ses couleurs, et vraiment la première page de *La colline inspirée*, pour moi, c'est resté un chef-d'œuvre [1]. » Par cette déclaration, au-delà de l'admiration pour l'écrivain Barrès, François Mitterrand signe sa foi. Car la première page de *La colline inspirée* est un atlas des sites sacrés de France, une topologie mystique qui court des gaves lourdais aux frondaisons de Brocéliande, en passant par « l'héroïque Vézelay [2] ». Qu'apportent donc ces lieux enthousiastes ? « Il semble que, chargées d'une mission spéciale, ces terres doivent intervenir, d'une manière irrégulière et selon les circonstances, pour former des êtres supérieurs et favoriser les hautes idées morales [3]. » Le dimanche 7 avril 1974, au lieu de filer vers Avallon et l'autoroute, Mitterrand fait un détour et vient se garer à Vézelay : « La décision qui m'attendait me paraissait plus facile, presque aisée, dictée par ce pays sublime tandis que sous les tilleuls de la terrasse je contemplais la fin du jour [4]. » Quelques heures plus tard, François Mitterrand annonce qu'il est candidat à la Présidence de la République.

Vézelay est-elle intervenue pour former un être supérieur ? La colline sacrée est en tout cas présente plus de cinquante ans à ses côtés. Jeune recrue du Commissariat général des prisonniers de guerre, à Vichy, en juin 1942, il épingle sur le mur de son bureau une affiche de la SNCF vantant la beauté de Vézelay. Et plus tard, ministre de la IVᵉ République, il offre une affiche similaire aux diplomates étrangers qu'il rencontre [5]. De plus, le « Je crois aux forces de l'esprit », lancé aux Français par Mitterrand le 31 décembre 1994 ne trouve-t-il pas une éloquente réplique dans ce « Il y a des lieux où souffle l'esprit » qui guide Barrès ? Un dernier lien, enfin, unit, pour Mitterrand, la Bourgogne et Barrès, qu'il aimait plus encore qu'il ne l'avouait, tant il était agacé qu'on l'accusât d'approuver le politique quand il glorifiait l'écrivain. Ce lien, c'est Albert Thibaudet, natif de la première et biographe du second, critique littéraire mêlant le caractère de l'écrivain à son terreau social et essayiste politique de la France des années vingt. « Avec Fran-

1. Apostrophes, le 7 février 1975, interview publiée dans *Lire*, décembre 1994.
2. Maurice Barrès, *La colline inspirée*, Plon, 1930, p. 1.
3. Maurice Barrès, *La colline inspirée*, op. cit., p. 3.
4. François Mitterrand, *La paille et le grain*, op. cit., p. 272.
5. Rapporté par Catherine Nay, *Le noir et le rouge*, Livre de Poche, 1988, p. 134.

çois Mitterrand, nous avons eu des conversations sans fin sur Thibaudet, sur les radicaux, sur la France, se souvient Jean-Pierre Soisson. La France de Mitterrand, c'est celle des petits propriétaires fonciers qui veulent mettre fin à la Révolution française et aller à leur pas ; et qui ont peur de la mort. Mitterrand, c'est Thibaudet [1]. » L'assimilation est excessive, mais le Bourguignon en Mitterrand s'est enraciné, moins par sa carrière politique locale que par sa passion de l'Histoire. A Château-Chinon, où ne s'érige aucun château et pas un pied de vigne, Mitterrand a mesuré l'attrait de la région à la rage déployée par les rois de France et les ducs de Bourgogne pour l'accaparer. Les survolant un jour en hélicoptère, le Président nomme un à un les cantons déroulés à ses pieds et estime les chances des candidats en lice pour la prochaine échéance. Et quand Jean-Pierre Soisson, élu en 1992 président de la Région Bourgogne avec les voix du Front national, est criblé d'anathèmes, François Mitterrand lui téléphone d'un bistrot des Halles pour lui dire, dans le bruit du zinc cliquetant de verres : « Quand on a la Bourgogne, on la garde [2]. »

Toute mesure gardée, Mitterrand trouve ici le même alliage romanesque qu'à Venise, la mort en moins : la littérature et les femmes. De Théodore de Bèze à Romain Rolland, des plumes de tous ordres se sont envolées ou fripées à Vézelay. Côté femmes, ce sont de grandes pécheresses qui dorment ici. Le 26 juin 1995, défiant la canicule, Mitterrand emmène Anne Lauvergeon à la basilique, où reposent les ossements de Marie-Madeleine, puis dans le cimetière escarpé où les tombes semblent prêtes à dégringoler dans la plaine. D'allée en allée, Mitterrand promène son regard à la recherche d'une sépulture. Il s'arrête quelques instants devant la tombe de l'écrivain Maurice Clavel et poursuit sa quête pour s'immobiliser devant les degrés d'une large pierre de granit gris. Une stèle blanche la domine, sans croix, frappée de l'aigle polonaise : « Ici repose Rosalia Scibor de Rylska, veuve de Francis Vetch et John Lintner, 1871-1951. » En cette inconnue venue vivre et mourir à Vézelay, François Mitterrand sait qu'il faut reconnaître Rosalie Vetch, maîtresse de Paul Claudel quand il était diplomate en Chine, passion et muse du poète, qui la consuma dans sa plus

1. Entretien avec l'auteur, le 28 octobre 1996.
2. Ibid.

belle héroïne, l'Ysé de *Partage de midi*, femme adultère et ange de la passion. Au centre de la tombe de Rosalia-Ysé, un rosier dresse quelques rameaux douloureux. Entre Dieu et Ysé, Mésa vit un dilemme claudélien, que Vézelay, pour Mitterrand, transcende sans nul doute, en son église vouée à Marie-Madeleine la courtisane, la plus femme de toutes les saintes. François Mitterrand et Anne Lauvergeon reprennent alors la route vers Paris, dans le crépuscule bourguignon, dévalant ces « hauts plateaux qu'aucun écran ne sépare du ciel [1] ». Puis l'horizon se pastellise du bleu Ile-de-France et François Mitterrand descend une dernière fois les marches de Bourgogne. Il ne pouvait mieux dire adieu à son duché que du sommet de la colline inspirée de Vézelay.

*

* *

En cette fin du mois de juin, François Mitterrand va admirer encore une fois la basilique de Vézelay : dans l'arrière-cour du 52 de la rue Saint-André-des-Arts. Il s'agit d'une photo jaunie accrochée à une armoire dans l'échoppe de Jean-Bernard Alix, relieur en ce lieu depuis 1948. L'ancien Président vient déposer les quatre volumes d'une édition récente, mais originale et luxueuse, de la correspondance de Charles Péguy avec Alain-Fournier et Jacques Rivière. Comme à chacune de ses visites – deux par an –, François Mitterrand caresse du regard l'œuvre intégrale de Zola, en éditions originales, qui emplit une bibliothèque à droite de la porte, et de la main Lola, l'épagneul noir et blanc des artisans. Puis il fait son choix. Habitué aux reliures jansénistes, maroquins à cinq nerfs, peaux bleu marine, noires ou rouges, il ne s'écarte pas de ses habitudes : pour la correspondance Fournier-Rivière, ce sera un demi-maroquin. « Dans un rouge qui tient », précise-t-il en hésitant quelques secondes entre un papier peigné ou caillouté. Puis il converse encore un peu, sous les boiseries du plafond bas, à côté de la monumentale presse à bras. « Je recherche aussi les livres pour l'objet livre, précisait-il dix-sept ans plus tôt. J'avoue même que le plaisir que j'ai de lire tient pour une part à la satisfaction que m'apporte le filet de la couverture ou le caractère typogra-

1. François Mitterrand, *La paille et le grain*, op. cit., p. 271.

phique [1]. » Et ce qu'il aimait beaucoup à Venise, aussi, c'était cette société qui « veillait spécialement sur l'imprimerie, la beauté du papier, la fonte des caractères, la correction des épreuves, sur tout ce qui pouvait contribuer à la perfection de nouvelles éditions [2] ». Mitterrand, comme à chacune de ses visites, demeure vingt minutes en compagnie des Alix, et comme à chacune de ses visites glisse quelques mots sur Vézelay en scrutant l'affiche. Puis il s'en va. Il ne verra jamais ses quatre volumes reliés.

Entre deux escapades, Mitterrand a repris avenue Le-Play sa vie d'ancien Président. Il reçoit des chercheurs qui veulent l'interroger sur la démocratie en Afrique et des journalistes du *Times* qui souhaitent lui parler de la politique anglaise depuis dix ans. A la toute fin du mois, c'est George Bush, de passage à Paris, qui gravit les trois étages de ses nouveaux pénates. En plus de l'affection qu'il ressent pour Mitterrand, l'ancien Président des Etats-Unis a une raison précise de venir avenue Le-Play. Il veut convaincre Mitterrand d'accepter l'invitation qu'il lui a transmise quelques mois plus tôt : venir, en octobre, à Colorado Springs, une ville au pied des montagnes Rocheuses. Bush y organise, pour financer les activités de sa Fondation et notamment édifier une bibliothèque, un « colloque d'ex ». Brian Mulroney, le Canadien, Mikhaïl Gorbatchev et Margaret Thatcher ont déjà donné leur accord pour venir converser de la fin de la guerre froide devant un parterre de mécènes. Très tenté, Mitterrand réserve pourtant sa réponse : les déplacements du mois de juin l'ont fatigué, il ne sait s'il lui sera possible, après l'été, d'entreprendre un si long voyage. La prudence du malade et la coquetterie du Prince n'expliquent pas seules la tiédeur de Mitterrand. Il considère alors que sa politique étrangère, blindée par la construction européenne, n'est plus en cause. Les commentaires à l'heure du bilan, lors de son départ de l'Elysée, l'en ont convaincu ; les critiques de l'automne raviveront sa crainte et son instinct de défense : il ira à Colorado Springs, pour expliquer encore pourquoi il ne s'est pas trompé.

Fin juin, c'est une autre part de sa vie qu'il songe à protéger des attaques, et il s'attelle doucement à reprendre le texte de ses dia-

1. *Lire*, septembre 1978.
2. Allocution prononcée le 27 avril 1992, lors de la remise du diplôme de docteur en philosophie, honoris causa, par l'Université de Venise.

logues avec Georges-Marc Benamou. Installé dans son long fauteuil de cuir noir, il peut converser deux heures avec le journaliste ou le congédier au bout de vingt-cinq minutes, travailler ligne à ligne ou parler d'autre chose : des « juppettes » – les femmes ministres dans le gouvernement d'Alain Juppé –, de Philippe Séguin, de De Gaulle... Après un nouvel entretien sur l'année 1942, François Mitterrand, agacé, trouve que l'insistance de Benamou passe les bornes : c'est la brouille. « Il n'y a jamais eu de ruptures entre nous, mais François Mitterrand ne voulait pas un ultime tribunal. " Vous aussi ! " me disait-il parfois quand je lui demandais de s'expliquer sur l'Algérie française ou sur Bousquet. A la fin de sa vie, il se voyait en victime, il avait le sentiment d'être poursuivi par ce qu'il appelait la meute [1]. » Sa carrière étant achevée, sa vie s'apprêtant à l'être, François Mitterrand offre à ses biographes un espace fini, qu'il leur est loisible de mesurer enfin pour en découvrir les lois mystérieuses. Fin juin, signe des temps, c'est une biographie en images qui est commercialisée : *François Mitterrand, une vie à l'épreuve du pouvoir*, soixante-dix minutes de film retraçant son ascension.

Un dernier conseil a été demandé quelques jours plus tôt à l'homme de pouvoir : Jacques Chirac, qui l'appelle régulièrement, tient à connaître son avis sur une éventuelle reprise des essais nucléaires. Mitterrand, qui les a suspendus, ne cache pas sa réprobation : pour lui, toute nouvelle explosion à Mururoa serait stratégiquement vaine, scientifiquement superflue et géopolitiquement maladroite. « Il pensait tout bonnement que c'était inutile [2] », résume Roland Dumas. « Nous avons beaucoup parlé des essais nucléaires », développe Henri Emmanuelli, à l'époque encore premier secrétaire du Parti socialiste. « Il m'a téléphoné à ce sujet, pour m'en parler sur le fond, technique et politique. Il était stupéfait qu'on ne se soit pas aperçu que c'est parce qu'il avait, lui, stoppé les essais, que les Etats-Unis avaient arrêté à leur tour, alors que Bush lui avait laissé entendre qu'il ne pourrait pas suivre la France dans un moratoire. Puis la Russie a stoppé. François Mitterrand avait ainsi le sentiment d'une grande injustice, car il avait interrompu un processus de nucléarisation entamé en 1945 ! Il disait : " Mes successeurs ne pourront pas reprendre. " Chirac a

1. Entretien avec l'auteur, le 27 juin 1996.
2. Entretien avec l'auteur, le 6 novembre 1996.

d'ailleurs bien vu qu'il lui fallait stopper au plus vite après sa décision, car l'opinion mondiale est pour la diminution des arsenaux nucléaires. François Mitterrand parlait aussi technique et affirmait que les essais supplémentaires étaient inutiles : entre la dénucléarisation mondiale et quelques paramétrages complémentaires, il n'y avait pas photo [1]. » Là est donc l'explication : après avoir raté cette première fin de la guerre froide que fut l'effondrement du bloc communiste et la réunification allemande, Mitterrand pensait s'être rattrapé en mettant un coup d'arrêt à la prolifération nucléaire, prenant même un chapitre d'avance sur l'Histoire, et le nouveau Président allait effacer cet avantage ! Jacques Chirac néglige l'avis de Mitterrand, et annonce la reprise des essais nucléaires le 13 juin. « C'est son affaire [2] », dira pour conclure à Jean Daniel, quelques mois plus tard, l'ancien Président, qui songea un temps à consacrer un livre, dans l'après-pouvoir, au problème de la dissuasion nucléaire.

Avenue Le-Play, l'entourage est parfois si prévenant que se croisent des cercles mitterrandiens jadis séparés. « Bonjour Mazarine », lance ainsi Danielle Mitterrand à Mazarine Pingeot, surprise au détour d'un couloir de l'avenue Le-Play. « Bonjour, Madame », répond la jeune fille. Elles ne se sont jamais rencontrées, elles ne se reverront qu'aux obsèques de leur époux et père. « Je suis arrivé en voiture et je me suis garé un peu plus loin dans l'avenue, raconte Pierre Joxe. En me dirigeant vers son immeuble, j'ai vu soudain François Mitterrand arriver à pied, accompagné d'un policier et de son médecin : il marchait avec difficulté. Je suis resté volontairement en arrière, je l'ai laissé entrer et j'ai attendu quelques minutes encore. Puis je suis monté et j'ai dit à sa secrétaire : " Il n'a pas l'air d'aller. " Pierre Tourlier, son chauffeur, m'a répondu : " Il est fatigué. " François Mitterrand m'a reçu, assis dans un fauteuil, les jambes étendues, et il m'a dit : " Je suis crevé. Il faut que je me promène, mais c'est épuisant. Je souffre. Ce n'est pas la maladie, c'est le traitement. Mais j'écris un peu [3]. " »

Juin s'achève, et laisse Mitterrand éprouvé. Est-ce la fin de l'étrange rémission dont il profite depuis six semaines ? Est-ce une simple fatigue que les prochaines vacances à Latche effaceront ?

1. Entretien avec l'auteur, le 25 juin 1996.
2. Entretien avec l'auteur, le 15 octobre 1996.
3. Entretien avec l'auteur, le 30 septembre 1996.

François Mitterrand raccourcit ses promenades : on le voit souvent sur le Champ-de-Mars, rarement plus loin. Un jour, marchant en compagnie de son fils Jean-Christophe, il croise une équipe de télévision en tournage pour *Les enfants de John*, un programme pour la jeunesse de La Cinquième. Le Président se laisse filmer, guest star d'un épisode, puis s'éloigne après avoir embrassé les deux héroïnes, Marilyn et Patricia, midinettes ravies. Un autre jour, il croise Jean Glavany, député des Hautes-Pyrénées et ancien ministre, en train d'effectuer son footing au Champ-de-Mars. « Nous avons marché une heure et demie ensemble, se souvient le jogger. Il me parle en détail, vertèbre par vertèbre, de ses métastases osseuses. Je suis stupéfait par le détachement de ses propos : il me fait penser à un général parlant de ses troupes. Toutes nos conversations portent sur nos proches, et elles sont marquées par la maladie, la mort. Des passants l'arrêtent, lui disent : " Battez-vous. " Il trouve cela très doux, très agréable. En une heure trente, nous faisons trois ou quatre fois le tour du Champ-de-Mars [1]. »

C'est donc là sa nouvelle horloge, ce vaste cadran de sable où ses deux jambes sont de frêles aiguilles. Mitterrand le sait, les jambes des femmes sont le compas qui mesure le monde. Désormais, les siennes mesurent le temps qui lui reste. Quelques minutes d'effort jusqu'à son long fauteuil de cuir qui lui fait croire qu'il est assis alors qu'il est couché, qui lui fait croire qu'il est vivant alors qu'il agonise. Quelques jours d'attente jusqu'à son dernier été à Latche, retraite d'un homme qui n'aura jamais vraiment pris la sienne. Quelques semaines, quelques mois de sursis jusqu'à... « Quand le bonheur de vivre est contenu / dans ta main / dangereusement entrouverte, / Quand les jours les plus longs / se piquent d'être aussi / les plus beaux, / Voici le mois de juin [2]. » Telle est la chute d'un poème de François Mitterrand intitulé *Mois de juin*. Le sien s'en va, le dernier. Dans sa main dangereusement entrouverte il n'y a presque plus rien.

1. Entretien avec l'auteur, le 11 mars 1996.
2. Cité par Franz-Olivier Giesbert, *Une vie*, op. cit., p. 672.

Juillet-août

Le samedi 1er juillet, François Mitterrand devient un citoyen encore un peu plus ordinaire : les lourdes barrières métalliques qui bloquaient la circulation rue de Bièvre sont démontées, et l'étroite venelle est rendue à la circulation. En fait, à une circulation partielle : en effet, deux panneaux de sens interdit, quai de la Tournelle et boulevard Saint-Germain, précisent que seuls les riverains et les livraisons peuvent l'emprunter. Un ancien Président de la République est donc un individu qui s'efforce d'être comme les autres, mais n'y parvient pas tout à fait. La même impression se dégage de la première interview en bonne et due forme que François Mitterrand accorde depuis son départ. C'est Christine Ockrent qui en bénéficie pour *L'Express*, ayant profité de l'efficace pression d'Odile Jacob. Une bonne part de l'entretien porte d'ailleurs sur l'ouvrage publié par l'éditrice de la rue Soufflot, *Mémoire à deux voix*, que Mitterrand place habilement sur son bureau en recevant la journaliste. L'ancien Président ajoute donc, à des propos convenus sur ses promenades, ses lectures et sa maladie, les vérités de sa vie d'après pouvoir. Elles sont moins en filigrane qu'en négatif dans ses réponses : « Les livres qui cherchent à m'abaisser ou à m'atteindre moralement dureront moins longtemps que moi... » « Je ne veux pas m'expliquer à tout prix », « J'aime mieux laisser une trace profonde et qu'on jugera utile plutôt que le contraire. Voilà tout. Mais ce n'est pas un de mes soucis majeurs [1] ». « Il s'est senti piégé par cette interview, il l'a regrettée », glisse un de

1. *L'Express*, le 6 juillet 1995.

ses collaborateurs de l'avenue Le-Play. Est-ce pour cela qu'il procède par contrevérités, lui qui ne se préoccupe plus que de sa place dans l'Histoire, et cherche la riposte définitive aux attaques qu'il a subies ? « Je n'écris pas mes mémoires », va-t-il jusqu'à affirmer à Christine Ockrent, alors qu'à la même époque, il confie le contraire à Franz-Olivier Giesbert. En ce début d'été, François et Danielle Mitterrand déjeunent avec le directeur du *Figaro*, Chez Gildo. « Il était très bien, souverain, presque normal, se souvient Giesbert. Il m'a montré des photos de lui en compagnie de ses petites-filles, et il m'a parlé de ses mémoires. Il insistait : des mémoires " de sa naissance à sa mort ". Il m'a laissé entendre qu'il voyait en moi un accoucheur intéressant. J'ai laissé venir, je n'ai pas exprimé de désir particulier. Puis nous avons longuement marché en retournant vers l'avenue Le-Play : je ne suis arrivé au *Figaro* qu'à quatre heures et demie. Je ne devais plus jamais le voir [1]. »

Le dimanche 16 juillet, Jacques Chirac vient une seconde fois en quelques semaines désavouer son prédécesseur : après les essais nucléaires, la rafle du Vél d'Hiv. En commémorant ce sinistre épisode, Jacques Chirac prononce les mots si longtemps attendus dans la bouche de François Mitterrand, et que jamais il n'avait accordés : « Oui, la folie criminelle de l'occupant a été secondée par des Français, par l'Etat français. (...) La France, patrie des Lumières et des Droits de l'Homme, terre d'accueil et d'asile, la France, ce jour-là, accomplissait l'irréparable. Manquant à sa parole, elle livrait ses protégés à leurs bourreaux [2]. » Stoïque et sarcastique au sujet des essais nucléaires, Mitterrand perd son calme. Pour la commémoration de la rafle du Vél d'Hiv, il pense avoir poussé au maximum l'hommage et les regrets de la République française en faisant apposer une plaque rappelant que ce crime a été commis « sous l'autorité de fait dite " gouvernement de l'Etat français " ». Jacques Chirac, lui, a parlé de l'Etat français, sans nuance, et même de la France. Parti à Latche la veille, Mitterrand fulmine, et ne veut plus garder sa réserve : il lui faut un porte-parole.

Il se présente en la personne de Jack Lang, qui lui téléphone pour connaître son sentiment avant de participer à un direct télévisé sur TF1. « En septembre 1994, quand l'affaire Péan a éclaté, j'ai

1. Entretien téléphonique avec l'auteur, le 9 juillet 1996.
2. Allocution prononcée le dimanche 16 juillet 1995.

été l'un des seuls à défendre publiquement Mitterrand. A l'Université d'été de La Rochelle, Pierre Moscovici et Dominique Strauss-Kahn, entre autres, avaient monté une véritable campagne de presse. Ils ne s'occupaient que de ça, j'en ai été le témoin. Un peu plus tard, j'avais de nouveau été interpellé à la télévision. Le Vél d'Hiv, c'était la suite. D'ailleurs, François Mitterrand me dit d'emblée : " Ça recommence. " Puis il me répète son point de vue, qui était celui de De Gaulle : " On ne peut pas s'excuser au nom de la République, puisque ce n'était plus la République [1]. " » C'est de la même référence gaulliste que Chirac a doublé son discours : « Certes, il y a les erreurs commises, il y a les fautes, il y a une faute collective. Mais il y a aussi la France, une certaine idée de la France, droite, généreuse, fidèle à ses traditions, à son génie. Cette France n'a jamais été à Vichy. » Ce qui sépare les deux hommes, c'est donc, au-delà de la différence de génération qui a plongé l'un dans la Seconde Guerre mondiale et épargné l'autre, une conception divergente de la grandeur de la République. Chirac la trouve dans un mea culpa assumé, Mitterrand dans la négation des usurpateurs de Vichy. Chirac a moralement raison, et veut modeler la mémoire des générations futures; Mitterrand n'a pas historiquement tort, et veille à être fidèle aux souvenirs des acteurs de l'époque. Le lendemain, Jack Lang vient au rapport après son émission. Outre le Vél d'Hiv, il a commenté la reprise des essais nucléaires. « Je regrette qu'il n'y ait pas de référendum sur le sujet », lui avait soufflé Mitterrand. Lang a précisé en direct que, malgré son désaccord avec la mesure, il s'était battu pour que les socialistes français ne s'associent pas au chahut organisé au Parlement européen lors de la visite de Jacques Chirac. « Vous avez eu raison, par respect pour la fonction », lui confirme Mitterrand. Sa colère retombe, sa conception de la fonction présidentielle l'emporte doucement sur son ressentiment politique. Quelques jours plus tard, il témoigne encore de son courroux devant Georges-Marc Benamou et, comme pour les essais nucléaires, estime que « Chirac a fait cela contre moi [2] ». Mais il a compris que l'argument était spécieux, et que sa personne n'est plus l'enjeu, même d'une haine rétrospective. L'ère qui s'ouvre est peut-être antimitterrandienne, elle n'est pas contre Mitterrand. En regagnant

1. Entretien avec l'auteur, le 11 juillet 1996.
2. Georges-Marc Benamou, *Le dernier Mitterrand*, op. cit., p. 191.

Latche, Mitterrand sait qu'il lui faut passer du combat politique au testament politique.

*

* *

Latche, c'est la forêt. « Il en aimait la foule tranquille et silencieuse des pins maritimes, témoigne Henri Emmanuelli, la force des chênes. Tous les arbres, à vrai dire, comme si chacun d'entre eux avait été un défi gracieux jeté à la face peureuse de l'éphémérité [1]. » « Cinq mille kilomètres d'eau nous séparent de l'Amérique, mesurait Mitterrand, un million d'hectares de pins, de chênes, de houx et d'arbousiers nous protègent des villes [2]. » Dans ce million d'hectares, Mitterrand a flâné des heures, s'y perdant un jour entre chien et loup et retrouvant sa route grâce à un château d'eau, cocasse sémaphore dans un océan de pins. « Vous n'avez pas le sentiment que l'océan est dans la forêt ? » interrogeait-il souvent à l'oreille de ses compagnons de cabotage sylvestre. « Toute forêt est un océan, répondit, lyrique, Franz-Olivier Giesbert. Elle dort, gronde ou mugit comme la mer. Les tempêtes sont aussi rudes sous les arbres que sur les vagues. Sauf que, dans le premier cas, il n'y a personne pour le dire [3]. » Ses interlocuteurs sont parfois moins inspirés et moins dociles. « N'est-ce pas que c'est beau ? demande Mitterrand à Maurice Benassayag, qu'il a traîné dans sa pinède. — Non, répond l'autre, je trouve ces grands arbres angoissants. — Vous, vous êtes comme Georges Dayan, vous ne communiquez avec la nature que sur la Croisette au mois d'août [4] ! » Lui, Mitterrand, appelle les arbres par leur nom, et même, quand il les a plantés, par leur prénom, pour mieux les présenter à ses visiteurs : « Celui-là, je l'ai planté, c'est un chêne d'Amérique, le tronc est plus lisse, la feuille est plus large [5] », annonce-t-il avant de déplorer dans une rognure d'écorce un drageon mal implanté.

Ce n'est pas un hasard si Mitterrand rappelle sans cesse qu'il a acquis ici une maison de gemmeur : lui aussi semble extraire d'une

1. Allocution prononcée lors de l'inauguration du mémorial François-Mitterrand à Soustons, le 21 mai 1996.
2. François Mitterrand, *L'abeille et l'architecte*, op. cit., p. 282.
3. Franz-Olivier Giesbert, *Le vieil homme et la mort*, op. cit., p. 99.
4. Entretien avec l'auteur, le 9 mai 1996.
5. Hugues Le Paige & Jean-François Bastin, *François Mitterrand, portrait en surimpressions*, op. cit.

caresse la résine des pins pour la mêler à sa propre sève. Latche, c'est le ciel et ses oiseaux. « Avant le coucher du soleil, il est une heure miraculeuse où la lumière a la douceur et la couleur du miel. Les oiseaux, qui commencent leur migration avec un peu d'avance, s'arrêtent dans notre clairière, qui devient pour un moment forêt de vols droits dans le ciel, ramure d'ailes [1]. » Latche, ce sont les animaux : Châtaigne et Noisette, les ânes, les labradors de la famille et les chiens des amis qui s'ébrouent en liberté, quelques coqs et les petits animaux de la pinède qui s'aventurent entre les bâtiments. Latche, enfin, c'est une maison, ou plutôt un repaire conçu comme une non-maison, une forteresse du Moyen Age, déguisée en bergerie, avec son long de toit de tuiles asymétrique qui descend très bas, son bardage et sa grosse cheminée triste. La salle commune est un vaste salon-salle à manger dont les baies vitrées donnent sur le gazon, dominé par une imposante loggia et des poutres qui rident le plafond blanc ; les communs sont attenants, où se déploie la cuisine. Enfin, à l'écart, se tient le donjon, le domaine exclusif de François Mitterrand, la « bergerie » proprement dite. C'est une grande pièce ronde, envahie sur les murs par la mousse bigarrée de sa collection du Livre de Poche. Au centre se dresse le lit, spartiate, dans un coin, sur des tréteaux, la table de travail ploie sous un fouillis soigné. Partout accrochent le regard des photos mystérieuses, des cailloux, des pommes de pin. C'est là le cœur de la Mitterrandie, le saint des saints : quiconque pénètre ici est un intime, quiconque en sort est un vassal. Il s'agit d'un grand chaudron où François Mitterrand opère la fusion de tout ce qu'il est. Un cliché de sa grand-mère voisine avec une photo de Mazarine, la Bible dialogue avec Renan, la Charente, la Dronne, la Nièvre et la Seine confluent et charrient un bric-à-brac organisé, alluvions d'une vie qu'il vient draguer de longues heures pour orpailler son passé. Assis sur son lit ou sur quelque meuble incongru, fauteuil en peau de vache ou chaise de bois branlante, Mitterrand délivre ses messages secrets, lève des pans du voile et dit sa messe philosophique.

Aux 1 010 mètres carrés des origines se sont ajoutées les parcelles grignotées au fil du temps, portant le fief mitterrandien à 8 hectares, pour une valeur estimée à la fin des années soixante-dix à 135 000 F. Cet empire ne vaut pas grand-chose, et prend ici tout

---

1. François Mitterrand, *La paille et le grain*, op. cit., p. 122.

son sens. Le parcours de Mitterrand dans les Landes ondoie au rythme de son itinéraire politique. « C'est moi qui ai amené François Mitterrand dans les Landes, explique Georges Beauchamp. Il est d'abord venu chez moi, puis il a fait construire à Hossegor, où il a trouvé ensuite qu'il y avait trop de monde. Avec le maire de Moliets, nous avons découvert Latche, près de Soustons. J'étais son voisin. Puis il y eut Maroye, où s'installa Gilbert [1]. » C'est au mois d'août 1965 que Mitterrand acquiert Latche, pour 4 500 F, quelques semaines avant d'être le candidat de la gauche à la première élection présidentielle au suffrage universel. Latche, c'est donc un signe extérieur de socialisme, tendance rurale, une simplicité revendiquée. A Hossegor, la villa des Mitterrand disposait d'une pergola, d'arcades blanches et de sages meubles de jardin : c'est la IVe République, la vie de ministre, le golf quotidien et la continuation au soleil des mondanités parisiennes. A Latche, l'eau est grise et malodorante, et il n'y a même pas, les premiers temps, l'électricité ! A Hossegor, Mitterrand est parvenu ; à Latche, il commence autre chose. « Il a choisi d'habiter Mauriac, si l'on peut dire [2] », risque Jean Lacouture. Certes : Mauriac crépi par Jules Guesde. A Latche, Mitterrand peut également drageonner avec soin sa statue bucolique, amour des arbres en étendard. « Je sens la France charnellement, glisse-t-il après avoir caressé ses chênes et ses ânes. Pas besoin de faire de grande théorie [3]. » Et ainsi peut-il riposter, Latche à l'appui, à cette « certaine idée de la France » qui est l'âme du culte gaulliste. Sa propre liturgie de la France, concrète et sensuelle, s'enlumine de promenades sous les pins et de boutures minutieuses.

En juillet 1995, les visiteurs sont aussi nombreux que d'habitude à venir faire des ronds dans l'eau de l'étang familial qu'est Latche. Seul Jean Kahn, grognon et surmené, décline l'invitation du Président. Jack et Monique Lang, habitués à un séjour fin août, avancent d'un mois leur voyage. Jack Lang doit en effet gagner Pékin, pour participer à la Conférence mondiale sur le droit des femmes. Du 20 au 23 juillet, ils sont à Latche. « Il semblait en forme, il avait retrouvé de la vigueur, se souvient l'ancien ministre de la Culture.

---

1. Entretien avec l'auteur, le 29 mai 1996.

2. Hugues Le Paige & Jean-François Bastin, *François Mitterrand, portrait en surimpressions*, op. cit.

3. Ibid.

Il m'a expliqué qu'il essayait d'écrire, puis nous avons parlé politique. Ses rapports avec Lionel Jospin s'étaient dégradés, il m'a dit : " N'importe qui aurait fait le même score. " Et j'ai songé à ce qu'il m'avait dit fin 1994, quand il me poussait à être candidat : " Vous ne pouvez pas faire moins de 47 %. " Puis nous avons parlé de Jacques Chirac : " Vous verrez, m'a-t-il dit, on va s'amuser beaucoup avec lui. " Mais ce n'était pas formulé d'un ton péjoratif. Je suis reparti rassuré, je me suis dit : " Le voilà ragaillardi. " De l'île grecque où j'étais en vacances, Mykonos, je l'ai appelé plusieurs fois, comme je l'ai fait de Pékin fin août. Il aimait entendre des conversations du bout du monde. Quand j'étais à Mykonos, il me demandait de lui décrire ma maison, la vue sur la mer Egée, le ciel. Et il m'a donné de bonnes nouvelles de sa santé [1]. »

François Mitterrand fait le fier. Lentement, son état se dégrade, et l'air de Latche n'y change rien : il est installé depuis quelques semaines sur une pente descendante qui annule bien vite la bonne période vécue en mai et en juin. « A Latche, confirme Gilbert Mitterrand, mon père avait une grande sérénité dans sa tête, mais il n'avait pas de tranquillité à l'égard de la maladie. Il était agressé tous les jours, elle pesait sur lui, l'obligeant à rester l'esprit en alerte. Dans les moments calmes, il s'installait sous un chêne, lisait, écrivait, parlait aux amis présents [2]. » Si Mitterrand cesse un peu de narrer l'évolution de sa maladie à ses compagnons de promenade, c'est qu'il a décidé que l'été serait politique. C'est avec la gauche qu'il veut régler ses comptes, et griffonner plus qu'écrire son testament socialiste. Latche est le lieu idéal pour cela, l'état du PS – cet entre-deux qui précède l'ère Jospin – se prête à d'ultimes consignes, il lui reste à choisir les bons interlocuteurs. Au début de la dernière semaine de juillet, François Mitterrand prend son téléphone.

Marie-Noëlle Lienemann est au bord de sa piscine, dans sa maison des Landes. « Allô, c'est François Mitterrand. » Elle ne reconnaît pas sa voix : « C'est une blague ? — Non, c'est moi. On est voisins. Venez me voir demain. Venez avec qui vous voulez. » En vacances familiales, Marie-Noëlle Lienemann n'a que son mari sous la main. « Or il n'a jamais supporté Mitterrand. C'était une si-

1. Entretien avec l'auteur, le 11 juillet 1996.
2. Entretien avec l'auteur, le 18 novembre 1996.

tuation à éviter [1]. » Le maire d'Athis-Mons téléphone donc à son complice de la Gauche socialiste, le sénateur de l'Essonne Jean-Luc Mélenchon. Convier le troisième larron de leur groupuscule est également « une situation à éviter » : depuis quelques semaines, François Mitterrand a placé Julien Dray dans la charrette des disgraciés, pour quelques mots trop sévères sur le règne mitterrandien. Le lendemain, de bon matin, Lienemann se rend à l'aéroport de Bordeaux pour accueillir Mélenchon... qui n'est pas à bord du vol de Paris : il a pris le train. Les deux acolytes se retrouvent à la gare, puis se précipitent sur la nationale 10 pour gagner Soustons et Latche. C'est Danielle Mitterrand qui les accueille. « Nous avons eu droit à une harangue d'une demi-heure sur la polémique autour de Vichy et du Vél d'Hiv, se souvient Mélenchon. Marie-Noëlle a embrayé immédiatement, et comme ce sont deux pipelettes, j'ai cru que nous n'en finirions jamais [2]. » Heureusement, l'ancien Président vient au secours du sénateur... mais ne peut s'empêcher de se mêler lui aussi à la conversation sur le Vél d'Hiv. « Pourquoi ajouter une humiliation à la France, argue-t-il. Ce qui devait être dit a été dit. Pourquoi s'excuser ? Qu'est-ce que le pardon et les excuses ont comme sens ? — La France républicaine, la France mythique était alors supérieure à la France réelle, acquiesce Lienemann. Et il faut éviter de ramener la France dans le camp des vaincus, ou des vainqueurs sous occupation américaine. » Puis Mitterrand attaque Lionel Jospin, dont il n'a pas supporté l'allusion au geste de Willy Brandt, agenouillé en 1970 à Varsovie pour demander pardon aux juifs des crimes allemands. « Cela n'a rien à voir avec Willy Brandt, fulmine Mitterrand. La France n'est pas l'Allemagne ! Pétain, ce n'est pas Hitler ! » « François Mitterrand était surtout ulcéré que ni Lionel Jospin, ni personne au PS ne répète ce qu'il avait fait pendant la guerre, conclut Lienemann. Danielle était encore plus en colère. Lui était plutôt amer, dépité [3]. »

Gilbert Mitterrand et ses filles, Pascale et Justine, arrivent de Maroye : c'est l'heure du déjeuner. Tout le monde se replie sur le grand salon de Latche, et la conversation continue, bondissant d'un sujet à l'autre. La proposition de la CDU de solidifier le premier cercle des pays à réaliser l'Euro ? Mitterrand n'est pas hostile, mais

1. Entretien avec l'auteur, le 21 juin 1996.
2. Entretien avec l'auteur, le 9 avril 1996.
3. Entretien avec l'auteur, le 21 juin 1996.

ne donne pas vraiment son avis, préférant écouter ses interlocuteurs, dont Marie-Noëlle Lienemann, qui prédit une catastrophe sociale. Lionel Jospin ? François Mitterrand interroge – « Alors, votre nouveau premier secrétaire, qu'est-ce que vous en pensez ? » – mais se dispense de tout commentaire. Jacques Chirac ? Son prédécesseur se pique d'ironie et se gausse de la récente conversion du nouveau Président aux réquisitions d'appartements pour héberger les sans-logis : « Vous n'êtes pas si excessive, Marie-Noëlle, Jacques Chirac vous rattrape. » C'est par prudence que François Mitterrand ne se prononce pas sur certains thèmes, mais également parce qu'il souffre. « J'ai croisé son regard alors qu'il se levait de sa chaise, et je l'ai regretté : le pire dans ses yeux n'était pas la douleur, mais que je l'ai vu souffrir. Après, je ne le regardais plus quand il se levait. » La discussion désosse les thèmes. « Mais vous, Mélenchon, vous avez été trotskyste dans votre vie ? Et vous, Marie-Noëlle, vous êtes catholique ? — Oui, Président. — Vous arrivez à y croire ? — Oui. J'ai la foi du bougnat, mais en réalité je fais le pari de Pascal : si on intellectualise la question, on devient athée ou théologien [1]. » Etre catholique et de gauche, être tellement à gauche et catholique militante : Marie-Noëlle Lienemann aurait-elle réalisé l'un des rêves de Mitterrand, pulvérisé chez lui par sa lucidité teintée de cynisme ? « Et l'abbé Pierre ? » interroge Mitterrand. Lienemann ne l'aime pas, depuis que le défenseur des sans-logis l'a mise en cause, à tort, quand elle était ministre du Logement. « C'est pour la bonne cause », avait argué le religieux. « Je lui ai répondu qu'il y avait eu beaucoup de morts pour une bonne cause sous l'Inquisition, raconte Lienemann à la table de Latche. L'argument de " bonne cause " est horrible. C'est la méthode du MRP, patelin par-devant et traître par-derrière. Et quand Balladur l'a reçu et lui a prêté son hélicoptère, il n'a rien dit, rien ! L'abbé Pierre est un faux-cul MRP. — Ah bon ! vous trouvez [2] ? », conclut Mitterrand en riant.

Le temps, menaçant, s'est un peu éclairci, même si le soleil demeure masqué : le café et le digestif sont servis dehors. Les deux adolescentes sont insolentes avec leur grand-père, qui s'en amuse. « Je ne t'ai pas donné la parole », interrompt-il quand l'une des

1. Ibid.
2. Ibid.

deux intervient dans la conversation. « Je la prends », réplique l'intéressée avant de poursuivre son propos. Et quand la seconde fait démarrer sa Vespa, François Mitterrand s'offusque en vain : « Ça fait du bruit. » « Ta tondeuse aussi. » « Il n'était pas un papy insatiable, concède Gilbert Mitterrand. Les petits-enfants l'agaçaient vite. » La dernière goutte de digestif avalée, Mitterrand convie Lienemann et Mélenchon à une petite promenade. Ils s'engagent vers l'enclos des ânes, puis sur la petite route envahie de chiens évadés des maisons voisines. Des passants s'arrêtent : « On est heureux que vous soyez en bonne santé. » Les trois flâneurs poussent jusqu'à Maroye et prennent le petit chemin pour rejoindre la bergerie. Mitterrand s'appuie sur Mélenchon, avance avec difficulté. « C'est terrible quand on est dans un fauteuil, qu'on ne peut plus bouger et qu'on regarde le ciel en ne pensant à rien. Mais je peux écrire. J'écris à nouveau. » « Je parie que c'est sur l'Europe. » « Je ne vous répondrai pas. » Enfin la bergerie est là : Mitterrand est ravi d'avoir réussi à accomplir le tour entier. Il fait visiter les lieux, en commençant par la salle de bains. « Elle est très bien », concède Lienemann. « Vous pouvez venir l'utiliser quand vous voulez », offre Mitterrand en riant. Les deux hôtes s'étonnent de l'abondance des ouvrages sur la Charente, guides touristiques compris. « Vous la connaissez par cœur, vous n'avez pas besoin de guides. Où sont les livres sur le Morvan ? Vous êtes ingrat ! » lance Lienemann. « Que voulez-vous ? On se replonge dans ses racines familiales [1]. »

Assis sur le lit, ils parlent de la France. Pour Mélenchon, pied-noir déraciné, la France, c'est la République. Pour Lienemann, belfortaine enracinée, l'Histoire et le territoire comptent. Mitterrand est de cet avis, et lance la discussion sur les plus beaux paysages de France – chacun établit son palmarès. Puis il raconte Venise : « On a parlé d'une maîtresse, d'un appartement : c'est faux ! J'ai des amis, simplement. » L'heure tourne. Mitterrand se met alors à parler de la gauche, en commençant par une longue allusion à la Commune : « Il faut ressusciter la Commune, c'est le terreau du socialisme. » « Le système de production d'alors correspond aux pays en voie de développement aujourd'hui, explique Lienemann. Le néomarxisme doit donc s'inspirer de la Commune. »

1. Ibid.

Mitterrand opine, puis enchaîne sur l'union de la gauche. A Franz-Olivier Giesbert, il a confié cet aphorisme, bucolique comme il les préfère toujours et religieux comme il les affectionne quand il parle de la gauche laïcarde : « Le communisme et le socialisme sont quand même les branches d'un même tronc. Comme le christianisme et l'islam [1]. » « C'était obsessionnel, poursuit Lienemann. Il a répété quatre ou cinq fois qu'il fallait réaliser l'union de la gauche, puis il m'a pris le bras. J'avais la sensation physique, pénible, d'un vieillard mettant toute sa force dans ce geste. Il a dit : " Ne lâchez pas l'union de la gauche. Ils trouvent cinquante arguments contre, mais c'est la seule solution. Si vous doutez un jour, pensez à moi. " Je lui ai répondu : " Vous prêchez une convaincue [2]. " » Mitterrand poursuit sa leçon : « Il faut aimer la France. Si ça va mal à Paris, allez faire le tour des cantons. » Puis il se tourne vers Jean-Luc Mélenchon : « Il faut quelques idées simples et pas trop intellectuelles, et s'y tenir... — Il faut un peu de talent, aussi [3]... proteste le sénateur. — Bien sûr, mais d'abord quelques idées simples. Et l'union de la gauche doit être de celles-là. Soyez vous-mêmes, et agglutinez aussi. Ne vous marginalisez pas. — Je crois bien que Jospin nous marginalise, glisse Lienemann. — Il n'y a aucune raison. Ne vous laissez pas faire. Il doit vous prendre [4]. »

Il y a trois motifs qui expliquent pourquoi Mitterrand a choisi les hérauts de la Gauche socialiste comme ultimes confidents politiques. D'abord, il y a l'affection qu'il a toujours portée à ces trublions généreux et activistes, complices de nombre de ses manipulations, même s'ils ont critiqué « sa » guerre du Golfe et poignardé Laurent Fabius en avril 1993. A l'époque, Marie-Noëlle Lienemann était allée à l'Elysée : « Président, on va voter contre Fabius. — Ah bon ? Vous êtes sûre ? — Il y a un seul cas où nous ne voterons pas ainsi : c'est si vous nous le demandez vraiment, si cela vous gêne. — Faites comme vous voulez. — Je ne vous demande pas un aval, mais si nous ne pouvons pas le faire. — Faites comme vous voulez. » Malgré ces trahisons et ces fugues de la maison paternelle, ils sont les aînés de la « génération Mitterrand », qui encadrent les troupes les plus virulentes de la jeunesse so-

1. Franz-Olivier Giesbert, *Le vieil homme et la mort*, op. cit., p. 87.
2. Entretien avec l'auteur, le 21 juin 1996.
3. Entretien avec l'auteur, le 9 avril 1996.
4. Entretien avec l'auteur, le 21 juin 1996.

cialiste. Quitte à transmettre un flambeau, autant choisir la garde montante : ce n'est pas efficace à coup sûr pour l'avenir du parti, mais c'est un bon placement pour la pérennité du mythe Mitterrand. La seconde raison est la rancœur que porte François Mitterrand à l'encontre de Lionel Jospin, avivée par la polémique autour du Vél d'Hiv. En recevant Lienemann et Mélenchon, et en le faisant savoir, il a choisi les pestiférés du jospinisme, les brebis galeuses de l'ère nouvelle. Le 28 juin, dans le salon Guermantes du Novotel de Marne-la-Vallée, Lionel Jospin a annoncé qu'il prendrait bientôt la tête du PS. Les membres de la Gauche socialiste sont et seront l'opposition la plus vive à Lionel Jospin, les fabiusiens ayant choisi, avec raison, un mutisme tactique et une bonne volonté venimeuse. La troisième motivation de Mitterrand est la couleur de son cénotaphe politique. Il a vécu plus à gauche qu'il n'était; il veut mourir plus à gauche qu'il n'a vécu. « Je ne l'ai jamais cru socialiste comme l'était Léon Blum, analyse Maurice Faure, longtemps patron des radicaux. Je le considère comme une espèce de radical qui a compris que le radicalisme ne valait plus rien pour arriver au pouvoir [1]. » Le thème est à la mode : c'est un homme de droite qui a mené la gauche à la victoire, et c'est pourquoi sa politique a échoué et déçu. « On ne peut s'empêcher de penser au général Bernadotte, poursuit Gilles Martinet, qui n'avait jamais rêvé de la Suède avant d'entrevoir la possibilité d'en devenir le roi. François Mitterrand n'avait pas eu l'idée, comme il le confiait à Alain Duhamel, d'entrer dans une " église " socialiste, jusqu'au moment où il découvrit qu'il pouvait en être le chef [2]. » La convocation de la Gauche socialiste, c'est Bernadotte qui dicte son épitaphe en suédois, c'est Mitterrand qui prouve qu'il était plus socialiste que ne le sera Lionel Jospin.

La bergerie s'est lentement enlisée dans la pénombre. Le halo du soleil déchiré par le peigne épineux du sommet des arbres. « Je croyais que vous étiez partis », s'étonne Danielle Mitterrand en franchissant le seuil. Elle apporte le thé. « Tu ne veux vraiment pas les voir ? » glisse-t-elle à son mari en emplissant sa tasse. Il s'agit d'une poignée de militants de Greenpeace venus voir l'ex-première dame de France pour qu'elle marraine leur croisade contre la

1. Entretien avec l'auteur, le 7 octobre 1996.
2. *L'Express*, le 13 avril 1995.

reprise des essais nucléaires français; ils espéraient aussi recevoir l'onction présidentielle. Depuis la fin du repas, François Mitterrand joue donc au chat et à la souris. « Je n'ai pas envie de les voir », a-t-il chuchoté à ses invités au début de la promenade, en les faisant passer derrière la maison, tout en ajoutant : « Les nouveaux essais, ça ne servira à rien pour la dissuasion. Il ne faut pas écouter les militaires. » Danielle Mitterrand repart bredouille. Peu après, c'est un officier de sécurité qui passe la porte : Yasser Arafat va téléphoner dans quelques minutes. Leila Shahid, la représentante de l'OLP en France, parle d'abord à Mitterrand, avant de lui passer l'homme au keffieh. « Comment va votre petit? Et votre femme? Oui, je vous le promets, je vais le contacter d'ici la fin de semaine. » François Mitterrand a refusé que ses invités le laissent seul pendant sa conversation, mais il ne leur dira rien de l'intercession demandée par Arafat. Il n'est plus Président, mais il n'est pas un simple citoyen...

Il est dix-neuf heures; Marie-Noëlle Lienemann et Jean-Luc Mélenchon sont arrivés à Latche à midi. François Mitterrand les accompagne à leur voiture et leur adresse un signe de la main, interminable, alors qu'il devient minuscule dans le rétroviseur. « Mais quand la voiture fut arrivée au bout du chemin, écrit Franz-Olivier Giesbert, je me retournai et aperçus par la vitre arrière le Président qui continuait à nous saluer de la main. Ce geste me rappelait celui de ma grand-mère américaine, les derniers mois de sa vie. Je me dis qu'il allait bientôt mourir [1]. » Marie-Noëlle Lienemann, elle, est gagnée devant la même scène par une tout autre pensée : « C'est drôle, murmure-t-elle à son compagnon de mitterrandophilie, j'ai l'impression qu'il n'a pas dit tout ce qu'il avait à nous dire [2]. »

*
* *

François Mitterrand n'a pas tout dit, François Mitterrand n'a pas tout écrit. Depuis quelques semaines, il peut à nouveau tenir un stylo, et corrige les entretiens réalisés par Georges-Marc Benamou.

1. Franz-Olivier Giesbert, *Le vieil homme et la mort*, op. cit., p. 127.
2. Entretien avec l'auteur, le 21 juin 1996.

« Il s'agit d'un livre de conversations, rappelle Benamou, selon les règles du jeu en vigueur en 1969 pour *Ma part de vérité* avec Alain Duhamel. J'ai posé toutes les questions librement. Mitterrand retravaillait le texte à sa guise. Il s'est livré à un véritable travail de marqueterie, récrivant jusqu'à cinq fois certains passages [1]. » Eternel insatisfait, Mitterrand est un habitué du palimpseste, mais s'il reprend avec autant d'insistance ses réponses à Benamou, c'est parce qu'il sent que l'entreprise échoue : ce ne sera pas *le* livre. « Je n'écrirai pas mes mémoires. Je n'aurai pas le temps [2] », confiait-il le 16 avril 1991. Face à ce succédané de mémoires qu'est le livre avec Benamou, Mitterrand est saisi par l'urgence, mais également par l'impuissance à réaliser l'ouvrage dont il ressent le besoin pour la postérité. Un système complexe a été mis en place pour lui faciliter la tâche. Le secrétariat de Georges-Marc Benamou livre à celui de l'avenue Le-Play le texte initial, tapé en triple interligne comme l'a exigé Mitterrand, et accompagné d'une disquette informatique compatible avec les différents ordinateurs utilisés. Le-Play envoie les pages par télécopie à Latche, où le Président a demandé qu'on remplace le fax à rouleau de papier par un appareil « page à page », qui lui livre une liasse facile à manipuler et non un long parchemin vrillé. « En ce moment, il n'est pas mal. Il travaille beaucoup d'ailleurs, à voir l'intensification des fax qui arrivent [3] », mesurera Danielle Mitterrand, courant août, à cet insolite thermomètre. Puis Mitterrand corrige, à l'encre bleue, les feuillets dactylographiés, et les renvoie à Paris. Un jour, Georges-Marc Benamou est dérangé dans sa piscine par un coup de téléphone catastrophé de Latche : « J'ai perdu tout un chapitre, lui dit Mitterrand. Plus aucune trace. » La secrétaire de Benamou interrompt ses vacances et rentre à Paris pour établir une disquette de secours et la porter avenue Le-Play...

Le va-et-vient des feuillets dure tout l'été, marée d'écriture qui, à chaque mouvement, érode et polit un peu plus le texte du livre. « Il n'y a pas eu de contradictions entre avant et après les corrections, note Benamou, mais des modulations, des variations, au gré des balayages capricieux. Sur Pétain, sur Mendès, en particulier [4]. » Cent

1. *Le Nouvel Observateur*, le 25 avril 1996.
2. Sylvie Pierre-Brossolette, *Paroles de Présidents*, op. cit., p. 157.
3. LMI, TF1, septembre 1995.
4. Entretien avec l'auteur, le 27 juin 1996.

cinquante feuillets ne seront jamais relus par Mitterrand, et donc jamais publiés : l'après-Epinay, la campagne de 1974, des précisions sur l'affaire Bousquet et une gerbe de questions complémentaires sur des brèches de la chronologie. Parfois, Mitterrand demande des notes à ses collaborateurs, pour affiner ses corrections. Ainsi, il interroge longuement Laurence Soudet sur la personnalité d'André Pelabon, le directeur de cabinet de Pierre Mendès France à Matignon, pour exécuter en quelques lignes le malheureux fonctionnaire. « Si tu savais ce que je jette, tu admirerais ce que je garde », plastronnait Paul Valéry. Ce que garde François Mitterrand dans ses *Mémoires interrompus* est parfois moins intéressant que ce qu'il jette. Dans le chapitre intitulé « La naissance de Morland », qui adoptera dans la version finale un titre plus explicite, « De Vichy à la Résistance », François Mitterrand s'attache particulièrement au portrait qu'il dresse de Pétain. « En fait, c'était un pur produit du XIXe siècle. Il était né en 1856, il était donc plus proche de Napoléon III que de nous » devient : « En fait, né en 1856, c'était un pur produit du XIXe siècle, plus proche de Napoléon que de nous – et ce n'est pas un hasard s'il a comparé Montoire et Tilsit [1]. » Les corrections sont parfois plus étranges qu'un allégement stylistique et un changement d'empereur. « C'était un vieillard d'allure magnifique, a d'abord écrit Mitterrand. Le type même du Français celte, comme quoi le physique peut être trompeur. » A la cinquième version, il ne gardera que le vieillard à l'allure magnifique, et biffera le Celte au physique trompeur. De même, « c'était le vainqueur de Verdun, ce qui lui conférait une aura incroyable » devient « Verdun, dont le souvenir était proche, lui conférait [2]... », ajout riche de sens. Dans la phrase « on avait le sentiment qu'il était vraiment anti-allemand [3] », il raye « vraiment »... Bref, François Mitterrand fait de la dentelle avec son passé.

La minutie apportée à ces retouches est également pour lui un précieux goutte-à-goutte : il travaille, donc il vit. Ce placebo prend au long de l'été une grande importance. « Qu'est-ce qui vous maintient en vie [4] ? » lui demande courant août, par téléphone, Jean-Pierre Soisson. « L'écriture », répond Mitterrand. Il pourrait, sans

1. François Mitterrand, *Mémoires interrompus*, op. cit., p. 79.
2. Ibid.
3. Ibid.
4. Entretien avec l'auteur, le 28 octobre 1996.

grande difficulté, achever cet ouvrage dans l'été, et celui sur l'Allemagne peu après, mais il préfère en consumer lentement les pages, à l'image de son propre épuisement, songeant que l'inachevé est un sursis, et qu'un point final à ses ouvrages en serait un à sa vie. « Il me manquera six mois pour tout faire comme il faut [1] », confie-t-il dès l'été à son fils Gilbert. La tâche à accomplir lui offre un surcroît d'énergie face à la maladie, remplaçant un peu les impératifs du pouvoir. « Le temps vient sans doute sur le tard, prophétise Julien Gracq, où on ne cherche plus guère dans l'écriture qu'une vérification de pouvoirs, par laquelle on lutte pied à pied avec le déclin physiologique [2]. » Mitterrand en est là, qui se met en retard dans son travail, triche avec les jours et songe que sa plume est la plus lente des aiguilles d'horloge. Il est Pénélope repoussant le plus insistant des prétendants : la mort. Mais rien n'y fait : il n'arrive pas à voler du temps au temps. Août est déjà là.

*

* *

Allongé sous les pins, Mitterrand lit. Après *La vie des douze Césars*, de Suétone, il a avalé *Le procès Néron*, de Pierre Grimal, et s'est attaqué à l'*Histoire générale de l'Empire romain* de Paul Petit et à l'*Histoire des Romains*, de Victor Duruy. Il picore plus qu'il ne lit, et ces lectures sont en fait un baume sur son agonie. La mort des empereurs, la mort des empires le consolent de la sienne et le confortent face à l'échéance. Lecteur estival, Mitterrand n'est pas pour autant immobile. « Il n'a jamais eu un été sédentaire, il n'est jamais resté plus de dix ou quinze jours à Latche », rappelle Gilbert Mitterrand. Courant juillet, un aller et retour a été nécessaire à Paris, pour consulter. Août va être morcelé de déplacements, à commencer par un mystérieux voyage, au tout début du mois, qu'il semble avoir caché à sa famille même et qui s'éclaircira plus tard. Puis il revient à Paris à la fin de la première semaine d'août. Sa fille se débat avec *Paris-Match*, dont elle ornait la Une le 27 juillet, sous le titre « Mazarine pose pour *Match* ». Elle affirme avoir concédé à des paparazzi quelques clichés pris sur le Pont-Neuf, dont certains en compagnie de son petit ami Ali, afin qu'ils cessent de la harceler. Les photographes concernés décrivent une jeune

1. Entretien avec l'auteur, le 18 novembre 1996.
2. Julien Gracq, *En lisant, en écrivant*, José Corti, 1982, p. 144.

fille beaucoup plus coopérative, gracieuse avec eux et intéressée par le choix des photos et la date de leur publication. Adolescente naïve possédée par des chasseurs de scoops ou apprentie starlette grisée par sa notoriété, Mazarine est désormais dans le domaine public. Elle ignore encore qu'elle sera l'héroïne des obsèques de son père, mais elle est déjà une valeur sûre du voyeurisme de presse. François Mitterrand n'est pas en reste : quand il quitte Paris pour regagner Latche, le 10 août, il est lui-même la proie des téléobjectifs. Gare Montparnasse, un paparazzo fixe l'image d'un estivant décontracté, dans la tenue de Solutré : chemise bleue, légère veste de toile verte. Un chapeau blanc à large bord, trop petit pour lui, donne un air cocasse à cette silhouette dégagée. Anne Pingeot l'accompagne dans le train à destination de Bordeaux et reste sur le quai.

A Latche, François Mitterrand ne fait que passer, avant une nouvelle escapade, en Auvergne cette fois. Néanmoins, le 10 août, en arrivant dans les Landes, il téléphone à nouveau à Marie-Noëlle Lienemann, pour la convier à revenir le voir le lendemain. « Ça tombe bien, répond Lienemann, Jean-Luc Mélenchon est chez moi en ce moment. — Décidément, réplique Mitterrand, allusif. — Ce n'est pas ce que vous croyez : il est avec sa compagne. — Qu'ils viennent tous les deux avec vous [1] », achève Mitterrand. Le lendemain, Marie-Noëlle Lienemann, Jean-Luc Mélenchon et Pascale Le Néouannic sont à l'heure à Latche. En plus de Danielle, François, Gilbert Mitterrand et sa jeune épouse, Christine Gouze-Rénal est là, ainsi que Dominique Bertinotti et un revenant : Jean-Pierre Tarot. Papillonnant autour de cet aréopage, une équipe de TF1 est venue scruter la retraite du Président. C'est Marine Jacquemin, une amie du couple Mitterrand, qui la dirige. Pendant près de deux semaines, elle va saisir des instants du dernier été à Latche, pudique et discrète. « C'était moins intime que la première fois, regrette Lienemann. François Mitterrand nous a parlé par touches, c'était un témoignage impressionniste [2]. » Le temps est superbe, et la quinzaine de convives déjeune au soleil. François Mitterrand mange beaucoup et parle peu. « Où en est-on ? » demande-t-il d'un air détaché à Dominique Bertinotti, à propos de l'installation de ses documents. L'archiviste lui rappelle les règles de gestion du fonds

1. Entretien avec l'auteur, le 21 juin 1996.
2. Ibid.

et fait le point sur l'état du tri, tandis que Mitterrand dévore sans relâche. « Il s'en foutait visiblement [1] », tranche Lienemann, qui change alors de sujet de conversation et se lance dans une diatribe contre les arrêtés municipaux en vogue durant l'été, qui chassent les mendiants des centres-villes. « Ah ! Marie-Noëlle, ça ne sert à rien de râler, ce qui compte ce sont les actes, cingle Mitterrand. — Eh bien ! Prends ça dans ta musette », encaisse l'intéressée. Le Président rit. Puis Danielle Mitterrand, selon son habitude, dresse la liste de toutes les misères du monde. « Je sais, je sais », interrompt son mari, avant d'achever lui-même, en un cortège ironique, cet état du malheur humain. « Vous avez tort de vous moquer, glisse Lienemann, ce sont les petites gens qui vous aiment, je l'ai vu à Athis quand vous êtes venu. Le petit peuple vous aime comme il aimait Louis XI. — Je ne suis pas un fana de Louis XI, enchaîne Mitterrand, mais le peuple ne peut pas mentir, et c'est ça que l'Histoire retiendra. — J'ai compris alors pourquoi il se moquait de ses archives [2] », achève Lienemann. Après Louis XI, c'est Philippe le Bel puis tout un cortège de rois de France qu'ils invitent à leur table, pour comprendre comment la nation française s'est constituée. Mitterrand s'improvise, comme il l'affectionne, professeur d'Histoire, et conclut à propos de la Nation : « Il ne faut pas la croire fragile. »

Comme lors de leur première visite, Mélenchon et Lienemann sont conviés ensuite à une promenade digestive sous les pins. Le sénateur de l'Essonne sert quelques plaisanteries grivoises à l'ancien Président : « Il les appréciait bien amenées [3]. » Mitterrand, lui, riposte en évoquant la barbe longtemps portée par Mélenchon. Elle est un sujet récurrent d'allusions lestes entre les deux hommes depuis que le second, glabre de peu, était venu à l'Elysée se faire photographier en compagnie du premier, pour rafraîchir ses affiches électorales. « Alors, avait interrogé Mitterrand, comment ça va sans la barbe, avec les femmes ? » Sous les pins de Latche, il questionne encore Mélenchon : « Alors, sans la barbe, ça va toujours ? » Et il ajoute à l'oreille du sénateur : « Moi, à part le cancer, tout marche, hein, tout marche. » Quelques mois plus tôt, il contait

1. Ibid.
2. Ibid.
3. Entretien avec l'auteur, le 9 avril 1996.

à Franz-Olivier Giesbert comment André Le Troquer, finissant, jouait les jeunes coqs : « Son corps se défaisait, mais à chaque fois que je le voyais, il me montrait son entrejambe et disait avec un sourire de vainqueur : " Ça marche toujours [1]. " » François Mitterrand en est là, à ces rodomontades de séducteur à l'agonie. La politique étrangère brise l'aparté gaulois de Mélenchon et de Mitterrand. « Je me suis fait engueuler sur la Yougoslavie [2] », résume le premier au souvenir de cet échange. « Les Bosniaques aussi ont fait des choses horribles, commente Mitterrand, pas seulement les Serbes. Ce sont les Américains qui veulent tout mettre sur le dos des Serbes. » Marie-Noëlle Lienemann est à moitié convaincue. « Ne te laisse pas intoxiquer », lui glisse Mélenchon. Alors, elle contre-attaque : « La France aurait dû reconnaître la Croatie plus tôt, sous la condition d'une conférence internationale sur les minorités. Le Quai a mal joué avec son alliance pro-Serbes. — Je ne suis pas sûr que ce rapport de forces aurait marché », objecte Mitterrand. « On n'a pas essayé. — Le Quai, si. — Ils n'étaient pas motivés. — Peut-être, peut-être », laisse filer Mitterrand avant de dérouler un couplet sur le complot médiatico-anglo-saxon. Puis il évoque la guerre du Golfe avec Mélenchon : « Je sais, je sais, vous avez vos positions. Mais c'est moi qui ai décidé. » A l'époque, Mélenchon lui avait écrit une longue lettre : « Ceux qui m'ont collé une pancarte de traître sont trop zélés. Je n'arrive pas à envisager une rupture avec vous. » Et Mitterrand lui avait répondu à la main... « Je vais à ce truc avec Thatcher et Bush, cet automne, lance-t-il pour évoquer la conférence de Colorado Springs. Ça fait vieux en retraite, mais j'y vais quand même : il y aura Gorbatchev. Peut-être, pour l'Histoire, ce sera intéressant... »

François Mitterrand est essoufflé. Il s'arrête sous les pins, et parle de la gauche : « Comment ça va au PS ? — Nous ne sommes plus rien. On est complètement marginalisés. — Ce n'est pas grave, ce qui compte, c'est d'être au Bureau national. Ne vous laissez pas prendre par l'agitation médiatique parisienne, voyez la France. Le socialisme français de la Commune n'est pas mort. Il faut voir les sections, les cantons, les gens, leur formuler des idées simples. » François Mitterrand n'avait peut-être pas tout dit, mais il

1. Franz-Olivier Giesbert, *Le vieil homme et la mort*, op. cit., p. 41.
2. Entretien avec l'auteur, le 9 avril 1996.

se répète, rabâchant le catéchisme socialiste qu'il a déjà servi aux mêmes ouailles deux semaines plus tôt. Dans les années soixante-dix, descendant du train à Bourg-en-Bresse, Charles Millon vit au loin un petit homme à chapeau et valise : c'était François Mitterrand, en tournée d'inspection chez les socialistes de l'Ain. Millon n'osa l'aborder, mais lui conta cette anecdote des années plus tard, après l'accession de Mitterrand à l'Elysée. « Que croyez-vous ? répliqua le Président. J'ai fait le boulot. » Sous les pins de Latche, à court de souffle, il ne dit rien de plus à Mélenchon et Lienemann, tel le laboureur de la fable à ses enfants : « Faites le boulot, il en restera toujours quelque chose. » Mais le champ, ici, c'est la France. Puis il enchaîne en racontant la IVe République, insistant sur Guy Mollet : « La veille de l'investiture de De Gaulle, Mollet me dit : " Jamais je ne serai dans le gouvernement. " Deux jours après, il y était. Et tous ceux qui, à l'Assemblée, me disaient : " Tenez bon Mitterrand ! " et ont voté la Constitution ! Dans *Le Monde*, il y a eu une ligne et demie sur *Le coup d'Etat permanent*, pour en dire du mal. Ce n'est pas grave si l'on ne parle pas de vous. Tenez le coup, pensez à l'essentiel, ne vous laissez pas distraire par la mousse [1]. » « Certains ont fait ça, et aujourd'hui ils sont seuls dans le désert [2] », glisse Lienemann à Mélenchon. Mitterrand, imperturbable, poursuit son propos : « Henri Emmanuelli, lui, c'est un glaive d'acier, de l'acier trempé, un solide, un bon. » Puis il dresse un panégyrique de Pierre Bérégovoy et ajoute : « Je n'ai pas toujours bien choisi mes Premiers ministres. — Si Cresson allait à Matignon, il ne fallait pas mettre Béré aux Finances, précise Lienemann. Et Rocard, comment avez-vous pu choisir Rocard ? — Fabius et Jospin m'avaient dit qu'il était majoritaire dans le parti. Et puis, nous avions passé un accord avant. — Ah oui, le fameux petit déjeuner avant la présidentielle... — Ça ne se fait pas comme ça, Marie-Noëlle. » Et pourtant ça s'était fait comme ça en 1988 : « Mais comment pourrais-je détester quelqu'un qui n'a jamais su me tenir tête qu'un moment ? Deux-trois jours une première fois, en 1981, quarante-cinq minutes l'autre fois, en 1988, quand un petit déjeuner avait suffi pour qu'il retire sa candidature à l'élection présidentielle [3]. »

1. Ibid.
2. Entretien avec l'auteur, le 21 juin 1996.
3. Rapporté par Franz-Olivier Giesbert, *Le vieil homme et la mort*, op. cit., p. 64.

En semblant ne rien ajouter à ses propos de la fin juillet, c'est à une critique en règle de Lionel Jospin que se livre en fait Mitterrand, de l'éloge adressé à Emmanuelli aux conseils donnés à ceux qui incarnent désormais la minorité résistante au jospinisme, en passant par la critique de Rocard, dont les proches colonisent lentement l'entourage du nouveau patron socialiste. Les carbonari de la Gauche socialiste feront bon usage des leçons de Mitterrand, et troubleront le jeu du nouveau premier secrétaire du PS dès le printemps suivant en soumettant avec un certain succès leur amendement sur la politique européenne des socialistes au vote des militants. Mitterrand a donné sa bénédiction à cette résistance sous les pins de Latche. Dans quelques jours, il le sait pour l'avoir lui-même souvent pratiqué, Lionel Jospin va faire sa rentrée politique en prenant la parole lors d'une fête de la rose [1]. Il ne sera plus alors le candidat à la présidentielle, mais le chef de l'opposition. Les derniers actes politiciens de Mitterrand sont donc des manœuvres anti-Jospin. La plaie ouverte en septembre 1994, quand Jospin se joignit aux critiques sur son passé vichyste, saigne à nouveau depuis ses déclarations sur le Vél d'Hiv. François Mitterrand poursuit ce combat d'arrière-garde jusque dans ses écrits, puisqu'il s'applique dans la dernière page des *Mémoires interrompus* – la dernière page qu'il aura validée de sa plume – à minorer la performance de Jospin à la présidentielle : « Depuis 1965, par un simple effet mécanique, le candidat socialiste peut atteindre, dans ses basses eaux, 20 à 23 %, son bon niveau se situant à 25 %. C'est là son socle, le socle quasiment incompressible qui est le sien depuis que je l'ai amené là. Ainsi, le candidat de la gauche, au second tour d'une élection présidentielle, doit tout aussi mécaniquement atteindre les 46 à 48 % de votants. Et même plus s'il se passe quelque chose, si par sa campagne et sa dimension personnelle le candidat de la gauche réussit à entraîner l'adhésion des hésitants [2]. » Le filigrane est diaphane : Jospin, avec 23 %, a réalisé un score moyen au premier tour, et encore le doit-il à François Mitterrand ; avec 47 % au second tour, il a montré que sa « dimension personnelle » était inexistante. Mitterrand meurt mais ne se rend pas. Avec les lignes finales de son livre – « Il ne faut donc pas changer de cap : le rassemblement à gauche de toute la gauche [3] » –, il agresse une dernière fois le nouveau ti-

1. Le 20 août 1995, à Frangy-en-Bresse.
2. François Mitterrand, *Mémoires interrompus*, op. cit., p. 246.
3. Ibid.

monier socialiste, et résume le cours qu'il a dispensé à ses groupies de la Gauche socialiste, en deux après-midi d'été, sous les pins.

Mitterrand a retrouvé son souffle. Il parle de la forêt, de la bonne méthode pour entretenir les pins, alors que les arbres s'espacent à l'approche des habitations. Au retour, il décrit à sa femme, ravie, le long périple accompli à pied. L'appétit retrouvé et la marche facile : pas de doute, il est en forme. Puis il dit au revoir à ses invités. Ce n'est pas eux qui s'en vont, c'est lui qui part, se réfugiant dans sa bergerie pour préparer ses bagages : il est dix-huit heures, il va bientôt s'envoler pour l'Auvergne, où l'attendent d'autres amis politiques, pour un pèlerinage annuel. « J'ai fait ce que j'ai pu, leur glisse-t-il en ultime message. J'ai fait ce que j'ai pu. » « En août 1995, la situation politique était difficile pour nous, avoue Lienemann. Je suis repartie de Latche plus forte. Je suis persuadée que la gauche doit avoir une lecture glorieuse des quatorze ans de mandat de Mitterrand, mais il ne nous a pas donné la grille de lecture. " J'ai fait ce que j'ai pu ", ce n'est pas un argument. Il ne nous a donné aucun argument. En me disant au revoir, il me serre la main, posant son autre bras sur mon épaule. Il est un peu plus voûté. Puis il s'éloigne et, un peu plus loin, se retourne. Il est debout dans l'orée de la forêt, il a bien l'air d'un homme qui part. Je ressens un fort sentiment d'adieu. Dans la forêt, j'ai eu l'impression, en l'entendant se répéter, qu'il nous avait tout dit, cette fois. En le voyant se retourner une dernière fois, j'en suis sûre [1]. »

*

*   *

Charcuteries crues et cuites de paysan, chou farci, omble chevalier, cantal, tarte aux pommes au sucre candi : tel est le solide menu qui attend François Mitterrand au lac Chauvet. Il est parti avec un garde du corps, Jean-Pierre Tarot, Baltique et un ouvrage de Georges Duby qui lui fera l'aller et le retour. De Clermont-Ferrand, Mitterrand gagne le lendemain, samedi 12 août, les rives du lac Chauvet. Depuis le Congrès de Metz d'avril 1979, à l'ombre du puy de Montchal, autour de cette étendue d'eau qui tient sa place dans le collier de perles accroché aux volcans d'Auvergne, se ré-

1. Entretien avec l'auteur, le 21 juin 1996.

unissent chaque été les conjurés locaux du mitterrandisme. A dix-sept reprises, ils tiendront ce banquet jovial, et une seule fois François Mitterrand manquera à l'appel : en 1994, après sa seconde opération. « Entre pêche et promenade, c'est un vrai moment de tranquillité, explique Michel Charasse, maître queux de la journée. Au fur et à mesure que les compagnons de guerre disparaissaient, Solutré a perdu son sens, poursuit-il en se méprenant, comme tant d'autres, sur l'origine de cette escalade aux franges de la Bourgogne. Solutré, c'est le métro à dix-sept heures. Au lac Chauvet, nous avons toujours préservé l'intimité : à peine y voyait-on le journaliste de France 3 local et la presse régionale [1]. » C'est l'intimité roborative des conspirateurs qui chauffe l'ambiance, et les convives sont comme les plats : authentiques. « Ce qu'il venait chercher là, raconte Roger Quilliot, alors maire de Clermont-Ferrand, c'est d'abord une forme de détente, la réaction de gens du terrain : il y avait là toute une série de personnes en qui il faisait confiance pour la simplicité de leur jugement. Un bon sens de terroir, un climat différent [2]. »

A table, Quilliot est à la gauche de Mitterrand, et ils conversent de cette municipale de Clermont-Ferrand, où le sortant socialiste a défait Valéry Giscard d'Estaing. Quelques mois plus tôt, conscient qu'il était temps pour lui de préparer sa succession, Roger Quilliot a demandé à François Mitterrand l'autorisation d'adouber comme dauphin Jean-Christophe Cambadélis, quadragénaire brillant du PS. Encore Président, Mitterrand opposa son veto à cette investiture : Cambadélis, proche de Jospin, n'est pas un inconditionnel, et ne ménagea pas ses critiques à la fin du second septennat. Lui interdire une opportunité municipale n'a aucune importance politique, et Mitterrand, en fin de carrière, n'a plus besoin de quadriller le territoire avec ses partisans : qu'importe, la volupté de nuire est plus grande chez lui que le plaisir d'être magnanime. Après le repas, arrosé d'un château Palmer 1985 et d'un château Latour 1977, la quinzaine de commensaux, moins quelques paresseux, se lance dans une ronde digestive : le tour du lac, 3,8 kilomètres dans les herbes, en plein soleil hormis un long passage sous les arbres. Tarot est en bermuda vert et polo Lacoste, Charasse arbore de larges bretelles multicolores pour retenir son ventre et un

1. Entretien avec l'auteur, le 11 avril 1996.

2. Hugues Le Paige & Jean-François Bastin, *François Mitterrand, portrait en surimpressions*, op. cit.

large chapeau blanc de paysan, orné d'une fleur, pour contenir sa tête, son étui à cigares dépassant de sa chemise comme une pochette boisée. Certains, prudents, ont enfilé des bottes, tant le chemin est parfois une incertaine frontière entre l'herbe et les roseaux ; Mitterrand, lui, porte toujours son panama blanc à ruban noir et ses chaussures solutréennes, avec entre les deux un pantalon de velours vert et une chemise de vichy bleu marine : la même que celle qu'il affichait deux ans plus tôt, au même endroit. « Sa manière de dire adieu, c'était de respecter tous les rites de manière traditionnelle, même s'il savait que c'était sans doute la dernière fois qu'il les accomplissait [1] », explique son fils. Ce jour-là Mitterrand a la canne leste et le pas aisé, même si le sourcil se fronce souvent, et il accomplit le tour du lac en une heure et demie, comme à son habitude, après avoir à plusieurs reprises regardé l'eau verte, mirant ses rides dans celles du lac agité de brise. Puis, comme toujours, il lance un bâton dans le lac et Baltique va troubler ce placide miroir.

Moins solennel et médiatique que l'ascension de la Pentecôte, le tour du lac Chauvet n'est pas une simple partie de campagne. C'est une messe noire politique où l'on exorcise la deuxième gauche, criblée d'épingles autour de la table, une joyeuse paillardise où l'on commémore la victoire de Metz, avortement du rocardisme. Car le mets principal, la farce du chou, ce sont les abats de Michel Rocard. « Un jour, j'ai rapporté au Président une expression que venait d'employer Michel Rocard : la " compétitivité sélective ", raconte Maurice Benassayag. Il a levé les yeux et il m'a dit : " Pauvre type [2]. " » Il y a de quoi rédiger un livre avec les mots cruels de Mitterrand sur Rocard, réels ou apocryphes. Sur la fin, l'échec du second étant consommé, Mitterrand se fait moins cruel et plus méchant, moins drôle et plus définitif : il s'acharne. « Mais voyons, je ne l'ai jamais haï, ce pauvre Rocard. C'est un brave garçon. Je pense simplement qu'il n'était pas qualifié. Il était tout juste bon pour un secrétariat d'Etat aux PTT ou quelque chose dans ce genre. Rien de plus [3] », a-t-il résumé pour Franz-Olivier Giesbert. Et, corrigeant les épreuves de son livre, il glisse à propos du suicide de Pierre Bérégovoy : « Quelques journalistes sans principes ont tenté de me faire porter la responsabilité de la mort de ce pauvre

1. Entretien avec l'auteur, le 18 novembre 1996.
2. Entretien avec l'auteur, le 9 mai 1996.
3. Franz-Olivier Giesbert, *Le vieil homme et la mort*, op. cit., p. 63.

Bérégovoy. Dans ce jeu, les médias, la deuxième gauche et la droite avaient le même intérêt [1]. » Le Congrès de Metz, c'était la guerre ; Chauvet, c'est aussi un moment de joie meurtrière, c'est la torture de Rocard le faible par Mitterrand « l'archaïque ». En août 1994, Mitterrand n'a pu venir au lac Chauvet fêter la récente élimination de son rival, après ses calamiteuses élections européennes, de la course présidentielle. En août 1995, il répare cet oubli, et vient danser sur la tombe politique de Rocard.

*
* *

Une casserole dans une main, une canne dans l'autre, François Mitterrand va donner à manger aux ânes de Latche dans leur enclos, tandis que Baltique jappe et bondit pour effrayer les paisibles ongulés. L'ancien Président est revenu du massif du Sancy en passant par la Charente, où il a été chez son frère Jacques, et par Libourne, la ville dont Gilbert Mitterrand est le maire. De retour chez lui, il se repose quelques jours, sans plus penser à Jospin ni à Rocard. Devant Marine Jacquemin et son équipe, il fait le tour de sa propriété. Sur un coin de pelouse, ses petits-enfants ont fait installer une piscine entourée d'un peu de grillage vert. Robbie Page, le fiancé de Pascale, noyé dans sa tignasse blonde frisée, prépare une mixture verdâtre : « Si j'avais moi-même un cancer, je crois que je mangerais moins et que je boirais du jus de blé trois fois par jour [2] », confie-t-il. François Mitterrand a avalé une gorgée, mais préfère sa vieille tisane morvandelle à ce breuvage « new age ». Danielle n'a pas insisté non plus après le premier verre. Christine Gouze-Rénal est encore là, Roger Hanin est arrivé la veille et Roland Dumas vient en voisin de sa maison de Gironde, un bouquet de fleurs à la main. Il déambule un peu dans le jardin avec Mitterrand, et lui parle de l'abbaye de Fontevraud. « C'est là qu'est le tombeau de Richard Cœur de Lion [3] », rappelle l'ancien Président.

Une blanquette de veau, et du jambon de pays rapporté du Puy-de-Dôme par le Président, réunissent tout le monde devant la maison. « Les autres vont faire tellement de bêtises que les socialistes

1. François Mitterrand, *Mémoires interrompus*, op. cit., p. 220.
2. LMI, TF1, septembre 1995.
3. Ibid.

sont capables de gagner les élections de 1998, lance Dumas, dans un silence complet. Malgré eux [1] », précise-t-il sans plus de succès. François Mitterrand n'a plus trop envie de parler politique, et Dumas change de sujet, racontant comment Churchill s'était fait aménager un abri près du 10, Downing Street, d'où il téléphonait à Roosevelt. Roger Hanin, lui, a une nouvelle histoire drôle, truffée de fantômes : un château hanté, le fils du boucher s'est tué à 200 kilomètres à l'heure contre un platane, une jeune fille s'est pendue... « Y'avait pas de fantômes [2] ! » proteste Mitterrand, goguenard et sceptique. Hanin change alors d'histoire, et pose ensuite des devinettes sur le monde du cinéma. Puis François Mitterrand joue les grands-pères Fouettard en s'offusquant d'une photo parue dans *France Dimanche* : Pascale embrasse goulûment son surfer de fiancé. « A ton âge, on n'embrasse pas les garçons en public », sermonne Mitterrand. « Tout le monde riait de cet épisode. Même lui en souriait [3] », précise l'adolescente. François Mitterrand s'intéresse un peu plus à ces jeunes filles qui grandissent et sont un reflet de Mazarine, avec laquelle elles partagent de longs cheveux bruns et une svelte silhouette. Il les interroge sur leurs études, leurs goûts et leur vie sentimentale. Pascale et Justine s'éclipsent avant la fin du repas.

Dans la torpeur de l'après-midi, certains somnolent, d'autres écrivent. L'ancien Président est penché sur quelques feuillets raturés d'encre bleue, Roger Hanin écrit son roman dans le coin d'une bibliothèque, Danielle Mitterrand travaille à son propre ouvrage, encore mystérieux. Elle confie qu'il s'agit d'un livre sur sa Fondation ; en fait, elle prépare *En toutes libertés*, de vrais mémoires sur sa vie commune avec François Mitterrand, qu'elle publiera après la mort de son mari. Pour écrire son livre, Danielle Mitterrand s'isole au centre de cette bibliothèque disparate qui couvre les lambris clairs de son bureau, protégée par deux immenses défenses d'éléphant ; devant elle est suspendue une photo en noir et blanc de son époux. Pour l'aider dans sa tâche, elle a recours aux services de Patrick Amory du Morne Vert, des éditions Ramsay, qui passe quelques jours à Latche à la mi-août. Le mercredi 16, il reste une

1. Entretien avec l'auteur, le 6 novembre 1996.
2. LMI, TF1, septembre 1995.
3. *Paris-Match*, le 9 janvier 1997.

longue soirée affalé sur la mezzanine, en compagnie de François Mitterrand, à regarder un match de foot et un meeting d'athlétisme. Ni l'insistance vaine de sa bru Cornelia pour qu'il prenne un médicament, ni les fermes recommandations du docteur Tarot, ni les récriminations de son épouse Danielle, qui, après un scrabble, tente de dormir malgré le bruit du poste, ni même les commentaires bougons de son fils Gilbert ne distraient Mitterrand du spectacle télévisuel : France-Pologne, qualifications pour l'Euro 1996, 1-1 en score final, puis Golden Four de Zurich. Il surprend Amory par sa connaissance du sport et des athlètes, et par sa finesse d'analyse. Il loue « la maturité et le brio de l'Equipe de France de 1984 », glorifie Marie-Jo Perec, « femme-gazelle », et philosophe : « On peut espérer que les hommes qui partent de loin visent haut [1]. » Le lendemain, il en parle encore...

*

* *

Le dimanche 20 août, Jean-Christophe Mitterrand pose un pied sur le muret qui domine la route devant sa maison et regarde au loin, la main en visière à cause du soleil qui, déjà, fait vaciller la plaine. Elisabeth Mitterrand s'affaire autour d'une pièce montée et d'un gâteau biscornu, dans une grande cuisine toute simple, avec son carrelage bleu et blanc et son évier d'émail. Soudain, ils arrivent : Sion n'est qu'à une heure et demie de voiture de Latche. François Mitterrand est revenu dans ce village du Gers où il se trouvait deux mois plus tôt, pour le mariage de Gilbert et Cornelia, afin cette fois de célébrer le douzième anniversaire de son petit-fils. « Mon frère aurait aimé garder à ce rendez-vous annuel le caractère le plus familial possible, témoigne Gilbert Mitterrand, mais cela a un peu débordé, et nous étions rarement moins d'une trentaine, même s'il y avait souvent plus d'amis de mon frère que de mon père. Adrien est né en 1983, mon père était déjà Président, et dès le début la presse a été là [2]. » Ce jour-là, quelques photographes attendent le Président, qui se prête de bonne grâce à leur curiosité clignotante. Marine Jacquemin est là aussi. Il l'attire à l'écart dès son arrivée et lui glisse : « Vous savez que mes cercles ne se recou-

1. *Paris-Match*, le 4 juillet 1996.
2. Entretien avec l'auteur, le 18 novembre 1996.

pent jamais. Ici, vous verrez ceux qui me sont les plus proches et les plus chers [1]. » Dans ce cercle des élus, il y a bien sûr l'ensemble du clan Mitterrand, toutes générations rassemblées, mais également les fidèles amis de Morland. Le 20 août, c'est en effet, à un jour près, l'anniversaire du début de l'insurrection de Paris. Ceux qui prirent d'assaut avec Mitterrand, le 19 août 1944, le Commissariat aux prisonniers de guerre de la rue Meyerbeer sont présents à Sion : Christine Gouze, Georges Beauchamp, Jean Munier – qui est aussi le parrain de Jean-Christophe – et enfin Roger-Patrice Pelat jusqu'à sa mort – il était le parrain d'Adrien. En 1995, les deux fils Pelat sont autour du gâteau à douze bougies, ainsi que la marraine d'Adrien, Marie-Claire Papegay, la fidèle secrétaire du Président. Un anniversaire peut en cacher un autre, et il est révélateur que Mitterrand ait fondu le cercle familial et celui de la Résistance. Ils l'enserrent et le protègent comme le font les cercles de métal autour de l'astrolabe-cadran solaire qui trône devant sa bergerie et porte l'inscription : « La liberté est une conquête. » Ce n'est pas Solutré qui abrite le rite voué à la Résistance, mais bel et bien Sion, camouflé, comme les rendez-vous clandestins de la guerre, derrière une banale fête de famille.

« Il a dit à Marine Jacquemin : " Vous avez eu l'idée de faire un sujet? Ça va être dur avec quelqu'un qui ne veut rien vous dire [2] ! " » raconte Gilbert Mitterrand. L'ancien Président a fait passer la consigne : « Pas d'intimisme, pas de voyeurisme. » Elle est strictement appliquée : « Il ne veut pas qu'on parle de lui, on n'en parle pas », tranche Danielle Mitterrand devant la caméra. Son mari, qui a hésité à accepter la demande de Marine Jacquemin tant il est fatigué, est tout aussi direct : « Vous voulez me faire dire des choses cent fois dites [3] », grogne-t-il, bourru, alors qu'il se promène avec la journaliste sous les pins. « Il ne voulait pas de testament télévisé », explique Gilbert Mitterrand. Certes, mais François Mitterrand a des manières plus subtiles de se livrer. S'absentant, il a autorisé Marine Jacquemin à filmer sa tanière de la bergerie. Alors qu'elle opère, un officier de sécurité intervient, surpris : « Vous avez vraiment l'autorisation? — Oui », insiste la journaliste. « En

1. Entretien avec l'auteur, le 11 juin 1996.
2. Entretien avec l'auteur, le 18 novembre 1996.
3. LMI, TF1, septembre 1995.

fait, il avait tout agencé à l'intérieur pour que nous filmions ce qu'il souhaitait [1] », explique-t-elle. La Mitterrandie dessinée par Mitterrand, ce sont deux chapeaux blancs à ruban noir posés sur une étagère, des livres à perte de vue, des rouleaux mystérieux, des éboulis de photos, un canard noir qui semble échappé de la collection de Jean Kahn et surnage dans cette mare de papier, des pierres rouges et jaunes, une photo de sa grand-mère, *Un petit bourgeois*, de François Nourissier, en bonne place dans la bibliothèque, un album, *Gens du Morvan*, posé sur la table – la remarque de Marie-Noëlle Lienemann n'a pas été oubliée : Mitterrand veut afficher une mémoire complète –, une enveloppe marquée « François », de la colle, des boîtes de cartouches d'encre désuètes, encore des livres échoués, un magazine de vénerie, une vieille photo anonyme et, enfin, bien en vue, la Une du numéro de *Paris-Match* de la fin juillet, ornée du visage de Mazarine : mais c'est une reproduction de cette couverture que s'est procurée le père de la jeune fille, large affiche qui sert de publicité au magazine, comme un fan collectionnant un poster de son idole.

Mitterrand, en se laissant voler cette miette d'intimité, poursuit sa dernière œuvre : il veut être le forgeron de la doxa. Cet été à Latche, ces innombrables heures passées en de fausses confidences et de vraies corrections, tout cela n'a qu'un seul but : dicter l'avenir, tenter par tous les moyens d'infléchir la postérité. Mitterrand sème des souvenirs inoubliables dans la mémoire de ses visiteurs, espérant qu'ils lèveront pour la moisson du mythe. Plus qu'assurer sa place dans les livres d'Histoire, tâche qui s'est achevée pour lui le 17 mai, il veut infléchir la vérité populaire, sa figure telle que l'homme de la rue la croira authentique et non telle que les savants l'auront établie. Ses visiteurs de la pinède sont autant de messagers pour le peuple, et non pour les historiens. Le 17 août, après avoir parlé à nouveau de football, il accepte de converser avec Patrick Amory de l'affaire Greenpeace. Amory la connaît bien, qui lui a consacré un ouvrage d'investigations, *Mission Oxygène*. Mitterrand, ce jour-là, en quelques pas sous les pins, ne révèle ni n'avoue quoi que ce soit. Il verrouille la vérité officielle : « Il conviendra un jour que tout soit dit. » « Je n'ai pas donné l'ordre de couler ce bateau ni aucun autre, affirme Mitterrand à propos du *Rainbow Warrior*. Cette opération, dans sa conception

1. Entretien avec l'auteur, le 11 juin 1996.

comme dans sa réalisation, fut un ratage complet. Je ne peux tolérer qu'on m'accuse d'être pour la moindre part à son origine [1]. » Et voilà la doxa un peu plus martelée.

*
* *

Œuvrer à sa propre statue, inspirer l'avenir, séduire les juges futurs, tel est désormais le principal pour lui. Il est vrai qu'il y a urgence : c'est dans la douceur de l'été landais, quand la vie semble triompher sur la terre entière, que la maladie revient à la charge. « Il y a eu des moments difficiles pendant l'été, glisse pudiquement Gilbert Mitterrand. Il était sur la défensive, replié sur l'essentiel [2]. » Ce n'est pas encore la curée, mais c'est l'hallali. La rémission de l'après-pouvoir, qui semblait une renaissance malgré les incidents, est bien achevée. Mitterrand a été frappé fin juillet, alors qu'il déjeunait chez Jean Glavany, dans sa demeure de Mont-de-Marsan, en compagnie de François Autain, sénateur et ancien secrétaire d'Etat. Mitterrand parle de son cancer en termes étranges, propres à alerter la curiosité des convives. « Mais ce cancer, interroge l'un d'entre eux, vous l'avez depuis 1992 ou depuis 1981 ? » « Sa réponse a été si ambivalente, témoigne Glavany, que j'ai compris 1992 et Autain 1981 ! Mais, en vérité, n'est-ce pas les deux ? Mitterrand est l'expression d'une force de volonté incroyable : de 1981 à 1992, il avait dominé sa maladie. Il n'y a donc pas eu de mensonge. S'il l'avoue en 1992, c'est qu'il ne domine plus son cancer [3]. » Ce jour d'été 1995, François Mitterrand est arrivé chez son ancien chef de cabinet dans une « chaise à porteurs » constituée des bras de ses gardes du corps. Il ne peut sortir seul de la voiture, ni marcher. Il ne sent plus ses jambes. Pendant le repas, le chien de Jean Glavany, un berger des Pyrénées, se glisse sous la table et urine, éclaboussant copieusement le pantalon du président. « Jean, je crois que votre chien me lèche le pied », remarque Mitterrand. La conversation continue entre la dizaine de convives, dont les enfants du député des Hautes-Pyrénées. « Soudain, le repas a été interrompu par les cris de douleur de François Mitterrand, raconte Glavany. " Pardonnez-moi de me montrer sous ce jour ", a-t-il dit.

1. *Paris-Match*, le 18 juillet 1996.
2. Entretien avec l'auteur, le 18 novembre 1996.
3. Entretien avec l'auteur, le 11 mars 1996.

J'ai répondu : " On est tous les mêmes devant la douleur. On aurait pu remettre ce déjeuner, vous savez. " Mais il a répliqué : " Non, j'ai besoin de bouger, de sortir. Il faut que je me force. " Puis deux gendarmes l'ont porté jusqu'à sa voiture. On a su qu'il s'était vite rendu au Val-de-Grâce pour des analyses, afin de savoir s'il s'agissait d'un problème musculaire ou d'un progrès de la maladie [1]. »

Quelques jours plus tard, Mitterrand confie à Pierre Bergé, au téléphone : « J'ai une sciatique, mais on ne sait pas si c'est une sciatique ou de nouvelles métastases. Mais Tarot me soigne bien. Et vous : qu'est-ce que vous lisez en ce moment [2] ? » Début août, Jean-Pierre Tarot est revenu au chevet de François Mitterrand, après deux mois d'une assiduité diluée, et telle est la preuve que la maladie mène un nouvel assaut. A Paris, François Mitterrand voit une autre personne qui s'approche de lui en même temps que la mort : Marie de Hennezel. Spécialiste des soins palliatifs, elle met la dernière main à un ouvrage à paraître en septembre, *La mort intime*, dont Mitterrand a rédigé la préface. Elle ne l'a pas vu depuis la fin avril, quand il lui a remis son petit texte : depuis, il se portait trop bien... Elle ne le reverra pas avant la fin novembre, quand le compte à rebours approchera de son terme. En ce début août, elle pensait aller à Latche pour une journée, mais François Mitterrand a dû revenir à Paris pour ses examens, et il la reçoit avenue Le-Play, alité. C'est à Paris également que lui rend visite Anne Lauvergeon, de retour des Etats-Unis. Elle est frappée par son état : « Il avait un visage qui répercutait une grande douleur. Il avait une apparence épouvantable [3]. » Un peu plus tard, c'est un déplacement à Latche de Georges-Marc Benamou qui est annulé : la jambe présidentielle est trop douloureuse. Pierre Bergé, qui est passé brièvement, renonce à toute autre visite, et préfère téléphoner : « Parfois on me disait sans ambages : " Rappelez, il ne va pas bien [4]. " »

A Latche, nul ne s'inquiète outre mesure, tant le souvenir de l'horrible été 1994 est encore vivace. Après sa seconde opération, le Président est alors au plus mal. Lors d'un repas qui anticipe ses noces d'or, au restaurant La Galupe, sur l'Adour, Mitterrand plaisante d'abord, puis grimace et n'arrive plus à se lever à la fin du déjeuner, regagnant sa voiture dans des souffrances atroces. « La

---

1. Ibid.
2. Entretien avec l'auteur, le 24 juin 1996.
3. Entretien avec l'auteur, le 18 juin 1996.
4. Entretien avec l'auteur, le 24 juin 1996.

seule position qu'il supportait bien, se souvient Gilbert Mitterrand, c'était celle du fœtus. (...) Un jour, alors qu'on partait déjeuner chez Henri Emmanuelli, il a demandé à la voiture de s'arrêter et s'est allongé dans le fossé. Il est resté longtemps comme ça, sans rien dire [1]. » En 1995, Mitterrand ne traverse pas de tels moments de détresse : Tarot est là, qui éteint les incendies, et la souffrance le cède à l'épuisement. Le 17 août, après avoir parlé de Greenpeace avec Amory, François Mitterrand retourne déjeuner chez Jean Glavany. « Tarot était avec lui, raconte le député. Mitterrand était bourré de calmants. Il semblait apaisé, il a parlé politique. » Jean-Luc Mélenchon est là également, et Mitterrand rabâche une nouvelle fois son cours : « Trouvez les trois ou quatre principes de votre engagement politique, votre minimum vital. » Le pire semble passé, mais François Mitterrand, comme toujours, est lucide. Il sait qu'il ne s'agit pas là d'une simple rechute, d'un incident. S'il n'a pas encore perdu la guerre, il a perdu une bataille décisive. Ce n'est plus le tango cruel amorcé en 1992, et qui alterne en un tempo de douleur les rémissions et les crises. Autre chose commence : la dernière pente. Ce n'est pas encore l'agonie, c'est, au sens propre, le début de la fin.

*
* *

Le flâneur du Champ-de-Mars, l'arpenteur de Bourgogne, le piéton de Venise s'effacent; un Mitterrand sédentaire va les remplacer. Même s'il continuera dans les mois à venir à se déplacer, ces escapades l'éprouveront. Pérégrin de sa vie, Mitterrand laisse ses dernières forces dans le retour vers les lieux aimés qu'il connaît par cœur, escales vers le grand continent inconnu de la mort. Celle-ci se rappelle à lui le 17 août de manière fort concrète : *L'Evénement du Jeudi* révèle que le Président Mitterrand a décidé de se faire inhumer, avec son épouse, au sommet du mont Beuvray, l'ancienne Bibracte de la Gaule, siège des Eduens. Les tractations entre le couple et le Syndicat mixte du Parc naturel régional du Morvan ont débuté au printemps, pour aboutir à un acte de vente le 5 mai 1995, à quelques jours du départ de Mitterrand de l'Elysée. C'est le sénateur et maire de Château-Chinon, le docteur René-

1. Franz-Olivier Giesbert, *Une vie*, op. cit., p. 707.

Pierre Signé, qui préside le Syndicat, ce qui a nettement facilité la transaction. Entre-temps, un archéologue a sondé le terrain puis déplacé la parcelle pressentie, pour que les fouilles futures ne soient pas entravées, un géomètre a borné le nouveau site retenu et une minutieuse vérification a été établie, prouvant que la tombe sera bel et bien dans la Nièvre, à la proue de la circonscription de Mitterrand. François, Maurice, Adrien, Marie Mitterrand et Danielle Emilienne Gouze ont donc acquis pour un franc symbolique – et non 60 F, le prix estimé du terrain –, au lieu-dit La Chaume, la section B 899, vaste d'un are, soit dix mètres sur dix. Malgré de vaines dénégations de Signé, la vérité s'impose, et la polémique s'installe. Jean-François Bazin, le président RPR de la Région Bourgogne, s'insurge contre la clandestinité du procédé et l'aliénation d'un terrain à vocation publique. L'affaire relance les critiques portées contre le musée qui se tient au pied de la colline, le dernier des grands travaux du Président, que beaucoup jugent inutile et somptuaire. Mitterrand pousserait-il la dérive monarchique et la mégalomanie jusque dans l'au-delà, dans un syndrome du mausolée ? Une artiste peintre du Morvan lance une association pour protester contre cette acquisition, « L'Are pour Tous », en un canular qui rencontre un vif succès : au bout de quelques mois, elle revendique 1 600 adhérents, qui ont tous versé un franc symbolique pour acquérir leur future sépulture sur le mont Beuvray.

Après une esquisse de résistance, le clan Mitterrand cède, et renonce au projet. Une version officielle est alors élaborée, que Danielle Mitterrand assume en direct sur Europe 1 : c'est elle qui a eu l'idée du mont Beuvray, constatant que son mari refusait d'être inhumé dans sa ville, Cluny ; l'antique Bibracte est en effet un sommet frontière entre son département d'origine, la Saône-et-Loire, et la Nièvre, département d'adoption de son mari. Certains considèrent qu'il ne s'agit là que d'un repli tactique destiné à calmer les clabauderies, et que, François Mitterrand mort, personne n'oserait lui refuser cette dernière volonté. « J'ai pensé jusqu'au bout que l'idée, difficile, du mont Beuvray s'imposerait, avoue ainsi Jack Lang. C'était une idée géniale, il est dommage et stupide que la polémique l'ait empêchée [1]. » Mais l'abandon est définitif : Mitterrand a le sentiment que sa sépulture a été violée avant d'être creu-

1. Entretien avec l'auteur, le 11 juillet 1996.

sée. Fin août, au téléphone, il raconte à Georges-Marc Benamou comment Louis XI, qui avait choisi de se faire inhumer dans l'abbaye de Cléry, vit son tombeau profané à plusieurs reprises, et conclut : « J'ai envie de dormir tranquille [1]. » « Il a compris que le symbole était trop grand [2] », précise Georges Kiejman. En effet, compte tenu des critiques qui érodent son personnage depuis plusieurs mois, François Mitterrand veut être enterré au-dessus de ses moyens, à la hauteur du mythe qu'il s'acharne à sculpter et non de la réalité.

Il est très amer : Beuvray, c'était son souhait, son choix. Il a patiemment construit ce projet secret en entourant le site d'une sollicitude exagérée, tant les fouilles des décennies précédentes l'ont déjà exploité. « Il m'a parlé du mont Beuvray pour la première fois en 1982, raconte Jack Lang. C'était lors du pèlerinage de Solutré, pendant un déjeuner à Cluny. Nous étions tous les deux dans le jardin, et il m'a dit : " J'aimerais bien que vous vous intéressiez à Bibracte. Allez voir, cherchez une idée de mise en valeur pour symboliser l'unité française et européenne [3]. " » L'« idée de mise en valeur », ce sera proclamer Bibracte « grand site national » en 1985 et y créer en 1989 un Centre archéologique européen, dont le premier bâtiment ouvre en 1994, tandis que François Mitterrand tient à venir inaugurer, en avril 1995, les murs vides du musée. Il aime le site du mont Beuvray, tour de guet au panorama impressionnant, et en vénère le symbole historique : y siégeaient les Eduens, collaborateurs des Romains pour se protéger des Helvètes, puis, après Gergovie, hôtes des tribus gauloises coalisées. François Mitterrand aime que cet oppidum ait arrêté la marche des Helvètes vers sa Saintonge natale, et qu'y ait été proclamé chef des Gaulois unis l'Arverne Vercingétorix. « C'est à l'oppidum gaulois de Bibracte qu'a été tentée ce qu'on pourrait appeler la première forme de l'unité française », résume-t-il sur place, le 17 septembre 1985.

Mais l'attachement de Mitterrand à cette austère colline boisée de 807 mètres dépasse l'Histoire et se teinte de spiritualité, comme s'il sentait sous ses pas vibrer les anneaux de la Vouivre. Bibracte est aussi une « colline inspirée », et Mitterrand répercute la question de Barrès : « D'où vient la puissance de ces lieux ? » « Ici, on

1. Georges-Marc Benamou, *Le dernier Mitterrand*, op. cit., p. 204.
2. Entretien avec l'auteur, le 3 avril 1996.
3. Entretien avec l'auteur, le 11 juillet 1996.

se sent comme inspiré par la puissance du sol, de la terre et de l'Histoire », s'exalte-t-il en 1985. Dix ans plus tard, il a tenté de se mêler à cette terre pour trouver – ou fournir ? – la réponse à Barrès. Quand on lui dit que l'écrivain définit un jour la Nation comme « la possession en commun d'un antique cimetière », Mitterrand acquiesce : « C'est juste, je le ressens aussi [1]. » Inhumé à Bibracte, sa pierre tombale insérée dans le flanc de la colline, il serait enchâssé dans l'Histoire de France. Etre enterré où naquit la nation française, c'est pour lui avoir droit aux plus belles funérailles nationales. François Mitterrand aime tant ce site qu'il l'a, au fil des ans, fait adopter à nombre de ses amis. Il convainc même quelques-uns de ses fidèles, comme Philippe Tesson en son temps ou Edwige Avice, d'acheter une maison à Glux-en-Glenne, le village au pied de l'oppidum. Etre enterré au mont Beuvray est sa dernière ambition, et son dernier échec. En décembre 1996, quelques jours avant le premier anniversaire de la mort de son mari, Danielle Mitterrand signera l'acte de rétrocession de la parcelle éduenne au parc du Morvan...

L'affaire du mont Beuvray a relancé la question : où Mitterrand sera-t-il enterré ? Pour l'intéressé, c'est une affaire de première importance : « Il me semble que lorsqu'un écrivain choisit le lieu où il se mêlera à la terre cela donne une clef de son œuvre. Je trouve par exemple touchant que Bernanos soit enterré auprès de sa mère dans un petit cimetière perdu, à Pellevoisin, dans l'Indre. (...) et Van Gogh à Auvers, et Romain Rolland à Brèves, et Braque à Varengeville, ça vaut mieux que le Panthéon ! Où sont allés les corps de ceux qui ont inventé des mondes, la question m'intéresse. Qui aime la mort, aime la vie [2]. » Des années plus tard, ayant projeté de faire transférer au Panthéon les cendres de Robert Schuman, François Mitterrand est ému par les dernières volontés de l'homme politique, qui avait désiré être inhumé dans une petite chapelle lorraine : il décide de l'y laisser « dormir tranquille ». « En passant devant le cimetière de Cluny, où reposent ses beaux-parents, je l'ai vu serein à l'idée de les y rejoindre un jour, affirme Pascal Sevran. Cluny, Mâcon et leurs alentours, terres de famille, hantées de souvenir de Résistance, de jeunesse, mémoires d'amours clandestines,

1. Hugues Le Paige & Jean-François Bastin, *François Mitterrand, portrait en surimpressions*, op. cit.
2. *Lire*, septembre 1978.

chaleur et fraternité des années noires [1]. » Mais ce ne sera pas Cluny, qu'il n'a jamais envisagé. « J'ai visité avec lui, à la Pentecôte de 1993, le cimetière de Cluny, témoigne Pierre Bergé, et je lui ai demandé où il se ferait enterrer. " Ce n'est pas mon pays, ici, pourquoi m'y ferais-je enterrer? Personne ne viendra me voir ", m'a-t-il répondu. " Moi, si ", ai-je relancé. " Vous, j'en suis sûr, mais les autres ? Mon pays, c'est la Charente, mais Danielle ne veut pas être là-bas, alors je ne sais pas [2]. " » En février 1994, la rumeur affirme que Mitterrand a décidé de se faire enterrer dans le jardin de la Très Grande Bibliothèque. « On me prend vraiment pour un pharaon », sourit-il devant Laure Adler, qui croit bien lui avoir extorqué la bonne réponse, évoquant sans doute les bords de l'étang de Planchez-en-Morvan ou, déjà, le mont Beuvray : « C'est ailleurs qu'il se fera inhumer. Dans un coin de terre, dans sa Nièvre, qu'il a définitivement adoptée [3]. »

« Mon pays, c'est la Charente », a-t-il tranché sans désigner un lieu précis. Le triste cimetière de Jarnac, où repose cette mère qu'il a tant aimée et qu'il finira par rejoindre en janvier 1996, est le refuge évident, toujours prêt à l'accueillir. Il l'a arpenté avec de nombreux confidents, jusqu'à une ultime visite au printemps 1995. Mais il n'est pas à la hauteur de son destin : si Mitterrand n'était devenu personne, il aurait été inhumé dans ce gris caveau exhaussé. Jarnac, c'est le tombeau par défaut, auquel il se résignera après l'échec de l'opération Bibracte. Devant le caveau familial, il a déclaré à Anne Lauvergeon : « Je veux une simple pierre tombale [4] », signifiant par là qu'il désirait être enterré ailleurs, puisqu'à Jarnac il n'y a pas de pierre tombale. Il a, en vérité, longtemps voulu dormir à Nabinaud, à l'ombre de la petite église arrondie autour de laquelle se pressent les tombes, en un repos grégaire. Nabinaud, au sud de la Charente, c'est la commune où se dresse Touvent, la propriété de ses grands-parents, où il coula enfant d'heureuses vacances d'été. « Il n'y a pas de grand art sans une part d'enfance, et peut-être pas même de grand destin », a écrit André Malraux à la dernière page de *Le démon de l'absolu*. Ce démon hante Mitterrand, et la part d'enfance chez lui est énorme. Touvent, c'est une

1. Pascal Sevran, *Tous les bonheurs sont provisoires*, J'ai Lu, 1996, p. 98.
2. Entretien avec l'auteur, le 24 juin 1996.
3. Laure Adler, *L'année des adieux*, op. cit., p. 90.
4. Entretien avec l'auteur, le 21 juin 1996.

ligne de crête rehaussée d'une allée de tilleuls, une maison au toit de tuiles concave et un grand parc protégé d'une grille de fer forgé, balcon sur la Dordogne. « Ce petit triangle de terre qui ne figure sur aucune carte de l'Angoumois et d'où je prenais, enfant, les mesures de l'infini [1] » : ainsi François Mitterrand évoque-t-il le havre de son enfance, dont il parle rarement, et qu'il aime à nommer la Croix de Touvent. Souvent, il se fit déposer en hélicoptère non loin de Nabinaud, et vint rêver près des ruines du château. Et quand il apprit que Touvent était vendu, il pleura. Cet enterrement à Nabinaud, soudain, devint impossible quand une sépulture jeta le scandale sur le petit cimetière : sur la haute tombe rouge de sa femme, assassinée en 1982, un habitant fit graver les noms des trois meurtriers. Mais Mitterrand ne s'éloigna que de quelques kilomètres pour contempler « les mesures de l'infini ».

Le tombeau dont il rêvait dans sa Charente natale se situe à Aubeterre, au creux de l'église qu'on dit monolithe et qui devrait s'appeler troglodyte. Elle est la plus vaste et la plus ancienne du pays, empreinte de la terreur et de la foi qui hantaient les premiers chrétiens. Enfant, François Mitterrand est venu méditer avec sa mère dans l'immense nef creusée à même le roc, dont il est sorti effrayé et fasciné. « Ni âme revesche qui ne se sente touchée de quelque révérence, à considérer cette vastité sombre », a prévenu Montaigne. Son sentiment religieux s'y durcit comme une sécrétion calcaire et c'est pourquoi il mêlera tant l'amour des églises et celui des cimetières : à Aubeterre, ils ne font qu'un. Président, il a ouvert sa cassette personnelle pour que l'édifice soit remis en état. En 1994, il se laisse filmer dans l'église, tournant auprès du baptistère immense et surtout déambulant dans la nécropole, pourtant interdite au public. Mitterrand navigue entre les enfeus tournés vers Jérusalem, s'arrête devant des crânes et des fémurs, contemple les sarcophages de calcaire. « J'ai toujours essayé de dominer le silence insupportable des morts [2] » : Mitterrand, à Aubeterre, ne lit pas Jules Supervielle, dont il pourrait faire sienne la sentence, mais Paul de Tarse, saint Paul. « Ce que j'aime chez Paul, avoue-t-il, c'est le sens de l'universel [3]. » Mitterrand sait bien qu'il ne pourra

---

1. François Mitterrand, *La paille et le grain*, op. cit., p. 155.
2. Jules Supervielle, Lettre à Octave Nadal.
3. Hugues Le Paige & Jean-François Bastin, *François Mitterrand, portrait en surimpressions*, op. cit.

jamais être inhumé au milieu des tombeaux vides de la nécropole troglodyte. Mais si l'homme de pouvoir a voulu le mont Beuvray, le mystique a rêvé d'Aubeterre. La Dronne, modeste rivière qui baigne Nabinaud et Aubeterre, est une immense frontière : entre la Charente et la Dordogne, entre le Poitou-Charente et l'Aquitaine, entre l'oïl et l'oc. A l'aube de sa jeunesse, Mitterrand voyait l'infini dans l'au-delà de la Dronne; vieillard, il en fait son Styx. Au tout début du mois d'août, quand il comprend que la maladie a refermé ses mâchoires sur son corps, il vient passer quelques jours près d'Aubeterre, seul et sans en avoir parlé à personne : du 3 au 5, il loge au Mas du Montet, un hôtel où il a ses habitudes. Il voit quelques amis sûrs et, surtout, va se recueillir à Aubeterre, dans l'église troglodyte. Ici, dans ce tombeau virtuel et interdit, la mort lui semble soudain apprivoisée, et la foi plus simple à atteindre.

*

* *

Août s'alanguit au sommet des pins, et allonge leur ombre dentelée sur les chemins sablonneux de Latche, comme des avant-gardes d'automne. L'été se ride de brumes, et les journées se voûtent, qui passent plus tôt sous le joug de la nuit. De vieux amis viennent alors rendre visite à François Mitterrand, de vieux guerriers blanchis dans les combats politiques d'antan. Louis Mexandeau est l'ordonnateur de cette journée. François Mitterrand lui a téléphoné fin juillet dans sa maison de Haute-Savoie pour arrêter une date, mais le rappelle quelques jours avant leur visite : « J'ai oublié que c'était la journée traditionnelle où je déjeune chez le maire de Vieux-Boucau, un socialiste de longue date. Tant pis, je vous emmène avec moi. » Fin août, Louis Mexandeau arrive donc à Latche, suivi de Louis Mermaz et de Roland Dumas, baroudeurs antédiluviens, vétérans de la Convention des institutions républicaines. François Mitterrand est à demi étendu sur une chaise longue recouverte d'un gros matelas, mais se lève pour accueillir ces fidèles des temps obscurs, ces compagnons du désert, qu'il entraîne dans une courte balade en forêt. « On cause un peu politique, mais on évite de parler de l'appareil du PS [1] », précise Mexandeau. Quand ils reviennent, François Mitterrand est demandé au télé-

1. Entretien avec l'auteur, le 3 octobre 1996.

phone : certaines des corrections qu'il a apportées à ses futurs *Mémoires interrompus* demandent des éclaircissements. Il est l'heure ensuite de gagner Vieux-Boucau, où de somptueux plateaux de fruits de mer attendent les invités, dans le parc de Monsieur le maire, au milieu des écureuils qui courent sur la pelouse. « Le seul problème, confie Louis Mexandeau, c'était la présence du gendre du maire, un casse-pieds épouvantable qui savait tout sur tout : la Grèce, Rome, le Moyen Age [1]... »

L'après-midi est déjà bien avancé quand les quatre amis regagnent Latche. « Quand reviendrez-vous au chalet ? » interroge Mexandeau. Il évoque une visite impromptue de Mitterrand à Nouelle, le 5 octobre 1994. « Si on allait voir Mexandeau dans son chalet savoyard ? » avait lancé Mitterrand. Avec Michel Charasse, Maurice Benassayag et Louis Mermaz, le Président s'en va visiter son vieux grognard. « Qu'est-ce qu'il y a à voir dans votre coin ? lance-t-il en arrivant. — Un lac. — Non. — Alors une toute petite commune. — D'accord. » Et le Président découvre, fouine, interroge. Il reste de longues minutes dans un café, à discuter avec un couple de bergers : « Mais qu'est-ce que vous faites dans la montagne, toute la journée ? » questionne Mitterrand. « On fait l'amour, Monsieur le Président. — Sous la pluie aussi ? — On se met dans le 4 x 4 quand il pleut. — Ça ne doit pas être très confortable », conclut-il avant de s'en aller, en confiant à Benassayag : « J'en apprends plus avec eux que dans les notes de mes technocrates [2]. » Fin août à Latche, Mitterrand sourit à l'évocation de cet impromptu de Savoie, mais ne promet rien : il ne retournera jamais à Nouelle. Les quatre hommes se réchauffent au soleil finissant, et une photo les saisit ensemble une dernière fois. « J'en ai donné un agrandissement à Mermaz et un à Dumas, relate Mexandeau. On voit sur la photo qu'on est encore heureux. On ne va pas recommencer cette aventure extraordinaire, mais on l'a vécue. Quoi qu'il arrive pour la gauche en politique, ça n'aura plus cette allure. Le petit noyau de la Convention, qui pensait qu'il n'y avait aucune limite à ses chances, mais qui n'y croyait pas trop. Une pensée absurde qui se réalise ainsi, mes successeurs ne le vivront pas : ils seront députés, ministres, mais c'est normal; nous, c'était anormal. 1959 –

1. Ibid.
2. Entretien avec l'auteur, le 9 mai 1996.

l'Observatoire –, 1969 – l'après-mai et la présidentielle calamiteuse pour la gauche –, 1979 – le Congrès de Metz : Mitterrand a transcendé ces trois années. Guy Mollet disait : " La Convention ne dépasse pas la Porte d'Italie. " Grâce à François Mitterrand, elle a gagné toute la France [1]. » Mexandeau s'exalte, et la nostalgie lui glisse la larme à l'œil. Sur la pelouse de Latche, il croit, bien sûr, que Mitterrand est immortel, et que cet instant d'amitié ensoleillée est éternel. Mitterrand, lui, sait que c'est le dernier, mais il lui plaît d'achever un été consacré à la politique et à la gauche en compagnie de ces vieux soldats qui se sont toujours battus à ses côtés et qui mourront avec lui. Pour de tels adieux, Latche vaut bien Fontainebleau.

Quelques jours plus tard, Mitterrand rentre à Paris, plus fatigué qu'il n'en était parti début juillet. Le ressac de la maladie lui ménagera encore quelques plages de soulagement, instants de liberté qu'il dévorera goulûment, mais il n'y aura plus jamais la place pour un espoir de guérison. Mitterrand combat moins la maladie qu'il ne négocie avec elle un vain sursis. A Latche, accompagnant Marine Jacquemin, François Mitterrand s'arrêta devant un miroir et lui murmura, dans un inédit tutoiement : « Tu vois, quand je regarde ce visage aujourd'hui et que je pense à mon visage à vingt ans, je me dis que c'est injuste [2]. » Il est injuste de mourir.

1. Entretien avec l'auteur, le 3 octobre 1996.
2. Entretien avec l'auteur, le 11 juin 1996.

Septembre

En ce début septembre, François Mitterrand fait du cinéma, engagé comme acteur pour tourner dans un court métrage... des frères Lumière. L'idée, aussi belle que folle, est née quai des Célestins, dans le IVe arrondissement de Paris, une frange d'immeubles qui se dresse comme une digue de pierres entre le Marais et la Seine. Au fond d'une courée, Cinétévé a installé ses bureaux, et se livre à la plus amusante et dangereuse des industries : produire des films. Pour le centenaire du cinéma, inventé en 1895, Fabienne Servan-Schreiber a mobilisé les énergies de Cinétévé autour d'un bien séduisant projet : *Lumière et Compagnie*. Il s'agit d'utiliser la toute première caméra de l'histoire du cinéma – abritée et restaurée par le musée du cinéma de Lyon – pour tourner des bouts de films, pour dérouler quelques mètres de pellicule paléolithique à la face du XXe siècle finissant. Cet *Hibernatus* cinématographique est confié aux meilleurs des enfants de Louis et Auguste Lumière, une trentaine de metteurs en scène aux styles aussi variés que leurs nationalités. Pionniers de l'Imax 3 D, habitués des prouesses d'ordinateurs ou simples artisans de la caméra, ils doivent tous se plier au même cahier des charges : cinquante-deux secondes de film – la durée d'une bobine d'époque –, aucune voix enregistrée en direct, doublage interdit, trois prises autorisées... L'expérience est insolite pour un art : si les courses de vieilles voitures ou les jubilés d'avions en toile sont de fréquentes mises en scène de la nostalgie, l'art ne recule jamais dans l'ordre de la technique, comme si l'archaïsme de l'outil devait à coup sûr provoquer la ringardise de l'œuvre, prouvant ainsi cette inconcevable horreur : l'art ne progresse pas, c'est la technique artistique qui avance. Imagine-t-on les académiciens d'aujourd'hui contraints soudain d'écrire en respectant la grammaire d'antan : que resterait-il de leur style ? Et les peintres contemporains forcés de mêler les pigments du passé au blanc d'œuf : leur audace n'en serait-elle pas émoussée ?

Cent ans après l'invention de leur art, les cinéastes de 1995 acceptent le défi, et vont tenter de prouver que l'idée est plus forte que l'instrument, que la lumière est éternelle, et que la beauté du papillon ne dépend pas de la modernité du filet, mais de la qualité du chasseur. Wim Wenders, Zhang Yimou, Idrissa Ouedraogo, Youssef Chahine, Claude Lelouch, John Boorman, Peter Greenaway, Nadine Trintignant... Ils remontent le temps, et découvrent l'instrument qui fit découvrir l'art qui découvrait le monde : la première caméra. Entre ces mains réputées pour... leur œil passe la même mystérieuse boîte. Un parallélépipède plus proche du carton à chapeau que de l'outil artistique, un assemblage de morceaux de bois qui semble à peine bon pour ranger des cigares. Un côté de ce « cinématographe » s'ouvre et découvre les entrailles de la bête : à l'intérieur de la caméra, il n'y a rien. Ou presque. Trois roues dentées reliées par deux courroies et une manivelle accrochée au plus gros des engrenages font comme un petit pédalier de vélo. A l'avant, une oblongue cavité accueille la pellicule, qui perce la boîte en son sommet, par une petite cheminée de bois. Le cinématographe est fiché sur de longs pieds maigrelets qui vont griffer le sol à la recherche de l'indispensable stabilité, et lui donnent des airs de vulgaire lunette de géomètre.

Tel est l'instrument que les frères Lumière ont inventé, objet magique et indigent, boîte à rêves emplie de vide. Plus d'un réalisateur de *Lumière et Compagnie*, perplexe devant ce squelette d'outil, se contentera de le promener devant le monde, lui donnant ce qu'il prend aux autres : le mouvement. Placé dans un train, sur un bateau, dans une voiture, le cinématographe volera à chaque fois cinquante-deux secondes de XXe siècle, un morceau de crépuscule humain, de vieillesse occidentale. Ce n'est pas alors de l'art, c'est du témoignage, une archive mouvante élue au hasard, dont les détails dans mille ans seront trésors pour les archéologues. Les frères Lumière ne procédaient pas autrement, filmant la vie sans scénario, exerçant une technique sur une réalité et non sur une idée, un scénario. Cent ans plus tard, on trouve dans *Lumière et Compagnie* la même césure entre ceux qui convoquent l'imagination à la rescousse et ceux qui laissent faire la caméra, si insolite et si imparfaite qu'elle transforme par ses défauts mêmes ce qu'elle filme, et produit ainsi la fiction sans besoin aucun du cerveau humain. Le raisonnement n'est pas faux, et ces images anciennes d'aujourd'hui réhabilitent le monde d'hier. Non, les barbus en chapeau claque de la IIIe République ne marchaient pas comme des pingouins énervés : c'est la caméra trop empressée qui les ridiculisait ainsi. Non, la France de 1900 n'était pas grise et sale, c'est le cinématographe, passoire à lumière, qui salissait les paysages dont les impressionnistes livraient, eux, la multicolore vérité. Quand un réalisateur de 1995 filme la Provence depuis un compartiment de train, il faut une ligne à haute tension ou un panneau publicitaire pour que le temps cesse de se mélanger : le monde est identique, un siècle l'a à peine ridé, mais notre œil a changé, et celui du cinéma s'est décillé.

L'art étant avant tout narcissique, les rebrousse-temps de *Lumière et Compagnie* sont nombreux à filmer leur propre perplexité, et nous montrent simplement des gens s'approchant du mystérieux engin et le scrutant, méfiants et fascinés. Deux cinéastes filment Hiroshima, tragédie du siècle, trois autres filment un baiser, comédie de l'histoire humaine et scène majeure des premiers cent ans du cinéma, compatible qui plus est avec les cinquante-deux secondes autorisées. Jaco van Dormael capte celui de Pascal Duquenne, acteur mongolien, et de sa petite amie. Claude Lelouch, dont l'imagination n'est en rien bridée par la pauvreté de l'outil, filme, lui, cent ans de baisers et cent ans de cinéma en une minute moins huit secondes : un couple soudé par l'embrassade glisse devant une ribambelle de caméras, alignement muséographique qui commence avec un double du cinématographe Lumière pour s'achever avec l'avide canon d'un objectif dernier cri, en passant par la mythique caméra hollywoodienne aux rondes bobines ou sa petite sœur portative, compagne des correspondants de la Seconde Guerre mondiale. C'est le zoo du cinéma qui est ici réuni : la caméra Lumière est un gros insecte, celle d'Hollywood un chameau hautain, celle d'aujourd'hui un écrasant dragon. Un cinéaste italien immortalise ses œufs au plat en train de griller, mais la graisse frit trop vite pour le cinématographe Lumière et l'image se boursoufle de sombres cratères mouvants, telle la surface d'un astéroïde, et l'on se demande si ce n'est pas la pellicule qui est en train de fondre. Andreï Konchalovski filme un cadavre animal, putréfié sur une plage d'hiver, et prouve que l'appétit des mouches n'a pas diminué en cent ans.

François Mitterrand aurait pu se glisser dans plusieurs de ces morceaux dont le patchwork donnera *Lumière et Compagnie*. Nadine Trintignant, elle, a choisi les touristes devant la pyramide du Louvre – ce qui est une autre manière de filmer Mitterrand. Youssef Chahine cadre les pyramides d'Egypte – autre décor mitterrandien : deux cinéastes, Lu et Mière, immortalisent le site, mais en sont chassés par un sorcier local ! James Ivory, enfin, a capté cinquante-deux secondes de la vie de la rue Soufflot à Paris. Quatorze ans après la grandiloquente visite de François Mitterrand aux mânes des héros de la gauche, le Panthéon est inchangé. La parenthèse Mitterrand n'a de prise sur la pierre ni sur la ronde des grands hommes de la patrie. Mais le design des bus de la capitale a changé, comme le look des piétons de Paris, et un McDonald's évince le Panthéon de l'image dès que la caméra glisse en travelling au long des grilles du Luxembourg. Théo Angelopoulos, enfin, dans le style outré des débuts du cinéma, met en scène un pan de mythologie : Ulysse échoué sur une île reprend ses esprits, s'interroge en un carton ourlé hérité du cinéma muet – « Où suis-je encore arrivé ? » – et vient scruter au fond de son œil mécanique la caméra plantée sur le rivage. Quel monstre est donc la caméra : l'ensorceleuse Circé ou le brutal Cyclope ? Mais ce fragment volé à Homère, ce codicille à *L'Odyssée* n'est-il pas aussi une métaphore du grand voyage de la mort ? Alors qu'il tourne sous la direction de Régis Wargnier, en ces premiers jours de septembre, François Mitterrand n'a plus que quatre mois à vivre avant d'aller dans l'au-delà questionner un œil inconnu, celui qui dans la tombe regardait Caïn : « Où suis-je arrivé ? » Au moment où sa mortalité est son principal souci, François Mitterrand va être immortalisé par le cinéma.

La rencontre de Régis Wargnier et du plus insolite de ses acteurs n'est pas improvisée au tournant de l'été. Sa genèse est plus complexe, et ce film extraordinaire est né, en fait, d'un échec. De longs mois plus tôt, Régis Wargnier avait rencontré un homme qui était alors le Président Mitterrand, et n'avait pas besoin de faire l'acteur pour incarner un personnage. L'Etat, c'était lui, et les caméras se bousculaient à ses moindres pas, l'espionnant sans scrupules s'il n'en voulait pas et accourant dociles s'il les convoquait. Le réalisateur d'*Indochine* vient à l'Elysée défendre un projet qui lui tient à cœur et demander au Président son imprimatur, ou plutôt son « pingatur » : le droit de filmer son dernier mois à l'Elysée. « Je voulais les valises, les cartons, le dernier noyau des collaborateurs fidèles, l'ultime jour du Président à l'Elysée. Je voulais l'image de François Mitterrand sortant de son bureau, fermant la porte et s'en allant à tout jamais de ce décor-là [1]. » François Mitterrand ne dit pas non à ce projet de Verbatim pelliculaire : « Dites-m'en plus, faites-moi un courrier », glisse-t-il à son visiteur en le raccompagnant. Las, il s'est glissé dans le casting de l'Elysée une cabotine indésirable qui gâcherait tout scénario et qu'il est impossible de filmer. Le vrai héros de ces derniers mois à l'Elysée est une héroïne : la mort, qui fausse toutes les mises en scène, obligeant Mitterrand à traiter les affaires du monde emmitouflé dans ses draps, l'œil clos et le geste brisé. Pour voir cela, à la fin de l'année 1994 et jusqu'à la modeste rémission du printemps, il faut être un intime du Président, prompt à l'oubli et irréprochable muet. Wargnier est légitime, mais curieux, il veut voir pour montrer ce qu'à l'Elysée peu voient et qui jamais ne se montre. La vérité de l'image est toujours plus violente que la vérité du réel, et la maladie devient agonie sur l'écran. « Le temps a passé, je suis parti tourner d'autres films, et quand j'ai demandé une nouvelle audience, il était trop tard. Le projet n'a pas abouti [2]. »

Quand Cinétévé propose à Régis Wargnier de participer à ce manteau d'Arlequin cinématographique qu'est *Lumière et Compagnie*, le réalisateur songe aussitôt à fixer une image importante. Le syndrome des œufs au plat n'est pas pour lui. « Le cinéma a cent ans, nous sommes à la fin du siècle, j'ai donc pensé aux hommes de ce siècle et parmi eux l'ancien Président m'est apparu comme une évidence [3]. » L'idée est pertinente : le septième art avait vingt ans quand est né, en 1916, celui qui devait devenir le quatrième Président de la Ve République. Mitterrand a pris le siècle à bras-le-corps, en a traversé les tragédies et les grandeurs en cherchant sans cesse le voisinage des premiers rôles, puis le haut de l'affiche pour lui-même. Régis Wargnier écrit donc à François

1. Entretien téléphonique avec l'auteur, le 30 septembre 1996.
2. Ibid.
3. *Le Journal du Dimanche*, le 17 décembre 1995.

Mitterrand, qui le reçoit avenue Le-Play. Le Président interroge le cinéaste sur son art, sur sa carrière, sur ses œuvres et surtout sur ses voyages. Au dernier moment, retrouvant ainsi le canevas de ses audiences élyséennes, il lui glisse : « Rappelez-moi votre affaire. » Wargnier expose l'entreprise, et le Président s'effarouche, qui pense qu'une fois de plus une caméra indécente va se camoufler dans le Champ-de-Mars pour voler quelques images de ses promenades quotidiennes. « Non, il s'agit d'un vrai tournage de cinéma, avec une caméra fixe [1] », le rassure Wargnier. Et rendez-vous est pris.

C'est un petit matin de septembre un peu gris et froissé par le vent. Régis Wargnier fait les cent pas sur le sable beige du Champ-de-Mars, exsudant l'angoisse et l'excitation. Le matin même, en se levant, il s'est interrogé : « Pourquoi fais-tu ça ? » L'exploit technique est insignifiant, l'ambition cinématographique est modeste, le seul risque de l'aventure est la confrontation avec un personnage trop grand pour une caméra, le seul danger est de ne pouvoir faire entrer cinquante ans d'Histoire politique dans cinquante-deux secondes d'image. Devant lui, sur le Champ-de-Mars, Wargnier regarde la boîte minuscule, comme un échassier difforme au corps atrophié, en équilibre sur de trop hautes pattes. L'objet disgracieux et cocasse contraste avec l'immense, sereine et superbe tour Eiffel, drapée dans les premiers brouillards de la saison comme si elle inaugurait les nouvelles écharpes de la mode d'automne. Le Champ-de-Mars est tranquille, telle une plage à l'aube, les feuilles tombent avec régularité, comme si les arbres étaient le sablier des saisons, et tout le monde attend le Président Mitterrand. Régis Wargnier tente de brider son impatience en malaxant l'imperméable qu'il tient dans son dos. « On peut regarder quelque chose, déjà ? » interroge-t-il en s'approchant de la caméra, d'où dépasse, agité par le vent, un morceau de pellicule crantée, qui fait comme une aigrette sur le crâne d'un jabiru. Wargnier saisit un œilleton métallique et l'applique sur l'un des orifices de la boîte, avant de se redresser, bredouille et sceptique. Et tout le monde attend le Président Mitterrand. « C'est pas Catherine Deneuve. On ne peut pas lui demander des choses très précises, quand même. » La crinière poivre et sel du réalisateur s'agite un peu alors qu'il vérifie le

1. Entretien téléphonique avec l'auteur, le 30 septembre 1996.

cadre arrêté pour le tournage : sept arbres à gauche et sept à droite dessinent la perspective, qui s'achève au fond de l'image par un jet d'eau au milieu des arbres et la façade beurre frais de l'Ecole militaire. Les arbres dans ce coin du Champ-de-Mars sont maigres et plus noirs qu'ailleurs, prématurément dégarnis par les ciseaux glacés de l'automne. Tout le monde attend le Président Mitterrand.

Et le Président Mitterrand arrive. Il est en bonne forme. Avant de quitter ses bureaux de l'avenue Le-Play, il a essayé un imper, un chapeau et une écharpe, puis il a décidé de venir en simple costume, un costume clair que relève simplement la Légion d'honneur et une cravate aux motifs embrouillés, camaïeu un peu sombre qu'il arborera un mois plus tard, à nouveau devant les caméras, pour le colloque des « Ex » réunis par George Bush à Colorado Springs. Wargnier est un peu décontenancé, presque dépité : il voulait filmer de Gaulle en Irlande, le politique exilé, la silhouette emblématique de l'après-pouvoir, où le héros est à la fois dans la solitude et dans l'Histoire, promeneur certes abandonné, mais toujours bousculé par les grands vents du siècle. Il souhaitait un personnage et c'est un homme qui s'avance vers lui. « Un acteur est en attente de suggestions, pas un Président. Un acteur, on le fait changer de costume, pas un Président [1]. » Le cinéaste tente quand même sa chance : « On prend l'imper, Monsieur le Président ? » Mitterrand refuse, Wargnier n'insiste pas. Ce choix vestimentaire n'est pas un hasard : François Mitterrand, pour ce qui est, il le sait, l'une des dernières images inédites, intéressantes, qu'on saisit de lui, choisit d'abandonner la panoplie mitterrandienne, composée de la fin des années soixante au milieu de la décennie suivante. D'abord avec maladresse, Mitterrand enfilant les gros sabots du folklore de gauche en même temps que les pantalons en velours côtelé ou les pulls à col roulé. Puis avec force et sens du symbole, quand le chapeau et l'écharpe viennent encadrer le profil césarien et le cerner comme dans un sceau officiel. Mitterrand trouve alors son vrai profil, et devient vraiment chef quand il couvre le sien. Tel est l'apparat du personnage Mitterrand, qui apparaîtra ainsi en couverture de ses principales biographies, notamment *Le noir et le rouge*, de Catherine Nay et le triptyque de Franz-Olivier Giesbert, avec ou sans chapeau, de *La tentation de l'Histoire* à *Une vie*, en

1. Ibid.

passant par *Le Président*. Voilà la silhouette dont rêvait Régis Wargnier : le Mitterrand des livres adapté au cinéma, en costume d'époque, comme il l'avait été au théâtre de la Cartoucherie avec *Les Vœux du Président*. Mais François Mitterrand se dérobe, il ne veut pas tourner un documentaire historique, même si l'argument – les cent ans du cinéma –, le décor – un lieu historique – et l'instant – la toute fin de sa vie – s'y prêtent, voire l'exigent. François Mitterrand fait du cinéma et désire un rôle de composition : l'homme. Mais pas un homme comme les autres, un homme du bestiaire nietzschéen, capable d'être alerte quand on le dit mourant, capable d'être grand sans être au pouvoir, capable d'être exceptionnel en accomplissant un acte banal.

« On marche. Je lui montre le parcours : " C'est tout simple, Monsieur le Président [1]. " », explique Régis Wargnier, qui a répété la scène plusieurs fois en servant lui-même de doublure à son prestigieux acteur. « N'avez-vous jamais été tenté par une carrière cinématographique ? » demandait au Président, en juillet 1994, Sandrine Dumarais, une étudiante en cinéma reçue à l'Elysée [2]. « Non, répondit l'intéressé, jamais, je n'aurais eu aucun don. » Quatorze mois plus tard, François Mitterrand se met en place et attend le signal du réalisateur. Tracé à la peinture blanche sur un arbre à côté de lui, un bancal « Vive Le Pen », heureusement hors champ, est un amer anachronisme. Près de la caméra, un assistant va égrener à voix haute les cinquante-deux secondes disponibles, en métronome implacable du cinéma Lumière. Au fond, devant l'Ecole militaire, passe un chien noir tenu en laisse par une improbable silhouette féminine. Puis François Mitterrand entre dans le champ, celui de Mars et celui de la caméra. Entre les deux arbres les plus éloignés, il surgit à gauche du cadre, et fait trois pas devant lui, jusqu'au milieu de l'allée, avant de bifurquer à angle droit sur sa droite, pour marcher vers la caméra. Le pas est lent, compté, comme s'il suivait la décrue des secondes éclusées par l'assistant réalisateur. La manivelle du cinématographe Lumière est tournée avec tant de précision et de régularité que l'image évite les saccades qui font la griffe du cinéma muet, art balbutiant dans ses principes et cahotant dans ses résultats. A moins que ce ne soit la

1. Ibid.
2. *Le Figaro,* le 2-3 mars 1996.

démarche de Mitterrand qui efface le temps et compense les soubresauts de la pellicule par une souplesse pneumatique ? Autour du Président, le jet d'eau éloigné dessine comme un nuage blanc, un halo brillant qui semble émaner de l'être présidentiel. La démarche est juste un peu raide, les bras ne ballottent pas, et le corps entier est celui de l'homme d'Etat, celui qui hier s'avançait sous les arcades du Panthéon ou s'approchait de l'Arc de triomphe, une rose à la main ou une gerbe officielle devant lui. Mais au fur et à mesure qu'il avance, le visage de François Mitterrand devient plus net et estompe l'impression générale donnée par sa silhouette, qui sort progressivement du cadre. Et le visage de l'homme est un visage humain, non une figure historique. Le sourire est simple et léger, sans cette contention de la lippe propre au politique, l'œil est calme et modeste, qui veut plaire sans séduire. « Il dit aux spectateurs : “ Je viens vers vous et je vais bien [1] ” », résume Régis Wargnier. François Mitterrand passe sur un rectangle brillant posé au sol – quelque grille de voirie – et s'avance encore, jusqu'à heurter presque la caméra, gardant le regard crocheté le plus longtemps possible à l'objectif. Puis l'épaule gauche s'efface soudain et Mitterrand sort de l'écran. L'image demeure vide un instant, une femme en noir passe au fond à droite, la cinquante-deuxième seconde s'écoule et les ténèbres engloutissent le Champ-de-Mars.

Comme tous les autres réalisateurs de *Lumière et Compagnie*, Régis Wargnier a droit à trois prises. A la fin de cette première tentative, il converse quelques instants avec le Président, pendant que son équipe attelle à nouveau le jabiru désuet bricolé par les frères Lumière. « Regardez, Monsieur le Président, cette année, l'automne est précoce. Il y a des nuages, du vent. Regardez le ciel [2]. » François Mitterrand, lui, qui vient d'afficher pendant moins d'une minute la démarche alerte et ferme d'un vieillard sûr de sa forme, préfère parler de sa maladie. Il l'explique au cinéaste et lui désigne les endroits du corps où mord la douleur. « On fait une autre prise, Monsieur le Président, en cas de problème technique sur la première. » Mitterrand reprend sa place, un peu traqueur et un peu agacé, tant il veut réussir comme il l'entend ce qui ressemble à un bout d'essai et n'est pourtant qu'un dernier plan. Im-

1. Entretien téléphonique avec l'auteur, le 30 septembre 1996.
2. Ibid.

patient, il démarre trop tôt et entre dans le champ alors que la caméra n'a pas encore été « lancée » par les premiers tours de manivelle. Il faut recommencer. Tarot regarde sa montre. Cette fois, tout se déroule bien, et Mitterrand s'avance encore en nous disant : « Je viens vers vous et je vais bien. » Quelques mètres avant la caméra, alors qu'il passe sur la grille luisante, il lève discrètement un œil. Puis il évite in extremis la caméra et vient buter sur Régis Wargnier, lui soufflant avec un large sourire : « Vous avez vu, j'ai regardé le ciel [1]. »

Il reste un dernier travail à accomplir. Pour accompagner les images muettes du badaud présidentiel en promenade, Régis Wargnier a choisi une douce musique de Georges Delerue, mais il désire également diffuser en « voix off » quelques propos de François Mitterrand. Une petite interview s'improvise donc sous les arbres du Champ-de-Mars. « Le Président me tient d'abord des propos d'une grande banalité sur le cinéma, " qui est une industrie et un art à la fois... " Je lui dis : " S'il vous plaît, arrêtez de réfléchir [2]. " » L'entretien va prendre alors sa forme définitive. « Une dernière question, Monsieur le Président », interroge Wargnier. Il n'en a pas encore posé une seule, mais il s'agit là d'une dernière question à François Mitterrand avant qu'il ne meure, et non la dernière question de l'interrogatoire en cours. « Si une image de cinéma passe devant vos yeux à l'instant, une image, ce serait laquelle ? » François Mitterrand marque un court silence, le temps pour Delerue de glisser deux croches, et répond : « Il y a un film dont j'ai oublié le nom, qui était un film hongrois. C'était... » Bref temps, deux croches... des gens qui dansaient. Cette image n'est pas sortie de mon esprit. De la même façon, dans le film d'Ariane Mnouchkine sur Molière, lorsque les comédiens portent son corps, il y a une assez longue séquence que je situe au sommet de l'art cinématographique. Et qui m'a bouleversé. »

Le film hongrois, Wargnier l'a retrouvé, date des années cinquante, et s'intitule *Manège*. La référence à *Molière* n'est pas inédite ; Mitterrand est tant attaché à cette scène qu'il en a déjà parlé. C'était en mars précédent, le 17, et il venait la veille au soir de décorer vingt-cinq personnes, gratifiant chacune d'elles d'un petit

1. Ibid.
2. Ibid.

discours, malgré les avertissements et les remontrances de ses médecins. « Mais moi je fais ce qui me plaît, confie-t-il alors à Laure Adler [1]. Vous vous souvenez de la mort de Molière? On transportait le corps à bout de bras, ah ça avait de la gueule... Si j'avais été encore valide, j'aurais pu jouer cette dernière partie, et si j'avais voulu la jouer, j'aurais su la jouer, j'aurais même pu la gagner. Mais on ne se donne pas en spectacle quand on se trouve dans ma situation. » Etrange confidence, où se mêlent le désir absolu de la vie – participer à la bataille pour le pouvoir, à cette présidentielle qui se déchaîne sans lui – et l'envie masquée de mourir au sommet de l'Etat comme Molière sur les planches, cette tentation du suicide par la tâche qui le pousse à forcer sa résistance en d'inutiles bavardages mondains, en discours pour des épinglés le plus souvent aussi vaniteux qu'ingrats, à défier la maladie en attendant comme récompense, et non comme punition ainsi que le sermonnent ses médecins, des obsèques nationales, qui sont à un chef d'Etat ce que dut être à Molière un enterrement à la sauvette dans les bras de ses camarades.

« En cinquante secondes et deux références, il me parle de la vie et de la mort », remarque Régis Wargnier. Le choix du Président, en effet, est des plus calculés, en deux symboles contradictoires, fulgurant manichéisme. La vie, c'est le film de sa jeunesse, un film oublié, son Rosebud. La mort, c'est la mort d'un grand, l'entrée dans l'Histoire et non dans le néant, la postérité et non l'oubli. François Mitterrand aurait pu solliciter bien d'autres films dans son Panthéon cinématographique. En juillet 1994, il confiait à Sandrine Dumarais sa fascination d'adolescent pour *Les Révoltés du Bounty*, avec Charles Laughton, ou *Guerre et Paix*, et notamment l'interprétation de Henry Fonda en Pierre Bezoukoff. Et il insistait sur Visconti et sa *Mort à Venise*, adaptée du roman de Thomas Mann. Le symbole, sans doute, eût été un peu trop lourd pour l'évoquer dans le testament pelliculaire de septembre. Ce n'est pas la jeunesse ambitieuse et la mort romantique que veut immortaliser François Mitterrand au Champ-de-Mars, sous les nuages de septembre. C'est la jeunesse joyeuse et la mort sublime. Molière a été – et il a été grand. Aschenbach est une fiction. Molière se maquille pour incarner un personnage, Aschenbach doit se farder pour être lui-même. Aschenbach est dionysiaque, Molière est jupitérien.

1. Laure Adler, *L'année des adieux*, op. cit., p. 335.

Régis Wargnier raccompagne François Mitterrand à son bureau. Le gendarme de service avait emporté imper et écharpe, que le Président enfile pour rentrer. « Nous conversons, le Président est charmant [1]. » Le travail du cinéaste n'est pas tout à fait achevé. Pour le montage définitif de *Lumière et Compagnie*, chaque réalisateur doit répondre à quelques questions précises et récurrentes. Régis Wargnier n'est pas le moins habile dans ses réponses : « Pourquoi avez-vous accepté de tourner avec la caméra Lumière ? — Pour voir. — Pourquoi filmez-vous ? — Pour vivre. — Pensez-vous que le cinéma soit mortel ? — Je pense que non, je pense qu'il est comme la mémoire. » Cette dernière question aurait pu être posée à François Mitterrand lui-même. Il y avait répondu par avance, le 21 mars précédent, fêtant le jour du printemps le centième du cinéma : « Je ne connais rien qui ne soit constamment menacé de mort, rien de ce qui est vivant. Occupez-vous d'un arbre, apparemment le plus fort, le plus solide, un beau chêne rouvre, et vous vous apercevrez qu'un peu trop d'eau et les racines pourrissent, pas assez d'eau, elles se dessèchent ; et les insectes qui passent par là et qui, dans l'écorce, s'enfoncent très profond pour aller au cœur... puis l'oiseau qui passe... et le chevreuil qui vient le ronger, etc. Et on meurt... Là aussi on meurt, comme ailleurs. Le cinéma, comme tous les arts, est un art périssable et vous le savez [2]. »

Début septembre, sous le pointillé des arbres qui enrubanne le Champ-de-Mars, le cinéaste et son acteur n'étaient donc pas d'accord, sans le savoir, sur l'avenir du cinéma. Mais en quelques minutes de complicité, ils ont bâti quelques secondes de cinéma. François Mitterrand verra à la toute fin de l'année la cassette de *Lumière et Compagnie*, projeté dans les salles obscures à partir du 20 décembre et diffusé le 28, cent ans jour pour jour après la première séance de cinéma de l'Histoire, sur Canal Plus, la télévision de l'ère Mitterrand. Les cinquante-deux secondes tournées par Régis Wargnier semblent une carte postale jaunie postée il y a cent ans et écrite pourtant hier, délivrant en quelques pas le bonjour amical de François Mitterrand, depuis un autre temps qui n'est pas un au-delà.

---

1. Entretien téléphonique avec l'auteur, le 30 septembre 1996.
2. *Studio*, mai 1995.

*

* *

La fiction ne lâche pas François Mitterrand au fil du mois de septembre. Sujet de pamphlets, pilier d'essais innombrables, lumière insaisissable au cœur d'un immense kaléidoscope d'ouvrages journalistiques, biographié par les uns, statufié par les autres, François Mitterrand va accéder au rang de héros de roman. En fait, il l'a toujours été, divisant les critiques en deux grandes catégories : personnage de roman, certes, mais stendhalien ou balzacien ? Julien Sorel ou Eugène Rastignac ? Del Dongo ou Rubempré ? Et si quelques romans à clef ont tenté de couler le bronze fulminant du caractère mitterrandien dans le moule psychologique d'un ou plusieurs de leurs personnages – et le *Grand amour* d'Erik Orsenna n'est pas le moins abouti du genre – la matière est rebelle. Le masque apposé sur l'anguleux faciès de Mitterrand est de cire, qui fond à la moindre ardeur du modèle, ou de plomb, et les romans à clef dont les serrures sont inviolables ennuient. En septembre 1995, un roman de ce type se tricote sous les doigts habiles et fureteurs de Stéphane Denis, qui en alignera les dernières mailles le mois suivant. Le masque de François Jardin, héros de *Histoire de France*, sera de cire...

Jean-Edern Hallier, lui, n'a que faire des romans à clef : il enfonce les portes, même quand elles sont ouvertes. Le grand imprécateur de l'édition, provocateur professionnel, est un Don Quichotte qui prend François Mitterrand pour un moulin. En 1995, une de ses lances rouille, dont beaucoup parlent mais que bien peu ont vue : *L'honneur perdu de François Mitterrand* mêle à la vérité vitriolée de la vie privée mitterrandienne – et notamment l'existence de Mazarine – des torrents d'arsenic frelaté. Le pamphlet sera publié juste après le décès du Président. Mais en septembre se déroule une scène qui prendra place dans un autre ouvrage de Jean-Edern Hallier, un ouvrage dont il pressure le moût depuis longtemps mais qu'il ne passera dans l'alambic de son style qu'à partir de février 1996, pour en saouler ou en écœurer le Tout-Paris à l'automne suivant : *Les puissances du Mal*. Il va de soi que le pluriel eût été abusif, et les « puissances » en question sans intérêt, s'il n'avait placé à leur tête François Mitterrand. Un seul diable vous manque et l'Enfer est dépeuplé. En septembre 1996, Jean-Edern Hallier publie donc un roman dont le dénouement se situe un an plus tôt, et dépeint l'ultime rencontre entre lui-même et François Mitterrand. Imagination ou réalité ? Mensonge d'auteur ou rencontre secrète entre le Président et son détracteur ? Il ne sert à rien avec Jean-Edern Hallier de vouloir démêler le vrai du faux. En affirmant inventer le « roman vrai », il a réussi cet alliage à la fois insupportable et fécond de la réalité et de l'imaginaire, un solide et un gaz d'ordinaire peu miscibles. Il en résulte des outrances souvent blessantes pour ceux qui en sont victimes mais également de fort beaux paragraphes. *Les puissances du Mal*, c'est un peu « Les hommes de mauvaise volonté » : tout ce qui était grand dans la saga de Jules Romains devient mesquin sous la plume d'Hallier, tout ce qui était pur est souillé, les ambitions sont ignobles et les amours excessives.

« Début septembre 1995, mon téléphone sonne : une voix mâle, une voix de flic, me dit : “ Un important personnage veut vous voir, à quinze heures trente au Balzar. ” Je devine immédiatement qu'il s'agit de Mitterrand : il m'a déjà contacté ainsi [1]. » Le Balzar est un grand café-restaurant de la rue des Ecoles, vers lequel s'écoule aux heures des repas la crème du Quartier latin. Le Collège de France est à deux pas et la Sorbonne pourrait presque servir d'arrière-salle au Balzar. Quand Jean-Edern Hallier entre dans la salle, tranquille l'après-midi, un garçon s'avance vers lui : « *Il* vous attend derrière la statue de Montaigne. » Presque en face du Balzar s'ouvre en effet un quadrilatère de verdure, le square Paul-Painlevé, contre lequel s'adosse une statue du philosophe aquitain. « Que philosopher c'est apprendre à mourir » est le titre du vingtième chapitre des *Essais* : si la rencontre a vraiment eu lieu, François Mitterrand en a bien choisi le lieu ; si elle n'est que roman, Jean-Edern Hallier en a bien choisi le lieu. Dans le dos de Montaigne, de l'autre côté de la haie, les deux ennemis conversent... « François Mitterrand était merveilleusement gentil, raconte Hallier. Nous avons en fait perpétué la grande tradition : Chateaubriand et Napoléon, Hugo et Napoléon III, moi et lui. Mais nous avions la technologie moderne, c'est-à-dire les écoutes téléphoniques [2]. » Etrange équation que celle qui établit que Hallier plus le téléphone égalent Hugo, que Mitterrand

1. Entretien avec l'auteur, le 9 octobre 1996.
2. Ibid.

plus un micro égalent Napoléon. « Les écoutes, c'est l'exil du dedans », aphorise Hallier. La journée est douce, mais Mitterrand, affirme l'auteur, garde son épais manteau. « Nous parlons de politique, il est amer sur Attali, sur tous les amis qui l'ont lâché. Nous parlons de littérature, nous parlons beaucoup de Montaigne, nous parlons de mes premiers livres, il me dit combien il a aimé *La cause des peuples* et *Chagrin d'amour*, et combien il regrette que j'aie dérivé vers le pamphlet et la provocation. Je lui réponds que je n'ai pas eu le choix : " Il m'a fallu faire du show-biz pour ne pas être englouti. " Entre nous il y a une étrangeté : depuis que je lui ai promis de ne pas éditer *L'honneur perdu de François Mitterrand* de son vivant, nous sommes liés par un gentleman's agreement : je n'ai pas publié, il ne m'a pas fait assassiner. Je suis Castro, il est les Etats-Unis. Il se tourne vers moi et me dit : " Vous êtes très malade. " Je le regarde et réplique : " Moins que vous [1]. " »

Les minutes passent et la conversation se prolonge, que le roman détaille, avec sa rafale de traits empoisonnés qui fauche un gros escadron de la Mitterrandie et le dénouement de l'histoire d'amour qui est la cheville des *Puissances du Mal*. Mais entre le roman et le souvenir des faits qu'en conserve l'auteur, une divergence surgit à la fin de l'entrevue. « Plus il se fait tard, plus le temps reste suspendu. Mitterrand se leva avec peine, en s'y reprenant à plusieurs reprises. Il fallut que ses anges gardiens arrivent, deux immenses costauds qui le soulevèrent de chaque côté par les épaules. Jamais il ne m'apparut plus petit et grand à la fois. Il s'éloigna lentement. Quand je vis les deux ombres s'effacer dans la douceur de septembre, il n'y en avait pas de troisième. Etait-ce une illusion de perspective ? Ce détail me parut troublant après coup : Mitterrand n'avait pas d'ombre [2]. » Telle est la version du roman. Mais si Mitterrand n'a plus d'ombre, Hallier n'a plus toute sa mémoire. Treize mois après avoir vécu cette rencontre, et un trimestre après l'avoir couchée sur le papier, il en raconte la fin ainsi : « Mitterrand me parle encore de *Chagrin d'amour*. Il se lève. Je reste assis sur le banc. Il me dit : " A un de ces jours, peut-être. " Je réponds : " A quand ? " Il n'y a pas de réponse, ou je ne l'entends pas [3]. » Deux fins pour une seule rencontre prouvent sans doute qu'elle n'a ja-

1. Ibid.
2. Jean-Edern Hallier, *Les puissances du Mal*, op. cit., p. 305.
3. Entretien avec l'auteur, le 9 octobre 1996.

mais eu lieu ailleurs que dans l'imagination de l'auteur. Mais tout était si compliqué avec Jean-Edern Hallier. Et avec François Mitterrand... Il existe néanmoins un témoin qui pourrait établir la fiction ou la réalité de cet impromptu du square Paul-Painlevé : il se nomme Michel Eyquem de Montaigne...

*
* *

Pendant que Jean-Edern Hallier se repaît de la part d'ombre de Mitterrand, sa face éclairée fonctionne encore. On vient consulter l'ancien Président, après un trimestre pendant lequel on l'a laissé accomplir cette lente métamorphose : devenir un « Ex ». Aller demander son avis à Mitterrand en juin, c'est faire de la politique ; en septembre, c'est philosopher, c'est prendre du recul et chausser le binocle de l'historien pour appréhender la réalité. Aux visites amicales ou intimes s'ajoutent désormais des entretiens plus profonds : on vient consulter François Mitterrand. Valéry Giscard d'Estaing, qui se considérait sans doute trop jeune et nourrissait encore quelque espoir de retour à la tête de l'Etat, n'a pas voulu inventer le statut, inédit en France, d'« ancien Président ». Alors que les Etats-Unis profitaient des conseils de cinq « Ex » – Richard Nixon, encore vivant alors, Gerald Ford, Jimmy Carter, Ronald Reagan et George Bush –, la France ne disposait que de Giscard, qui se voyait plus en futur président qu'en ancien, injustement condamné, entre deux pouvoirs suprêmes, à un « passage » par la banalité politique, pour reprendre le titre de son calamiteux roman d'amour. De Gaulle plus préoccupé après l'Elysée de sa statue que de son statut, et vite emporté par la mort, Pompidou fauché en exercice, Giscard incapable de renoncer, François Mitterrand pouvait, lui, inventer ce personnage inédit de la Ve République : l'ancien Président. Il voit parmi les attributs de ce rôle un nécessaire éloignement – l'ancien Président ne fait plus de politique – et une indispensable continuité – ni droite, ni gauche, on est l'ancien Président de tous les Français. La maladie ne lui laissera guère le temps d'ajuster ce costume, mais Mitterrand arrivera néanmoins à creuser les fondations de sa Fondation, à jeter les bases de l'Institut qui porte son nom, et dont l'avenir dira s'il est un modèle à suivre.

Quand on est ministre gaulliste d'un gouvernement de droite, demander audience à François Mitterrand n'est pas un acte innocent. Jacques Chirac serait-il un capitaine déficient? Faut-il aller chercher avenue Le-Play une vision à long terme, un souffle d'Histoire qui ont déserté la rue du Faubourg Saint-Honoré? Pour Michel Barnier, la question ne se pose pas. En charge des Affaires européennes au sein du gouvernement Juppé, il ne peut cerner la situation et maîtriser ses dossiers sans enrichir ses connaissances de l'expérience des « grands Européens ». Il a donc décidé de rencontrer pendant l'automne tous ceux qui ont des références sur le sujet, de Raymond Barre à Valéry Giscard d'Estaing en passant par Jacques Delors, Edouard Balladur, Michel Rocard et Simone Veil, sans oublier François Mitterrand. Pour éviter toute équivoque, Michel Barnier ne rendra publique sa rencontre avec l'ancien Président qu'après la fin de cette prestigieuse tournée des grands europhiles. C'est dès la première semaine de septembre que Michel Barnier formule sa demande d'audience auprès du secrétariat de François Mitterrand. La réponse est immédiate, et positive : rendez-vous est pris pour le mercredi 13 septembre à dix-huit heures, avenue Le-Play.

Ponctuel, Michel Barnier attend le Président une dizaine de minutes dans le hall de ses bureaux : François Mitterrand achève sa promenade. En regardant le portrait à la mine de plomb accroché derrière la porte et les photos bigarrées prises par le satellite Spot depuis sa vigie sidérale, le ministre des Affaires européennes songe à l'insolite rapport qu'il entretient avec François Mitterrand. Michel Barnier est surpris par la courtoise célérité avec laquelle l'ancien Président a accepté l'entrevue. « Il n'avait pas besoin de me recevoir, s'étonne-t-il, et il n'y avait pas de politique là-dessous, aucun calcul de sa part [1]. » Cet empressement accroît encore l'estime qu'il a pour l'homme, et lui rappelle une autre réponse rapide, onze ans plus tôt. A l'automne de 1984, Mitterrand est en difficulté, quand Barnier, retiré quelques jours dans sa maison de Sologne, prend la plume pour lui écrire, et l'inviter au conseil général de la Savoie, dont il est à trente-trois ans le jeune président. Dix jours après, François Mitterrand lui répond : « Je viens. » « Jamais, précise Barnier, un Président élu par la majorité des Fran-

1. Entretien avec l'auteur, le 20 mai 1996.

çais n'avait été reçu par une collectivité territoriale aux mains de l'opposition [1]. » Michel Barnier accueille donc François Mitterrand à Chambéry le 6 septembre 1984, et lui rappelle dans son propos liminaire que, malgré sa jeunesse, il fut militant derrière de Gaulle dès les années soixante. Dans sa réponse qui s'étend sur plus d'une heure et quart, François Mitterrand ne manque pas de revenir sur ce point pour rompre une nouvelle lance avec le fantôme de De Gaulle : « Eh bien, moi aussi, je ne dirai pas " derrière " le général de Gaulle, mais " avec ", une toute petite nuance... La seule différence, c'est que moi c'était en 1941, ce qui explique parfaitement notre différence d'âge, mais disons que, à qualité égale, être avec le général de Gaulle en 1941 avait pour le moins la même valeur que derrière le général de Gaulle en 1960. Nous sommes donc à égalité à la fois pour nous réclamer de grands exemples, d'une grande histoire [2]... » La pirouette rhétorique est admirable, de celui qui refusa, cinquante ans durant, d'être derrière qui que ce fût, mais elle s'effectue au prix d'une entorse à l'Histoire. En 1941, Mitterrand n'était pas « avec » de Gaulle, ni même « derrière » lui : il cherchait à s'évader de son stalag avant d'aller pointer à Vichy... Peut-on être « avec » de Gaulle en 1941 et serrer la main du maréchal Pétain le 15 octobre 1942 ? Mais le 6 septembre 1984, dix ans presque jour pour jour avant la parution d'*Une jeunesse française*, le livre de Pierre Péan, nul ne songe aux à-peu-près calendaires de François Mitterrand. « Et il ne me déplaît pas que le jeune président du conseil général de la Savoie se réclame, même si je ne partage pas ses conceptions et si je n'ai pas partagé les conceptions de celui qu'il invoque, se réclame d'une grande histoire [3]. »

L'estime enrubannée de complicité perdure entre les deux hommes, enrichie par l'organisation des Jeux olympiques d'Albertville en 1992. De nombreux tête-à-tête Barnier-Mitterrand jalonnent la préparation de cet événement, et ils se lèvent de concert, les bras en l'air, lors de la cérémonie d'ouverture des Jeux, pour accompagner la « hola » du public, cette vague humaine qui s'enroule autour des stades. Pourtant, Mitterrand n'essaie à aucun moment de tisser un lien étroit avec Michel Barnier, de le prendre dans la toile de la séduction politique, comme il le fait alors, non sans succès, avec

1. Ibid.
2. Michel Barnier, *Vers une mer inconnue*, Pluriel, 1994, p. 23.
3. Ibid.

François Léotard ou Alain Carignon. François Mitterrand, enraciné dans son département de la Nièvre, aime qu'on défende les conseils généraux à l'heure où les apôtres de la décentralisation les accusent d'obsolescence. L'ancien président du conseil général de la Nièvre aime converser avec le président du conseil général de la Savoie. « Nous avons des relations cordiales et, surtout, faciles, résume Barnier. Nous parlons toujours " département " et jamais de politique politicienne. Jamais il n'a tenté sur moi une opération de type " troisième force ", ou une quelconque " ouverture [1] ". »

Une ouverture intervient le mercredi 13 septembre 1995 à dix-huit heures dix : celle de la porte du troisième étage du 9, avenue Frédéric-Le-Play. François Mitterrand rentre de promenade. « Je n'ai que quelques heures pour me promener et recevoir en fin d'après-midi. Le reste du temps, je suis souvent couché », confie-t-il à son interlocuteur. « Je l'ai trouvé fatigué, se souvient Barnier, mais beaucoup moins que lors de nombreux conseils des ministres de la cohabitation [2]. » Pendant une heure, dans la pièce d'angle où trône le bureau présidentiel bleu à traits rouges, François Mitterrand et Michel Barnier parlent de l'Europe. Le ministre en exercice a une idée bien précise en tête pour éviter que l'entretien ne s'enlise dans les généralités et les grands principes. Il veut interroger François Mitterrand sur les origines de la crise bosniaque, alors en train de se dénouer dans la douleur. Pourquoi les diplomaties des grandes nations ont-elles agi en parallèle, et parfois en concurrence ? Les explications de François Mitterrand sont pétries d'Histoire, elles ne sont qu'Histoire, et il déterre les racines du mal yougoslave dans les siècles enfouis. L'Allemagne et la Croatie, la France et la Serbie : les alliances passées, vitrifiées par les guerres, sont le socle inaltérable des dangers actuels. « Chez François Mitterrand, le poids de l'Histoire, des traditions, des vieilles alliances est supérieur à tout le reste, explique Barnier, et notamment supérieur à la volonté politique. Je tente de le contredire, en lui disant que je le trouve fataliste, qu'un chef d'Etat peut changer le cours des choses, mais il me regarde comme un jeune homme qui ne sait pas. Là est la différence avec Jacques Chirac, qui pense qu'en voulant très fort une chose on l'obtient. Helmut Kohl voulait

1. Entretien avec l'auteur, le 20 mai 1996.
2. Ibid.

tant la réunification de l'Allemagne qu'il l'a faite, alors que Mitterrand était persuadé du contraire. Chirac a tant voulu la paix en Bosnie qu'il a lancé la FRR, la Force de Réaction Rapide, et ça a été le début de la fin de la guerre. François Mitterrand a approuvé alors la FRR, mais il ne pensait pas que le second " R " serait efficient, et que cette tactique marcherait si vite [1]. »

L'Histoire est la religion de Mitterrand, qui n'aime pas en ce domaine croiser des agnostiques ou des profanes. « Bernard Kouchner l'irritait, se souvient Jean-Pierre Soisson. François Mitterrand lui disait souvent : " Vous ne connaissez pas l'Histoire. Aucune décision ne peut être prise en Europe si l'on ne connaît pas l'Histoire [2]. " » Mais, souvent, aucune décision n'est prise quand on écoute trop l'Histoire, et il faut violer un demi-siècle d'Histoire onusienne pour reprendre le pont de Verbania à Sarajevo, premier fait d'armes sur la route de la paix. Prolongeant la réflexion sur la Bosnie, Michel Barnier soumet également à l'ancien Président la proposition du nouveau : installer aux sommets des institutions communautaires un haut représentant de l'Europe pour la politique étrangère, un homme de stature internationale, nommé par les chefs d'Etat et de gouvernement, animateur d'un travail diplomatique commun et surtout voix unique de l'Union pour sa Politique Extérieure, la « PESC ». « C'est une bonne idée, acquiesce Mitterrand, et c'est un tel homme, un tel poste qui nous ont manqué à la Conférence de La Haye en 1992. » Le 7 septembre 1992, alors que la guerre fait rage en Croatie, s'ouvrait aux Pays-Bas, sous la présidence de Lord Carrington la Conférence sur la paix : chacun y campa sur ses positions et, retourné chez lui, agit à sa guise, au profit de tel ou tel des belligérants.

Puisqu'il parle d'Europe et d'Histoire, François Mitterrand ne peut manquer une si belle occasion de tester la plaidoirie qu'il rédige alors pour défendre devant le jury des siècles sa politique allemande, ou plus précisément sa stratégie diplomatique au moment où se joue la réunification, de novembre 1989 au printemps 1990. Le livre est en chantier, qui ne paraîtra qu'après la mort du Président, le mois d'octobre, consacré presque entièrement à la politique internationale de ces années-là, l'ayant épanoui et affiné. Mais de-

1. Ibid.
2. Entretien avec l'auteur, le 28 octobre 1996.

vant Michel Barnier, comme il le pratiquait à l'Elysée avant de prononcer un discours majeur, Mitterrand veut tester quelques arguments. Il répète notamment les difficultés du dialogue franco-allemand, ce pas de deux contre-nature qui bat depuis cinquante ans le rythme de la paix européenne, et dont l'arrêt plongerait l'orchestre dans les pires couacs. « Jamais ni lui ni moi n'avons commis l'irréparable, explique-t-il en parlant du Chancelier Kohl. Nous allions jusqu'au bout de discussions très dures, mais nous savions qu'il fallait aller ensemble jusqu'à leur terme. » Histoire et politique européenne voguent ici de conserve. « Kohl et Mitterrand, main dans la main à Verdun, sont les héritiers de ce geste-là, approuve Michel Barnier en désignant sur le mur de son bureau, au Quai d'Orsay, un grand cliché noir et blanc : de Gaulle et Adenauer, au pied d'une passerelle d'avion, se serrent chaleureusement la main. C'est la réconciliation d'après-guerre, et c'est un geste sacré qu'aucun chef d'Etat français ne peut violer [1]. »

Le crépuscule achève de descendre sur le VIIe arrondissement de Paris, et la façade de l'Ecole militaire, large et symétrique comme une moustache de colonel en retraite, se gomine de mordoré. De l'autre côté de la place Joffre, dans le bureau de François Mitterrand, la conversation baguenaude, s'éloignant de son sujet initial – la Bosnie et l'Europe –, pour glisser vers d'autres thèmes. L'ancien Président risque un mot sur les essais nucléaires – « Je n'ai rien dit pour ne pas ennuyer Chirac » –, parle, désabusé, du Parti socialiste et critique au passage Michel Rocard, avant de retrouver le sujet fétiche de ses conversations avec Michel Barnier : le département. Mais le jeune président du conseil général de la Savoie a fait carrière depuis 1984. Il est désormais ministre, et le dernier mot de la conversation doit être international et non départemental. « Quels sont vos prochains voyages ? » interroge Mitterrand, friand de connaître les déplacements de tous ses visiteurs et de pérégriner ainsi par procuration. « Je pars bientôt pour Kaliningrad », répond Michel Barnier, allumant dans l'œil présidentiel un éclat nouveau. Kaliningrad, c'est l'ancienne Königsberg, c'est la ville de Kant et de Frédéric Ier de Prusse, c'est l'objet de toutes les convoitises impériales : prise par les Russes au XVIIIe siècle, elle est conquise par les troupes napoléoniennes en 1807 et par l'armée Rouge à la

1. Entretien avec l'auteur, le 20 mai 1996.

fin de la Seconde Guerre mondiale. Königsberg, c'est l'œil du cyclone de l'Histoire européenne. « Vous allez voir ce coin de terre où la Prusse et la Russie se sont déchirées », souffle l'ancien Président, envieux et respectueux.

Chassez l'Histoire, elle revient au galop des escouades de cosaques et de uhlans. Cette partie de l'Europe fascine Mitterrand, où il voit la grande ligne de faille du continent, où les plaques tectoniques de l'Histoire s'entrechoquent depuis des siècles. Un jour, en route pour Amman, il invite à déjeuner à l'avant de l'avion présidentiel Jean-Pierre Elkabbach et Maurice Benassayag. « Que lisez-vous en ce moment ? » demande Mitterrand. « J'ai cité ma lecture d'alors, raconte Benassayag, *Par le fer et par le feu*, de Henryk Sienkiewicz [1]. » L'auteur de *Quo vadis*, mort au milieu de la Première Guerre mondiale y narre le siècle fatal de la Pologne, le XVIIIe. « Savez-vous comment cette épopée s'achève ? questionne le Président, qui ne se préoccupe guère de ménager le plaisir de lecture de son conseiller. Ça se termine par trente-cinq mille morts sur le fleuve Prout. Et on se bat aujourd'hui sur le fleuve Prout. La Russie recèle quinze Algérie en puissance ! » Le fleuve Prout, c'est un affluent du Danube qui fait office de frontière entre la Moldavie et la Bessarabie, c'est-à-dire entre la Roumanie et l'ex-URSS. François Mitterrand a vieilli au pouvoir dans la certitude que cette sainte-barbe à la poupe du vaisseau européen que sont les marches de la Russie exploserait un jour. A Vienne, le 8 octobre 1993, devant le Conseil de l'Europe, il livre ses inquiétudes : « Vous savez bien qu'ici et là, en Géorgie et ailleurs (mais je ne veux pas citer tous les pays, je ne veux en offenser aucun), d'autres guerres se préparent, que des conflits d'influence vont naître tout au long des années prochaines et que l'incendie va cerner une partie de l'Europe [2]... »

La Pythie mitterrandienne se fait Cassandre, qui promet des guerres où elles ont déjà eu lieu parce qu'elles ont déjà eu lieu. Mais la fatalité séculaire n'est pas un raisonnement et le pire toujours sûr ne fait pas une diplomatie. La génération de François Mitterrand a fait la guerre, mais pourquoi donc les suivantes ne sauraient-elles pas faire la paix ? N'est-ce pas le même pessimisme qui

1. Entretien avec l'auteur, le 9 mai 1996.
2. François Mitterrand, *Onze discours sur l'Europe*, Vivarium Napoli, 1996, p. 141.

sourd du discours prononcé à Strasbourg le 17 janvier 1995, l'un des derniers de François Mitterrand sur l'Europe, et sans doute l'un des plus beaux. Avant que l'hémicycle parlementaire ne l'applaudisse avec une rare unanimité chaleureuse, le Président prononce un mot historique : « Mesdames et Messieurs, le nationalisme, c'est la guerre ! » Quatre mois plus tôt, à Franz-Olivier Giesbert, François Mitterrand livre une formule moins forte mais plus cruelle : « Le nationalisme, c'est l'opium des imbéciles [1]. » Définition inquiétante si l'on considère la prospérité de l'imbécillité en cette fin de siècle. Les phrases qui précèdent en janvier l'avertissement mitterrandien, cette alarme testamentaire, sont en effet terrifiantes : « Ce que je vous demande là est presque impossible, car il faut vaincre notre Histoire. » Pour Mitterrand, l'Histoire ne se vainc pas, elle s'étudie, et se subit. « La guerre n'est pas seulement le passé, elle peut être notre avenir [2] », achève d'ailleurs Mitterrand. Quelques mois plus tard, le voilà installé en spectateur sur les bords du Champ-de-Mars ; la guerre n'est toujours pas là, et Mitterrand campe un vieux Drogo face à son *Désert des Tartares.*

Après avoir quitté l'ancien Président, le ministre des Affaires européennes descend, circonspect, l'escalier du 9, avenue Frédéric-Le-Play. Le regard de Mitterrand lui semble par trop rétrospectif. « Je pense qu'on change le cours de l'Histoire, et qu'on élit des chefs d'Etat pour cela. Je fais la part de la mélancolie nostalgique dans les propos de Mitterrand, mais sa vision de l'avenir demeurait plombée par l'Histoire. Et pourtant, il a voulu la monnaie unique, il a voulu Maastricht. Mais si son volontarisme était réel en économie et en matière sociale, il n'avait pas la même détermination pour l'Europe politique et la Défense. Certes, il y a eu le discours sur les SS 20 en janvier 1983 et celui sur l'armée allemande, en mai 1995. Mais ce sont des discours. Il manque, ici, des actes [3]. » C'est à Prague, le 14 juin 1991, en clôturant les Assises de la Confédération européenne, que François Mitterrand a inscrit dans l'ordre du discours l'Europe politique : « Il faudra qu'un jour des chefs d'Etat et de gouvernement se réunissent, qu'ils passent au stade de l'accord politique [4]. » Un jour...

---

1. Franz-Olivier Giesbert, *Le vieil homme et la mort*, op. cit., p. 96.
2. François Mitterrand, *Onze discours sur l'Europe*, op. cit., p. 161-162.
3. Entretien avec l'auteur, le 20 mai 1996.
4. François Mitterrand, *Onze discours sur l'Europe*, op. cit., p. 60.

Malgré les réserves de Michel Barnier, la passion européenne de François Mitterrand est incontestable. Archaïsme et fatalisme ont souvent tordu son discours, et le temps l'a trop souvent emporté sur l'espace, l'Histoire sur la géographie. François Mitterrand ne veut pas bâtir l'Europe de l'Atlantique à l'Oural, mais celle de Charlemagne à Gorbatchev. Il la veut continue et cohérente, riche de cycles que l'érudit peut comprendre à défaut de les infléchir. Dans les derniers mois de son existence, et malgré sa mélancolie nostalgique, Mitterrand poursuit son combat européen. Il lui semble en effet que la foi européenne tiédit dans le pays qu'il a dirigé, et particulièrement au sein de la gauche. Soucieux de démontrer sa propre constance, il prolonge ici son discours du « J'en étais et j'y croyais ». En mai 1984, devant le Parlement de Strasbourg, il rappelle qu'au Congrès de La Haye, en mai 1948, il était présent, et actif. De même avec le lancement du Marché commun en 1956 et pour chacune des grandes étapes de la construction européenne. « Et aujourd'hui, alors qu'il nous faut sortir l'Europe des Dix de ses querelles et la conduire résolument sur les chemins de l'avenir, je puis le dire encore, j'en suis et j'y crois [1] », conclut-il à Strasbourg. Fin 1995, beaucoup, au Parti socialiste, ne sont plus de ce combat et ne croient plus à l'Europe.

La rencontre avec Michel Barnier a intéressé le Président. Quelques jours plus tard, Roland Dumas, qui fut, avant de prendre la tête du Conseil constitutionnel, le ministre des Affaires étrangères de François Mitterrand, déjeune avec le ministre des Affaires européennes de Jacques Chirac, et lui confie que François Mitterrand lui a parlé de leur rencontre, affinant à nouveau, au passage, ses arguments. Le jeudi 14 septembre, c'est-à-dire le lendemain de son entretien avec Barnier, Mitterrand déjeune chez Lipp avec Michel Charasse. Déjeuner chez Lipp, c'est vouloir être vu. Et vouloir être vu, pour François Mitterrand, cela signifie être en bonne forme. Il s'affiche en effet alerte et vif. Après le repas, le voilà qui remonte un peu le boulevard Saint-Germain, en compagnie de Charasse et du docteur Tarot. Casquette vissée sur ses cheveux rares, imper boutonné jusqu'à la gorge, mains dans la poche, il est un peu trop couvert pour cet après-midi ensoleillé, mais le grand malade, le premier agonisant de France, dont la rumeur colporte le faire-part

1. François Mitterrand, *Onze discours sur l'Europe*, op. cit., p. 29.

de décès à intervalles réguliers, avance d'un bon pas. « Nous avons beaucoup parlé de l'Europe, ce jour-là, se souvient Michel Charasse. Il ne m'a pas semblé inquiet, mais il n'était pas étonné de l'évolution des choses [1]. » Dans l'après-midi, il reçoit avenue Le-Play Georges-Marc Benamou, pour faire le point du travail accompli à Latche pendant l'été. Et c'est encore de la guerre en Bosnie que parle Mitterrand, ou plutôt de cette paix qui se dessine où il échoua, bardé d'obsolètes analyses historiques. Il gausse la Force de Réaction Rapide, et conclut que ce sont les Etats-Unis qui ont décidé la paix, à leur heure, consacrant l'impuissance de l'Europe par ce succès même.

A Henri Emmanuelli, qui vient lui rendre visite à son tour courant septembre, François Mitterrand offre une attitude inverse, à la fois étonnée et, surtout, inquiète. Là encore, l'Histoire prime et occupe tout le début de la conversation. Cette fois, il s'agit de l'Histoire de l'Eglise, et notamment du Ier siècle en Palestine, une période qui passionne Emmanuelli. Le patronyme du député des Landes signifie « Dieu avec nous », ce qui peut expliquer son intérêt pour l'Histoire religieuse comme son dévouement mitterrandien. Puis la politique reprend ses droits, et Mitterrand s'étonne qu'Emmanuelli ait cédé aussi facilement son siège de premier secrétaire du Parti socialiste à Lionel Jospin. « Il ne me le dit pas, mais je pense qu'il n'aurait pas quitté la tête du PS dans ma situation. Il devait considérer mon geste comme une suprême naïveté [2]. » La conversation ne porte pas précisément sur les instances du parti, mais sur les hommes qui sont à sa tête. « Mitterrand est déçu par certains comportements à son égard. Il me dit : " Quand même, untel, et untel. Oui, j'aurais dû prévoir. " C'est à mon tour alors de le trouver naïf [3]. » Entre les deux anciens patrons du Parti socialiste, le dialogue roule enfin sur l'Europe. « François Mitterrand me parle beaucoup de l'Allemagne et de l'Europe. Il est mal à l'aise. Il sent qu'une partie de la gauche déserte l'idée européenne, et que j'en suis. Il comprend mes raisons, mais ne se résout pas à l'accepter. Tout au long de l'automne il me parlera de l'Europe, jusqu'au dîner du réveillon, le 31 décembre [4]. »

---

1. Entretien avec l'auteur, le 11 avril 1996.
2. Entretien avec l'auteur, le 25 juin 1996.
3. Ibid.
4. Ibid.

Certes, François Mitterrand entreprend de convaincre les sceptiques et de retenir les dubitatifs. Mais l'attitude du PS est-elle sa plus grande inquiétude? « François Mitterrand a toujours imposé ses vues européennes au Parti socialiste, tempère Hubert Védrine, compagnon de deux septennats à l'Elysée, où il termina son parcours au poste clef : secrétaire général. Et dans ce domaine ses décisions ont été mises en œuvre par les collaborateurs du Président, pas par les dirigeants du parti, et secondairement par les ministres des Affaires étrangères. C'était l'œuvre du Président [1]. » Quand il rencontre François Mitterrand en septembre, le futur patron du Quai d'Orsay dans le gouvernement Jospin vient de mettre en chantier un ouvrage dont le permis d'écrire lui a été délivré dix ans plus tôt, en 1985. Claude Durand, le patron des éditions Fayard, lui propose à l'époque de raconter et d'expliquer la politique étrangère de François Mitterrand dès qu'il aura achevé son mandat. Quand son collaborateur lui demande d'avaliser ce projet, François Mitterrand sourit : « Ah ! Vous allez faire la glose de mes actes. » La réélection de 1988 obligera l'intuitif Durand à patienter un peu plus que prévu. Le travail, ample et exemplaire, de Védrine, l'occupera neuf mois après l'Elysée, le temps d'accoucher en mai d'un épais volume qui deviendra rapidement, dès sa publication à l'automne 1996, un ouvrage de référence : *Les mondes de François Mitterrand.* « Le Président n'a pas pu en lire une ligne [2] », se désole aujourd'hui Védrine. Mais lors de ses ultimes rencontres avec François Mitterrand, Védrine a perçu son inquiétude européenne. « Il craignait surtout un manque de volonté, un laisser-aller, un manque d'audace historique. Avant l'été, en plus des essais nucléaires, nous avions déjà parlé de l'avenir de la construction européenne. Le Président est alors focalisé sur ce sujet. A la fin, cela deviendra même son obsession [3]. »

Fin septembre, Hubert Védrine aurait pu relancer cette réflexion sur l'Europe : un déjeuner avec Mitterrand l'associe en effet à Jean Vidal, qui fut à l'Elysée l'ultime conseiller pour les Affaires européennes de l'ancien Président. Le déjeuner a déjà été annulé deux fois par François Mitterrand, terrassé de fatigue aux premiers jours de l'automne. La belle forme affichée fièrement boulevard Saint-

1. Entretien avec l'auteur, le 8 octobre 1996.
2. Ibid.
3. Ibid.

Germain, aux côtés de Charasse, le 14 septembre, ou devant la caméra Lumière de Régis Wargnier, s'est évanouie. Il n'ose ajourner une troisième fois ce repas, et invite ses anciens collaborateurs dans un restaurant italien de l'avenue de La-Tour-Maubourg, non loin de ses bureaux. « D'habitude, François Mitterrand menait la conversation en mêlant grands et petits faits, avec son ton à lui. Ce jour-là, se souvient Védrine, il se force, c'est un remake pâli, anémié des déjeuners d'autrefois. C'est pathétique, car, si quelqu'un incarne l'appétit de vivre, c'est lui. Il affiche la même apparence de curiosité, le même tact, mais cela est dû à un effort surhumain. Il y a de la malice, des ombres de sourire, des visions fulgurantes sur ce que vont devenir les gens. Mais François Mitterrand est diaphane : il se dématérialise devant nous [1]. » Les mondes de François Mitterrand n'existent plus dans un tel désarroi, il ne demeure que le monde qu'il est en train de quitter, et que le cancer rend insupportable. A la fin du repas, Jean-Christophe Mitterrand, le fils aîné du Président, rejoint les convives. Le Président prend congé et s'en va avec son fils. Cette image spectrale n'est pas la dernière qu'Hubert Védrine gardera du Président vivant. Il le croisera une ultime fois, avenue Le-Play, alors qu'il vient voir un des collaborateurs du Président. Au détour d'un couloir, les deux hommes partagent quelques mots, tout comme ils échangeront encore quelques lettres au détour des semaines suivantes. Védrine lui raconte notamment, par écrit, les voyages qu'il effectue, lui confie ce que les gens disent de lui, transmet des messages, parle de son livre, sans effacer pour autant l'image du fantôme de Mitterrand avec lequel il déjeuna fin septembre avenue de LaTour-Maubourg.

*

* *

Si Mitterrand est épuisé fin septembre, c'est parce que la mort le rattrape, le crochetant après quelques semaines de rémission comme un pêcheur ferre son poisson après l'avoir laissé glisser un peu au fil de l'eau, pour mieux l'épuiser. La camarde resurgit dans l'existence de Mitterrand par un détail cocasse bien que navrant, et par un livre d'espoir, bien que consacré à l'agonie : les canetons de

1. Ibid.

l'Elysée sont morts ; Marie de Hennezel publie *La mort intime*, ouvrage préfacé par Mitterrand. François Mitterrand était très attaché aux canards de l'Elysée, quelques volatiles acclimatés aux petites pièces d'eau aménagées dans le parc du « Château » et recommandés à Jacques Chirac. Lors de la passation des pouvoirs, celui-ci s'était engagé à assurer dans ce domaine comme dans les autres la continuité de l'Etat : le pouvoir change, les canards restent. Et quand une volée de canetons jaunâtres voit le jour à la fin du printemps, le nouveau Président de la République téléphone à l'ancien pour lui annoncer la bonne nouvelle : non seulement les canards sont en bonne santé, mais la famille s'agrandit. L'automne est fatal aux petits palmipèdes. Un matin, le jardinier de l'Elysée constate que les canetons ont disparu corps et âmes : plus un bec jaune, seuls quelques lambeaux de duvet flottent sur l'étang. Les soupçons s'orientent sur le chien de Claude Chirac, Maskou, qui s'ébroue à sa guise sur les pelouses élyséennes, quand Europe 1 dévoile l'affaire. Rapidement, par le ricochet malheureux des entrefilets, « la disparition des canetons de l'Elysée » devient « la mort des canards du Château », alors que les parents, eux, continuent à barboter au sommet de l'Etat, indemnes. L'Elysée doit allumer un contre-feu, et publie un communiqué précisant que les canards sont bien vivants, qu'en effet les canetons ont disparu, mais que Maskou est innocent. Ce sont les pies ou les corneilles aperçues dans le jardin qui auraient commis le meurtre. L'intérêt pour l'anecdote chute vite, et chacun s'intéresse beaucoup plus au gouvernement Juppé, qui déjà bat de l'aile, qu'à ce vol tragique à l'Elysée : quelque oiseau vorace s'abattant sur d'innocents béjaunes. François Mitterrand n'a pas réagi à l'incident...

Le 18 septembre paraît en librairie l'ouvrage de Marie de Hennezel, *La mort intime*, dont on parle beaucoup depuis la fin du mois d'août. Psychologue de l'unité de soins palliatifs à l'hôpital de la Cité universitaire, Marie de Hennezel accompagne les mourants dans leurs derniers instants, et tente de leur apporter sérénité et tendresse. Elle est un peu la batelière du Styx. Terrible, son ouvrage est une guirlande d'agonies, une suite de décès où le courage le dispute à l'horreur, où foi, souffrance, espoir et putréfaction s'entremêlent. Atteint-on ici au cœur de la vie, à sa substance la plus dense et pure, ou bien à sa négation ? L'en-deçà de la mort est-il déjà la mort, voire pire que la mort ? La lecture de Marie de Hennezel donne une farouche envie de vivre en dévorant chaque minute. « On découvre toujours trop tard que la merveille est dans l'instant », lui a confié un jour François Mitterrand. *La mort intime* aide à s'en rendre compte plus vite, tant on est partagé entre l'effroi et l'admiration pour ceux qui meurent et ceux qui les accompagnent. Le Président et la psychologue se connaissent depuis une dizaine d'années, après une rencontre fortuite. Le charme lumineux et paisible de Marie de Hennezel n'aura sans doute pas échappé au Président, ni cette conversation avec la mort dont elle a fait sa profession et lui, en partie, sa philosophie. « Quelques mots échangés, une correspondance, nous ont conduits à cette sorte d'intimité, rare et par conséquent précieuse, qui naît dès qu'on se découvre proche sur des sujets dont on ne parle jamais. Il s'agit entre nous de la mort [1]. »

François Mitterrand et Marie de Hennezel ont d'autres points communs : la fréquentation de Taizé, nombre de lectures mystiques, et même Venise, que le grand-père de l'auteur a peinte. Le Président est venu discrètement visiter, un jour, le service où œuvre Marie de Hennezel; il en est ressorti ému, et surtout étonné : « Quel est le secret de tant de calme? » a-t-il interrogé en quittant ces mourants étonnamment apaisés. Quelque temps avant cette visite, au cours d'un déjeuner, François Mitterrand avait confié à Marie de Hennezel : « Nous sommes chacun dans un avion qui finira un jour par s'écraser sur une montagne. La plupart des gens l'oublient. Moi, j'y pense tous les jours, mais peut-être est-ce parce que je commence à entrevoir la montagne, à travers le hublot [2]. » En septembre 1995, la montagne est là, clairement dessinée à l'horizon, et si le temps qui reste à l'avion avant de s'écraser est encore incertain, c'est parce qu'il est difficile en altitude d'estimer les distances. Trois ans plus tôt, sortant de l'hôpital Cochin après sa première opération, François Mitterrand avait fait venir Marie de Hennezel à l'Elysée : « Le processus est enclenché... c'est une maladie dont on meurt, je le sais... » lui dit alors le Président, couché dans son lit. « Je n'ai pas peur de mourir, mais j'aime vivre... cela vient toujours trop tôt. (...) — Il ne faut pas mourir avant de mourir, lui répond son amie. (...) — J'aurai sans doute besoin de vous, continue Mitterrand. On sent bien que ce n'est pas par des discours

1. Marie de Hennezel, *La mort intime*, Robert Laffont, 1995, p. 126.
2. Marie de Hennezel, *La mort intime*, op. cit., p. 132.

que vous aidez les malades à trouver la paix, mais par votre présence. Avec vous, au moins, on peut s'abandonner [1]. »

François Mitterrand aura bientôt besoin de Marie de Hennezel, mais, en septembre, la parution de *La mort intime* est un événement heureux : l'ouvrage est fort bien accueilli, et connaît d'emblée un grand succès. Sa préface, bien sûr, est remarquée, mais n'escamote pas le reste de l'ouvrage. « J'ai demandé la préface à François Mitterrand en février 1995, raconte Marie de Hennezel. Il me demande : " Pourquoi ? " J'avais conscience que mon message était difficile à faire passer, à cause de l'attitude des gens face à la mort. Je tenais à mon titre, *La mort intime*, même si mon éditeur, Robert Laffont, ne le trouvait pas " commercial ". J'ai donc dit à François Mitterrand que la préface aiderait le livre, tout simplement. De plus, je le présentais sous un aspect méconnu : le Mitterrand que j'ai décrit lors de sa visite dans le service montre un homme comme les autres, avec du désarroi devant la maladie. François Mitterrand est alors très peu Président et bien plus être humain. " Je ne suis pas sûr d'avoir beaucoup à dire sur cela ", a simplement répondu Mitterrand. Il a lu le livre, et quand je revenais le voir, je constatais qu'il y avait des papiers annotés sur sa table de nuit ; je ne redemande rien, j'attends sa réponse. Il avait des choses à dire sur la mort, c'était pour lui une bonne occasion. J'ai eu raison, la suite l'a prouvé. J'étais consciente du cadeau qu'il me faisait, mais lui m'a donné cette préface comme si c'était normal, comme si cela n'avait pas d'importance. Il a été surpris de ne pas voir paraître le livre au mois de mai, avec tous ceux qui ont accompagné son départ de l'Elysée. Mais la publication avait toujours été programmée pour le mois de septembre, et il n'y avait aucune raison de changer. Je crois que cette attitude, là encore pas très " commerciale ", lui plaisait [2]. »

« Comment mourir ? » interroge François Mitterrand à la première ligne de sa préface, ignorant que, quatre mois plus tard, le cardinal Lustiger s'inspirera de ce texte pour son homélie, lors des obsèques du Président à Notre-Dame. En quelques feuillets, Mitterrand n'apporte pas de réponse, et achève son texte sur la même question : « Comment mourir ? » Mais l'on devine que cet ouvrage

1. Marie de Hennezel, *La mort intime*, op. cit., p. 206-209.
2. Entretien avec l'auteur, le 17 juin 1996.

est pour lui un vade-mecum, un petit bréviaire d'agonie où sont résumés les principes qu'il entend respecter pour sa propre mort, et une ultime ambition : « La mort peut faire qu'un être devienne ce qu'il était appelé à devenir; elle peut être, au plein sens du terme, un *accomplissement* [1]. » Rappelant le « dialogue éternel de la vie et de la mort » dont le livre est l'écho, Mitterrand sait que la mort parle de plus en plus fort en lui, et que la vie lentement se tait. Si le duel entre Eros et Thanatos a été, au cours de son existence, une longue suite de victoires pour le premier, le second lancera le trait final. En octobre, l'affrontement va basculer plus nettement à l'avantage de la mort.

« Ne vous asseyez pas trop près de moi. Je suis devenu plus radioactif que Mururoa », lance l'ancien président à ses convives du lundi 25 septembre. Ce sont ses « chroniqueurs » du double septennat, Pierre Favier et Michel Martin-Roland, attelés au quatrième et dernier tome de *La décennie Mitterrand*, qui s'intitulera *Les déchirements* – la maladie ne fut pas des moindres. Tous s'assoient autour d'une table ronde, qu'un rayon de soleil effleure, à l'Auberge bressane, où il ne goûtera ses cèpes que du bout des lèvres. « Je reprends ce soir les rayons. J'en suis à 106 Gray. Le maximum est à 60. Maintenant, c'est un cancer des os. Ça a commencé par le bas de la colonne vertébrale, puis une vertèbre cervicale traitée avant l'été. Ça m'a brûlé l'œsophage. Aujourd'hui, c'est l'omoplate gauche qui va être traitée. » Puis il détaille les malaises où le plonge le traitement, concluant : « Si ça atteint la moelle épinière, je suis paralysé, je suis mort. » Puis il évoque le défilé des visiteurs qui honorent Le Play – Brian Mulroney, Boutros Boutros-Ghali – et les coups de téléphone d'Helmut Kohl, Yasser Arafat ou Hosni Moubarak. Le matin même, Lionel Jospin est venu dans son bureau, une semaine après Henri Emmanuelli. La droite n'est pas en reste : Valéry Giscard d'Estaing, François Léotard, Raymond Barre, Edouard Balladur, Michel Roussin... Bavard, le président se lance, entre deux gorgées d'analgésique, dans un couplet sur son successeur et sa manie du mensonge, puis dans un autre sur Michel Rocard, qu'il n'aurait jamais dû nommer à Matignon. A gauche, Emmanuelli est « un homme très droit », Fabius « au rang des meilleurs », Jospin n'a pas été « maltraité » ; à droite, Bayrou est le plus prometteur et « les autres n'existent pas,

1. Marie de Hennezel, *La mort intime*, op. cit., p. 11.

c'est la droite ». Se levant de table, avant de regagner son bureau-mouroir, François Mitterrand chuchote à ses mémorialistes : « Il faut penser tous les jours à ses morts. Vous verrez, un jour, beaucoup penseront à moi [1]. »

*

* *

Mais François Mitterrand doit accomplir un nouveau pèlerinage. A l'approche de l'équinoxe d'automne, il quitte Latche pour se rendre « Loin dans une isle qu'à bon droit / On honora du nom de Belle », selon la définition du poète baroque Saint-Amant, qui composa sur ce bout de lande à la dérive son poème *Solitude*. Quittant l'avion d'Air Inter pour grimper dans l'étroit appareil d'Insul'air, voilà Mitterrand qui survole la côte bretonne, le Passage puis la rade du Palais et enfin l'île que les Bretons appellent Guerveur. Il y a toutes les Bretagne à Belle-Ile. Celle des côtes dentelées et coupantes, avec les rochers travaillés et torturés de la pointe des Poulains, au nord, qui font comme une écume noire brassée puis figée, comme une lave solidifiée, comme d'immenses huîtres sombres. Celle, au sud, des plages douces soigneusement coiffées par les marées, où l'on accède par un petit chemin qui semble un ruisseau de sable s'écoulant vers l'océan des dunes. Celle, enfin, du bocage renfrogné, avec ses chemins creux emmuraillés de talus touffus et verdoyants, hérissés comme des bataillons de chouans. Entrechoquant ses panoramas sauvages à son tendre climat, Belle-Ile a composé une Ecosse tropicale, une Islande ensemencée. Il n'est pas étonnant que des grandes nations aient déployé au cours des siècles leurs armadas pour s'arroger cette perle de l'Atlantique, il n'est pas étonnant que les grandes familles de France aient dépensé leur fortune pour enrichir leurs armes du marquisat de Belle-Ile. Les Gondi en sont restés propriétaires pendant trois quarts de siècle avant de céder devant le siège des créanciers et de vendre leur île à Nicolas Fouquet. Et quand Louis XIV spolie son trop ambitieux surintendant, le 5 septembre 1661, il ordonne qu'il faut « se rendre maître plus particulièrement de Belle-Ile, où il a envoyé huit compagnies des gardes françaises et quatre des Suisses ».

---

1. Pierre Favier et Michel Martin-Roland, *La décennie Mitterrand*, Seuil, tome 4, pp. 623-631.

L'île aux puissants protecteurs devient à l'ère du tourisme un havre pour prestigieux résidents. Sarah Bernhardt y acquiert en 1896 une ancienne batterie militaire à la pointe des Poulains, une bâtisse trapue dotée de tourelles ramassées en bourgeons de pierre, d'où elle peut contempler l'océan et mesurer sa diction aux mugissements des flots. Flaubert avant elle s'est essoufflé au paysage de la pointe : « Les vagues écumaient dans les roches, à fleur d'eau, tourbillonnaient dans les creux, sautaient comme des écharpes qui s'envolent, retombaient en cascades et en perles, et dans un long balancement ramenaient à elles leur grande nappe verte [1]. » Le Tout-Paris vient chez Sarah se saler un peu l'épiderme avant de plonger à nouveau dans les nuits de la capitale. Arletty préférera contempler le ballet des rouleaux de la plage de Donnant, quand Claude Monet s'attachait aux aiguilles de Port-Coton, ces dents de roc qui déchirent la mer à chaque vague, pilotis hérités d'un ponton de pierre qui n'a jamais existé. Au sud, enfin, de cette île où il fit débarquer plusieurs fois ses Mousquetaires, Alexandre Dumas a choisi de faire mourir Porthos, tragiquement, dans une grotte de Locmaria. « Il faut que tous les vaisseaux des nations de levant et de ponant qui courent d'une contrée en l'austre viennent baisser à ceste Isle, demander passage, ou se mettre en grand danger d'estre forcés [2] », écrit d'Argentré en 1582. Quatre siècles plus tard, ce sont toutes les célébrités de levant et de ponant qui viennent demander hospitalité à Belle-Ile, vaisseau amiral de la Bretagne dans la course touristique qui l'oppose aux rivages méditerranéens.

« Belle-Ile, explique Georges Kiejman, c'est la Bretagne pure, sans les inconvénients du littoral, c'est Saint-Tropez sans le commerce. Les bains de foule sont remplacés par des rencontres avec les pêcheurs, et ce sont des morceaux de XIXe siècle dans notre époque [3]. » L'avis de Georges Kiejman est un avis d'expert, car c'est lui qui a fait découvrir Belle-Ile à François Mitterrand. « Il y était venu brièvement, il y a longtemps, pour une campagne électorale. Je l'ai emmené là-bas en 1988 ou en 1989. Un jour, l'hélicoptère présidentiel s'est posé dans le champ près de ma bi-

1. Gustave Flaubert, *Par les champs et les grèves*.
2. D'Argentré, *Histoire de Bretagne*, 1582, p. 58.
3. Entretien avec l'auteur, le 3 avril 1996.

coque, semant la panique parmi les campeurs voisins [1] ! » En 1995, c'est en avion de ligne que François Mitterrand se pose sur l'aérodrome de Belle-Ile, en bordure de la maigre route qui mène à Port-Goulphar. Au creux de cette anse étroite et calme, l'ancien Président a pris depuis trois ans l'habitude de séjourner. Deux hôtels quasi jumeaux y font face à l'eau ondulante qui berce une poignée de barcasses. Le plus petit et modeste, le manoir de Goulphar, s'élève en lieu et place de l'ancien château d'un peintre anglais, dont il n'a gardé qu'une réplique de donjon à peine suffisante pour justifier son appellation. A ses côtés trône le Castel Clara, grande bâtisse carrée aux façades blanches et au toit en pyramide tronquée, couvert de bardeaux bleu-noir. Deux étages de balcons-terrasses la parcourent de bout en bout, dont les balustrades, alternant les planches noires et les piliers blancs, dessinent un clavier de piano. Le troisième étage est en retrait, et le quatrième s'orne de sept fenêtres mansardées, chiens-assis face à la mer. Au bout du bâtiment, presque caché à la vue, le centre de thalassothérapie étend ses baies vitrées au pied de la piscine.

Devant le Castel Clara, sur la petite place où s'arrête le véhicule d'où descend François Mitterrand, un figuier centenaire est appuyé sur une grosse souche qui lui sert de canne tant il penche, et un cyprès guère plus jeune vrille dans l'air un tronc éclaté comme un feu d'artifice, évasé et sculpté par le vent. Ces deux arbres, Mitterrand les touche, les caresse à chacun de ses séjours à Belle-Ile. A la fin de l'été, profitant de la douceur locale, le figuier mûrit, mais la Bretagne reprend ses droits et toujours une des premières tempêtes d'automne vient ruiner la cueillette et précipiter sur le bitume du parking les gousses encore vertes. François Mitterrand pénètre ensuite dans le hall de l'hôtel. Au fond, à côté d'une maquette de navire – le *Port-Liautey* – et d'une armoire chargée de grandes boîtes de thés orientaux, une statue de nègre costumé, façon Nouvelle-Orléans, et un grand chien blanc en faïence accueillent le visiteur. A droite, vers le comptoir de la réception, de larges sièges au style colonial déploient leurs dossiers de rotin ornés de coussins à fleurs roses. François Mitterrand y passe de nombreux moments à converser avec ses visiteurs ou avec le directeur de l'hôtel, prévenant et discret, Jean-Louis Goumy. « C'est dans ce canapé que le

1. Ibid.

Président, avec Georges Kiejman, m'a demandé de lui raconter en détail un suicide en voiture qui avait eu lieu à Belle-Ile, se souvient Goumy. Il me regardait avec deux yeux comme des lasers, et il riait [1]. »

Dans ce même hall les deux hommes se sont trouvés pour la première fois face à face, en juillet 1992. On vient dire à Jean-Louis Goumy, dans son bureau : « Le Président de la République est dans le hall. » Incrédule, le patron du Castel Clara descend vérifier : François Mitterrand est là, qui s'avance vers lui en disant : « Excusez-moi de vous déranger. » Le Président, arrivé en hélicoptère, demeure trois quarts d'heure à la terrasse, pose quelques questions et boit une orangeade. Peu après, c'est Danielle Mitterrand qui réserve pour une semaine de séjour fin septembre. Mais quelques jours plus tard, la nouvelle tombe : le Président va être opéré. Le directeur de l'hôtel pense que la réservation est caduque; au contraire, l'Elysée appelle pour signaler que le Président accompagnera son épouse afin de se remettre de son hospitalisation. Jean-Louis Goumy comprend tout : la visite surprise de juillet était en fait un « repérage », et la réservation de Danielle Mitterrand, une ruse de prête-nom, Madame Mitterrand à la place de Monsieur Mitterrand. L'Elysée exige de bloquer tout le premier étage, que les collaborateurs du Président occupent d'ailleurs presque entièrement. Une salle de séminaire est transformée en bureau présidentiel, qui demeure vide pendant sept jours : le Président se repose. Georges Kiejman, son guide bellilois attitré, étant empêché, c'est Bernard Kouchner, et son épouse Christine Ockrent, qui chaperonnent François Mitterrand.

Charmé, le Président revient au Castel Clara en septembre 1993, puis au printemps et à l'automne de l'année suivante, à chaque fois pour une semaine. Séjourner à Belle-Ile lui fait du bien, lui restitue quelques forces, et son naturel cireux s'estompe sous les assauts du bon air qui lui rosissent les joues. En 1993, il se trouve si bien qu'il décide à la dernière minute de prolonger d'une journée son passage. L'hôtel devient à chaque fois un petit Elysée de voyage. « Un jour, raconte Jean-Louis Goumy, le téléphone sonne : Bill Clinton cherche à joindre le Président, car Saddam Hussein s'agite de nouveau. Mitterrand prend la communication dans la cabine, dont il

1. Entretien avec l'auteur, le 1er juin 1996.

sort furieux : “ Il a beau s'appeler Clinton, il n'aura qu'un petit bateau, et qui ne va pas trop vite [1]. ” » Danielle Mitterrand a choisi d'occuper la chambre 109, facilement accessible, au premier étage, au débouché de l'escalier. François Mitterrand s'est donc installé au numéro 108, à droite de son épouse, la sécurité du Président au 107, et ainsi de suite jusqu'au bout du couloir, en un mini-Elysée longitudinal. Les chambres du Castel Clara sont de taille modeste et de décor simple : une longue table de marbre fait face au mur, à droite de l'entrée chez François Mitterrand et à gauche chez sa femme, les sièges sont en rotin blanc et les larges lits n'ont aucun style. Rose au 109 et bleu au 108, le tissu mural s'orne de délicats motifs pastoraux, très Ancien Régime : un flûtiau, des bergères, des paysans armés de faucilles aux interminables manches. Les mouettes, familières, marchent sur la rambarde du balcon, qui domine une terrasse herbeuse, avec, à droite, le bleu acrylique de la piscine et à gauche, au loin, comme un gros lézard se dorant au soleil, la mer qui somnole dans l'anse de Goulphar. En regardant devant lui depuis la baie de sa chambre, le Président aperçoit un autre hôtel, aux murs roses, le Grand Large, et une petite maison blanche qui se détache sur le ciel. Les coteaux verts plongent, abrupts, dans l'eau écumeuse de la crique en « S », et leur pente striée de clôtures s'arrondit vers le haut de la falaise, où les genêts font un moucheté jaune et les moutons quelques pâtés blancs, comme si la nature avait copié les impressionnistes. Plus loin, la nuit, on aperçoit les lumières du sémaphore militaire de Talut, deux yeux rouges pour un grand hibou à la silhouette blanche. Enfin, derrière les voiles qui se balancent sur l'eau, c'est l'Atlantique. « Je dis souvent que, depuis les chambres du Castel Clara, en se mettant sur la pointe des pieds, on voit la statue de la Liberté [2] », s'amuse Georges Kiejman.

L'Océan, François Mitterrand l'a contemplé plus d'une fois, le plus souvent de cette large passerelle que sont les Landes, et parfois de cette figure de proue qu'est la Bretagne. « Qu'allez-vous faire de votre exil ? » demande François-Victor Hugo à son père en débarquant à Jersey, en août 1852. « Je vais regarder l'Océan, répond le poète. Et vous ? — Je vais traduire Shakespeare. — Il y a des hommes Océans », conclut Victor Hugo. François Mitterrand,

1. Ibid.
2. Entretien avec l'auteur, le 3 avril 1996.

lui aussi, passe de longues heures à écrire, après la sieste de l'après-midi, installé dans le bar de l'hôtel. Jean-Louis Goumy fait alors abaisser les stores de la terrasse, non pour le protéger du soleil encore vif de l'arrière-saison, mais pour le rendre invisible aux téléobjectifs des paparazzi, embusqués sur la lande alentour. Le bar est très « cosy », avec ses gros rideaux beiges, sa moquette rouge et ses canapés fleuris, accompagnés de fauteuils au style vaguement Louis XV et de grandes cloches de verre renversées en guise de vases de fleurs. Sur les murs, des planches scientifiques décortiquent des entrailles de coquillages, d'autres offrent des écorchés du *Gulf of Ancud* ou du *SS Alagoas*, navires renflés. Une armoire de bois vert est chargée de vases et de bibelots, des maquettes de bateaux et trois paires de poissons en bronze complètent le décor. François Mitterrand, entre la baie vitrée qui donne sur la terrasse et la verrière qui s'ouvre sur le hall, écrit beaucoup, avançant son ouvrage sur sa politique étrangère des dernières années élyséennes.

Il se promène aussi, plaisir souvent interdit quand il était président en exercice, censuré par les exigences de sécurité ou cette volonté de ne pas offrir aux photographes le « cliché irlandais », Mitterrand arpentant la lande avec son épouse comme Charles et Yvonne de Gaulle en Irlande. Cette crainte a disparu en 1995, et François Mitterrand profite du beau temps et des assoupissements de la maladie pour marcher un peu. Il chausse les gros souliers de Solutré, passe un épais pull-over ou cette veste matelassée verte qu'il emporte toujours à Belle-Ile, s'enroule dans une écharpe et saisit sa canne. Souvent, il la tient à deux mains, horizontale, dans son dos, moins comme une canne que comme un balancier d'équilibriste. Elle ne touche le sol que lorsque la pente devient trop forte ou qu'un obstacle se présente. Les pas du Président le mènent vers Vazen et Donnant. Vazen est un hameau minuscule que l'on repère à l'atelier d'ébéniste qui égaye l'amas des bâtisses. Au milieu des lapins de garenne à peine sauvages, un chemin de terre défoncé aligne ses ornières jusqu'à un immense cratère, effondrement lugubre de la falaise. Derrière ce fontis, une pointe envahie de mouettes s'avance dans la mer. Donnant est l'un des sites les plus exceptionnels de Belle-Ile, superbe plage qui s'étale en croissant au bout d'un petit ruisseau faufilé entre les coteaux. Même quand la mer est calme, d'impressionnants rouleaux viennent s'y abattre, soulevés par une barrière rocheuse qui ferme, invisible sous les eaux, l'anse de Donnant. « Elle déplie à faire verser les chaloupes », prévenait Vauban, venu dans l'île pour construire la citadelle du Palais, la ville principale.

Là, songeant sans doute aux vagues des Landes, François Mitterrand contemple l'Océan, comme il le faisait plus au nord, à Trébeurden, vingt-quatre ans plus tôt, le 17 octobre 1971 : « J'ai regardé la courbe des rivages, le jeu des îles et des eaux, la suite des heures dans le ciel. (...) Chaque pas changeait l'horizon. (...) Je me suis assis en attendant la nuit, respirant comme on boit l'odeur d'iode et de varech, écoutant la marée revenir au trot. Une lumière d'équinoxe comme seule la Bretagne sait l'inventer, dans la foulée de ses tempêtes, éclairait le paysage. (...) J'abandonnais aux éléments le mouvement de mes pensées. Près de moi un cormoran dormait sur le rocher rose. Le vent lui levait l'aile [1]. » Venise donne une certaine idée de l'éternité, Assouan une certaine idée de l'infini, Belle-Ile mélange les deux en pétrissant l'Océan.

« C'est à Belle-Ile, à la mer sauvage, pendant une tempête d'équinoxe, qu'il faut venir contempler le mouvement et la vie dans leur sublime majesté, entendre la grande voix de l'Océan qui crie Gloire à Dieu ! » écrit Chasle de la Touche. « J'aime l'air de la mer. A cause du sel [2] », confiait plus sobrement Mitterrand à Franz-Olivier Giesbert un an plus tôt. Le voilà servi, qui se gorge d'iode et de vent. François Mitterrand n'a jamais aimé ni pratiqué la baignade. « En thalasso, il ne faisait que des soins secs, raconte Jean-Louis Goumy, et son épouse m'a dit qu'elle ne l'avait jamais vu en maillot [3]. » Mais il avait sa manière à lui de plonger dans la mer. Un jour, arrêtant sa promenade pour satisfaire un besoin naturel, François Mitterrand philosophe face à l'océan. « Si je n'avais pas ma maladie, lance-t-il à son compagnon de marche qui s'est poliment éloigné, je serais ici au paradis. C'est vraiment le bout du monde. »

Mitterrand a tellement envie de se promener, pendant ce séjour à Belle-Ile qu'il sait être le dernier, qu'un après-midi, il fugue ! Le brouillard est tombé sur la côte, François Mitterrand a fait savoir à son entourage qu'il ne sortirait pas et tout le monde a donc pris ses dispositions : les gendarmes du GSPR bouquinent dans leurs

1. François Mitterrand, *La paille et le grain*, op. cit., p. 31.
2. Franz-Olivier Giesbert, *Le vieil homme et la mort*, op. cit., p. 43.
3. Entretien avec l'auteur, le 1er juin 1996.

chambres et le docteur Jean-Pierre Tarot en profite pour s'offrir une séance de thalassothérapie. Quand la disparition du Président est constatée, c'est la panique : « Mais où est-il ? interroge le responsable de la sécurité. — Il est parti, tout seul, par la porte, répond Jean-Louis Goumy, décontenancé. — Prévenez Tarot », jette le gendarme avant de se lancer sur les traces du Président. Le docteur a juste le temps de passer un peignoir blanc, d'enfiler ses chaussures de sport et d'empoigner un téléphone portable. Le Président est vite rejoint, avançant tranquillement sur le bas-côté de la route qui vient de Port-Goulphar, la veste molletonnée ouverte sur son écharpe bordeaux, une casquette grise sur la tête, la canne horizontale dans le dos. Et les deux hommes conversent en marchant, couple insolite dans la brume, suivi à quelques pas par le garde du corps rasséréné. C'est à Belle-Ile, un an plus tôt, que le rapport s'est vraiment lié entre le malade iconoclaste et le docteur atypique. Tarot, anesthésiste de formation, a une philosophie thérapeutique simple : « Je préfère voir un mourant s'endormir sans douleur plutôt que de le voir partir dans la pire agitation [1]. » Le docteur Tarot est au corps ce que Marie de Hennezel est à l'âme. En quelques mois, le nœud est serré entre les deux hommes, et ne se détend que rarement. L'année précédente, Tarot venait de Touraine dans son propre avion – il est pilote –, arrivait à dix-neuf heures, dînait avec François Mitterrand, s'enfermait avec lui dans sa chambre, dormait au Castel Clara et restait quelques heures le lendemain matin avant de décoller. « Au début, je pensais qu'il venait faire de la chimiothérapie à François Mitterrand [2] », se souvient Jean-Louis Goumy. En 1995, Jean-Pierre Tarot ne quitte pas son patient et discute avec lui : « Qu'est-ce que vous préférez prendre ? Vous voulez qu'on associe ça et ça ? Ça vous dérangera moins. » Mitterrand est revêche, lançant parfois au docteur, mi-grognon, mi-plaisantin : « Arrêtez de m'empoisonner. » « Mais si le Président se mettait parfois en colère contre le docteur Kalfon, le médecin militaire de l'Elysée, jamais il n'élevait le ton contre Tarot », se souvient un témoin. Au contraire, c'est Tarot qui n'hésite pas à donner de la voix : « Il faut l'avoir vu hausser le sourcil et rembarrer le premier personnage de la République, parce que celui-ci n'avait pas suivi l'une de ses recommandations », raconte Bernard Kouchner [3]. En

1. *Infomatin*, mai 1994.
2. Entretien avec l'auteur, le 1er juin 1996.
3. *L'Express*, le 11 janvier 1996.

septembre 1995, Jean-Pierre Tarot est devenu le confident du Président. En décembre, il sera son confesseur.

François Mitterrand est fatigué. Des malaises le malmènent plusieurs fois au cours de son séjour, il est saisi de quintes de toux interminables et, à deux reprises, le docteur Tarot doit le porter sur la terrasse pour qu'il retrouve son souffle. La tenaille du cancer l'empêche de sacrifier à tous les rites des menus plaisirs qu'il a mis en place dans les années précédentes. « François Mitterrand avait l'habitude de se faire couper les cheveux par le coiffeur de l'hôtel : il ne l'a pas fait en 1995, se souvient Jean-Louis Goumy. Une fois par séjour, il invitait à sa table le colonel commandant ses officiers de sécurité : il ne l'a pas fait en 1995 [1]. » Chaque année, François Mitterrand se rendait à plusieurs reprises Chez Renée, une crêperie installée à Bangor, un bourg à deux pas de Port-Goulphar. Dans cette petite maison, avec une cour-terrasse et une salle aux murs citron et abricot et aux poutres vertes, Mitterrand aimait déguster de vraies crêpes bretonnes, dont certaines au miel de Belle-Ile, ou au fromage de chèvre local. Sous les mouettes en bois blanc suspendues au plafond, à côté du vieux piano droit orné de chandeliers et d'un faux Modigliani, il passait les fins d'après-midi. En septembre 1995, son état lui interdit une telle équipée. Jean-Louis Goumy lui propose d'en commander Chez Renée et de les faire venir. « Faites-le si vous voulez, mais je ne sais pas si j'en mangerai. Sans aller là-bas, ce n'est pas pareil », lui répond le Président. Tous les jours, Jean-Louis Goumy fait venir des crêpes de Bangor et les propose au Président, qui n'en mange jamais. « On les finissait entre nous le soir [2] », se souvient Jean-Louis Goumy. Un après-midi, le patron du Castel Clara s'avance vers Mitterrand, qui écrit dans le bar de l'hôtel. « Vous voulez une petite crêpe, Monsieur le Président ? » Le Président lève les yeux : « Non, donnez-moi plutôt des cornflakes [3]. » Vers la fin de son séjour, en douce, il se rend Chez Renée...

Mitterrand ne peut accomplir tous les petits gestes habituels de ses passages à Belle-Ile, mais reçoit en consolation quelques visiteurs. Roger Hanin et Christine Gouze-Rénal viennent en voisins,

---

1. Entretien avec l'auteur, le 1er juin 1996.
2. Ibid.
3. Ibid.

d'un coup de ferry, depuis leur maison de la presqu'île de Quiberon. Pour le Président, ce beau-frère est un véritable clown médecin, un thérapeute du rire. « Ce repas est le dernier où j'ai vu sourire François Mitterrand [1] », confie Goumy. Puis arrive Anne Lauvergeon. « Ce fut pour moi un voyage acrobatique », se souvient l'ancienne secrétaire générale adjointe de l'Elysée. En pensant au malade grabataire qu'elle a vu pendant l'été, Anne Lauvergeon est agréablement surprise de trouver un homme « qui bouge, qui marche, qui écrit et qui veut, même s'il entretient un discours sceptique sur son propre état. Un homme qui ne souffre plus [2] ». Après la mort de François Mitterrand, Anne Lauvergeon ne pourra plus retourner à Belle-Ile...

Pierre Chassigneux, qui fut le directeur de cabinet de François Mitterrand à l'Elysée, et son épouse, ainsi que Georges et Laure Kiejman, rejoignent enfin François Mitterrand. L'ex-Président, en train de corriger certaines de ses pages, demande à son ancien ministre : « Vous aussi, vous écrivez vos souvenirs ? » Kiejman, qui vient d'achever la lecture de *Lucien Leuwen*, cherche une réponse à la hauteur, un rien stendhalienne : « Non, si j'écrivais, j'aurais peur que ma frustration ne se transforme en amertume. » L'avocat songe à la frustration de n'avoir pu assez peser sur les choses lors des années de pouvoir. « Il n'y a pas eu de réponse. François Mitterrand m'a-t-il seulement entendu [3] ? » François Mitterrand a sans doute entendu, mais, lui, il n'avoue ni frustration ni amertume face aux années de pouvoir. Et il écrit... Avec cet aréopage, François Mitterrand profite d'une journée ensoleillée pour effectuer une longue excursion aux alentours de Port-Goulphar. Mitterrand porte la chemise du lac Chauvet et les chaussures de Solutré, augmentées d'un pull marin très breton et de sa vieille écharpe lie-de-vin. Au bout de quelques hectomètres, Mitterrand défaille : Tarot l'assoit sur une borne au long du chemin, et le garde du corps prévient par radio pour qu'un véhicule vienne chercher le Président. Le lendemain, les couples Mitterrand et Chassigneux, ainsi que Jean-Pierre Tarot et un gendarme, se rendent à Sauzon, l'un des plus charmants ports de l'île. Ils déjeunent au Roz Avel, puis, en sortant, Mitterrand joue quelques instants avec un labrador qui pointe le nez depuis la terrasse du restaurant. Il caresse sans relâche le chien noir, que Bal-

1. Ibid.
2. Entretien avec l'auteur, le 18 juin 1996.
3. Entretien avec l'auteur, le 3 avril 1996.

tique vient flairer, puis lance la promenade : un long tour dans Sauzon, ses magasins, ses quais, ses touristes. Baltique plonge dans l'eau, nage et vient s'ébrouer auprès de son maître, hilare, que les badauds regardent, intimidés.

Après une semaine de séjour, très ensoleillée, François Mitterrand quitte Belle-Ile. D'habitude, avant de reprendre son hélicoptère vers dix-sept heures, François Mitterrand déjeunait chez Jean-Louis Goumy. « A chaque fois, je lui disais : " Est-ce que cela vous ferait plaisir de venir déjeuner à la maison ? " Et il me répondait : " C'était prévu. " Il visitait le potager, où j'ai des fines herbes et quelques arbres, puis le déjeuner était très gai. Une fois, Georges Kiejman a raconté une histoire qui l'a fait rire à s'en tenir le dentier. La dernière fois, je n'ai pas demandé, il n'a rien sollicité, et il n'est pas venu. Quand il est parti, j'ai vu un adieu dans ses yeux. J'ai dit à Claire, ma femme : " On ne le reverra plus [1]. " » François Mitterrand gagne le petit aérodrome de l'île, caresse longuement Baltique qui ne peut l'accompagner et reste assise sur la piste bitumée, puis il grimpe avec Danielle et Tarot dans l'appareil d'Insul'air qui l'emporte vers le continent.

*

* *

De retour à Paris, François Mitterrand retrouve la mort. Dînant un soir, dans un restaurant marocain, avec Benamou, il évoque, inspiré, ces gisants des rois de France devant lesquels il a passé tant d'heures à la basilique de Saint-Denis. Le 20 août 1980, dans l'émission de TF1 *Cent chefs-d'œuvre*, Mitterrand décide de présenter pendant trois minutes aux téléspectateurs le tombeau de François Ier par Philibert Delorme. A quelques mois de la course présidentielle, Saint-Denis vaut bien Vézelay, et le choix de François Ier annonce à la fois les grands travaux et la tentation absolutiste qui draperont le « règne » de l'autre François. Le 28 septembre 1995, après avoir répondu aux questions d'Alain Duhamel et Jean-Luc Mano sur France 2, pour *Invité Spécial*, Jack Lang va dîner avec le Président. Mais François Mitterrand entame surtout en cette période une série d'entretiens importants, qui jalonneront son automne. Des entretiens avec le même homme : Jean La-

1. Entretien avec l'auteur, le 1er juin 1996.

couture. Songeant à une biographie de l'ancien Président, l'écrivain a demandé un ou deux entretiens à François Mitterrand. Il obtiendra six rendez-vous, dont cinq pourront être honorés par Mitterrand. Là encore, pressentant que les *Mémoires interrompus* seront une œuvre inachevée et insuffisante, François Mitterrand cherche à inspirer un « vrai » livre, qui sera la vérité du peuple et non celle des procureurs. Lacouture, le plus célèbre des biographes populaires, est l'auteur idoine.

Les deux hommes se connaissent : Mitterrand a même déjeuné à deux reprises, à la fin du premier septennat, chez Lacouture. La première entrevue a lieu fin septembre, avenue Frédéric-Le-Play. François Mitterrand s'avance vers Jean Lacouture, d'une démarche normale, et le fait entrer dans son bureau. Puis il s'installe sur son fauteuil spécial, les pieds légèrement en hauteur. « Pardonnez-moi de relever mes jambes, mon médecin me le conseille. Ça ne vous choque pas ? — Pas du tout. Je vous trouve très bien [1], dit l'écrivain. — C'est vrai, je traverse une bonne période. Au fait, quel âge avez-vous ? » Jean Lacouture, né en 1921, confie son âge à l'ancien Président, surpris. « Il est vrai que jusqu'à soixante-quinze ans, je n'ai pas pris un cachet d'aspirine », réplique celui qui est atteint d'un cancer évolué depuis quatorze ans. Pour la première entrevue – il fera de même pour la deuxième –, Jean Lacouture a préparé un questionnaire. « Ce n'est rien de précis, un simple aide-mémoire en huit ou dix points, un canevas sur lequel on brode notre dialogue [2]. » Le premier entretien concerne la jeunesse de François Mitterrand, la guerre, Vichy, la Résistance. « Sur ma jeunesse, évacue le Président, Péan a dit beaucoup de choses. Parfois avec malveillance, mais il n'y a pas beaucoup d'erreurs. » « Il me parle aussi de son évasion, de manière très crédible, se rappelle Jean Lacouture. C'est vrai que cette évasion était bizarre, mais tout était bizarre à l'époque [3]. » Après plus d'une heure de discussion, le Président raccompagne son biographe jusqu'à la porte. Christiane Dufour garde quelques minutes Jean Lacouture dans son bureau, pour fixer les rendez-vous suivants. La deuxième rencontre, à la toute fin de septembre, porte sur la IVe République. « Il s'ébroue avec délices », note le biographe, qui

1. Entretien avec l'auteur, le 6 octobre 1996.
2. Ibid.
3. Ibid.

prend note de la seule autocritique que s'inflige l'ancien ministre de cette époque : avoir avalisé le transfert aux tribunaux militaires des dossiers des militants algériens. Plus tard, ils parleront de la reconstruction de la gauche et de la création du PS, Rocard subissant un nouveau châtiment verbal. La dernière entrevue, en novembre, sera consacrée à la littérature. François Mitterrand s'éloigne dans le petit couloir de ses appartements privés, et passe devant ses bustes, qui y trônent. Il va consacrer le mois d'octobre à l'achèvement de la statue qu'il léguera à la postérité.

Octobre

« Ce que j'ai cherché à faire, entre autres choses, dans *Le Rivage des Syrtes*, plutôt qu'à raconter une histoire intemporelle, c'est à libérer par distillation un élément volatil, l'" esprit-de-l'Histoire ", au sens où on parle d'esprit-de-vin, et à le raffiner suffisamment pour qu'il pût s'enflammer au contact de l'imagination. Il y a dans l'Histoire un sortilège embusqué, un élément qui, quoique mêlé à une masse considérable d'excipient inerte, a la vertu de griser [1]. » En 1981, dans un avion le menant vers le sud pour la campagne présidentielle qui allait être victorieuse, François Mitterrand lisait *En lisant, en écrivant*, de Julien Gracq. Comme s'il venait de relire ces lignes, il veut, lors de son ultime automne, jouer lui aussi les bouilleurs de cru. Mais c'est moins l'Histoire qu'il entend infuser dans ses alambics que sa propre histoire dans l'Histoire. Il veut mettre en fiole « l'esprit-de-Mitterrand », prouver que, face aux événements, il fut sagace et visionnaire. Au contraire de l'écrivain, le politique ne veut pas d'un élément volatil capable de « s'enflammer au contact de l'imagination »; il entend bien gélifier cette essence pour qu'aucune réflexion ne puisse la dénaturer, et tirer du moût des événements une vérité définitive.

Seul compte ici, bien sûr, le Président, le « grand de ce monde », chef d'Etat pendant quatorze années. Et seules comptent ici, de même, les années décisives de la fin du siècle, ce grand ébranlement de l'Europe qui mit à bas l'empire communiste et réduisit la fracture allemande. François Mitterrand sait quelle frilosité on lui a

1. Julien Gracq, *En lisant, en écrivant*, op. cit., p. 216.

prêtée alors : il aurait simplement accompagné l'Histoire, et même tenté de la freiner, en aucun cas ne l'a anticipée ni dirigée. Nation présidente de l'Europe pour le second semestre de 1989, la France pouvait imprimer sa marque au continent naissant en battant la mesure de la nouvelle symphonie allemande : et pourtant la réunification s'est faite sans, voire malgré la France. François Mitterrand s'est trompé, le Président a manqué le rendez-vous de l'Histoire. Depuis plus de cinq ans, François Mitterrand a redoublé d'efforts pour gommer ces minutes de l'Histoire européenne et y substituer son propre procès-verbal : il s'est passé ce qu'il avait prévu, il est advenu ce qu'il avait voulu. Rien n'y a fait : depuis qu'il a quitté l'Elysée, le verdict s'est lentement coulé dans le bronze ; ses adversaires politiques d'abord, puis des essayistes, en attendant les manuels scolaires, ont décortiqué et théorisé ses hésitations, ses erreurs tactiques, l'obsolescence de ses analyses. Ses atermoiements de l'automne de 1989 sont même devenus le symbole de l'échec de son second septennat. François Mitterrand entend donc réviser son propre procès en myopie historique. « Mitterrand, il faut le dire, avait la passion de la rectification, explique Serge July. (...) Tout ce qui, selon lui ou selon ses proches, avait été compris de travers, c'est-à-dire en gros tout ce qui avait été bien compris mais qui pouvait donner une mauvaise image de lui, il essayait de le rectifier ou de le limer – et il donnait dix coups de lime s'il le fallait. Une grande partie de son activité à la fin de sa vie a été consacrée à rectifier quelques images [1]. » En octobre 1995, François Mitterrand compte saisir deux occasions pour prononcer sa plaidoirie pro domo : l'ouvrage qu'il consacre à l'Allemagne, et sa participation au colloque d'anciens chefs d'Etat et de gouvernement organisé par George Bush à Colorado Springs, aux Etats-Unis.

Au tout début du mois, François Mitterrand n'en est pas encore là. Le lundi 2 octobre, il déjeune au Conti, dans le XVIe arrondissement de Paris. Et en recevant ensuite Jean Lacouture, pour leur deuxième entretien, François Mitterrand n'a pas encore entamé cette mise au point planétaire. Son futur biographe veut pourtant l'interroger sur sa présidence : « Il en parle, mais peu. Je pense qu'en 1983, il a choisi l'Europe plutôt que le socialisme, mais il

1. Serge July, « Une certaine idée des Français », op. cit., p. 15.

n'est pas d'accord. Il me dit : " On a fait tout un roman de ce changement de 1982-1983 ! " Puis il ajoute qu'il tente dans ses écrits de désamorcer des choses, de ronger des aspérités, et il essaye de m'expliquer son parcours par les différences plus que par les conflits : " J'ai réussi à rassembler des gens différents les uns des autres. " Même à propos de Rocard, il parle d'abord de " différences " : " C'était difficile, mais je l'ai appelé à Matignon quand même. " J'ai tenté de résumer leur opposition : " Vous êtes un politique, et lui un intellectuel. " Et là, il réplique : " Rocard, un intellectuel? C'est un tacticien, un simple tacticien. " Puis il ajoute : " Et un mauvais tacticien. " Pourtant, il est ce jour-là de bonne composition. Il devient même bienveillant à la fin de l'entretien, ce qui est toujours mauvais signe chez les gens méchants. Il me parle avec bienveillance de De Gaulle, et encore plus de Pierre Mendès France. Et de Rocard, il finit par me dire que c'est un homme de valeur [1]. »

Avant de se battre pour sauver sa place dans l'Histoire, François Mitterrand poursuit sa longue initiation à la mort, et met en scène son propre déclin. Il agit ainsi le mercredi 4 octobre, lors d'un déjeuner avec Jean Glavany. Le député socialiste vient chercher le Président avenue Le-Play et, alors qu'il patiente dans l'antichambre, il voit sortir le visiteur précédent : Brian Mulroney, ancien Premier ministre du Canada, qui quelques jours plus tard se rendra lui aussi à Colorado Springs. François Mitterrand raccompagne son interlocuteur, saisit son manteau, et gagne en voiture, en compagnie de Glavany, un restaurant italien du VIIe arrondissement. Ils y croisent Emile Biasini, l'ancien secrétaire d'Etat chargé des Grands Travaux, avec lequel ils ébauchent une brève conversation avant de gagner leur table. François Mitterrand n'a en tête, ce jour-là, qu'un film qu'il a vu début août, en compagnie d'Anne Pingeot : *Carrington*, de l'Anglais Christopher Hampton. Il s'agit d'un récit de la vie de Lytton Strachey, figure centrale, autour de Virginia Woolf et de John Maynard Keynes, du groupe de Bloomsbury. Ce quartier de Londres, sorte de Saint-Germain-des-Prés des années vingt, donna son nom à un aréopage d'intellectuels non conformistes et raffinés. Strachey – Jonathan Pryce à l'écran –, écrivain homosexuel auteur de biographies insolites – dont celle de la reine

1. Entretien avec l'auteur, le 6 octobre 1996.

Victoria – et de pastiches, s'éprend d'une jeune femme, Carrington – incarnée par Emma Thomson. La sixième et dernière partie du film, intitulée « Lytton », narre son agonie. C'est celle-là que Mitterrand est venu regarder avec attention, tant elle le ramène à un souvenir décisif de sa vie. Peu avant Noël 1971, il s'était rendu au chevet de Violet Trefusis, sur les hauteurs ciselées de Florence, pour visiter son amie mourante, ancienne égérie du groupe de Bloomsbury. Il aima l'élégance dont Violet Trefusis enrubanna alors son adieu.

Avant d'écrire la sienne, c'est donc la mort de Violet qui l'a incité à venir voir celle de Lytton Strachey. Lors d'un dîner spirituel, alors qu'il conte une histoire drôle, Strachey est saisi de spasmes et vomit. Le délire le saisit. Alité, seul, le visage englouti par la barbe traçant sur les draps ses arêtes saillantes, Lytton Strachey agonise devant Carrington. François Mitterrand décrit en détail la scène à Jean Glavany et lui glisse les derniers mots de Strachey : « La mort n'est pas une affaire. » Puis François Mitterrand fixe Jean Glavany : « Effectivement, la mort n'est pas une affaire. La mort n'est pas une affaire. C'est un très bon film [1]. » L'ancien chef de cabinet du Président se précipitera, bien sûr, pour voir *Carrington*, et il constatera que la véritable réplique est : « Si c'est cela mourir, je ne trouve pas cela extraordinaire. » Carrington alors s'approche et dit à l'agonisant : « Vous êtes si froid... » La différence est de taille entre le script précis de *Carrington* et le souvenir qu'en a voulu garder François Mitterrand. Pour Strachey, il est question de démystifier la mort, d'en faire un instant de douleur stupide, sans profondeur mystique : pour le Président cancéreux, il s'agit de banaliser la souffrance pour montrer que mourir lui est facile, qu'il avance avec sang-froid vers l'instant fatal. L'écrivain est déçu, donc dominé par la mort; Mitterrand domine la mort, qu'il traite avec condescendance. Le « bon film », dont il assure la mise en scène et écrit au jour le jour le scénario, c'est sa propre mort. Après le repas, François Mitterrand renvoie sa voiture et décide de rentrer à pied avec Glavany, à travers le Champ-de-Mars. « Chronométrez », commande le Président. A l'arrivée, avenue Frédéric-Le-Play, Jean Glavany consulte sa montre : « Cela fait treize ou quatorze minutes. — Ce matin, j'ai fait neuf minutes. Il faut que

1. Entretien avec l'auteur, le 11 mars 1996.

j'arrive à une heure [1] », commente le Président. Depuis quelque temps, ses promenades se raccourcissent, l'heure quotidienne de marche devient inaccessible aux jambes rongées par les métastases. La vie de François Mitterrand est désormais un court-métrage.

L'ancien Président, néanmoins, arrive encore à s'imposer des sorties régulières. Son fils Gilbert, qui lui rend régulièrement visite quand il vient enseigner à Paris, organise même une séance de photos au Champ-de-Mars. L'alternance des épuisements et des rémissions, des abandons et des résurrections, est pourtant achevée, et c'est le grand déclin qui s'accélère. Il est au début d'octobre encore mesuré, et pourtant les témoins les plus sensibles en sont frappés. Ceux qui voient Mitterrand tous les jours ou chaque semaine ne notent pas toujours les dégradations. Ceux qui ne l'ont vu qu'une seule fois en de longs mois ont trop goûté l'instant pour percevoir autre chose qu'une mécanique intellectuelle toujours chauffée à blanc, qu'une circonvolution intacte du discours : ils venaient voir le personnage, et le personnage est intact. Ceux qui sont dans la routine de l'agonie ne perçoivent qu'un état stationnaire; ceux qui vivent un moment exceptionnel sont prompts à croire à l'immortalité. Les spectateurs les plus attristés de la déchéance présidentielle sont ceux qui ont rencontré à quelques reprises François Mitterrand, le connaissant assez pour jauger son état, et ne le fréquentant pas trop, pour ne pas être abusés par la patience du cancer.

Laurent Fabius est de ceux-là. « J'ai revu deux ou trois fois François Mitterrand après l'Elysée. A chaque fois, j'ai eu de la peine. C'était physiquement très difficile pour lui : il parlait de sa douleur, souffrait d'être diminué et de voir souffrir les amis qui lui rendaient visite. J'ai repensé alors à ce qu'il m'avait dit, des années plus tôt, alors que nous déjeunions chez Lipp. Quelqu'un franchit la porte tambour, et François Mitterrand m'interrogea : " Savez-vous qui c'est? " Comme je répondais par la négative, il enchaîna : " C'est X. " Et il cita le nom d'une personne qui avait occupé de grandes fonctions, et que plus personne ne reconnaissait. Puis il ajouta : " Quand c'est fini, il faut partir, et il faut que ce soit rapide [2]. " » Laurent Fabius vient alors de publier *Les blessures de la*

1. Ibid.
2. Entretien avec l'auteur, le 31 mai 1996.

vérité, une autobiographie à l'écriture accomplie et un acte politique important. Non seulement l'ancien Premier ministre amorce la mue de son personnage, où l'être humain tente d'étouffer le fort en thème, mais il prend date pour l'avenir. Les dernières pages de son ouvrage sont consacrées à François Mitterrand, en un portrait psychologique nuancé, ni flagorneur, ni parricide, qui considère la vie du Président sortant comme un tout achevé. Fabius sait que le temps des hommages mensongers viendra après la mort de François Mitterrand, il anticipe donc celui des analyses objectives, et résume Mitterrand comme s'il était déjà un personnage de l'Histoire, monument classé au domaine public de la mémoire française. C'est là une bien subtile manière de prendre ses distances avec l'ancien Président : non pas dans la rébellion, mais dans la filiation. Quand tant d'autres, Lionel Jospin en tête, brisent avec Mitterrand dans le temps présent, Fabius lui donne rendez-vous dans le futur, le « droit d'inventaire » n'étant pas pour lui une façon de rédiger le bilan, mais un moyen pour préparer l'héritage. Il n'est plus dans la révérence, il n'est pas encore dans la référence.

*
* *

Pour Laurent Fabius, c'est l'« ambivalence » qui résume le mieux François Mitterrand. « Je dis bien l'" ambivalence ", et non pas l'ambiguïté en quelque sorte ordinaire, la duplicité médiocre ou l'opportunisme si fréquents en politique. Une ambivalence fondamentale, métaphysique, qui le fait considérer toute chose comme à la fois elle-même et son contraire, toute personne comme à la fois bonne et mauvaise, toute situation comme simultanément tragique et pleine d'espérances. Ambi-valence : valeur double. Une perception chez lui totalement dialectique de la réalité humaine [1]. » François Mitterrand a apprécié la définition, qui va se révéler fort juste quelques jours à peine après la publication du livre de Fabius, à l'occasion d'une autre parution : celle du troisième tome de *Verbatim*, ce journal intime de l'Elysée que Jacques Attali a tenu de 1981 à 1991, dix années de notes secrètes, de documents résumés, de confidences présidentielles fossilisées, d'entretiens internationaux embaumés. Les deux premiers tomes ont déjà soulevé des

1. Laurent Fabius, *Les blessures de la vérité*, Flammarion, 1995, p. 262.

vagues de curiosité et érigé des brise-lames de protestations, et le troisième affiche ses prétentions dès la préface de l'auteur : « Plus encore que les précédents, ce volume soulèvera des polémiques [1]. » Le jeudi 5 octobre, *L'Express* publie les « bonnes feuilles » de l'ouvrage, recueil de mots cruels et de jugements définitifs, qui veulent brosser l'Histoire d'un mot et en étriller les acteurs.

A la Une de l'hebdomadaire, sous le titre « Secrets d'une fin de règne », un trait de François Mitterrand cingle Jacques Chirac : « Chirac est incorrigible... Il peut se faire élire après moi, mais il serait vite la risée du monde. » En réalité, *L'Express* avait prévu de reproduire en couverture deux phrases de l'ancien Président, l'une brocardant Chirac et l'autre moquant Rocard. A l'intérieur de l'ouvrage d'Attali, qui couvre la période 1988-1991, c'est en effet Michel Rocard qui est la proie préférée du carnassier Mitterrand : il le dépèce à coups d'adjectifs, ne lui concède aucune qualité, aiguise sa cruauté sur son dos. Mais une telle Une est surchargée, illisible, et seul son successeur à l'Elysée sera donc victime de la mise en scène des propos de Mitterrand. Pressé par certains de ses anciens collaborateurs et après avoir, selon Michel Charasse, consulté Roland Dumas, François Mitterrand envoie le vendredi 6 octobre à l'Agence France-Presse un démenti déguisé en communiqué : « Dans *Verbatim III*, mon ancien collaborateur Jacques Attali présente, comme des souvenirs qui nous seraient communs, une relation écrite à la lumière de l'actualité la plus récente. Je dois exprimer à leur forme et à leur contenu les plus expresses réserves. » Phrases étranges : qu'entend Mitterrand par « relation » : le récit attalien des années de pouvoir ou son rapport avec son conseiller spécial ? Pourquoi ce jeu de mots sur les réserves « expresses » après publication dans l'hebdomadaire du même nom ? Pourquoi François Mitterrand a-t-il attendu la dernière minute pour marquer ses distances, sachant qu'il est trop tard pour corriger *Verbatim III*, le dernier volume de la série ?

« Dans le livre que m'a consacré Guy Sitbon [2], se défend Attali, François Mitterrand a déclaré qu'il avait relu *Verbatim I* " la plume à la main ". Puis il y eut l'affaire Péan : je suis resté silencieux. François Mitterrand voulait que je parle pour le défendre, il me l'a

1. Jacques Attali, *Verbatim* III, *1988-1991*, Fayard, 1995, p. 7.
2. Guy Sitbon, *Le cas Attali*, Grasset, 1995.

fait demander par Hubert Védrine, mais j'étais fâché. *Le Monde* a repris certains de mes propos, sans me citer, et en a même fait alors le titre d'un article : “ J'ai été le collaborateur d'un collaborateur. ” François Mitterrand l'a mal pris, même s'il ne m'en a jamais parlé. Et nous avons continué à nous voir. Pour *Verbatim II*, j'ai envoyé les épreuves à François Mitterrand, qui m'a fait venir à l'Elysée un samedi matin, pendant trois heures, juste avant le premier tour de la présidentielle. Il m'a demandé quelques changements, dont le retrait de deux lettres qu'il avait envoyées à Jacques Chirac, et qui étaient dans le livre. Puis il y eut le discours du 8 mai sur le “ courage ” des soldats allemands. Sur France Inter, j'ai déclaré que “ les seuls soldats allemands dont j'apprécie le courage sont ceux qui ont déserté ”. François Mitterrand m'a appelé, pas content. Il avait une vision de la Seconde Guerre mondiale équivalente à celle de la Première : pour lui, c'était une guerre de plus entre deux peuples, et non une guerre contre une idéologie. Pour *Verbatim III,* j'ai procédé comme d'habitude : j'ai envoyé les épreuves, que Jean-Louis Bianco, Hubert Védrine et Roland Dumas avaient relues avec attention, accompagnées d'une longue lettre. Je lui demandais s'il désirait que j'opère des changements ou que je décale la date de publication. Je n'ai pas eu de réponse. J'avais eu un accord explicite sur les deux premiers tomes, rien sur le troisième. Je pense qu'il a sciemment ignoré le livre. Puis *L'Express* a publié les bonnes feuilles, avec une Une absurde. Je n'étais pas au courant. Une phrase de 1988 sur l'organisation du Bicentenaire était tirée de son contexte pour devenir une phrase sur le Jacques Chirac de 1995. On m'a dit qu'était prévue une Une à plusieurs phrases, qui avaient sauté... Avant de faire son communiqué, François Mitterrand m'a appelé. J'étais absent et impossible à joindre, en train de visiter l'usine de la Hague. Alors, François Mitterrand a lu son communiqué, au téléphone, à ma secrétaire : j'ai trouvé cela touchant [1]. »

Quel est l'état d'esprit réel du Président à l'égard de Jacques Attali ? « J'ai été surpris qu'il laisse publier le premier *Verbatim*, puis j'ai été témoin de son mécontentement croissant [2] », décrit Jean Kahn. Là encore, comme pour « l'esprit-de-l'Histoire », François

1. Entretien avec l'auteur, le 30 septembre 1996.
2. Entretien avec l'auteur, le 15 mai 1996.

Mitterrand semble par sa tolérance avoir trop lu Julien Gracq : « Il m'est arrivé quelquefois, pendant que j'écrivais un livre, de me reprocher – réflexe d'avarice – d'avoir *parlé* dans la conversation une idée que je venais d'y incorporer (...) En fait, de pareilles indiscrétions ne comportent aucun risque : si l'idée tient vraiment au livre, détachée de lui, elle restera inutilisable et même invisible [1]. » Peut-être Mitterrand a-t-il cru que nul autre que lui ne pourrait avec visibilité utiliser ses propos et ses idées. Le rapport Mitterrand-Attali est en fait l'illustration même de l'ambivalence théorisée par Laurent Fabius. « Toute chose comme à la fois elle-même et son contraire, toute personne comme à la fois bonne et mauvaise » : *Verbatim* est un tissu de mensonges et son auteur un falsificateur, *Verbatim* est un compte rendu fidèle et Jacques Attali un scribe dévoué. Le Président se comporte donc en conséquence. François Mitterrand ne lit pas *Verbatim III*, mais le condamne dans un communiqué, il vilipende son ancien conseiller, mais l'appelle pour amortir le choc, il a dit ce qu'a rapporté Jacques Attali, mais il ne l'a pas dit, il a crucifié d'un mot Jacques Chirac et supplicié sans relâche Michel Rocard, mais il a ciselé parfois l'éloge de l'un et de l'autre. Dans cet ultime différend avec Attali, Mitterrand ne se départit pas de son ambivalence. Avec Michel Charasse ou Jean Glavany, les plus prompts à prôner la réplique, il se déchaîne contre son ancien conseiller; avec d'autres, il se mesure. « J'étais mal à l'aise dans cette affaire, témoigne Jean-Louis Bianco, coincé entre mon amitié pour Jacques et la fureur que je percevais chez le Président. Il m'en a donc très peu parlé, alors qu'il éructait, je le savais bien, devant d'autres. J'aurais été en porte à faux, il me l'a évité [2]. » « Il m'a fait part de son indignation en me disant : " Ce n'est pas bien ", raconte Maurice Benassayag. J'ai approuvé sans charger la mule : se faire valoir en tapant sur les petits copains, c'est plus qu'une malséance, c'est une erreur [3]. »

Le 19 octobre, Europe 1 annonce que Michel Charasse prépare une riposte à long terme : dans le livre qu'il prépare, il expliquera comment Jacques Attali s'est procuré certaines informations. Dans *55, faubourg Saint-Honoré*, un chapitre entier – le dix-septième – sera en effet consacré à Attali. Mais, présent dans les épreuves de l'ouvrage, il disparaît dans la version publiée : des « fuites » ont ir-

1. Julien Gracq, *En lisant, en écrivant*, op. cit., p. 158.
2. Entretien avec l'auteur, le 10 septembre 1996.
3. Entretien avec l'auteur, le 9 mai 1996.

rité l'auteur... Il n'y révélait pourtant rien d'autre que les pratiques déjà connues de l'auteur des *Verbatim*, plus quelques soupçons et l'existence d'un document, rédigé par l'archiviste de la présidence et signé par tous les collaborateurs de François Mitterrand : « Chacun, Jacques Attali comme les autres, s'est donc engagé à remettre, à son départ ou à celui du Président, tous ses dossiers et tous ses papiers soit aux Archives, soit à François Mitterrand, ou à ses ayants droit [1]. » Le 23 octobre, Jean Glavany publie dans *Le Figaro* une « Lettre ouverte à Jacques Attali » : « Comment représenter un personnage aussi complexe par tant de propos à l'emporte-pièce, sans tomber dans une forme de malhonnêteté intellectuelle ? (...) La bivalence amputée n'est pas la vérité [2]... » « François Mitterrand m'a appelé après la parution de cet article, et m'a remercié. Je lui ai répondu : " Ne me dites pas merci, je le ressens vraiment : c'est malhonnête, illégal. Nous sommes quelques-uns à vouloir le dire, je reçois beaucoup de courrier et de réactions. Ne me dites pas merci. " " Bon, alors bravo ", a-t-il enchaîné, et j'ai dit : " Je préfère votre bravo à votre merci. " Il a ajouté : " C'était bien écrit ", et je lui ai dit que j'étais sensible à ce compliment. Puis il a conclu en me disant : " Je ne vais pas très fort [3]. " »

Au même moment, selon Jacques Attali, le Président lui fait savoir, par l'intermédiaire d'une amie journaliste, qu'il est « désolé de cet incident » et que « tout cela n'est pas grave [4] ». François Mitterrand ment-il à tout le monde ou à personne ? Son ambivalence à l'égard d'Attali est délicatement définie par Jean Daniel : « Lors d'un petit déjeuner à l'Elysée, il m'avait dit des choses très sévères sur Attali, dont je n'ai jamais rien rapporté, qu'une petite chose. Jamais il ne m'avait fait autant de confidences, sauf le jour du suicide de Grossouvre. C'est pourquoi, quand Attali m'a demandé : " Pourquoi me boudez-vous ? " je lui ai répondu : " Quand un homme se laisse aller devant vous, alors, c'est de la confiance. C'est-à-dire qu'il faut lui laisser la possibilité de se contredire [5]. " » Dans « l'affaire *Verbatim* », Mitterrand n'a cessé de se contredire, parce qu'il était lui-même dans l'une de ses dernières crises d'ambivalence. A peine Laurent Fabius l'avait-il définie, avec sub-

1. Michel Charasse, *55, faubourg Saint-Honoré*, Epreuves, op. cit., p. 321.
2. Jean Glavany, « Lettre ouverte à Jacques Attali », *Le Figaro*, le 23 octobre 1995.
3. Entretien avec l'auteur, le 11 mars 1996.
4. Entretien avec l'auteur, le 30 septembre 1996.
5. Entretien avec l'auteur, le 15 octobre 1996.

tilité, que François Mitterrand donnait une illustration contrastée à souhait de cette caractéristique, un véritable cas d'école pour mitterrandologue.

Dans *Verbatim III*, François Mitterrand est officiellement choqué par les propos venimeux qu'on lui prête et qui semblent baigner ses moindres discours. Mais cette anthologie de la cruauté politique, il le sait, est, à terme, tout à son avantage : les aphorismes qu'on lui prête ne sont qu'une avance sur sa gloire future ; de François Mitterrand restera au moins la causticité de l'esprit. Le vrai réquisitoire porté par *Verbatim III* contre François Mitterrand ne concerne pas son style mais le fond de son action dans les mois décisifs de 1989. Les défenseurs du Président ne s'y trompent pas, qui montent au créneau, non pour le disculper de propos trop acerbes, mais pour justifier sa politique étrangère à l'automne de 1989. Les brèves notes d'Attali composent en effet un collier de perles stratégiques, une ribambelle de bourdes dans l'appréciation des événements. « Lundi 2 octobre 1989. Dans la voiture qui nous conduit au golf, François Mitterrand : " Ceux qui parlent de réunification allemande ne comprennent rien. L'Union soviétique ne l'acceptera jamais. Ce serait la mort du pacte de Varsovie : vous imaginez ça ? Et la RDA, c'est la Prusse. Elle ne voudra pas passer sous la coupe de la Bavière [1]. " » En deux phrases, casquette sur la tête et club en main, François Mitterrand a formulé les deux erreurs stratégiques qui vont gauchir son action. « Mercredi 18 octobre 1989. (...) Sur l'évolution de l'Allemagne et les mouvements à l'Est, le président se montre péremptoire : " (...) La réunification de l'Allemagne n'est pas pour demain. (...) La réunification supposerait l'abandon, par la RDA, de l'appartenance au pacte de Varsovie. Donc, on a le temps de voir venir [2] ! " (...) Mercredi 28 novembre 1989 : (...) " Gorbatchev sera furieux ; il ne laissera pas faire, c'est impossible ! Je n'ai pas besoin de m'y opposer, les Soviétiques le feront pour moi [3] ". » D'autres témoignages corroborent ces accablantes minutes. Quelques jours avant la chute, le 9 novembre 1989, du mur de Berlin, Jacques Julliard s'entretient avec François Mitterrand : « Je lui ai confié : " Moi, je serai pour la réunification de l'Allemagne. " Il m'a regardé comme un demi-fou

1. Jacques Attali, *Verbatim* III, *1988-1991*, op. cit., p. 313.
2. Jacques Attali, *Verbatim* III, *1988-1991*, op. cit., p. 322.
3. Jacques Attali, *Verbatim* III, *1988-1991*, op. cit., p. 350.

et a répondu en substance : “ 90 millions d’Allemands – il en rajoutait dix de trop –, c’est la fin de la France [1]. ” » En octobre 1995, François Mitterrand entend assurer lui-même, au maximum, sa défense, telle qu’il l’a esquissée devant Michel Barnier le mois précédent. Pour ce faire, il compte beaucoup sur son voyage à Colorado Springs, qui va ressusciter pour quelques heures le Président Mitterrand, permettant au simple citoyen de 1995 de justifier les actes du chef d’Etat de 1989.

*

* *

« Il m’a parlé de Colorado Springs avant d’y aller : c’était très important pour lui, confirme Laurent Fabius. Il voulait y revoir sa propre vie et attendait un jugement plus équilibré sur les bouleversements à l’Est. De plus, il aimait beaucoup Gorbatchev, ainsi que George Bush. Il y a quelques années, alors que je préparais un voyage familial aux Etats-Unis, il m’avait dit : “ Allez voir Bush. Chez lui, les petites cuillères sont dépareillées [2]. ” » En s’envolant le samedi 7 octobre 1995, François Mitterrand ne songe pas à aller admirer la simplicité du service de table de l’ancien Président des Etats-Unis : « Il aimait bien Bush, et il voulait tenir un discours public [3] », précise Jean Kahn. Le projet n’est pas improvisé : George Bush a lancé ses invitations au printemps précédent. Il s’agit surtout pour lui de rassembler des fonds pour une bibliothèque qui portera son nom et c’est un spectacle unique qu’il veut organiser en support de sa collecte : un colloque rassemblant les principales personnalités qui furent aux commandes de leur pays quand il dirigeait le sien. « Un monde transformé, nos réflexions sur la fin de la guerre froide » est le titre de l’entreprise. Le ticket d’entrée, pour ceux qui veulent approcher les anciens grands de ce monde, est fixé à 5 000 dollars... A part Helmut Kohl, encore aux affaires en Allemagne, tous les invités répondent présents : Margaret Thatcher, Mikhaïl Gorbatchev, Brian Mulroney et François Mitterrand. « Il a hésité jusqu’au dernier moment, tempère Jean Kahn : c’était un long voyage [4]. » « Quand nous avons reçu la proposition à

1. *Le Grand Débat*, France Culture, le 16 septembre 1996.
2. Entretien avec l’auteur, le 31 mai 1996.
3. Entretien avec l’auteur, le 15 mai 1996.
4. Ibid.

l'Elysée, je craignais beaucoup pour François Mitterrand le vide de l'après-pouvoir, le laisser-aller, confie Anne Lauvergeon. J'ai donc beaucoup insisté sur Colorado Springs. Il hésitait, puis il m'a dit " oui " quand je l'ai vu en août, puis " non " peu après car il souffrait trop, puis un " oui " ferme vers le 20 septembre [1]. »

François Mitterrand emprunte le Concorde 002, qui s'envole à onze heures du matin de Paris et atterrit à New York à huit heures quarante-cinq locales, c'est-à-dire avant d'être parti. Il a revêtu une chemise rose à poignets bordeaux et un costume beige, et son visage semble plus cireux encore sur le blanc des sièges du Concorde. L'ancien Président n'est pas seul : Jean-Pierre Tarot et deux gardes du corps l'accompagnent, ainsi que Marine Jacquemin de TF1. « Selon Jean-Pierre Tarot, elle s'est imposée, rapporte anonymement un collaborateur du Président. Officiellement, elle a été invitée. » Dans le Concorde qui se pose à l'aéroport Kennedy, il y a également Jean Arthuis, ministre de l'Economie et des Finances, qui vient à New York pour une assemblée du Fonds monétaire international... Anne Lauvergeon attend son ancien patron à la descente de l'avion et gagne avec lui l'aéroport La Guardia. Après une heure d'attente, un vol intérieur les emmène en trois heures et demie à Denver, la capitale du Colorado. Avec un stylo-plume noir et or, confortablement installé dans un siège marron, Mitterrand corrige des pages de son livre ; Anne Lauvergeon, dans une veste multicolore à motifs orientaux, travaille également, en buvant du thé, comme si elle redevenait l'espace d'un week-end le sherpa du Président. Après un long trajet en voiture – « heureusement très confortable [2] », dixit Anne Lauvergeon –, François Mitterrand et son équipe arrivent à Colorado Springs, au pied du pic Pikes.

L'endroit est symbolique pour parler de la guerre froide : un centre militaire aérien se tient dans cette grande ville. Mais George Bush a réservé pour ses invités de marque un site plus champêtre, au pied des Rocheuses : l'hôtel Bradmore, une grosse bâtisse beige aux toits marron, dotée d'un clocher, entourée d'un petit lac artificiel où le reflet des montagnes voisines et des maigres arbustes qui en brodent les pentes n'est griffé que par le sillage de canards bien nourris. Au milieu des conifères, un golf étend sa verdure, où de

1. Entretien avec l'auteur, le 18 juin 1996.
2. Ibid.

riches retraités promènent leurs casquettes blanches en essayant de voir la balle sous leur ventre. « C'est un endroit un peu suisse, hors du temps [1] », résume Anne Lauvergeon. A l'entrée de l'hôtel, George Bush, en pull-over framboise, accueille ses amis, et les policiers n'ont même pas à écarter les touristes, plus incrédules encore qu'inoffensifs. Mitterrand, épuisé, renonce à la visite du Jardin des Dieux, un ensemble de concrétions de grès rouge vieux de trois cents millions d'années. « Il s'est couché dès son arrivée, raconte Marine Jacquemin. Le lendemain matin, il s'est contenté d'une promenade autour du lac, sans que nous puissions tourner des images [2]. » Après ces quelques pas, plus modestes et moins bucoliques que le tour du lac Chauvet, François Mitterrand et Anne Lauvergeon déjeunent avec George Bush au restaurant du golf. Une séance de trois heures est prévue l'après-midi du dimanche, puis une seconde, moitié moins longue, le lundi matin. Le dimanche soir, George Bush a organisé un grand dîner avec ses cent soixante-dix généreux donateurs : François Mitterrand est assis entre un milliardaire du pétrole texan, Sid Bass, et un financier, Nemir Kirdar. Symphonie de poissons, médaillon de veau et gâteau au chocolat sont arrosés de vin californien et des chansons country d'Amy Grant.

Le colloque « A World Transformed : Our Reflexions on Ending the Cold War » a lieu dans le Rocky Mountains Ballroom, une vaste salle kitsch, où les projecteurs de télévision voisinent avec de gros lustres anciens : la chaîne publique n° 13 enregistre les débats, animés par son présentateur vedette. Sur l'estrade sont posés de larges fauteuils gris et, à côté de chacun d'eux, une petite table avec une carafe métallique. Au-dessus, d'immenses drapeaux canadien, français, américain, russe et anglais entourent une photo de la porte de Brandebourg et du Mur, hérissé de Berlinois en liesse. Car s'il s'agit de la fin de la guerre froide, c'est de la réunification de l'Allemagne que chacun a envie de parler. Avant de pénétrer ensemble dans la salle de conférences, les cinq « Ex » se retirent quelques instants dans un petit salon, avec leurs collaborateurs. Anne Lauvergeon a revêtu un tailleur bleu à boutons dorés, François Mitterrand a enfilé sur un pantalon vert foncé une chemise

1. Ibid.
2. Entretien avec l'auteur, le 11 juin 1996.

blanche et cette veste pied-de-poule rouge et bleu marine qu'il affectionne, barrée d'une cravate multicolore, ornée de petites cavales bigarrées galopant en désordre, tels les chevaux de Samarkand. Celle de Bush est à rayures inclinées, celle de Mulroney à carreaux jaunes et noirs et Gorbatchev a opté pour de petits ronds bleus. Chacun gagne sa place, et le débat commence. Quand François Mitterrand lève son bras gauche, sa manche se retrousse légèrement et laisse entrevoir le long du poignet une large cicatrice violette, estafilade tuméfiée...

L'ancien Président a une longue habitude de ce genre d'exercice : « Il intervenait toujours assez tard et assez peu dans les échanges, explique Anne Lauvergeon. C'était l'art de l'économie de moyens. Un jour, lors d'un Conseil européen consacré au Gatt, j'en ai parlé avec lui, et il m'a dit : " La France a du crédit, elle ne peut pas l'utiliser sur tout; mon rôle est d'aller à l'essentiel. " Il arrivait toujours à faire passer la vision française des choses, conceptuelle, qui irritait souvent les étrangers [1]. » A Colorado Springs, François Mitterrand utilise la même tactique, et il conceptualise l'idée qu'il veut exposer : l'avenir juxtaposera des grands ensembles et des minorités. « Ainsi, au siècle prochain, le monde doit instituer une règle de droit qui protégera les minorités, leur donnant les moyens de vivre librement avec l'essentiel des attributs qui leur permettent de satisfaire leurs aspirations nationales. Dans le même temps, il faudra créer des organisations nationales afin que chaque pays puisse maintenir sa cohérence. Si nous ne le faisons pas, nous risquons d'assister à un terrible éparpillement [2]. » La vision géopolitique est sans doute pertinente, mais François Mitterrand est venu ici non pour montrer qu'il voit juste, mais pour tenter de convaincre qu'il a vu juste, six ans plus tôt.

Or sa défense est médiocre. De manière fort cocasse, il commence son intervention en ridiculisant Jacques Chirac, dans une anecdote sur l'Initiative de défense stratégique – la « guerre des étoiles » – qui n'aurait pas dépareillé *Verbatim* : « Quand M. Chirac, que j'avais nommé Premier ministre, m'a dit : " Bien, nous allons mettre en œuvre l'IDS ", je lui ai répondu : " Monsieur le Premier ministre, si vous voulez rester Premier ministre plus de vingt-

1. Entretien avec l'auteur, le 18 juin 1996.
2. *Courrier International*, le 4 avril 1996.

quatre heures, ne parlez plus de l'IDS. " Et il n'en a plus jamais parlé [1]. » Puis, sur l'unification allemande, François Mitterrand entame fort mal sa plaidoirie : « La question était de savoir si l'unification était une certitude ou si elle pouvait être évitée. » Evitée ? La question n'était-elle pas plutôt : comment assurer une rapide réunification de l'Allemagne sans mettre en péril l'Europe ? François Mitterrand se lance ensuite dans une longue analyse historique, la méthodologie qu'il préfère pour étayer ses thèses, afin d'aboutir à son argument majeur : « Dès juillet 1989, j'ai dit que si l'Allemagne voulait se réunifier démocratiquement, après un vote universel et pacifiquement, alors c'était inévitable [2]. » Inévitable ? L'adjectif ne devrait-il pas être plutôt « légitime » ? En évoquant la date de juillet 1989, François Mitterrand fait allusion à une interview accordée à cinq journaux européens à la fin de ce mois-là. A la question : « Est-ce que vous pensez qu'il y a une marche pour la réunification de l'Allemagne ? » il répondit sans hésiter : « Assurément. Réunifier l'Allemagne est la préoccupation de tous les Allemands [3]. » « Quand j'ai ressorti l'interview de juillet 1989, il s'est exclamé : " Ah ! Vous voyez que je l'avais dit [4] ! " » raconte Muriel de Pierrebourg, qui aida François Mitterrand à retrouver de la documentation pour son livre sur l'Allemagne.

« C'était comment ? » demande le Président à son ancien sherpa, en quittant la salle de conférences. « Il m'a interrogée l'air de rien, d'autant plus innocent qu'il était sûr d'avoir été très bon [5] », rappelle Anne Lauvergeon. Pour François Mitterrand, le colloque n'est pas tout à fait fini, car un codicille télévisé l'attend au bord du lac. Marine Jacquemin poursuit l'interrogatoire du Président, emmitouflé dans sa parka vert-de-gris et une grosse écharpe bordeaux. « Agiriez-vous différemment aujourd'hui ? questionne la journaliste, soulevant un soupir agacé et une réponse révélatrice : Il y a certainement des choses qu'on mènerait autrement. — On vous prête une singularité : avoir été contre la réunification allemande. — On a beaucoup dit cette bêtise-là, oui. Ça a beaucoup été répété.

---

1. Ibid.
2. Ibid.
3. Interview accordée le 27 juillet 1989 au *Nouvel Observateur, The Independent, El Païs, la Repubblica* et *Die Süddeutsche Zeitung*.
4. Entretien avec l'auteur, le 30 septembre 1996.
5. Entretien avec l'auteur, le 18 juin 1996.

Ça n'a pas de sens d'être contre la réunification allemande. C'était écrit dans l'Histoire. Le problème n'est pas de savoir si ça plaisait ou si ça ne plaisait pas, le problème était de savoir s'il y avait quelque force au monde – en dehors de la force brutale, militaire, soviétique – pour empêcher ce mouvement populaire, qui a rencontré un sentiment historique. (...) Si à la tête de l'Union soviétique il y avait eu un homme qui avait employé les moyens de la force pour l'empêcher, cela aurait été un très grand drame. Gorbatchev ne l'a pas voulu. Il ne pouvait peut-être pas non plus, mais ce n'était pas dans son caractère. — A-t-on été trop vite ? — C'est l'Allemagne qui a commandé son propre destin [1]. »

En quelques phrases, sur fond de canards paisibles, François Mitterrand donne toutes les clefs de ces quelques semaines de la fin 1989 : ses propres réticences, son erreur de jugement sur l'URSS et son dirigeant, et enfin la façon dont l'Allemagne a mené la danse alors qu'il était, lui, aux commandes de l'Europe. Un dernier élément prend en faute la défense de François Mitterrand : sa brusque sympathie pour Margaret Thatcher. « Tous ont été très gentils avec lui, et Margaret Thatcher le poursuivait de ses assiduités, raconte Anne Lauvergeon. Ses relations avec elle m'ont surprise : en fait, il était l'un des seuls en Europe qui l'avait acceptée comme son égale, et elle lui en était reconnaissante [2]. » Une autre raison rapproche soudain Thatcher et Mitterrand. A Colorado Springs, elle n'hésite pas à répéter son point de vue de l'époque : « Contrairement à George Bush, je me suis opposée dès le début à l'unification allemande pour des raisons évidentes. L'unification ferait de l'Allemagne la nation dominante au sein de la Communauté européenne. » Et François Mitterrand avoue quelques instants plus tard : « Ainsi, si Margaret Thatcher et moi partagions les mêmes craintes historiques quant à une Allemagne unie, nos avis divergeaient sur ce point. Je pensais que l'affaire était entendue, et que plus personne n'y pourrait plus rien. » L'épaisseur du fatalisme sépare donc l'opposition de Thatcher à la réunification et le prétendu soutien de Mitterrand à cette même réunification ; querelle de style, accord sur le fond. « Dans la cohue de la fin de la conférence, un serveur du Bradmore Hotel laisse échapper son admiration : “ Ce que ces cinq-là ont fait est formidable pour les gens de ma gé-

1. TF1, le 11 octobre 1995.
2. Entretien avec l'auteur, le 18 juin 1996.

nération. Grâce à eux, nous vivons dans un monde si différent de celui de nos parents [1]. " » Grâce à eux, ou malgré eux ?

Le colloque de Colorado Springs, passionnant, n'a donc pas suffi. En filigrane des propos de François Mitterrand sont apparues toutes les conceptions et toutes les erreurs que ses critiques lui reprochèrent en et depuis 1989. A Paris, il le sait, François Mitterrand devra reprendre sa tâche. « Au déjeuner du lundi, il a quitté la table au dessert, puis nous sommes repartis pour New York, narre Lauvergeon. Nous sommes arrivés à vingt-deux heures au Waldorf. J'ai insisté pour qu'il reste une journée de plus dans cette ville qu'il adorait. Il a hésité, puis il a décidé de rentrer. » François Mitterrand s'offre seulement une promenade. « Je le suivais, mais il voulait toujours que je sois à sa hauteur, se souvient Marine Jacquemin. Tarot était à sa droite et moi à sa gauche. Chaque fois que je reculais vers mon équipe, il me rappelait. » François Mitterrand marche un quart d'heure au milieu des gratte-ciel. Les traits tirés, il avance lentement, les mains dans les poches de sa parka. Puis il est saisi par une brutale fatigue, qui l'oblige à s'arrêter trois quarts d'heure dans le premier bâtiment venu, une banque irlandaise.

Le principal effet de Colorado Springs aura été celui-là : épuiser un peu plus François Mitterrand. Il est temps pour lui de rentrer en France. « Si l'expression poésie pure a un sens, c'est bien là. La géométrie de cette ville a les dimensions, le rythme d'un poème. Au-dessous de nous s'ouvraient les entrailles de la terre entre les pans de murs des villes englouties. Le jeu des ombres et des lumières absorbait jusqu'à l'idée que l'homme eût existé. Je m'étonnais d'avoir vu le matin à l'entrée d'East River se lever un vol de canards, des colverts. Ils avaient traversé sans s'y mêler une nuée d'étourneaux, juste à la croisée des eaux douces et des eaux salées. Je goûtai que le mouvement des saisons continuât de commander l'ordre des choses [2]. » François Mitterrand, dans l'avion qui l'emporte une dernière fois au-dessus de New York, se souvient-il de cette vision saisie, vingt ans plus tôt, du soixante-cinquième étage du Rockefeller Center ?

*
* *

1. TF1, le 11 octobre 1995.
2. François Mitterrand, *L'abeille et l'architecte*, op. cit., p. 106.

« Il est revenu très heureux de Colorado Springs, et j'ai été alors très optimiste. Il était épuisé, mais je me disais que c'était les traitements qui le fatiguaient [1]. » Jack Lang est le seul à se réjouir au retour du Président. Pour tous les autres témoins, l'escapade américaine provoque l'irrésistible déclin. Au jour près, quand il arrive dans les Rocheuses, il reste à François Mitterrand un trimestre à vivre. L'un des premiers visiteurs de l'avenue Le-Play est alors Jean Daniel, le directeur du *Nouvel Observateur*. Brouilles et réconciliations ont tracé le pointillé de leur relation. « La vraie réconciliation, ce fut lorsque j'ai accepté la Légion d'honneur , parce que Roland Dumas m'avait dit que c'est le Président qui me la remettrait [2]. » Le mercredi 11 octobre, à onze heures et demie, Christiane Dufour appelle Jean Daniel : le Président lui propose de déjeuner à La Cantine des Gourmets, avenue de La Bourdonnais. Arrivé en retard, éprouvé, Mitterrand parle d'emblée de son voyage, et si, dans la conversation, sont invités Jacques Attali, Jacques Chirac, l'amiral Lanxade et quelques autres, il est avant tout question de l'Allemagne. Seule la mort lui dispute la vedette, celle de Roger Stéphane, qui vient de se suicider, ou celle de Mitterrand, le Président ânonnant ses rituels couplets sur l'horizon fatal. « Mais vous savez, insiste le chef de l'Etat, pour l'Allemagne, ne cessez jamais de sensibiliser l'opinion : sans une entente entre les Français et les Allemands, rien n'est possible. Une fois que j'ai compris cela, j'ai vu plus clair [3]. » François Mitterrand avoue au passage ses étranges accointances avec Margaret Thatcher : « J'ai eu plaisir à parler avec George Bush, et plus encore avec Margaret Thatcher. (...) C'est un tempérament, un vrai caractère. Nous avons des complicités qui ne s'expliquent que par la différence de nos convictions. » Est-ce à dire que le socialiste français et l'Anglaise conservatrice s'étaient retrouvés, fin 1989, unis contre la réunification allemande ? Jean Daniel reverra le Président fin novembre, pour d'autres confidences. « Je croyais être le journaliste qui l'avait le plus vu, avoue-t-il aujourd'hui. J'ai découvert avec le petit livre de Franz-Olivier Giesbert [4] que c'était lui, même si ce n'est pas un chêne qu'il a abattu, mais plutôt un olivier qu'il a cultivé [5]. »

1. Entretien avec l'auteur, le 11 juillet 1996.
2. Entretien avec l'auteur, le 15 octobre 1996.
3. *Le Nouvel Observateur*, le 11 janvier 1996.
4. Franz-Olivier Giesbert, *Le vieil homme et la mort*, op. cit.
5. Entretien avec l'auteur, le 15 octobre 1996.

François Mitterrand ne cesse de songer au procès historique qui lui est intenté. Après le colloque de Colorado Springs vient le deuxième volet de sa plaidoirie : son livre sur l'Allemagne, consacré pour l'essentiel aux années 1989 et 1990. Au passage, Mitterrand entreprend de régler sa situation éditoriale : qui publiera quoi, parmi les deux ouvrages qu'il a engagés ? « J'avais vu François Mitterrand dans son bureau bien avant son départ de l'Elysée, raconte Olivier Orban, le patron des éditions Plon. J'ai passé une heure avec lui. Au début, il signait des parapheurs sans même me regarder [1]. » L'épreuve est classique pour les visiteurs de Mitterrand, qu'ils soient amusés, gênés ou fascinés par le spectacle du gros stylo présidentiel à encre bleue, grattant le papier à en-tête, biffant avec rage ou signant, placide, notes et courriers. « Il a fini par lâcher : " Qu'est-ce que vous me voulez ? " poursuit Orban. J'ai répondu : " On ne connaît pas encore votre successeur, mais une chose est sûre. " Alors, il a levé la tête, intrigué. " Vous êtes le dernier Président de la Cinquième qui n'a pas fait l'ENA, et qui pourra donc écrire ses mémoires en bon français. " Il a agité son stylo en me montrant les parapheurs et a poursuivi : " Je déteste le style des énarques. Il n'y a que des adverbes. Je déteste les adverbes ! Alors je rature, je rature ! " Puis nous avons parlé de littérature, notamment de Jules Renard, avant que je revienne à ses mémoires. Il m'a dit alors que la page blanche l'intimidait, qu'il avait peur de ne pas avoir l'énergie de faire un livre seul. " J'aimerais faire un livre sur Venise, mais pas des mémoires. Vous me voyez racontant l'ouverture du tunnel sous la Manche avec Mrs. Thatcher ? Donnez-moi des idées ! " En réalité, il m'a fait comprendre qu'il avait envie de faire des livres avec des gens qui l'amusaient. A ce moment, un huissier est entré en annonçant l'arrivée dans la cour de la voiture d'Edouard Chevardnadze. Nous sommes donc sortis ensemble de son bureau et, devant la porte, Mitterrand m'a glissé : " Pourquoi pas Guillaume Durand ? Je l'aime bien. Appelez-le. " En descendant l'escalier, je lui ai dit que j'avais déjà lu les cent premières pages du livre que préparait Roland Dumas [2]. " Racontez-moi ", m'a dit Mitterrand. Si bien qu'en arrivant en bas, nous avons vu Chevardnadze monter le perron. " Poussez-vous un

1. Entretien avec l'auteur, le 11 octobre 1996.
2. Roland Dumas, *Le fil et la pelote*, Plon, 1996.

peu, m'a dit Mitterrand, on va se demander ce que vous faites là [1]... " »

Après cette rencontre de la fin janvier 1994, Olivier Orban prend donc en charge les frais de Georges-Marc Benamou, qui réalise finalement l'ersatz des mémoires présidentiels, des entretiens biographiques. L'éditeur de la rue Bonaparte reçoit régulièrement des morceaux de livre, classés dans des chemises orange ou jaunes. Quand François Mitterrand l'appelle en octobre, dès son retour de Colorado Springs, le livre brut est achevé, mais le Président poursuit son infusion récurrente dans le samovar de ses relectures : le stylo gratte et rature. Olivier Orban se présente donc avenue Le-Play, où Mitterrand le reçoit dans son bureau, à demi-couché sur son fauteuil spécial en cuir noir : « Il était très fatigué, diaphane, je l'entendais à peine parler [2]. » L'épuisement n'empêche pas le Président de dérouler un discours volponien, et d'emballer la cruauté la plus subtile dans une politesse onctueuse. « Il m'a dit : " Je suis vraiment désolé, mais j'ai une dette envers Odile Jacob. Elle devait venir juste après vous, à onze heures, mais j'ai pensé que vous ne deviez pas vous croiser : je lui ai dit de venir à dix-sept heures. Je vais lui donner le livre avec Benamou. Vous comprenez, j'ai fait ce faux livre avec Elie Wiesel. Vous m'imaginez parler du Talmud ? Je n'y connaissais rien. " Comme il a vu mon air dépité, il a ajouté : " Vous savez, j'ai en cours un livre sur l'Allemagne, je vous le donnerai. Bien sûr, il ne va pas se vendre. " J'ai été surpris, car François Mitterrand avait publié *Le coup d'Etat permanent* chez Plon... J'ai eu envie de lui dire que, chez Plon, il serait dans la maison d'édition du général de Gaulle, mais j'ai pensé que ce n'était pas un bon argument. Nous avons ensuite parlé des éditeurs qui avaient publié des livres lui étant hostiles : Albin Michel avec Montaldo, Fayard et Attali... " Certes, je n'irai jamais chez Albin Michel. Vous-même, d'ailleurs, vous avez publié le livre de Charles Villeneuve sur Bérégovoy. " Au fond, il aimait les livres, et il avait donc un faible pour les éditeurs. Puis nous avons évoqué Attali, dont le Président m'a dit : " Cet homme qui prétend que je lui ai demandé de prendre des notes. – Il marque un silence. – Il a raison. Il a simplement oublié que c'était pour moi. " Puis il s'est

1. Entretien avec l'auteur, le 11 octobre 1996.
2. Ibid.

levé avec effort pour me raccompagner dans ce long couloir encombré de gardes du corps. Sur un pouf, il y avait sa canne et son chapeau... A la porte, il m'a dit : " La République est généreuse avec moi. J'ai un bel appartement, une voiture avec chauffeur : que peut-on souhaiter de plus ? La vie est belle, c'est dommage que j'aie le cancer. Et le pire, je vais vous dire, c'est que c'est affreusement banal. " Je n'étais pas amer, car ce genre de mésaventures est la règle du jeu de mon métier, et François Mitterrand était un homme malade. S'il avait été en meilleure santé, je lui en aurais voulu beaucoup plus. En deux rencontres, j'ai eu l'impression de voir tout Mitterrand [1]. »

François Mitterrand peut donc se mettre au travail et composer le corps de son ouvrage sur l'Allemagne. C'est à Assouan qu'il lui donnera sa forme définitive, et, comme l'autre, il sera publié par Odile Jacob. Bref – cent cinquante pages –, il s'épaissira d'un long chapitre sur les réactions de l'étranger après le 10 mai 1981 et de nombreuses « pièces à l'appui ». Un terme qui prouve bien qu'il s'agit de plaider et d'apporter des pièces à conviction, pour emporter celle du lecteur. Hormis le récit des événements, la défense du Président comporte trois arguments forts : il avait prévu et légitimé de longue date la réunification allemande ; il n'a eu comme exigence que la confirmation des frontières orientales de l'Allemagne, la fameuse ligne Oder-Neisse dessinée par les rivières du même nom ; il a permis que la construction de l'Europe soit accélérée et non handicapée par la réunification de l'Allemagne. Et ses conclusions sont tout aussi simples : il ne pouvait regretter ce qu'il avait prévu ; sa ténacité a convaincu l'Allemagne de rassurer la Pologne sur ses frontières ; Maastricht est né à Strasbourg, en décembre 1989, l'Allemagne acceptant le sacrifice programmé du mark pour que la perspective de la réunification ne puisse plus fragiliser une Union européenne désormais irréversible. Le livre, dans ses failles, va livrer une vérité parallèle : les erreurs de François Mitterrand à l'automne 1989. Et il s'agit d'erreurs bien plus graves que les quelques « coquilles » qui émaillent l'ouvrage, témoignant que François Mitterrand est mort avant d'avoir pu porter un dernier regard sur ses pages. Aurait-il ainsi daté la Constitution de l'Allemagne fédérale de 1959, alors que la Loi fondamentale fut

1. Ibid.

adoptée dix ans plus tôt ? Aurait-il surtout évoqué la « Russie orientale » en lieu et place de la Prusse orientale ? Sans doute non, tant la Prusse en général, et Königsberg en particulier, l'impressionnaient.

Cette fascination est la première clef : à trop aimer la Prusse, François Mitterrand n'a pas vraiment compris l'Allemagne, ou du moins cette Allemagne nouvelle surgie en 1990, dont l'âme est peut-être toujours à l'Est, mais le ventre bien occidental. « La Prusse avait autre chose à dire et à prouver que le fanatisme hitlérien, une forme de civilisation à défendre, fût-ce par les armes [1] », écrit-il avant d'évoquer une figure militaire prussienne qui lui est chère, celle du général Henning von Tresckow, l'un des comploteurs du 20 juillet 1944 : « Telle était l'âme de la Prusse, avant que Staline ne l'étouffe [2]. » Ce malentendu prussien explique pourquoi François Mitterrand maintient contre toutes les critiques – et contre le bon sens géopolitique – sa visite en RDA, du 20 au 22 décembre 1989. Le Président français ne va pas en RDA, il se rend en Prusse. Les commentateurs pensent qu'il veut soutenir la RDA mourante, il vient assister à la résurrection de la Prusse. Jacques Attali, qui n'est pas allé à Berlin, est sévère : « C'était un voyage inutile, absurde, que François Mitterrand persistait à considérer comme un voyage normal [3]. » « Gorbatchev, selon Védrine, vit dans l'illusion qu'il peut placer des communistes modernes au pouvoir en RDA et ailleurs ; François Mitterrand va en RDA en pensant rencontrer des communistes modernes. Or les communistes modernes, ça n'existe plus [4]. » A Leipzig et Berlin, François Mitterrand déroule sa chaconne : unification décidée démocratiquement par les Allemands, ligne Oder-Neisse confirmée, construction européenne renforcée. Devant les étudiants de Leipzig, François Mitterrand va même jusqu'à dire qu'il convient, « dans l'intérêt de tous, que progressent du même pas l'unité allemande et l'unité européenne [5] ». Du même pas, alors que l'Histoire pousse à la réunification de l'Allemagne et freine la construction européenne, tant l'affirmation des nations est le mouvement naturel de l'Europe depuis des siècles, quand l'émergence d'une souveraineté européenne ne tient qu'à la vo-

1. François Mitterrand, *De l'Allemagne, de la France*, Odile Jacob, 1996, p. 25.
2. Ibid.
3. Entretien avec l'auteur, le 30 septembre 1996.
4. Entretien avec l'auteur, le 8 octobre 1996.
5. François Mitterrand, *De l'Allemagne, de la France*, op. cit., p. 114.

lonté héroïque de dirigeants épris de paix. Réclamer cette synchronisation, c'est ralentir le processus de réunification allemande. Unifier l'Allemagne du même pas que l'Europe, c'est imposer à la réunification un rythme si lent qu'elle en mourrait de sclérose. « République démocratique allemande et France, nous avons encore beaucoup à faire ensemble », clame-t-il d'ailleurs au dîner officiel du 20 décembre.

Mitterrand s'étonne que les étudiants de Leipzig ne l'interrogent pas plus sur la réunification, et porte ce silence au crédit de la prudence – la police veille encore – ou de l'incertitude. N'est-ce pas, tout au contraire, parce que la réunification est d'ores et déjà pour eux une évidence que les jeunes Allemands, de l'Est pour quelques mois encore, se taisent ? L'écume est visible, pourtant, de la vague irrépressible, que les conseillers du Président lui décrivent, comme Jean-Louis Bianco : « J'avais une relation privilégiée avec Lothar de Maizières et Gregor Ghizi. Lors du voyage de 1989, Maizières, qui fut musicien chez Kurt Mazur avant d'arrêter pour un problème de coude, me raconta que le petit groupe d'amis qu'il réunissait chez lui pour jouer de la musique, boire du vin blanc et se lamenter sur leur vie ratée cessaient, pour la première fois de leur vie, d'avoir l'impression d'être une génération perdue. De son côté, Gregor Ghizi m'a montré des fresques socialistes avec des ouvriers et des paysans, et m'a glissé : " Dire qu'on s'est mis tous ces gens à dos ! " Et au communiste Georges Hage, que François Mitterrand avait invité et qui lui demandait de démentir les affirmations sur le train de vie des ex-dirigeants de la RDA, Ghizi répondit : " Tout cela est vrai, mais je ne trouve pas cela choquant. Ce qui est choquant, c'est qu'ils aient fait croire qu'ils vivaient comme des ouvriers. " J'ai rapporté toutes ces scènes au Président [1]. » Muriel de Pierrebourg, elle aussi du voyage, se gorge d'Histoire en se mêlant à la foule qui franchit à nouveau la porte de Brandebourg. « Le lendemain, il m'a dit : " Vous n'avez pas dormi, vous... " Je crois qu'il aurait aimé être avec moi s'il n'avait pas été Président [2]. » « Si tout cela avait mal tourné, sans Europe fédérale, une photo de Mitterrand porte de Brandebourg aurait pu, vingt ans plus tard, ressembler à un cliché de Daladier à Munich [3] », tranche, cynique, Attali.

1. Entretien avec l'auteur, le 10 septembre 1996.
2. Entretien avec l'auteur, le 30 septembre 1996.
3. Ibid.

Cependant, aveugle, Mitterrand cherche sans relâche la Prusse derrière l'Allemagne. A la fin de sa visite, il confie en aparté à Manfred Stolpe, le président du consistoire de l'Eglise évangélique, son sentiment profond, à savoir « qu'il n'est pas bon d'être faible dans notre jungle policée et que les Allemands de l'Est l'apprendraient vite à leurs dépens, mais que j'avais la conviction qu'avant la fin du siècle la Prusse réapparaîtrait dans sa vraie dimension, l'un des plus riches réservoirs d'hommes et de moyens de l'Allemagne et de l'Europe [1] ». Mitterrand n'est pas le seul à polluer ses pronostics par des relents d'Histoire. « Fin 1991, raconte Attali, en tant que président de la BERD, j'ai dîné en Norvège avec Lothar de Maizières, qui m'a dit : " Nous sommes des Prussiens, jamais nous n'accepterons d'être dominés par des Bavarois [2]. " » Et l'ancien conseiller spécial du Président livre une explication insolite de ce tropisme prussien : « C'est un peu à cause de Michel Tournier que Mitterrand glorifiait tant la Prusse. Ils en parlaient souvent ensemble [3]. » Qu'un écrivain ait pu ainsi faire vaciller la marche du monde en illuminant la pensée d'un Président qui aimait trop la littérature pour lui préférer l'actualité, est une assez belle morale, quand argent, pouvoir et rancœurs sont d'omniprésents mobiles. Mitterrand n'était donc pas dans la Realpolitik, mais dans la Traumpolitik. Mitterrand n'était pas prussien, mais la Prusse des livres et de sa jeunesse était une chimère trop phosphorescente pour la lucidité d'un Président vieilli. La fin du siècle approche, les Bavarois dominent toujours l'exsangue Prusse. Et le Roi des Aulnes ne fait plus peur aux enfants.

S'il surestime la Prusse, étouffée par la camisole communiste, François Mitterrand se trompe également à propos de l'URSS et de Mikhaïl Gorbatchev. « Nous surestimions tous Gorbatchev, tempère Attali, nous le prenions pour le patron de l'URSS. A l'époque, il était manipulé par les services secrets pour envoyer des troupes dans Berlin, et il a résisté [4]. » François Mitterrand sait très bien que son excès de considération et d'indulgence à l'égard du premier Soviétique explique une bonne part de son propre aveuglement à

1. François Mitterrand, *De l'Allemagne, de la France*, op. cit., p. 125.
2. Entretien avec l'auteur, le 30 septembre 1996.
3. Ibid.
4. Ibid.

l'époque. « Tout a commencé à Moscou [1] » sont les premiers mots de son livre, qu'il répète à la fin de sa préface. « Une dictature ne survit pas au doute. Or la perestroïka de Mikhaïl Gorbatchev exprimait un doute fondamental sur le système soviétique [2]. » Le doute était déjà ancien, en juillet 1989, quand François Mitterrand livre à cinq journaux l'interview qui lui servira plus tard d'alibi. « L'Allemagne n'a pas intérêt à renverser ses alliances ni à sacrifier sa politique européenne pour une réunification à laquelle l'URSS n'est pas prête [3] ! » répond-il à une question sur « l'Ost-tentation » de l'Allemagne. Mais déjà l'URSS n'est plus en mesure de s'opposer à grand-chose en Europe. L'erreur de Mitterrand sur l'URSS est pardonnable, tant elle fut partagée à travers le monde, experts et espions compris. « Celui qui tient un tigre par la queue ne peut pas lâcher prise », dit un proverbe chinois. Celui qui est accroché au mufle de l'ours pendant quarante ans ne s'aperçoit pas qu'il a perdu ses dents. Le vrai triomphe de Gorbatchev n'est pas d'avoir modernisé ou démocratisé son pays, puisqu'il l'a mené au naufrage, mais d'avoir su duper les Occidentaux, leur présentant un hologramme d'URSS devant lequel ils ont continué à trembler. Et, dans cet illusionnisme, François Mitterrand a été l'une de ses proies préférées.

Le voyage à Kiev du 6 décembre 1989 fut reproché au Président français, comme s'il voulait presser les Soviétiques de l'aider à freiner la réunification allemande. Il n'en est rien. L'influence, en fait, irradie dans l'autre sens. Mikhaïl Gorbatchev, entre un panorama sur le Dniepr et des fresques byzantines, veut inciter François Mitterrand à une toujours plus grande prudence. Subtil, il sait ce que veut entendre le Français pour que soit confortée son analyse : il parle donc de « Diktat allemand » en évoquant le plan en dix points, pour la réunification, que Helmut Kohl vient de rendre public, et lance en plein dîner, brisant l'atmosphère détendue : « Aidez-moi à éviter la réunification allemande, sinon je serai remplacé par un militaire ; si vous ne le faites pas, vous porterez la responsabilité de la guerre [4]. » La manœuvre fonctionne à mer-

1. François Mitterrand, *De l'Allemagne, de la France*, op. cit., p. 11.
2. Ibid.
3. Interview accordée le 27 juillet 1989 au *Nouvel Observateur, The Independent, El País, la Repubblica* et *Die Süddeutsche Zeitung*.
4. Hubert Védrine, *Les mondes de François Mitterrand*, op. cit., p. 488.

veille. François Mitterrand répercute l'avertissement auprès de Margaret Thatcher, deux jours plus tard, lors du sommet européen de Strasbourg, et le confie à George Bush le 19 décembre, dans les Antilles françaises : « Il (Gorbatchev) est très ferme. Il ne peut accepter cette réunification. (...) Il veut qu'on l'aide à modérer le mouvement. Gorbatchev est hostile à la réunification. Pas moi. Mais je suis d'accord avec lui pour dire qu'il faut être plus lent [1]. »

En moins de deux semaines, le ciment injecté par Gorbatchev a pris, et durci l'opinion de François Mitterrand. La réunification advient le 3 octobre 1990, moins de onze mois après la chute du Mur, et Gorbatchev n'est pas « remplacé par un militaire »; seule la sécession des pays baltes le perd, mais le coup d'Etat militaire pataud d'août 1991 est un échec. Et si François Mitterrand, à la télévision, semble alors avaliser le putsch, ce n'est pas, bien sûr, par sympathie, mais par orgueil : à trop avoir répété que « tout cela finira par un militaire », il connaît la triste satisfaction de Cassandre. Fin 1989 déjà, l'ours n'a plus de dents, et François Mitterrand crie pourtant : « Gare aux morsures ! » Huit mois plus tard, Mitterrand comprend qu'il a été dupé, confiant le 16 juillet 1990 à Jacques Attali : « Et voilà ! Gorbatchev, qui nous a tant suppliés de ne rien céder à Kohl, lui abandonne tout, sans doute pour quelques marks de plus. Avec ça, nous ne pourrons plus résister longtemps à la réunification [2]. » « En fait, commente Attali, Kohl n'a même pas donné beaucoup d'argent [3]... » En fait, l'Allemagne a revendiqué quand la France continuait à promettre, Helmut Kohl était fort et François Mitterrand avait peur. « Mitterrand a joué sa culotte sur une chose : les Russes ne laisseront pas faire ça, résume crûment un de ses proches collaborateurs de l'époque. Mikhaïl Gorbatchev avait besoin de Kohl, et il a instrumentalisé Mitterrand. »

Les brumes moscovites expliquent et excusent toutes les erreurs, doublées surtout des ruses de Gorbatchev, génial escamoteur de ses faiblesses plus que « porteur d'Histoire [4] », selon la formule de François Mitterrand. Et si ce dernier a été parfois la marionnette de Gorbatchev, la faute ne lui en revient pas : les Soviétiques ont toujours considéré la France comme le maillon faible de l'Occident

---

1. Hubert Védrine, *Les mondes de François Mitterrand*, op. cit., p. 489.
2. Jacques Attali, *Verbatim* III, *1988-1991*, op. cit., p. 541.
3. Entretien avec l'auteur, le 30 septembre 1996.
4. François Mitterrand, *De l'Allemagne, de la France*, op. cit., p. 92.

capitaliste, et l'ont de ce fait très bien traitée. La responsabilité du Président est plus entière, en revanche, au sein de la Communauté européenne. Président pour six mois, comme le veut la règle de rotation, François Mitterrand a donc cette chance historique, fin 1989, de piloter le vaisseau européen en pleine tempête de la réunification. Certes, ce rôle exige une certaine neutralité, mais il offre surtout de grands pouvoirs : la France, c'est-à-dire Mitterrand, peut battre la mesure des débats; or c'est l'Allemagne qui mène la danse. *De l'Allemagne, de la France* le laisse transparaître : au dîner du 18 novembre 1989, organisé à l'Elysée et rassemblant les pays membres de la Communauté, François Mitterrand donne la parole en premier à Helmut Kohl. Ce geste permet au Chancelier de cadrer les débats d'un soir et d'un mois : jusqu'au sommet européen de Strasbourg, l'ordre du jour de la Communauté sera en quelque sorte fixé à Bonn. Le 27 novembre, Kohl écrit à Mitterrand, et lui brosse un calendrier de la marche à suivre pour renforcer l'unification européenne. « Il était visible que le Chancelier désirait attendre la présidence italienne pour entamer le processus [1] », note Mitterrand, sans s'interroger plus avant sur cette manœuvre. Le plan en dix points de Kohl, lancé à la fin du mois, est un véritable vade-mecum de la réunification, qui occupe toutes les discussions. Le couple franco-allemand a pourtant l'importance que l'on sait : pourquoi ce cavalier seul? « De Gaulle, rappelle Franz-Olivier Giesbert, a dit un jour à André Frossard : “ L'Europe, c'est la France et l'Allemagne. Les autres, ce sont les légumes [2]. ” » Fin 1989, l'Allemagne, c'est toujours la viande, mais la France, au mieux, la sauce.

Certes l'Allemagne donne satisfaction à Mitterrand par une vive impulsion à la construction européenne, mais s'ouvre ainsi le droit à la réunification. Surtout, pourquoi Mitterrand a-t-il ainsi déserté son poste de chef de file officiel de la Communauté, refusant de profiter de sa présidence pour faire franchir un cap diplomatique à l'Europe le 3 décembre 1989, dans les eaux territoriales de Malte, lors de la rencontre Bush-Gorbatchev? « Depuis que ce type de rendez-vous existait, jamais, du moins depuis Yalta, l'Américain et le Soviétique n'avaient admis de tierce puissance à leur table [3] »,

1. François Mitterrand, *De l'Allemagne, de la France*, op. cit., p. 84.
2. *Le Grand Débat*, France Culture, le 16 septembre 1996.
3. François Mitterrand, *De l'Allemagne, de la France*, op. cit., p. 78.

explique-t-il. Mais cela eût justement été une façon de boucler la boucle amorcée à Yalta que de briser le monde bipolaire en imposant l'Europe à la table de discussions. Mais François Mitterrand est-il capable de sortir de l'ordre établi à Yalta ? Il sait user à merveille des règles du jeu, peut-il briser l'échiquier ? Pour lui, raisonner hors de Yalta, c'est de la géopolitique non euclidienne. « Le maintien d'un appui inconsidéré à Gorbatchev, sans contreparties sur le plan de la reconstruction démocratique (...) ; les atermoiements, pour employer une litote, face au processus irréversible de la réunification allemande ; l'incompréhension, en général, du bouleversement social et politique en cours à l'Est : ce sont là quelques signes, parmi d'autres, du désarroi qui semble s'être emparé du Président Mitterrand dès que le " socialisme réel " s'est effondré [1] », recense Jorge Semprun. Hors du monde manichéen, point de salut pour François l'ambivalent...

« Bien entendu, j'avais hâte, autant que quiconque – peut-être plus, mais à quoi bon le répéter ? –, de voir cesser cette double domination. Mais la sagesse commandait encore un peu de patience pour que l'Europe, enfin majeure, libérée de la menace soviétique et forte de son unité, pût prétendre au rang que la fin de siècle lui destinait [2]. » La sagesse commandait plutôt, dans une Histoire accélérée, de régler le tempo de l'Europe sur celui du monde. Présente à Malte, l'Europe aurait existé avant d'exister. « Mais il arrive parfois aussi que l'Histoire s'emballe, que ses lignes bougent à toute allure, que la géographie même, la vieille géographie, éclate. Alors, la volonté de tout concilier, le réalisme peuvent devenir, un temps, un pragmatisme excessif. Mitterrand le savait, mais Mitterrand n'aimait pas les conseils. C'était sa force. C'était aussi sa faiblesse. » C'est Laurent Fabius, le théoricien de l'ambivalence mitterrandienne, qui prononça cet implacable jugement, le 21 mai 1996, dans un colloque consacré au bilan des deux septennats de Mitterrand...

Au-delà des erreurs de pronostic, qu'il a partagées avec tant d'autres dirigeants internationaux, et de ses fautes tactiques, François Mitterrand n'a pas manqué le train de l'Histoire, mais il ne fut ni dans la locomotive, ni à l'aiguillage, ce qui est difficilement

1. *L'Express*, le 13 avril 1995.
2. François Mitterrand, *De l'Allemagne, de la France*, op. cit., p. 79.

excusable pour le Président en titre de l'Europe fin 1989 et le plus ancien de tous les chefs d'Etat ou de gouvernement impliqués, Thatcher exceptée. Pour le moins, « Mitterrand cherchait à retarder l'inexorable », selon l'expression de Felipe Gonzalez, qui ajoute, à propos de l'argument des frontières orientales : « Je crois que c'est une réflexion a posteriori [1]. » François Mitterrand a confié ses réticences à Christina Forsne, son intime amie suédoise : « Bien sûr cette Europe tracée à la fin de la guerre est artificielle. Elle ne reflète ni la géographie, ni l'Histoire, ni la culture. Mais c'est un équilibre qu'on ne peut compromettre sans en prévoir et en analyser les conséquences. N'oublie pas que la réunification de l'Allemagne a longtemps été considérée comme un *casus belli* en Europe. (...) Quand le mur est tombé, témoigne-t-elle, il ne jubilait guère, et se félicitait de l'extrême réserve de Willy Brandt et d'Oskar Lafontaine face aux nouveaux refrains pangermaniques [2] ». « S'il avait su avant la date de la réunification ce qui allait se passer, qu'aurait-il fait de mieux, qu'aurait-il fait d'autre ? plaide Védrine. N'a-t-il pas fait ce qu'il devait faire ? La réunification aurait pu être tragique : elle s'est bien passée grâce à l'intelligence collective des dirigeants de l'époque. Pour François Mitterrand, la réunification ne devait pas affaiblir l'Europe ; pour George Bush, elle devait renforcer l'Otan. François Mitterrand a souvent fait des concessions à l'Allemagne, qu'on lui reprochait en France, pour qu'Helmut Kohl puisse faire des concessions à la France, qu'on lui reprochait en Allemagne ! La réunification a donné à la France la monnaie unique, c'est une énorme concession des Allemands. Bien qu'il ait été marqué par les années trente, bien qu'il ait ressenti toutes les angoisses françaises, François Mitterrand a trouvé, avec Kohl, ce chemin [3]. »

Un an exactement après ce mois d'octobre 1995, lors d'un colloque organisé par l'Institut de Berlin-Brandebourg, Hubert Védrine décèle une ultime faiblesse du Président de 1989 : « Il y a eu un défaut d'explication. Il a manqué un grand discours sur l'Allemagne. » Dans son livre, *Les mondes de François Mitterrand*, Védrine détaille sa pensée : « ... Si le Président a *fait* ce qu'*il fallait faire*, il n'a pas géré la dimension *symbolique* de la réunification. (...) Il en sera parfaitement conscient, puisqu'il ne cessera

1. *Le Nouvel Observateur*, le 29 février 1996.
2. Christina Forsne, *François*, Seuil, 1997, p. 191.
3. Entretien avec l'auteur, le 8 octobre 1996.

de nous dire pendant la Guerre du Golfe : “ Ah, si j’avais parlé ainsi pendant la réunification allemande ! ” A l’époque, les suggestions de conférence de presse, de “ grand discours ”, qu’elles viennent de Jean-Louis Bianco, de Jacques Pilhan, de moi ou, à l’extérieur, de Jean Daniel, l’irritent. Un jour où je lui conseille de s’adresser aux journalistes allemands, il me lance : “ Vous aussi ! Ma parole, vous êtes gangrené [1] ! ” » Mitterrand avoue lui-même ce regret du « geste » dans son livre : « Il en fallait davantage à mes détracteurs. Quoi ? Nul ne l’a su, nul ne l’a dit. Sinon que j’aurais dû accomplir un geste symbolique, qui vînt du cœur, pour atteindre au cœur les Allemands [2]. » Et c’est la pudeur, le désir de laisser les Allemands entre eux dans ce grand moment de leur Histoire, que Mitterrand avance comme excuses pour justifier ces silences qui l’empêchèrent alors d’être un grand Président. « Il fallait du lyrisme, conclut Jean-Louis Bianco, et Mitterrand s’y est toujours refusé, tant à l’égard du peuple allemand qu’à celui des Français. Il s’en voulait un peu, et c’est pour cela qu’il a fait son livre [3]. »

*

* *

En l’écrivant, en le lisant, François Mitterrand ne peut manquer de sentir les faiblesses de cet ouvrage. L’« esprit-de-l’Histoire » n’est pas dans ces maigres feuillets, qui révèlent plus d’erreurs passées, dont le filigrane se colore sous sa plume, que d’arguments à décharge. « L’ouvrage est trop centré sur 1989-1990, explique Védrine. Pour bien expliquer et défendre la politique de Mitterrand, il faut remonter à 1981, et surtout à 1984 [4]. » Et Védrine lui-même rappelle le précoce pronostic du Président, le 7 octobre 1981, à Latche, devant Helmut Schmidt : « Il vous faudra du temps pour atteindre la réunification. Mais elle est inscrite dans l’Histoire [5]. » Le Président, huit ans plus tard, s’est trop rappelé sa première phrase et pas assez la seconde. « Un congrès du PS fut intitulé “ sortir de Yalta [6] ” », ajoute Pierre Joxe. Et Roland Dumas cite au colloque de Berlin, fin 1996, un propos de François Mitterrand daté de 1967 : « La réunification

1. Hubert Védrine, *Les mondes de François Mitterrand*, op. cit., p. 455-456.
2. François Mitterrand, *De l’Allemagne, de la France*, op. cit., p. 116.
3. Entretien avec l’auteur, le 10 septembre 1996.
4. Entretien avec l’auteur, le 8 octobre 1996.
5. Hubert Védrine, *Les mondes de François Mitterrand*, op. cit., p. 288.
6. Entretien avec l’auteur, le 30 septembre 1996.

doit être réalisée, car on n'a pas le droit de supplicier et d'écarteler éternellement le peuple allemand. » Le problème est donc bien que le Président ne fut pas à la hauteur de l'homme politique. Une solution s'offre encore à Mitterrand, en octobre 1995, pour s'assurer que ce chapitre bancal de son bilan sera toujours redressé par quelques dévoués plaideurs : l'Institut François-Mitterrand.

Dans le courant du mois, il en accélère le processus. « Il me recevait sans sa chambre, et me disait souvent : " Parlez-moi un peu de politique ! " raconte Dumas. En octobre, nous parlons de l'Otan et du gouvernement qui veut y réintégrer la France. Il me dit : " Je désapprouve, mais je ne veux pas les irriter. " Pour lui, cela ne se justifiait pas aujourd'hui, après la guerre froide. Il ajoutait : " Et en plus, des gaullistes, faire ça ! " A partir d'octobre, il parle beaucoup de " l'après ", et du futur Institut Mitterrand, qu'il appelle toujours " Fondation ". L'ancienne association ne lui donne pas satisfaction, et son entourage est partagé : la supprimer pour faire du neuf, ou la transformer [1] ? » Dès 1987, envisageant de ne plus être Président l'année suivante, Mitterrand a songé à créer une Fondation, comme ses homologues des Etats-Unis. Dans ce but, Georgette Elgey, conseillère de François Mitterrand et spécialiste de la IVe République, crée avec un conseiller d'Etat l'association Ethique, Civisme et Politique. Un grand appartement de 185 mètres carrés est acquis au 85, boulevard Saint-Michel, en face du jardin du Luxembourg, à quelques pas de cette fameuse haie de l'Observatoire que François Mitterrand sauta, un soir de 1959, lors d'un prétendu guet-apens... Quelques archives et une collection complète du *Monde* y sont déposées, livrées à la critique rongeuse des souris. Réélu en 1988, François Mitterrand n'a pas à gagner ce Sainte-Hélène bourgeois, qui s'empoussière au long du second septennat. Pourquoi ne l'a-t-il pas rallié en mai 1995 ? Sans doute ne voulait-il pas être l'hôte de généreux donateurs, mais plutôt de la République : un Président battu retourne à la vie civile, un Président qui a mené à leur terme deux septennats appartient au domaine public. Avenue Le-Play, François Mitterrand est Président de la République honoraire. Après sa mort, l'Institut lui-même ne restera que quelques mois boulevard Saint-Michel, avant de gagner des locaux plus adaptés rue Charlot.

1. Entretien avec l'auteur, le 6 novembre 1996.

« En octobre 1995, poursuit Dumas, il me dit : “ Prenez ça en main. ” On compose ensemble l'organigramme et la liste des membres [1]. » Ils sont treize, fidèles parmi les fidèles, intimes parmi les intimes : Irène Dayan – la veuve de Georges –, André Rousselet, Georges Beauchamp, Jean-Louis Bianco, Pierre Chassigneux, Hubert Védrine, Anne Lauvergeon, Jean Kahn, Henri Emmanuelli, Michel Charasse, le conseiller d'Etat Jacques Bonnot, Dominique Bertinotti et, bien sûr, Roland Dumas. Gilbert Mitterrand, Mazarine et deux représentants de l'Etat compléteront le conseil d'administration de l'Institut à sa naissance officielle, le 11 avril 1996. « J'en serai bien sûr le président, conclut François Mitterrand face à Dumas, six mois plus tôt. Si je meurs avant, ce sera vous. » Et il définit le rôle de l'Institut : « Il faut expliquer notre politique et il vaut mieux que ce soit fait par nous que par nos adversaires [2]. » Quand l'Institut François-Mitterrand voit le jour, Dumas rappelle sa principale fonction, née de la plaidoirie géopolitique ressassée par le Président en octobre 1995 : « La période 1989-1990 a été maladroitement commentée, injustement appréciée, notamment en ce qui concerne les rapports avec l'Allemagne. (...) Je crois que nous réussirons, à travers l'Institut, à rétablir la vérité [3]. » Quel meilleur président pour l'Institut, puisqu'il s'agit d'offrir un inlassable écho aux arguments de François Mitterrand face à l'Histoire, que Roland Dumas, ministre des Affaires étrangères pendant la tempête allemande et alors compagnon de chavirement, sinon de sabordage ?

Dans les semaines qui suivent leur rencontre d'octobre, Dumas veille à engager la reconnaissance de l'Institut par les pouvoirs publics et Jacques Chirac, plusieurs fois, le reçoit. « Fin novembre, tout est bouclé, l'appellation “ Institut ” recouvrant un organisme au statut juridique de Fondation [4] », précise Dumas. Mais le temps alors est trop compté pour François Mitterrand, qui ne peut distraire de ses pérégrinations ultimes le temps nécessaire au baptême de sa Fondation. Elle fonctionne pourtant dès l'automne, Institut virtuel, quand Jean-Louis Bianco et Hubert Védrine projettent dans *Le Nouvel Observateur* du 26 octobre, en riposte à Jacques

1. Ibid.
2. *Paris-Match*, le 6 juin 1996.
3. Ibid.
4. Entretien avec l'auteur, le 6 novembre 1996.

Attali, une salve d'arguments intitulée « Mitterrand et l'Allemagne : la véritable histoire ». Dans *Les mondes de François Mitterrand*, Védrine détaille plus tard une pédagogie objective et convaincante. Puis Jean Musitelli, ancien porte-parole de l'Elysée, déploie de nouveaux arguments dans *Commentaire* [1]. Le flambeau est déjà dans d'autres mains, qui court de colloques en ouvrages pour sculpter l'ombre de l'Histoire à la lumière mitterrandienne. De cette ultime stratégie, quand il l'inaugure en octobre 1995, Mitterrand attend un vrai salut posthume, une révision de son procès en erreur historique. La mémoire de demain n'est encore qu'une argile détrempée, mais ces fidèles potiers s'activent, et le Président Mitterrand peut dormir tranquille : ses avocats sont de grand talent, et réussiront sans doute ce qu'il a manqué à Colorado Springs et dans *De l'Allemagne, de la France*.

*
* *

Si François Mitterrand a personnellement échoué dans sa défense, ce n'est pas seulement à cause des mâchoires du cancer déchiquetant son alacrité. Il ne peut parler avec raison de l'Allemagne, et surtout des Allemands. Sa distance à l'égard de ce pays et de son peuple a fondu dans ces ultimes années qui sont comme un reflet de celles de la guerre : penchées au-dessus de l'étang de la vie, 1989-1995 voient 1939-1945. « François Mitterrand, de plus en plus, s'est mis à essayer de penser comme un Allemand, se souvient Jean-Louis Bianco. Il réfléchit sur l'âme allemande, sur le citoyen allemand de 1995, le social-démocrate et le démocrate-chrétien. Il m'interroge beaucoup sur la sensibilité allemande, car il sait que j'ai une relation privilégiée avec des Allemands [2]. » Germanophile, « prussodule », François Mitterrand est devenu lentement allemand, sans cesser bien sûr d'être français, capable de parler à ce peuple sans la distance de l'étranger. C'est là une étrange diplomatie de proximité, dans laquelle il parle aux Allemands avec un esprit vernaculaire. Helmut Kohl, le premier, expérimenta cette osmose intellectuelle : elle lui tirera des larmes, dans la nef de Notre-Dame, le 11 janvier 1996. Et n'est-ce pas en

1. Jean Musitelli, « Défense de François Mitterrand », *Commentaire*, n° 77, Printemps 1997.
2. Entretien avec l'auteur, le 10 septembre 1996.

Allemand d'adoption ou de transmutation que Mitterrand a parlé à Berlin, le 8 mai 1995, en évoquant le « courage » des soldats de la Wehrmacht ? « J'y parle du “ courage des soldats allemands au service d'une mauvaise cause ”, évoque Mitterrand, à propos du discours incriminé, dans ses *Mémoires interrompus*. J'avais fait très attention à ce passage, j'en avais pesé soigneusement chaque mot. Si je n'avais parlé que du “ courage des soldats allemands ” en omettant de préciser que celui-ci était au service d'une mauvaise cause, j'aurais compris qu'on me fît un procès. Mais il n'y avait pas matière à cela [1]. »

François Mitterrand, en réalité, a dit autre chose : « Je ne suis pas venu célébrer la victoire dont je me suis réjoui pour mon pays en 1945. Je ne suis pas venu souligner une défaite, parce que j'ai su ce qu'il y avait de fort dans le peuple allemand, ses vertus, son courage – et peu m'importe son uniforme, et même l'idée qui habitait l'esprit de ces soldats qui allaient mourir en si grand nombre. Ils étaient courageux. Ils acceptaient la perte de leur vie. Pour une cause mauvaise, mais leur geste à eux n'avait rien à voir avec cela. Ils aimaient leur patrie. Il faut s'en rendre compte [2]. » Tel est l'exact script des propos de François Mitterrand. Peu lui importe « l'idée qui habitait l'esprit » de ces soldats, même s'il s'agissait d'une brûlante foi nazie ? Le geste des incendiaires et des tortionnaires n'avait-il rien à voir avec *Mein Kampf* ? Et même les plus anonymes, les moins idéologues, quand ils défonçaient les postes-frontières de la Pologne ou hantaient les miradors des camps, étaient-ils simplement en train d'accepter la perte de leur vie ? Dans ce pardon excessif, cette délirante absolution, François Mitterrand commet exactement l'erreur inverse de ceux qui prônèrent la culpabilité collective pour l'Allemagne, à travers les générations. N'eût-il pas mieux valu unir dans un même hommage posthume les suppliciés français du fort Montluc et ces Allemands que l'on pendit aux crocs de boucher de Plötzensee ? Eux, leur cause était bonne et leur uniforme identique : celui de l'armée des ombres, puis le linceul du martyr. Ce n'est pas, bien sûr, par un révisionnisme sénile que François Mitterrand disculpe ainsi les soldats allemands de la Seconde Guerre mondiale. Et les commentaires de 1995, qui mê-

1. François Mitterrand, *Mémoires interrompus*, op. cit., p. 158.
2. François Mitterrand, *Onze discours sur l'Europe*, op. cit., p. 167-168.

lent cette incartade à la coupable fidélité à René Bousquet, sont dans l'amalgame. Au-delà des effets de l'âge et de la maladie, Mitterrand est victime de la germanitude qui le hante depuis six ans, depuis cette réunification qu'il n'a pas maîtrisée. Est-ce pour comprendre pourquoi il n'a pas compris, que le Président s'est ainsi immergé dans l'âme allemande, espérant trouver la cause de son erreur d'appréciation de 1989 dans ce bain tudesque? Est-ce pour être mieux européen qu'il a ainsi jumelé son âme avec l'âme allemande, comme deux villes l'auraient fait? Cela ne l'a pas aidé à plaider sa cause historique tout au long du mois d'octobre 1995.

*
* *

Il ne relâche pourtant pas son effort, jusqu'à la Toussaint. La plupart de ses visiteurs l'entendent parler de politique étrangère, comme Pierre Joxe, passé avenue Le-Play le saluer. « Ne regrettez-vous pas le Parlement [1] ? » lui demande le Président. « Non, je l'ai assez vu, répond Joxe, dans la majorité ou dans l'opposition. » Puis leur conversation évoque la Yougoslavie, et Mitterrand répète sa version des faits : ce qu'il a vu naître, l'évolution de la tragédie. « Je me suis rappelé que, quand j'avais été à Villacoublay le récupérer à son retour de Sarajevo, des balles avaient percé son zinc. Puis je lui ai raconté des histoires à propos de connaissances communes, pour lui remonter le moral sans l'assommer [2]. » Quelques jours plus tard, Maurice Faure vient à son tour s'asseoir au chevet de son ami. « Après l'été, je m'étais dit qu'il fallait que je donne un signe de vie. Je lui ai téléphoné début octobre, et il m'a demandé de passer le voir à la fin du mois avenue Le-Play. Il m'a reçu dans sa chambre, allongé sur son lit, dans ce lieu impersonnel – mais les lieux n'avaient plus d'importance pour lui. Il était en train de corriger des fautes sur les textes de ses deux livres. Pendant trois quarts d'heure, nous bavardons de tout et de rien, comme d'habitude. Puis il me parle de la Dordogne : “ Et la campagne? Comment vont les bêtes? Si vous n'aviez pas été malade et un peu défaillant intellectuellement, je vous aurais nommé à la présidence du Conseil constitutionnel. ” J'ai eu, en effet, en 1992, une congestion cérébrale. Je lui ai répondu : “ Oui, mais moi, cela n'aurait été que pour

1. Entretien avec l'auteur, le 30 septembre 1996.
2. Ibid.

trois ans, puisque j'étais déjà là, tandis qu'avec Roland Dumas, c'est pour neuf ans. " Et j'ai pensé en moi-même : " Encore faut-il qu'il aille jusqu'au bout. " Je n'ai rien dit, mais j'ai senti que François Mitterrand pensait la même chose... Il m'a parlé de sa santé, mais moins qu'il ne le faisait dix ans plus tôt; il m'a parlé de Jacques Chirac, un peu, puis de son ouvrage sur l'Allemagne, beaucoup. Je lui ai fait comprendre que tout n'avait pas été clair à l'époque : son voyage à Kiev, la visite en RDA. Et il m'a répliqué : " A Kiev, je devais amener les Russes à accepter que l'Allemagne réunifiée soit membre de l'Otan. A Berlin Est j'ai été dire que la réunification de l'Allemagne était inéluctable. " Je n'ai pas insisté. Il était en pleine forme intellectuelle, mais ce n'était pas la peine de le contrarier [1]... » François Mitterrand, même devant un vieil allié, doit rabâcher sa défense, sans convaincre.

Sa vie quotidienne, heureusement, est émaillée d'autres menus événements que ces conversations. Le 12 octobre, quarante-huit heures après son retour de Colorado Springs, il déjeune avec Mazarine, qui lui détaille l'exposition d'où elle revient, au musée d'Orsay, où sa mère est conservatrice : « Manet, Gauguin, Rodin. » Moment de répit avant un après-midi houleux, puisque Georges-Marc Benamou vient lui rendre visite pour une séance de travail qui se transforme en séance de torture. Le journaliste doute : « Je me demande si nous l'achèverons un jour, ce livre qui, par ces retouches et ces retours, n'est plus que le sien. (...) Depuis juin, je n'ai rien relu. Je travaille à l'aveuglette [2]. » François Mitterrand, en effet, l'a évincé de son ouvrage, comme il va, juste après cette rencontre, évincer Olivier Orban de l'édition de ses ultimes ouvrages. C'est Bousquet, une fois de plus, qui fait virer à l'orage l'échange entre les deux hommes, mais c'est également le rappel, par Georges-Marc Benamou, de « l'Algérie, c'est la France », phrase prononcée en novembre 1954 par François Mitterrand, alors ministre de l'Intérieur du gouvernement Pierre Mendès France. « C'était légalement juste puisque l'Algérie était composée de trois départements français. C'était politiquement erroné [3] », se contente d'écrire Mitterrand dans ses *Mémoires interrompus*. Ce n'est pas cet incident de séance qui l'irrite, tant il a su maintes fois expliquer

1. Entretien avec l'auteur, le 7 octobre 1996.
2. Georges-Marc Benamou, *Le dernier Mitterrand*, op. cit., p. 217.
3. François Mitterrand, *Mémoires interrompus*, op. cit., p. 184.

cette formule de circonstance, c'est le principe même d'un nouveau procès : il n'a pas su prévoir l'indépendance de l'Algérie, tout comme il n'a pas su prévoir la réunification de l'Allemagne ; il n'a pas anticipé la décolonisation et il fut en retard sur l'effondrement de l'empire communiste ; « L'Algérie, c'est la France », et « L'Allemagne de l'Est, ce n'est pas l'Allemagne ». François Mitterrand, extralucide en politique mais myope devant l'Histoire, grand improvisateur et piètre visionnaire.

Le samedi 14 octobre, François Mitterrand sort. Il emmène sa fille au théâtre de la Colline, voir la pièce d'un ami : *C.3.3*, un texte de Robert Badinter sur Oscar Wilde, interprété par Roland Bertin, dans une mise en scène du maître des lieux, Jorge Lavelli. Après le spectacle, Mitterrand tient à se rendre, malgré la fatigue, au cocktail donné en l'honneur de Badinter. Il paye soudain la facture physique de son voyage à Colorado Springs. Une usure nouvelle, après l'euphorie de ce grand déplacement, grignote ses journées. Commence pour lui, non pas la dernière ligne droite, mais l'ultime pente. Néanmoins François Mitterrand reçoit encore. Le mardi 17 octobre, c'est François Léotard qui se présente avenue Le-Play avec un petit paquet : son dernier livre, *Ma liberté*. François Léotard n'a jamais été ministre hors de la cohabitation ; « son » Président, en quelque sorte, c'est Mitterrand. François Léotard n'est pas le meilleur homme politique de droite, loin s'en faut, mais il en est la plus belle plume, si ce n'est la seule. En lui, le politique est impressionné par François Mitterrand, et le littéraire est admiratif. L'ancien Président socialiste a su jouer, de 1986 à 1988, de ce respect teinté de révérence. Léotard, au milieu de quelques autres, fut une proie privilégiée pour ses sortilèges. Tissant une complicité soyeuse de fins littérateurs et littérophiles, lui laissant entrevoir le brillant avenir qui attendait une intelligence comme la sienne, François Mitterrand a plongé son jeune ministre dans les délices de Capoue de la flatterie et de la connivence. Il l'avait alors recalé pour occuper l'Hôtel de Brienne, le considérant trop tendre pour mener les Armées en plein domaine réservé ; il lui accorde pour la seconde cohabitation, en 1993, ces plaisirs régaliens. Entre-temps, il est vrai, et cela explique ce changement d'attitude, François Léotard a tenu des positions proches de la ligne de défense mitterrandienne lors de la réunification allemande, ce dont l'ancien Président lui saura gré dans son livre plaidoyer : il y brocarde l'opposition mais pas « les plus clairvoyants des siens [1] » – et il cite Léotard à l'ordre de la lucidité –, il y éreinte Valéry Giscard d'Estaing mais pas son Brutus Léo.

Peu après le premier tour de l'élection présidentielle de 1995, François Léotard a conversé en tête à tête avec Mitterrand, chez qui il constate que « la fatigue engendre l'indulgence » et découvre « une bienveillance repue de toutes les proies digérées [2] ». Léotard, espoir éternellement déçu de la droite sans cesse renaissante, fut un mets de ce long festin politique, croqué avec délice par Mitterrand. Dans *Ma liberté*, Léotard peint également le dernier Conseil des ministres de François Mitterrand, au discours dentelé, alternant citations littéraires, références historiques, cruautés, mépris et épicurisme de pacotille. « Tout cela sans une note, dans le ton d'une confession politique, dont la liberté impressionne [3] », conclut Léotard, esbroufé par cette ultime pirouette. Le 17 octobre 1995, les deux François, celui qui achève son destin et celui qui est en train de rater sa carrière, parlent encore de leur passion commune : « Nous avions évoqué ensemble l'écriture qui nous a souvent réunis. La littérature, qu'il aimait plus encore que la politique, était pour nous le lien d'un dialogue confiant et apaisé [4] », se souviendra François Léotard. Dans l'antichambre du Président, il a croisé Paul Guimard, venu parler des choses de la vie et de la mort avec Mitterrand. « Publierez-vous un livre sur moi après mon décès? interroge l'ancien Président. — Non », répond l'écrivain. « Vous pensez que je ne suis pas un personnage suffisamment important », conclut Mitterrand. Cet après-midi est une parenthèse dans le mois d'octobre, un échantillon de novembre : c'est au cours du mois suivant, en effet, que Mitterrand entreprendra de rédiger son testament littéraire.

François Mitterrand poursuit ses rencontres avec ses adversaires d'hier, subjugués ou retors, et reçoit qui le souhaite à droite. Le lendemain même du passage de François Léotard, c'est Edouard Balladur qui est accueilli avenue Le-Play. Il s'agit là d'un visiteur de tout autre carrure. En 1986, Balladur n'est pas un jouvenceau fa-

1. François Mitterrand, *De l'Allemagne, de la France*, op. cit., p. 54.
2. François Léotard, *Ma liberté*, Plon, 1995, p. 147.
3. François Léotard, *Ma liberté*, op. cit., p. 153.
4. AFP, le lundi 8 janvier 1996.

cile à enivrer de quelques élixirs intellectuels ou liqueurs littéraires. Il connaît parfaitement l'Elysée pour en avoir tenu le secrétariat général sous Georges Pompidou, il maîtrise les rouages des institutions. En 1993, il s'installe rapidement en vice-président dans un exécutif dont le chef est affaibli par la maladie et le sous-chef – lui-même – renforcé par sa popularité. Civile jusqu'à l'obséquiosité, courtoise jusqu'à la mondanité, cette seconde cohabitation frise en apparence la complicité. Mais le raffinement et l'éducation sont les paravents de la cruauté et de l'ambition. L'un marque son territoire et veut assurer son ascendant institutionnel ; l'autre dévoile ses ambitions et souhaite une présidence écourtée pour précipiter sa chance. « J'ai rarement vu des types pires que moi, mais à ce point, jamais. Finalement, je n'aurai pas vécu ces dernières années pour rien. J'aurai eu la chance de rencontrer quelqu'un d'horrible, avec des airs de sainte-nitouche, qui m'a permis de penser que je n'étais pas si mal et même assez sincère, relativement parlant. Si on lui perçait la peau avec un couteau, on verrait qu'il n'y a que du venin dessous. Il trahira tout le monde comme il a trahi Chirac. Il ne le fait pas exprès, vous savez. C'est plus fort que lui. Il a la trahison en lui [1]. »

Cet assassinat verbal de Balladur par Mitterrand, rapporté par Franz-Olivier Giesbert, est-il la pensée réelle de l'ancien Président ? Giesbert ne le pense pas, et Mitterrand a été longtemps persuadé que son dernier Premier ministre lui succéderait à l'Elysée, comme si l'avoir jugé pire que lui revenait à le reconnaître meilleur que tous les autres. « François Mitterrand m'a dit un jour, pendant la cohabitation, à propos d'Edouard Balladur : “ Je lui laisse faire des choses que je ne devrais pas laisser faire, car je n'ai pas la réaction adéquate [2] ” », rapporte Charles Salzmann, « ami de trente ans » du Président. Le face-à-face Balladur-Mitterrand fut une guerre froide, où l'ennemi est un allié contre une tierce puissance : Balladur aidait Mitterrand dans sa lutte contre le cancer en lui assurant une fin de règne apaisée aux yeux de l'opinion publique – les ravages de l'affaire Bousquet étant plus cruels qu'une guérilla de cohabitation ; Mitterrand aidait Balladur dans sa rivalité avec Jacques Chirac en n'entravant guère l'action du gouvernement.

1. Franz-Olivier Giesbert, *Le vieil homme et la mort*, op. cit., p. 66.
2. Entretien avec l'auteur, le 8 janvier 1997.

« J'ai fait tout ce que je voulais faire dans ce que l'on appelle le domaine réservé, témoigne Balladur, sauf sur les essais nucléaires, l'Otan, et cette bêtise de François Mitterrand : accepter que la Banque Centrale Européenne s'installe à Francfort. »

L'équilibre raffiné des « pires » se brise à l'été 1994, quand Edouard Balladur endosse pour un essayage téméraire les habits du Président. Après sa seconde opération, François Mitterrand connaît un « arrêt de travail » prolongé, et Edouard Balladur, notamment lors des événements du Rwanda et des cérémonies du cinquantième anniversaire du débarquement en Provence, le remplace. Balladur est alors une « sorte de vice-président, voire de président délégué [1] », selon l'expression d'Alain Duhamel, ce que Mitterrand ne peut accepter. La sanction vient quelques jours plus tard, fin août, lors des cérémonies du cinquantenaire de la Libération de Paris. François Mitterrand y témoigne égards et attentions pour Jacques Chirac, aux premières loges en tant que maire de la capitale. Leur vespérale complicité suinte l'humiliation pour Balladur, assis à côté d'eux, tête d'affiche dans les sondages, second rôle sur la place de Grève. Un long moment, le Président d'alors et le futur s'isolent à l'intérieur de l'Hôtel de Ville. « J'avais rangé mon bureau, racontera plus tard, avec humour, Jacques Chirac. C'était nickel. A tel point qu'ensuite, je n'arrivais plus à retrouver mes affaires. Il devait signer le livre d'or, mais on s'est aperçu que la Ville n'en avait pas : il a fallu aller en acheter un à la papeterie du coin. Je lui ai demandé délicatement, en pensant à sa prostate : " Vous voulez peut-être vous laver les mains ? " Mais il a refusé. Il était en pleine forme. Et de quoi croyez-vous que nous avons parlé ? De la présidentielle, rien que de la présidentielle ! Je voyais l'heure qui tournait : j'ai dû l'arrêter et lui dire qu'il nous fallait retourner sur la place. » Pendant cette escapade chronométrée par les politologues, Edouard Balladur est resté seul sur son fauteuil, comme un candidat évincé d'un second tour électoral...

En revenant auprès de son Premier ministre offensé, Mitterrand se souvint-il de ce qu'il écrivait vingt et un ans plus tôt : « Un carton d'invitation aux fêtes anniversaires de la Libération de Paris me parvient ce matin. Je m'excuserai comme chaque année. J'ai cessé

1. *Le Point*, le 13 août 1994.

depuis longtemps d'assister aux cérémonies officielles. Je ne m'imagine pas saluant et serrant des mains, écoutant des discours, comme s'il existait une solidarité du passé plus forte que les réalités du présent [1]. » Il témoigna pourtant, ce soir-là, d'une étrange « solidarité du passé » avec Jacques Chirac, son compère de la première cohabitation, face aux « réalités du présent », l'arrogance sondagière d'Edouard Balladur. Mais cet épisode ne fit pas de François Mitterrand un supporter de Jacques Chirac, ni même l'un de ceux qui pronostiquaient son succès contre vents et marées, encore moins l'inspirateur secret de sa campagne électorale. Mitterrand, jusqu'au renversement du cours des sondages, était persuadé que Balladur l'emporterait. « C'était à l'Elysée, le soir de la réception en faveur du Président coréen, raconte Pierre Bergé. Chirac venait, disait-on, de dépasser Balladur dans les intentions de vote. Je me suis isolé avec Mitterrand pour lui demander ce qu'il pensait. Il n'était pas au courant. Il m'a demandé : " Vous êtes sûr de ce que vous me dites ? " Je lui ai répondu : " Je ne suis pas sûr de ce que je vous dis, je suis sûr de ce que j'ai entendu. " Il était ébahi [2]. »

Quand Edouard Balladur, le 18 octobre 1995, franchit le porche du 9, avenue Le-Play et choisit l'un des deux ascenseurs pour monter au troisième étage, il le fait cependant à la demande de l'ancien Président : « Il avait envie de le voir », explique simplement un témoin de la rencontre. « Nous avons passé une heure ensemble à parler de choses et d'autres, racontera Balladur deux mois plus tard. Cela n'avait aucun contenu politique [3]. » Après la mort du Président, il évoquera des « problèmes généraux, nationaux et internationaux », précisant que François Mitterrand était ce jour-là « aussi vif, aussi présent, aussi alerte qu'il l'avait toujours été [4] ». En ce mois d'octobre, il serait logique que François Mitterrand traitât d'Allemagne, de géopolitique et d'Europe avec Edouard Balladur, mais il n'en est rien. « Comme lors des tête-à-tête de leurs deux années de cohabitation, raconte sèchement un témoin de l'entretien, il lui a parlé de la Résistance, des juifs, de l'affaire Bousquet et de Mazarine. Bref, de lui. Car il ne parlait jamais que de lui. L'Europe ? Il s'en fichait. »

1. François Mitterrand, *La paille et le grain*, op. cit., p. 185.
2. Entretien avec l'auteur, le 24 juin 1996.
3. RTL, le 21 décembre 1995.
4. AFP, le 8 janvier 1996.

*
* *

L'égotiste agonisant entre quelques jours plus tard dans sa quatre-vingtième année. Né le 26 octobre 1916 à quatre heures du matin, François Mitterrand fête en 1995 son soixante-dix-neuvième anniversaire. Sa date de naissance a fait le bonheur des astrologues, son thème astral, dominé par Pluton, venant en parfait renfort de l'habituelle caricature : « La fonction de Pluton est de sensibiliser au maintien de l'invisible, de l'inconnu, de l'indicible, de l'insondable ; permanence du caché, du secret, du mystérieux, intensification de l'obscur, du multiple, du complexe ; l'être en soi, l'ego réfractaire, l'inconscient, l'abstraction pure, la distance optimale, le point de vue de Sirius, les réalités sous-jacentes, le réel dans les énigmes, les antimodèles [1]. » Il est bien sûr savoureux que François Mitterrand soit Scorpion plutôt que Vierge, comme il est édifiant au regard d'un destin politique de naître à Jarnac plutôt qu'à La Garenne-Colombes. Le reste n'a de sens que dans une justification a posteriori des faits et gestes du Président, qui explique ses erreurs par une mauvaise conjonction de planètes, et les soubresauts du monde par des hoquets d'étoiles. A partir de janvier 1989, François Mitterrand a rencontré régulièrement Elizabeth Teissier, star de l'horoscope – après Madame Soleil – qui tirera un livre de ces échanges de vues et de visions [2]. Il est difficile de savoir si, dans ces tête-à-tête, François Mitterrand s'intéressait à l'astrologie ou à l'astrologue, mais les prédictions de la charmante divinatrice ne lui ont guère été profitables, notamment en politique étrangère. Teissier développe à propos de l'URSS une insolite théorie des cycles de trente-six ans : ce nombre d'années sépare en effet la révolution d'octobre 1917 de la mort de Staline, en 1953, et ce décès monumental de la chute du mur de Berlin, prémices de l'effondrement soviétique, en 1989. Avec ou sans astrologue, François Mitterrand n'a pas vu venir grand-chose en ce domaine. En 1995, le voilà plus lucide sur sa mort. Pour bien connaître sa généalogie, il sait qu'aucun de ses ascendants mâles n'a dépassé soixante dix-neuf ans ; pour bien mesurer son déclin, il pressent que cet anniversaire est le dernier.

1. Richard Pellard, *Sous le ciel de Jarnac*, Dervy, 1991, p. 33.
2. Elizabeth Teissier, *Sous le signe de Mitterrand*, Edition n° 1, 1997.

Le mardi 24 octobre, Jack Lang déjeune avenue Le-Play, dans la chambre du Président alité. « Il avait commandé des huîtres, mais n'a presque rien mangé pendant une demi-heure, il est resté allongé sur son lit, vanné, puis il a repris de la vigueur, s'est animé. Il m'a parlé de mes deux filles, et m'a questionné sur leur vie sentimentale. Puis il m'a dit : " Finalement, il sera écrit que vous avez assisté à la disparition d'un vieux bonhomme entré dans sa quatre-vingtième année, dans l'indifférence générale [1]. " » Pronostic teinté d'amertume, cette réflexion sur l'anniversaire proche est interrompue par l'arrivée de Michel Charasse, papier en main : il s'agit de l'article qu'ont rédigé Hubert Védrine et Jean-Louis Bianco pour *Le Nouvel Observateur*, afin de contrer un à un les propos de Jacques Attali dans *Verbatim.* L'article, intitulé « Mitterrand et l'Allemagne : la véritable histoire », paraîtra le jeudi suivant, jour anniversaire du Président, cadeau délicat de ses deux anciens collaborateurs. Cette démonstration convaincue et sincère ne corrige pas l'Histoire, mais elle clôt le plaidoyer géopolitique de ce mois d'octobre par la déposition de deux témoins à décharge. Cela ne constitue en rien pour Mitterrand une assurance sur la postérité, mais au moins ces quelques lignes, lues avec pugnacité, à son chevet, par Michel Charasse, lui sont-elles une consolation du présent.

Le 26 octobre, affaibli, il quitte néanmoins sa tanière de l'avenue Le-Play pour une promenade au Champ-de-Mars. Jean-Pierre Tarot est à ses côtés, ainsi que ses agents de sécurité et son corpulent chauffeur, Pierre Tourlier, cravate rouge et catogan. Tourlier le tient fermement par le coude droit, en un geste qui laisse la dextre pendre, sèche et inanimée, au bout de l'avant-bras. Le Président a revêtu sa veste pied-de-poule, son écharpe bordeaux et sa casquette grise, ainsi que sa parka vert-de-gris matelassée, car les frimas de l'automne sont là. De sa main gauche qui enserre son usuelle canne à pommeau d'oiseau, il tient fermée sa parka, tandis qu'un regard vide et noir s'arrache parfois à la chaussée pour scruter les passants. Ce n'est pas, loin de là, l'indifférence qui baigne l'anniversaire de François Mitterrand. Le courrier abonde, de ceux qui n'osent lui souhaiter une longue vie et se contentent de lui transmettre leurs vœux de courage. « Chaque année, j'organisai le dîner

1. Entretien avec l'auteur, le 11 juillet 1996.

du 10 mai, où se reformait pour un soir le cercle des fidèles, se souvient Louis Mexandeau. En 1995, nous n'avons pas pu honorer cette tradition, le Président étant en voyage pour le cinquantenaire de la fin de la Seconde Guerre mondiale. Les élections et le manque d'envie de François Mitterrand pour tenir alors ce dîner ont joué également, et nous avions décidé de le reporter à l'automne. Son état de santé ne le permettant point, je lui ai écrit pour son anniversaire, ce que je faisais rarement. En recevant sa réponse, je me suis demandé si la signature était de lui : c'était bien la sienne, tremblante. Aux vœux de Nouvel An, elle était si nette que j'ai pensé à un parapheur [1]. » Muriel de Pierrebourg, collaboratrice de Pierre Joxe à la Cour des comptes, lui écrit également à cette occasion, et François Mitterrand lui répond de quelques lignes : « Surtout, ne venez pas me voir. Merci pour votre mot [2]. »

Un point de non-retour est franchi, qui lui fait désirer de plus rares visites, et l'absence de ceux et surtout de celles à qui il ne veut pas montrer sa déchéance. « Vous savez, le Président est très malade, il souffre le martyre, glisse quelque temps plus tard Roland Dumas à Elizabeth Teissier, au détour d'un dîner. Il lutte pied à pied contre la maladie. Il doit prendre des médicaments qui le fatiguent beaucoup. Moi-même, je ne le vois plus que de temps en temps. Tout ce que je puis vous dire, c'est qu'il fait preuve d'un immense courage [3]. » Deux jours après l'anniversaire de sa naissance, un autre attend François Mitterrand : le samedi 28 octobre 1944, il épousait Danielle Gouze en l'église Saint-Séverin, dans un Paris libéré de frais. Cinquante et un ans plus tard, c'est à Latche que les vieux époux à l'amour écaillé d'infidélités célèbrent leur anniversaire de mariage. Une cérémonie s'ajoute à celle-ci, puisque François Mitterrand remet à Roland Dumas une distinction dans l'ordre de la Légion d'honneur : « Je ne voulais pas qu'il me la remît pendant qu'il était encore à l'Elysée ; on avait décidé de le faire à cette occasion. Je réalise alors qu'il est en roue libre, qu'il ne combat plus la maladie aussi fort qu'avant [4]. » François Mitterrand ne néglige pas les anniversaires de mariage. Jean-Louis Bianco lui a ainsi parlé des époux Retable, un couple de vieux immigrés ita-

1. Entretien avec l'auteur, le 3 octobre 1996.
2. Entretien avec l'auteur, le 30 septembre 1996.
3. Elizabeth Teissier, *Sous le signe de Mitterrand*, op. cit., p. 241.
4. Entretien avec l'auteur, le 6 novembre 1996.

liens installé à Montfuron, ce village du Lubéron où Bianco, y ayant vécu aux années de son évasion champêtre, possède une maison. François Mitterrand a rencontré une seule fois les Retable, mais se souvient d'eux. « Eh bien, ils viennent de fêter leurs noces d'or [1] », poursuit Bianco. François Mitterrand ne dit rien, mais, en croisant les Retable quelque temps plus tard, Bianco apprend qu'il leur a envoyé un cadeau...

Revenu à Paris, François Mitterrand reprend le fil de son destin, alors que la page d'octobre se tourne. Jean Lacouture lui rend sa troisième visite de futur biographe, et le trouve alité. « C'était la première fois et j'ai été surpris, car je le savais orgueilleux. Il était au fond de son lit, très pâle, la tête, marmoréenne, enfoncée dans les draps. Tarot est resté derrière la porte. » « Alors ? Qu'est-ce que vous allez écrire sur moi ? Vous avez un plan ? lui lance le Président. — Je vais écrire une biographie que je voudrais intituler *Une Histoire de France* [2] », répond Lacouture, qui hésitera longtemps entre un plan chronologique classique et un portrait biographique par thèmes, et ignore alors que Stéphane Denis s'apprête à publier, quelques jours plus tard, *Histoire de France*, biographie de Mitterrand déguisée en roman à clef. « En cinquante ans, vous avez représenté les Français et la France, avec leurs défauts et leurs qualités [3], ajoute Lacouture. — Je suis français, oui, mais d'Aquitaine. C'est mon pays », précise Mitterrand, avant d'ajouter à l'intention de son interlocuteur bordelais : « C'est notre pays. » Certes, mais Lacouture est du Sud-Ouest, tandis que Mitterrand, comme l'onomastique l'établit, est homme du Centre, du milieu. Entre ces deux « pays », la nature place donc une frontière.

Leur entretien, ce jour-là, dure peu, interrompu par la vigilance médicale et horlogère de Jean-Pierre Tarot. Et François Mitterrand n'a pas confié à Jean Lacouture ce qu'il vient de faire, acte incongru et empreint de panache. L'ancien Président de la République française s'est joint à de multiples autres donateurs pour financer la reconstruction de l'unique route du minuscule îlot de Pitcairn, caillou britannique fiché en plein Pacifique. Les cinquante-cinq habitants de ce récif de trois kilomètres sur un et demi sont tous des descendants des marins du *Bounty*, mutinés en 1789

1. Entretien avec l'auteur, le 10 septembre 1996.
2. Entretien avec l'auteur, le 6 octobre 1996.
3. Ibid.

et réfugiés sur cette île : François Mitterrand a toujours eu de la sympathie pour ces révoltés. Le geste est romanesque. Il est à l'image du mois de novembre, que François Mitterrand, désormais reclus, va consacrer en partie à la littérature, comme s'il souhaitait mettre en ordre la bibliothèque de sa mémoire avant de mourir. Mais il lui faut également, après ce mois de contestation de sa politique étrangère, affronter en novembre d'autres épreuves et d'autres procès, tant l'époque s'acharne à raturer sa légende.

Novembre

Début novembre, une page de l'histoire du Parti socialiste se tourne, sans que personne s'en rende compte. L'Histoire, la grande, vit certes ailleurs un spasme profond : le samedi 4, Yitzhak Rabin, le Premier ministre israélien, est assassiné par un extrémiste juif. Lionel Jospin, premier secrétaire du PS et Pierre Mauroy, qui préside l'Internationale socialiste, décident immédiatement de se rendre à Jérusalem pour les obsèques de celui qui signa la paix avec les Palestiniens. Lionel Jospin décroche son téléphone et appelle François Mitterrand à Latche. C'est Danielle qui répond au dirigeant socialiste, et lui annonce que François Mitterrand n'est pas en état de lui parler, et qu'il faut rappeler. François Mitterrand, qui a repris quelques forces, prend en fait l'initiative, et téléphone quelques heures plus tard à son ancien ministre de l'Education. « Je pars pour Jérusalem, lui explique Jospin. Je peux transmettre un message de votre part, si vous le désirez. — Je vais réfléchir », répond le Président. Et François Mitterrand fait passer par Lionel Jospin un message destiné à la famille du Premier ministre assassiné et à Shimon Peres. Ce coup de téléphone est le dernier contact entre François Mitterrand et son successeur à la tête du PS. L'ancien Président n'a plus que deux mois à vivre, et Lionel Jospin est définitivement sorti des traces mitterrandiennes. S'il n'a pas voulu rompre avec le parti d'Epinay, et s'il a pris les commandes d'un navire qu'avait armé Mitterrand, Lionel Jospin a néanmoins décidé de changer de cap, et d'équipage. Il « démitterrandise » le parti, en douceur, faisant confiance aux implacables effets de génération plus qu'aux épurations de palais.

De Mitterrand, il garde quelques pratiques de pouvoir, comme ce souci du lien personnel avec chaque membre de son entourage, au détriment du concept d'équipe. Jospin, dont la principale qualité est de ne commettre que de très rares erreurs, et le principal défaut de n'avoir que de très rares coups de génie, sait qu'il ne doit pas rompre publiquement avec Mitterrand. S'il ne l'a pas fait en 1992, après son départ du gouvernement, ni en 1993, lors de sa crise de foi politique de député battu, ni en 1994 quand les révélations de Péan lavaient les mains de tous ceux qui, alors, tuaient le père au grand jour, ni, enfin, début 1995, quand beaucoup le poussaient à engranger le bonus de l'antimitterrandisme, pourquoi trancherait-il à la face de ses électeurs un lien que la maladie et la vieillesse du Président délitent lentement ? La rupture entre François Mitterrand et Lionel Jospin est totale, profonde et consommée depuis longtemps, mais presque invisible, la liturgie socialiste sauvant les apparences, avec le consentement des deux parties. Le 17 mai, dans la cour de Solferino, un Président qui ne croit plus aux socialistes a passé le témoin à un socialiste qui ne croit plus en Mitterrand. Les apostasies se répondent et s'équilibrent. Jospin sait que Mitterrand va mourir, et il prépare déjà le travail de deuil qu'il lui faudra imposer ensuite au parti, rapidement, pour que dans l'émotion socialiste et le prurit nostalgique inévitable des obsèques, les cendres encore tièdes de l'ancien Président ne réchauffent pas les ambitions des derniers mitterrandiens. Le sort des urnes, ce baptême du feu démocratique, a fait de lui l'héritier de Mitterrand. Mais il sait que se cachent, non loin, des dauphins aux appétits intacts.

Mi-novembre se lance ainsi l'association pour les Valeurs Républicaines, dotée de sa revue – *Actes et Paroles* – et menée par Maurice Benassayag, qui s'occupait à l'Elysée des contacts avec les formations politiques. Ce n'est qu'une maigre escouade intellectuelle, dont il est clair néanmoins que les neurones n'entendent pas crépiter dans l'artillerie jospiniste. Et ce n'est là qu'un symptôme parmi d'autres. Le ballet des visites à Latche pendant l'été, le défilé des rendez-vous de l'avenue Le-Play, la manière ostentatoire dont Mitterrand ne s'occupe plus du PS, ce puzzle de testament politique dont il sème les morceaux au gré de ses interlocuteurs ont achevé la séparation de Jospin et Mitterrand. Le « droit d'inventaire » revendiqué par Jospin quelques mois plus tôt, pour trier le bon grain de l'ivraie dans les quatorze ans du règne de Mitterrand, est devenu un devoir d'inventaire, et, dans les interventions publiques du PS, l'autocritique sert de socle aux nouvelles propositions, le châtiment de 1993 nourrit la marche vers les futures élections. « Quel coincé ! Mais pour un psychorigide, il arrive quand même à se débrouiller. Il m'en veut, mais je l'aime bien. » Ainsi François Mitterrand résume-t-il Lionel Jospin en septembre 1994 [1]. Quelques semaines plus tard, les critiques froides de Jospin, dans *Le Point*, au moment de l'affaire Péan, font disparaître toute indulgence paternaliste, et la nouvelle antienne est : « Il m'en veut, et je le lui rends bien. » C'est une forme de guerre froide, ou de gentleman's agreement, ce qui est, au fond, la même chose. Néanmoins, Christiane Dufour, l'une des secrétaires particulières de François Mitterrand, glissera en janvier à Dominique Merchez, alors attaché de presse de Lionel Jospin, que le premier secrétaire du PS est l'un de ceux qui ont le plus téléphoné, dans les derniers mois, pour prendre des nouvelles du Président. Hériter exige un minimum de civilités...

Tout comme il vit ses derniers rapports avec le Parti socialiste, malgré une nostalgie palpable de l'action, François Mitterrand prend encore un peu plus ses distances avec la politique nationale. Les malheurs du gouvernement en place l'étonnent plus qu'ils ne le réjouissent, et sans doute l'ennuient-ils plus qu'ils ne l'étonnent. Néanmoins, la République garde ses exigences, et François Mitterrand ne saurait manquer, le mardi 7 novembre après-midi, la formation du nouveau gouvernement Juppé, événement tragi-comique. L'ancien Président n'est pas seul face à sa télévision ce jour-là. Jean Lacouture est en effet présent pour sa quatrième séance de questions biographiques. « Ça ne vous dérange pas ? » demande civilement Mitterrand avant d'allumer le poste, dans une politesse identique à celle de fin septembre, lors de leur première rencontre, quand il releva ses jambes sur son fauteuil spécial. « Au contraire, cela m'intéresse aussi [2] », répond Lacouture. « Les femmes, qu'est-ce qu'elles prennent », ricane Mitterrand en constatant la chute des « juppettes », le beau sexe passant de douze à quatre représentantes entre Juppé I et Juppé II. A l'écoute de l'énumération des noms et des grades, François Mitterrand laisse échapper quelques commentaires : « Barrot est moins bête qu'on ne le dit », « Perben entre ? Il est assez bien », « Lamassoure est nommé ? Il est intelligent ». Le compte-gouttes des compliments

1. Franz-Olivier Giesbert, *Le vieil homme et la mort*, op. cit., p. 70.
2. Entretien avec l'auteur, le 6 octobre 1996.

présidentiels ne fonctionne pas au hasard. Le Grand Impitoyable a crédité d'une remarque clémente un élu auvergnat, un bourguignon et un landais. Les trois régions qu'il affectionne, celles du lac Chauvet, de Château-Chinon et de Latche. Mais le couperet mitterandien tombe en même temps que le noir sur l'écran, quand le Président se lève pour éteindre son poste de télévision : « Tout ça pour faire entrer Gaudin au gouvernement... » Quelques heures plus tard, il aggravera son jugement : « C'est un non-événement, le gouvernement RAS. L'émotion va être très grande dans le pays. Le choc dans l'opinion va durer au moins vingt-quatre heures, et encore [1] ! »

*
* *

Détaché, cette fois définitivement, des contingences politiciennes, François Mitterrand va pouvoir se consacrer à l'essentiel : les lieux, les livres, les amis, la mort. Après la mi-novembre, il garde un œil ouvert sur les soubresauts du pays en grève, mais il est déjà loin, si loin... Les journées sont décapitées par la nuit, qui tombe si vite en fin d'après-midi qu'entre la sieste et le sommeil, il devient difficile de glisser rendez-vous et promenades. Le jour a le souffle court, comme Mitterrand, et le Champ-de-Mars se recroqueville dans le frimas, comme Mitterrand. Mais le Champ-de-Mars est sûr de passer l'hiver. Est-ce parce que le pays soudain s'enrhume, se grippe et tousse avec la première vague de virus que la rumeur repart ? Ou, simplement, parce qu'une rumeur ne repart pas : elle ne s'arrête jamais ? Ou encore parce qu'il ne s'agit pas d'une rumeur mais de la vérité ? Vers la mi-novembre, les journaux, en entrefilets puis en encadrés et enfin en colonnes, se remplissent à nouveau de bruissements sur la santé du Président. Le cancer est un chien enragé, qui mord sans prévenir et peut soudain sombrer dans une léthargie passagère, en attendant le prochain coup de dent. Les cycles de la maladie lentement évoluent. Les accalmies sont plus rares et plus courtes, et le Président retrouve alors une forme toute relative ; les accès de douleur sont plus fréquents et plus profonds, qui laissent Mitterrand alité, incapable de recevoir ou même de travailler.

Au début du mois, François Mitterrand passe à Latche un long

1. AFP, le 8 janvier 1996.

week-end de Toussaint. Il se plaint de ne pouvoir sortir, il craint le froid. Il voudrait parcourir jusqu'au bout le chemin qui mène à Maroye, ce cordon ombilical qui relie la bergerie aux arcades vitrées de la superbe demeure de Gilbert Mitterrand, son fils. C'est un petit sentier de sable dur, irrégulier, traversé de racines et qui alterne sur cent mètres courtes montées et petites descentes. « Il avait très envie de faire cette courte promenade, se souvient Gilbert Mitterrand, mais il n'y arrivait pas. Jusqu'au jour où il a bravé tout le monde et a débarqué sans crier gare au milieu de la cuisine de Maroye. Il était très fier, sans le faire sentir, et il s'est installé dans le fauteuil. Il a fait un trait d'humour en voyant accroché au mur un tableau qu'il n'aimait pas et qu'on avait, pour cette raison, déménagé de Latche à Maroye : " Tu devrais l'offrir à l'abbé Pierre ", m'a-t-il lancé. Mon père ne buvait pratiquement plus jamais d'alcool avec sa maladie mais cette fois, Jean-Pierre Tarot lui a dit : " François, on va peut-être boire un petit porto, ça va requinquer. — Pourquoi pas ? " a répondu mon père, et nous voilà tous ensemble à boire l'apéro au soleil [1]. » François Mitterrand aime la lumière de novembre dans le ciel de Latche. « Au petit matin, j'ai vu passer un vol d'oies sauvages, contera-t-il quelques jours plus tard à Pierre Favier. Le V qu'elles formaient était parfait. Elles allaient vers l'Afrique. Vous savez, elles savent la météo avant les hommes. Elles ne s'étaient pas trompées : le lendemain, il faisait froid [2]. » Vingt-deux ans plus tôt, il écrivait déjà : « Un vol de grues traversait le ciel, plus bleu que gris, plus gris que bleu et d'une pureté si fragile qu'elle vous serrait la gorge. (...) Un relais incessant à grands coups d'ailes irréguliers imprimait à la migration un intense mouvement intérieur sans que fût modifié le dessin parfait de l'ensemble [3]. » Mitterrand, chassé lui aussi par le froid, prend la direction inverse et file vers le nord, vers Paris.

Quelques jours après ce retour, les inquiétudes sur sa santé fourmillent dans les rédactions, en une spirale de rumeurs qui culmine le vendredi 10 novembre : ce jour-là, François Mitterrand est donné mourant à l'hôpital du Val-de-Grâce. Mitterrand est en fait chez lui, où ses visiteurs sont de plus en plus nombreux à le trouver fatigué à l'extrême. « Il était chaleureux et affaibli, décrit Jean-

1. Entretien avec l'auteur, le 18 novembre 1996.
2. AFP, le 8 janvier 1996.
3. François Mitterrand, *La paille et le grain*, op. cit., p. 212.

Louis Bianco, mais j'étais tellement habitué à voir sa capacité de lutte lui offrir des résurrections que je ne me suis pas inquiété. Pourtant, c'est la dernière fois que je l'ai vu [1]. » « Je ne l'avais pas vu depuis son départ de l'Elysée, ajoute Jean Poperen, lui aussi visiteur de novembre. J'avais été très impressionné par les ravages de la maladie, leur rapidité, et j'étais sorti, même si je n'en avais pas fait part, bien sûr, pas optimiste du tout [2]. » Le 17 novembre, Raymond Barre se rend à son tour dans les bureaux de François Mitterrand, et demeurera toujours muet sur cette visite qui l'a beaucoup ému.

Maurice Faure vient, lui aussi, rendre une dernière visite à François Mitterrand, et lui aussi sans se douter, a priori, qu'il ne verra plus son complice et rival d'il y a trente ans. Le Président l'a invité à déjeuner avenue Le-Play. Michel Charasse est présent, ainsi que le docteur Tarot, qui surveille le menu et tente d'orienter l'appétit de son patient. Car François Mitterrand, même s'il a accueilli assis son invité, est en apparence en forme : il y a de la choucroute garnie au déjeuner, et il en reprend ! Le repas dure plus d'une heure et demie, Tarot est muet, Charasse pour une fois peu loquace, et dans le dialogue entre Maurice Faure et François Mitterrand se glissent parfois des silences. Le vieux radical regarde alors le vieux socialiste avaler les saucisses et le chou fermenté, et songe à sa maladie. Dix ans plus tôt, François Mitterrand lui a rendu visite dans sa propriété de Dordogne, et les deux hommes ont longuement parlé des vicissitudes de l'âge qui s'avance. « Jamais il ne m'a parlé de cancer, bien sûr, s'étonne encore aujourd'hui Maurice Faure, mais il me parlait d'un mal au dos persistant, et de sa difficulté à se tenir debout pendant les cérémonies officielles [3]. » La Reine d'Angleterre lui a pourtant confié sa recette : écarter légèrement les pieds, les maintenir parfaitement parallèles l'un par rapport à l'autre, et répartir son poids sur chaque jambe avec soin. « J'aurais pourtant dû me douter de quelque chose, poursuit Faure. Il m'avait recommandé Steg pour ma prostate. Le docteur m'a dit que je n'avais rien à craindre de ce côté-là, mais en voyant son travail j'aurais dû penser que Mitterrand avait un cancer ! » S'il n'a pas deviné le cancer du Président, Maurice Faure va pressentir sa mort. Quand la choucroute est terminée, François Mitterrand se lève, en-

1. Entretien avec l'auteur, le 10 septembre 1996.
2. AFP, le 8 janvier 1996.
3. Entretien avec l'auteur, le 7 octobre 1996.

touré de deux gendarmes pour ne pas tomber. « Il s'approche alors de moi, et m'embrasse. Il ne l'avait jamais fait. Il me dit " au revoir ", comme d'habitude, mais j'entends " adieu ", et je pense au fond de moi que c'est la dernière fois que je le vois. Par la suite, j'ai été surpris et épaté d'apprendre qu'il avait pu se rendre à Latche et surtout en Egypte [1]. »

Parmi les visiteurs qui descendent les trois étages du 9, avenue Le-Play, il y a donc ceux qui quittent un mourant et ceux qui pensent qu'une fois de plus Mitterrand repoussera les assauts des métastases pour gagner un sursis appréciable. Mais les faits sont là : le vendredi 17 novembre, son secrétariat annonce que le Président ne se rendra pas comme prévu, le jeudi suivant, à Baden-Baden, son état de santé lui interdisant un tel déplacement. Comme le veut la tradition, le lauréat de 1994 – François Mitterrand – doit remettre le prix des Médias allemands au lauréat de 1995. Il s'agit en l'occurrence de Yasser Arafat, un hommage posthume devant être rendu à Yitzakh Rabin. « M. Mitterrand a fait dépendre sa venue de son état de santé, et celle-ci n'est pas bonne en ce moment », a pudiquement expliqué l'un des organisateurs. Pour éviter que la rumeur ne transforme la fatigue du Président en agonie, le « premier cercle » monte au créneau. Il est vrai que quelques jours plus tôt, le scénario d'une hospitalisation d'urgence au Val-de-Grâce a fait long feu de justesse. « François Mitterrand se bat avec beaucoup de courage et de dignité contre une maladie particulièrement éprouvante par elle-même, par les traitements qu'elle impose et par les fatigues et souffrances qu'ils peuvent procurer, déclare Jack Lang en un mélange de langue de bois et de cœur d'artichaut. Mon intuition me dit que cette combativité devrait lui permettre de tenir bon et de continuer à travailler. » Danielle Mitterrand elle-même profite d'un passage sur RTL-9 pour donner sa version des faits : « Mon mari est courageux, il lutte contre une maladie pernicieuse, mais ça va. » Enfin, l'un des docteurs du Président, Philippe De Kuyper, livre dès la mi-novembre un bilan médical express : « J'ai rencontré le Président Mitterrand à son domicile, le mercredi 8 novembre vers dix-huit heures. Il était en train d'écrire ses mémoires. La récente fatigue de mon patient est normale pour un homme qui lutte contre une maladie grave. Mais son

1. Ibid.

état de santé n'inspirait pas d'inquiétude particulière. Aucune fonction vitale n'était spécialement atteinte. A ma connaissance, il n'y a pas eu d'hospitalisation récente, qu'une insuffisance rénale ou cardiaque aurait pu par exemple entraîner. » Ce « à ma connaissance » est-il une nouvelle salve dans la guerre des médecins, De Kuyper ne voulant pas endosser la prescription d'un rival, ou un démenti mal formulé ?

François Mitterrand en personne témoigne pourtant de sa forme, dès le week-end du 11-Novembre, en rendant visite à son ami André Rousselet. L'ancien président de Canal Plus possède une propriété, nommée Beauvallon, à Grimaud, au-dessus de Saint-Tropez, où les collines varoises commencent à se raidir pour contenir comme des arcs-boutants le massif des Maures. Le petit avion privé se pose à quelques kilomètres de là, sur l'étroite piste de l'aérodrome de La Môle, et François Mitterrand traverse Cogolin en voiture avant d'arriver chez Rousselet. « Je le revois descendre de voiture et s'avancer vers moi [1] », se souvient-il aujourd'hui. Ces derniers mois, François Mitterrand a vu son ami Rousselet presque chaque semaine avenue Le-Play et il lui a rendu visite à deux reprises dans sa propriété de Mortefontaine, dans l'Oise. « Depuis sa seconde opération, en juillet 1994, le golf c'était fini. Il fallait trouver autre chose [2]. » A Beauvallon, les souvenirs remués embaument les discussions des deux vieillards. « Avec le recul, j'étais plus impertinent sur ce qu'il avait fait, et lui avait plus d'humour. Chacun se permettait donc des réflexions critiques, mais bienveillantes. » En ce 11-Novembre, un court armistice est signé entre Mitterrand et son cancer, et le Président peut même s'offrir une sortie, en voiture, dans les rues de Saint-Tropez débarrassées du grouillement estival. « Nous cherchions à nous rappeler les situations comiques que nous avions traversées ensemble en quarante ans, raconte Rousselet, et François s'est remémoré une visite à Abidjan, au tout début du premier septennat. Il se souvenait surtout du trajet entre l'aéroport et le centre-ville, à travers un faubourg populaire nommé Fraîcheville. Comme toujours en Afrique, il y avait une foule en liesse et des ovations interminables. Le soir même, alors que Valéry Giscard d'Estaing aimait, lui, à se retirer

1. Entretien avec l'auteur, le 10 avril 1996.
2. Ibid.

seul dans sa chambre, Mitterrand organise un dîner avec quelques amis. “ Quel enthousiasme populaire ! s'exclame l'un d'entre nous. C'était formidable ! Dans la foule les gens criaient : ‘ Giscard d'antan, Mitterrand maintenant ! ’ — Vous êtes sûr ? reprend Mitterrand. Je n'ai pas entendu cela. — Si, si, je vous assure, reprend le convive. ‘ Giscard d'antan, Mitterrand maintenant ! Giscard d'antan, Mitterrand maintenant ! ’ Et à la seule évocation de ce souvenir anecdotique, François a un geste qui lui était familier, presque un tic : il prend sa serviette de table et la porte à la bouche pour pouffer dedans [1]. » Trois jours se passent ainsi, Mitterrand et Rousselet brûlant de petits morceaux de mémoire sèche pour chasser le froid de novembre et le grand hiver de l'existence qui les menace tous deux. Ils en parlent aussi, de cette mort à l'horizon. « Plus ça allait, plus il parlait de sa maladie, confie Rousselet, développant avec moi comme avec les autres le thème de “ la mort m'envahit, mais la mort n'est pas une rupture ”. Il se sentait en fait à cette époque dans une zone de transit, entre la vie et l'au-delà. Et moi j'étais frappé par sa totale intégrité intellectuelle et mentale, alors qu'il vivait un véritable naufrage physique. Le décalage était impressionnant [2]. »

Le lundi 13 novembre, François Mitterrand rentre à Paris. Pour descendre l'escalier bétonné de la villa d'André Rousselet, Jean-Pierre Tarot le soutient, mais plus loin Mitterrand avance seul, s'étant même débarrassé de sa canne à pommeau d'oiseau bleu en la confiant à un gendarme. Et pour grimper la petite passerelle du bimoteur à hélices et fuselage rayé de rouge et noir, Mitterrand n'a besoin d'aucune aide : la casquette bien à plat sur la tête, l'écharpe jaune bouffant hors du manteau, il sourit. La mauvaise passe qu'il traverse alors – si mauvaise passe il y a – n'est pas plus grave que les alertes émaillant de façon constante son existence depuis l'été 1994. Un an plus tôt, sa forme n'était pas meilleure, quand tout l'Elysée tremblait de le voir céder à quelques mois du terme et quand tout Matignon attendait cette mort rapide pour oindre Edouard Balladur du chrême présidentiel. Tout au plus la maladie creuse-t-elle ses oscillations : quand Mitterrand va mal, il va un peu plus mal que la dernière fois qu'il allait mal. Pourquoi alors ce

1. Ibid.
2. Ibid.

grand frisson d'inquiétude et d'apitoiement dans les médias ? Pourquoi ce souffle retenu dans l'attente de la mauvaise nouvelle, de cette dépêche d'agence qui tombe en trois mots : « Urgent / Mitterrand / décès ? » Pourquoi les pleureuses convoquées et les thuriféraires ranimés ?

La réponse est dans l'actualité. Début novembre se déroule devant la cour d'assises de Paris le procès de Christian Didier, l'assassin de l'ancien secrétaire général de la police de Vichy, René Bousquet, qu'il abattit sur son palier avant de tenir une conférence de presse où la police l'arrêta. Deux anciens ministres de François Mitterrand sont convoqués à la barre des témoins : Henri Nallet, garde des Sceaux d'octobre 1990 au printemps 1992, et Georges Kiejman, ministre délégué à la Justice pendant la même période. Les cauchemars mitterrandiens refont alors surface : le Président a-t-il tenté de freiner la justice, d'éviter à Bousquet, inculpé en 1991 de crime contre l'humanité, un nouveau procès, et au pays un psychodrame ? Le Président a toujours cherché des témoins à décharge : il « démarcha » ainsi le colonel Passy, André Dewavrin, en venant rendre visite à sa femme mourante. Ancien chef des services secrets de la France Libre, Dewavrin accueillit Mitterrand à Londres en 1943, l'aida à rencontrer de Gaulle à Alger, et le soutint au second tour de la présidentielle de 1974. Le Président lui demande de s'exprimer pour valider son passé de résistant, mais Dewavrin refuse : il a toujours contesté la version que Mitterrand donna de sa première entrevue avec de Gaulle. Le mercredi 8 novembre 1995, alors que nombre d'échotiers signalent déjà l'arrivée de Mitterrand au Val-de-Grâce et que le docteur De Kuyper visite, en réalité, un patient en plein travail avenue Le-Play, Henri Nallet raconte aux jurés et à la Cour un Conseil des ministres pas comme les autres, rapportant les propos du Président en un verbatim improvisé : « On ne peut pas vivre tout le temps sur des souvenirs et sur des rancœurs (...) Comment juger un homme, un vieillard, cinquante ans après ? A quoi bon [1]... »

Les deux témoins sont clairs : François Mitterrand n'a rien tenté pour empêcher la marche de la justice. Mais n'a-t-il pas tout essayé pour édulcorer l'affaire Bousquet, pour que l'exigence de paix ci-

1. *Le Monde*, le 10 novembre 1995.

vile s'abatte comme une pierre tombale sur cet intolérable passé ? « On pouvait se rendre le matin à la cérémonie du Vél d'Hiv et déjeuner à midi avec son organisateur [1] », tranche un participant du procès. « Mitterrand n'a à rougir de rien [2] », conclut de son côté Georges Kiejman. Boulevard Saint-Germain, au coin de la rue de Solferino où loge le PS, dans son cabinet d'avocat à la coquille haussmannienne mais à l'intérieur design, maître Kiejman est tiraillé entre de multiples sentiments. « En moi coexistent un juriste, un politique et le petit garçon juif que j'étais à l'époque [3]. » Pourquoi donc le juriste et le politique bâillonnent-ils alors le petit garçon juif? Cet avocat qui porte au poignet une cocasse montre à l'effigie de Tintin reporter est-il endurci par la raison d'Etat et le cynisme politicien ? Sans doute non. Alors, est-ce en songeant que le petit garçon juif, s'il exprime sa douleur et sa colère, va blesser encore ce vieux Président qui se meurt et qui a été victime de tant d'« insultes inadmissibles [4] » qu'il choisit l'apaisement ? Le 13 novembre, Christian Didier est condamné à dix ans de réclusion criminelle pour avoir abattu René Bousquet sur son paillasson. Le 13 novembre, François Mitterrand quitte Grimaud et rentre à Paris...

Le spectre de Bousquet poursuit Mitterrand jusqu'au tréfonds du mois de novembre. Le mardi 28, le Président et Georges-Marc Benamou tiennent une séance de travail – qui sera la dernière – sur les futurs *Mémoires interrompus*. L'entretien ne mène à rien, limité à une conversation clignotante sur l'actualité. Mitterrand n'a pas de génie dans ses réponses, et Benamou semble un questionneur découragé. Les silences, grisés par les klaxons des voitures embouteillées – la France est en grève –, sont plus denses et le bavardage décousu. Certes, ce n'est pas la première fois que Benamou et Mitterrand connaissent un tel dialogue stérile ; souvent, la forme du Président, son humeur ou son simple désir sabordent une séance de travail. Mais cette fois, il s'agit d'autre chose : le ressort de leur couple insolite est cassé, Mitterrand ne veut plus rien dire à Benamou. Ils ne se sont pas vus depuis six semaines pourtant, depuis le 12 octobre. Ce jour-là, l'échange est vif entre les deux

1. Ibid.
2. *Le Figaro*, le 11 novembre 1995.
3. Ibid.
4. Ibid.

hommes, entre un Mitterrand rogue et insatisfait de son interlocuteur, et un Benamou qui a décidé de ne pas céder, de parler vraiment, à fond, de l'affaire Bousquet. C'est alors la sixième séance consacrée à l'homme et à l'affaire Bousquet. « Ne partez pas avec cette histoire Bousquet, argumente Benamou. Dites que vous n'aviez pas compris, que vous aviez sous-estimé le rôle des technocrates sous Vichy, qu'ils étaient pires que les vrais fascistes. » Mais François Mitterrand, d'un revers de la main, envoie promener cette solution. Et de l'autre, il persiste, et signe. Nombre de pages consacrées à Bousquet, que Georges-Marc Benamou a quand même rédigées, ne seront pas publiées dans l'édition définitive des *Mémoires interrompus*. « Elles n'ont pas été relues [1] », explique Benamou.

Le 12 octobre 1995, c'est, à quelques jours près, le cinquante-troisième anniversaire de la poignée de main entre Pétain et Mitterrand, le 15 octobre 1942. Cette même année passée presque entièrement en prison, à Vals-les-Bains, par Bertie Albrecht ; de sa geôle, elle écrit une longue lettre d'indignation patriotique, donnant rendez-vous devant le tribunal de l'Histoire, au secrétaire général de la police de Vichy, un certain René Bousquet, qui lui fait adresser une fin de non-recevoir par le commissaire local. Evadée dans la nuit de Noël 1942, elle se cache à plusieurs reprises à Cluny, chez les parents de Danielle Gouze, future épouse de Mitterrand. L'Histoire est sans doute injuste, elle est à coup sûr compliquée. « Bousquet, tout le monde le voyait. Je n'écrirai rien du tout, je n'ai rien à ajouter [2]... » François Mitterrand refuse de modifier ce qu'il pense de Bousquet, refuse de corriger ce qu'il dicte. Et il raconte une fois de plus son Vichy comme l'antichambre naturelle d'un jeune homme entre l'ombre sordide du stalag et l'ombre glorieuse de la Résistance. Un seul détail, tout au long de ces révélations sur son passé, le laisse sans explication : la photo du 1er février 1935, qui le surprend au milieu d'étudiants nationalistes, face à de goguenards agents en pèlerine. « Je ne sais pas, je ne me souviens pas », concède Mitterrand à un témoin, après que l'Elysée a savamment vérifié que ce n'est pas un montage ou une erreur. Ce péché-là, crise d'acné droitière d'un potache de dix-huit ans, est bien vé-

1. Entretien avec l'auteur, le 27 juin 1996.
2. Georges-Marc Benamou, *Le dernier Mitterrand*, op. cit., p. 267.

niel à côté de l'épisode Vichy et de la relation avec Bousquet. « Comment juger un homme, un vieillard, cinquante ans après ? A quoi bon... » : est-ce vraiment Bousquet qu'il défendait ainsi en Conseil des ministres ou bien lui-même ? François Mitterrand restera à jamais un « homme qui a serré trop de mains [1] », selon l'expression de Jean d'Ormesson.

Est-ce le génie du destin ou la main invisible de la politique qui mélange dans le creuset de novembre les derniers relents de l'amitié Bousquet-Mitterrand et l'ultime contact entre le premier secrétaire d'Epinay et son successeur ? Le Parti socialiste qui s'éloigne alors de son dirigeant d'un quart de siècle, sévère jusqu'à l'ingratitude, c'est le parti qui a choisi le parricide moral un an plus tôt, en septembre 1994, quand Pierre Péan fournit un mobile idéal. Aveugles et sourds si longtemps – car le passé n'est pas révélé par Péan, il est réveillé –, les Brutus se dressent alors comme une meute dont le premier sang de la proie décuple le courage. Déjà bronzés à l'Université d'été de La Rochelle, les antimitterrandiens du PS se rembrunissent encore quand leur parviennent de Paris les révélations contenues dans *Une jeunesse française*. Lionel Jospin abat son couteau au milieu des conjurés, lame anonyme parmi les autres, plus retenue et apitoyée même. Il faudra quelques mois pour réaliser qu'elle est en fait plus tranchante, aiguisée de frais. Lionel Jospin a régulièrement marqué sa différence depuis son départ du gouvernement, mais être un fils rebelle n'est pas être un parricide. Cette distance revendiquée pendant toute la campagne présidentielle, et si précieuse alors pour ne pas porter quatorze ans d'héritage, n'est crédible au printemps 1995 que par le fossé creusé par Jospin lors de l'affaire Péan. « On voudrait rêver d'un itinéraire plus simple et plus clair pour celui qui fut le leader de la gauche française des années soixante-dix et quatre-vingt [2] », déclare alors celui que tous ont oublié ou négligent, et qui vient dans une contribution écrite au Congrès de Liévin, véritable préprogramme présidentiel, de jeter la première pierre de son ambition élyséenne. Tout est pesé dans cette phrase soigneusement corrigée par Jospin à la relecture de son interview au *Point*. Tout est cruel, jusqu'au conditionnel. « Lui c'est lui, moi c'est moi » fut une formule de

1. *Le Grand Débat*, France Culture, le 16 septembre 1996.
2. *Le Point*, le 10 septembre 1994.

Laurent Fabius en 1984, c'est la tactique de Lionel Jospin dix ans plus tard.

« Il ne faut pas manquer d'insister sur l'une des raisons pour lesquelles les révélations concernant Mitterrand ont provoqué un tel désarroi à gauche, analyse Paul Yonnet. Le caractère vraiment scandaleux de l'itinéraire de François Mitterrand est que, homme de droite, puis passé à gauche, il a découvert naturellement la gauche en côtoyant sinon en fréquentant la gauche présente à Vichy. (...) C'est d'ailleurs là la clef des relations postérieures à la guerre de Mitterrand avec René Bousquet, et de son compagnonnage politique. Si Bousquet peut devenir si naturellement un ami (...), c'est parce qu'il est un homme de gauche [1]. » Ouvert par le livre de Pierre Péan et clos par le procès de Christian Didier, le parricide socialiste a duré quinze mois. La morale n'a pas sa place ici, car la gratitude n'a pas de sens en politique, où l'on s'arrête à la récompense. Préméditée ou improvisée au fil des jours, fruit de l'intelligence ou de l'intuition, la manœuvre est admirable. Le PS de Lionel Jospin a su tuer Mitterrand avant qu'il ne meure, et peut donc attendre son décès sans rien craindre des émotions soulevées. Porter en Israël les condoléances de l'ami de René Bousquet, bourreau des juifs, sera à jamais, pour l'Histoire, le dernier geste de Lionel Jospin au service de François Mitterrand. Terrible symbole, dont les deux moitiés, indissociables bien que chacun n'en voie qu'une selon son point de vue, sont le triomphe du cynisme et l'accomplissement de la catharsis, alliage maudit de la politique.

Alors que le procès de Christian Didier bat son plein, chacun s'efforçant d'intenter en creux celui de René Bousquet, et certains de dresser par ricochet des réquisitoires contre François Mitterrand, le monde de l'édition ajoute deux témoignages à charge. Tout d'abord paraît chez Fayard l'*Histoire de France*, revue et corrigée par Stéphane Denis. Le destin de son héros, François Jardin, parti de sa Charente natale pour escalader le sommet de l'Etat par sa face d'ombre, est une sorte d'anamorphose de la vie de Mitterrand : Denis, qui mouille sa plume d'humour glacé, tord en effet les traits du Président et de son entourage. Le voisinage de Pétain, la fille naturelle – prénommée peu gracieusement Anne-Culotte –,

1. Paul Yonnet, « Je ne vous quitterai pas », *Le Débat*, n° 91, septembre-octobre 1996, p. 37.

les amis compromettants, au passé douteux mais au présent doré : tout ce que Mitterrand explique, nie ou justifie depuis l'automne 1994 dans une épuisante plaidoirie, François Jardin l'assume, s'en rengorge et ricane. Jardin est pire que Mitterrand. Plus grave encore que les aventures parallèles de cet alter ego, novembre voit paraître en édition de poche *Une jeunesse française*, l'ouvrage de Pierre Péan. Un an plus tôt, l'ouvrage a incendié l'automne élyséen par ses révélations : une photo de couverture montrant Mitterrand et Pétain, et surtout le récit d'une dangereuse liaison entre le Président et Bousquet, une fréquentation qui court de 1949 à 1986. Etre publié en Poche, c'est non seulement la consécration pour un livre, surtout un ouvrage austère et intransigeant comme celui-là, mais c'est également la certitude que ces révélations vont s'incruster dans la mémoire du pays : combien de bibliothèques scolaires, de greniers familiaux, de tables de chevet vont s'orner du « Péan », comme on l'appelle déjà pour signaler qu'il fait référence ? Trouvera-t-il sa place dans la collection intégrale des Poche de la bergerie de Latche ?

Face à cette actualité diverse mais qui fait un bruit d'échafaud qu'on dresse, Mitterrand se réfugie dans la maladie, et sa torture devient son alliée : soudain mourant, déjà mort peut-être, il gagne l'impunité. « On le donnait et il se donnait pour mort [1] », concède Jean-Louis Bianco. Et, de fait, le procès Didier devient bien le procès Bousquet, mais jamais l'affaire Mitterrand. C'est ici la même tactique que celle arrêtée en septembre 1994, quand un François Mitterrand diaphane, fantomatique, répond pendant une heure et demie à Jean-Pierre Elkabbach. La manœuvre ne réussit qu'à moitié : les blancs et les ratures sont trop flagrants dans le discours présidentiel pour que le spectacle de la maladie les escamote. Mais si l'accusé Mitterrand ne convainc pas, le mourant apitoie. « Elkabbach reçut des centaines de lettres d'insultes, de gens qui considéraient qu'il s'était acharné sur un agonisant », confie un proche du Président. Ce soir-là, déguisé en commissaire Navarro, Roger Hanin bat à l'audimat son beau-frère Président. « J'ai été nul, avouera Mitterrand. J'ai été stupide de faire cette émission. Les médecins m'avaient posé une petite sonde le matin, j'avais fait une hémorragie interne, j'étais subclaquant. Mais j'avais tellement

1. Entretien avec l'auteur, le 10 septembre 1996.

envie de m'expliquer. Et puis si j'avais annulé, on aurait encore dit que j'étais mort [1]. » En novembre 1995, François Mitterrand n'a plus envie de s'expliquer. Et on dit qu'il est mort. Voulue ou non, manœuvre ou coïncidence, cette fausse alerte sur la santé du Président, comme jamais il n'y en avait eu depuis le départ de l'Elysée, a cet effet immédiat : au tribunal moral et historique, François Mitterrand n'est plus convoqué. Non-lieu. Et quelques jours plus tard, c'est Jean-Pierre Elkabbach, l'interviewer du 12 septembre 1994, qu'il convie à déjeuner dans sa bibliothèque de l'avenue Le-Play. Cette fois, la manœuvre a pleinement réussi...

Elkabbach, c'est également l'un des derniers confidents. Pendant de longs mois, sous la seconde cohabitation, il a interrogé François Mitterrand dans le studio de l'Elysée. Il en est résulté une vingtaine d'heures de bandes vidéo qui dorment dans un coffre-fort. Elles contiennent surtout un agenda des deux ans de cohabitation, ralenti à partir de la fin de 1994, rehaussé de loin en loin par d'inspirés dégagements du Président sur l'Histoire, la vie, la mort... En novembre 1995, à table, Mitterrand livre à Elkabbach et à Henri Emmanuelli, qui participe au déjeuner, un message de bonheur de vivre : « Regardez comme il fait doux, le ciel, les arbres, cette respiration du soleil... Allez, vivez davantage, cessez de ne voir que les forces de destruction et de malheur [2] ! »

Le 25 novembre, ostensiblement, François Mitterrand assiste à une projection publique de *Fiesta*, un film sur la guerre d'Espagne réalisé par Pierre Boutron. Pour conclure ce mois qui l'a éclaboussé d'un nouveau procès infamant, Mitterrand se purifie d'un bain d'Histoire, d'un plongeon dans une guerre qui ne le concerna en rien, riche d'amertume et d'héroïsme, comme la Seconde Guerre mondiale en France. Dans toutes les guerres civiles, héros et salauds sont cousins, et sous l'uniforme de l'ambiguïté on trouve un corps androgyne. Il n'y a plus de Pyrénées pour la complexité historique, et à Burgos comme à Vichy, les amitiés interlopes sont des ruses ou des lâchetés que seul le sort des armes distingue. En choisissant d'aller voir ce film timidement recommandé par la critique, François Mitterrand adresse un double message à ses détracteurs de novembre : il a toujours su discerner les bons combats et

1. Franz-Olivier Giesbert, *Une vie*, op. cit., p. 711.
2. Jean-Pierre Elkabbach, *Vingt-neuf mois et quelques jours*, Grasset, 1997, p. 125.

lutté contre le fascisme ; la pureté de l'engagement, en temps de guerre, est un mythe, le doute, la réflexion ni les valses-hésitations n'enlevant leur valeur aux actes finalement accomplis. Le pays lui reproche encore d'avoir déjeuné trop souvent, et trop longuement, avec René Bousquet ? François Mitterrand, selon ses habitudes de gourmet, repousse les trop longues cuillères, se cure les dents et refuse de payer l'addition. Il n'y aura pas pour lui de châtiment terrestre, aucun festin de pierre ne venant gâcher ses festins de chère. « Le Vieux n'est pas encore mort, le Vieux n'est pas encore mort... » conclut en cette fin novembre, admiratif, un socialiste antimitterrandien, comprenant que Volpone une fois de plus a dupé Venise tout entière.

*

* *

Volpone ne pense qu'à l'argent, François Mitterrand s'en moque. Volpone s'amuse à rédiger de faux testaments, François Mitterrand a depuis longtemps griffonné le sien, qui dort depuis trois ans dans une enveloppe. Volpone aime manger et jouir, François Mitterrand aime manger, jouir et lire. Jamais la littérature n'a quitté François Mitterrand. Elle est son oxygène, sa lumière. La compagnie des mots, les siens comme ceux des autres, lui est indispensable. Combien de milliers d'heures a-t-il passées le nez dans un livre ? Combien de milliards de mots a-t-il déchiffrés, tel un astronome perdu dans une Voie lactée alphabétique ? « J'ai passé ma jeunesse un livre à la main. Le Président, lui, avait passé toute sa vie un livre à la main [1] », résume Franz-Olivier Giesbert. La fin de sa vie n'est pas plus consacrée à la littérature que les trois quarts de siècle précédents, mais dans ce domaine également il lui faut aller à l'essentiel, tant l'in-folio de sa propre existence approche de son ultime page. L'essentiel pour lui, c'est d'abord les livres qu'il tente d'écrire. C'est ensuite ceux qu'il lit, et en matière de lecture l'essentiel n'est pas toujours l'important : la flânerie de page en page, le choix hasardeux dans un rayonnage, les retrouvailles imprévues avec un ouvrage englouti il y a si longtemps et dont le volume soudain retrouvé est une madeleine de Proust. S'il relit beaucoup, et notamment des textes religieux qu'il a pourtant

1. Franz-Olivier Giesbert, *Le vieil homme et la mort*, op. cit., p. 107.

maintes fois arpentés, François Mitterrand prend surtout soin, dès son départ de l'Elysée, de combler les trous de sa vie de lecteur. Un livre à l'endroit, un livre à l'envers, une maille par-ci par-là a sauté dans ce tricot des yeux qu'est sa passion de la lecture. Il lui reste quelques mois pour visiter ces œuvres qui troublent sa connaissance complète d'un auteur, comme une pièce manquante dans un puzzle en gâche l'effet alors que l'image est pourtant identifiée. « Il n'avait jamais été au bout des *Rougon-Macquart*, ni de *La comédie humaine*, il relit donc Zola et Balzac, se souvient Laure Adler. Il y a un côté " exhaustif " dans les lectures de sa dernière année [1]. »

Avec la maladie, le golfeur a rangé ses clubs depuis longtemps, le marcheur réduit ses distances de jour en jour, le gourmet saute des repas ; mais le bibliophile et le bibliophage sans relâche se livrent à leur passion. Quelques mois plus tôt, alors que l'encore-Président amorce ses dernières semaines de mandat, Théodore Zeldin eut ce compliment insolite pour les Français : « Un président qui aime sincèrement la littérature est d'une rareté telle qu'il vaut la peine de venir de loin pour essayer de comprendre le peuple qui l'a choisi, et que l'on peut voir comme un monument de civilisation [2]. » François Mitterrand lui-même affectionne ceux qui aiment sincèrement la littérature. Michel Charasse raconte ainsi comment un malicieux griot local réussit à se glisser dans les pas du Président lors d'un voyage officiel sur l'île Maurice, récitant en duo avec lui des pages entières de la littérature française. De retour à Paris, François Mitterrand lui fit adresser « plusieurs beaux ouvrages prélevés dans sa bibliothèque personnelle, et qu'il avait soigneusement sélectionnés lui-même [3] ».

Boulimique dans ses lectures et éclectique dans ses collections, François Mitterrand n'a pas érigé la sélection en bibliothécaire de sa vie. Lire, c'est comme manger : de la qualité des mets seule naît le plaisir, mais se nourrir n'en est pas moins une nécessité. « C'est un admirable lecteur, juge Jean d'Ormesson. Je crois qu'il a un sens de la littérature. Je crois qu'il aime une certaine littérature qui, à beaucoup d'égards, est une bonne littérature. Peut-être pour moi un peu trop une littérature de droite. Car Mitterrand est évi-

1. Entretien avec l'auteur, le 16 octobre 1996.
2. *L'Express*, le 13 avril 1995.
3. Michel Charasse, *55, faubourg Saint-Honoré*, op. cit., p. 190.

demment un lecteur de littérature de droite : c'est un grand admirateur de Chardonne, un descendant de Chateaubriand, de Barrès [1]. » Ses écrivains préférés forment une légion disparate de styles et de notoriétés, sans qu'un nom s'impose durablement comme général en chef. « J'ai un chevet où les livres ne font que passer [2] », s'amuse-t-il avec Franz-Olivier Giesbert. L'époque est bien loin où, à dix-huit ans, il répondait sans hésiter aux questions écrites d'une amie de vacances : « Mon poète : Baudelaire ; mon prosateur : Pascal. » Quand il parle de ses goûts littéraires, ce qu'il affectionne, Mitterrand ne décline pas une hiérarchie précise, préférant tisser des comparaisons multiples. Il peuple ainsi un Panthéon, où les écrivains se bousculent dans une disparate égalité, et, plutôt qu'un pandémonium, remplit un cul-de-basse-fosse de quelques célébrités, condamnées pour crime de lèse-style. Avec le temps, néanmoins, quelques ouvrages, et quelques auteurs ont devancé d'une tête les autres.

S'il faut nommer *le* livre de François Mitterrand, c'est la Bible qui, incontestablement, s'impose. « Dans sa bergerie de Latche, il y a longtemps, raconte Giesbert, j'avais remarqué une vieille Bible en Livre de Poche qui se défaisait de partout, comme un vieux Bottin. Elle n'était pas loin du lit [3]. » « J'ai quasiment appris à lire dans la Bible, confie Mitterrand dès novembre 1984 à Pierre Jouve et Ali Magoudi. C'est un style très imagé, la Bible, un don de l'image, du symbole, très utile pour une bonne langue ; c'est d'ailleurs un livre sauvage, une histoire de massacres perpétuels ; on tue et on viole tout le monde, mais enfin, il paraît que c'est un livre très saint [4]. » Si François Mitterrand traite alors la Bible comme un roman – « Dans la Bible, il y a du sang à chaque page [5] », dira-t-il encore – c'est qu'il se veut encore le champion de la France laïque, quelques mois après le psychodrame de la loi Savary sur l'école. La lecture mystique de la Bible, l'étude du sens et non du style, la recherche des paraboles derrière les images viendront plus tard. S'il la pratique depuis fort longtemps, il ne se

---

1. Hugues Le Paige & Jean-François Bastin, *François Mitterrand, portrait en surimpressions*, op. cit.
2. Franz-Olivier Giesbert, *Le vieil homme et la mort*, op. cit., p. 102.
3. Ibid.
4. Pierre Jouve & Ali Magoudi, *François Mitterrand, portrait total*, op. cit., p. 87.
5. Franz-Olivier Giesbert, *Le vieil homme et la mort*, op. cit., p. 103.

risque pas à en parler au milieu des années quatre-vingt. Dix ans plus tard, les conversations sur l'Ecclésiaste avec Jean d'Ormesson ou Franz-Olivier Giesbert sont fluides et assumées, tout comme le « hit-parade » des prophètes dressé avec Elie Wiesel, de Jérémie « le hurleur » au « lumineux » Isaïe. « Mais ce n'est pas très mystique, la Bible [1] », tranche-t-il alors. Elle est néanmoins le livre mère du mysticisme, dont l'inépuisable progéniture littéraire dévore la bibliothèque et les heures de lecture de François Mitterrand dans ses derniers mois.

Les Pères de l'Eglise, saint Augustin, saint Paul – compagnon des dernières années de Mitterrand – sainte Thérèse d'Avila ou de Lisieux, c'est la Bible moins le sang à chaque page, c'est l'incandescent soleil de l'Ancien Testament tamisé par l'Evangile. « Je n'ai jamais compris, s'agaçait Mitterrand, pourquoi on a mis ensemble l'Ancien Testament, le livre de la Justice de Dieu, et le Nouveau Testament, le livre de la Grâce. Ils n'ont rien à voir ensemble [2]. » S'il a vécu en lecteur de la Bible, Mitterrand se meurt en lisant ailleurs le dialogue de la foi et du doute. La Bible, où Dieu est un « serial killer », n'aide pas à mourir. Il faut un supplément d'âme à François Mitterrand, des ouvrages qui projettent l'homme dans l'au-delà, et non le récit cataclysmique des interventions divines sur terre. « Une autre caractéristique de François Mitterrand aujourd'hui, c'est la littérature religieuse et la littérature mystique, la littérature qui tourne autour des fins dernières de l'Homme [3] », analyse d'Ormesson. Or la Bible est le livre des origines premières de l'Homme. A quelques mois de la mort, même enracinée dans la Bible, sa curiosité religieuse porte ses méditations vers d'autres textes.

Si la littérature est pour François Mitterrand le plus court chemin vers la religion – à moins que ce ne soit l'inverse ? –, elle est également l'intense reflet de la vie. C'est parce que la littérature est vivante qu'il se passionne ingénument, à l'automne 1995, pour la course aux prix littéraires. Bien qu'on la dise faisandée, pipée et microcosmienne, l'agitation germano-pratine de l'automne captive François Mitterrand. « Il m'appelait souvent, un peu comme une groupie, se souvient Franz-Olivier Giesbert, dont le roman *La*

1. François Mitterrand & Elie Wiesel, *Mémoire à deux voix*, op. cit., p. 60.
2. Franz-Olivier Giesbert, *Le vieil homme et la mort*, op. cit., p. 103.
3. Hugues Le Paige & Jean-François Bastin, *François Mitterrand, portrait en surimpressions*, op. cit.

souille, tragédie bucolique, est dans le peloton des favoris. Il avait sans doute préféré *La souille* à *L'affreux*, même s'il négligeait dans *La souille* les aspects métaphysiques pour ne voir que l'ethnologie. Il me disait : " Je sais, il y a ça aussi, mais Spinoza, ce n'est pas trop mon truc. " Et nous comparions les paysages et les paysans de la Charente, du Morvan et de la Normandie [1]. » François Mitterrand ne cesse de jouer aux prix littéraires, inépuisable juré pour la littérature qui tombe entre les griffes de ses paupières. Peu importe le complice de l'instant, les lectures de chaque visiteur sont prétextes à l'Inquisition et le plaisir du réquisitoire et du verdict est le seul but. A chaque extrémité du mois de novembre, François Mitterrand profite de deux complices de choix pour ce jeu : Laure Adler et Jean Lacouture.

L'ancienne conseillère culturelle de l'Elysée rencontre pour la seconde fois François Mitterrand depuis son départ de la présidence, le 17 mai. La première rencontre, avant l'été, est strictement privée. « C'était pour un problème personnel, pour lui parler de quelqu'un qui est plus proche de moi que de lui [2] », confie l'animatrice du Cercle de Minuit. La seconde entrevue – il y en aura bientôt une troisième – entre Laure Adler et François Mitterrand, est consacrée à la littérature. Elle prépare un livre sur Marguerite Duras, un essai biographique entamé avant *L'année des adieux*, ce carnet de route des quinze derniers mois élyséens de Mitterrand. Lui, a bien connu Duras avant Duras, pendant la guerre, quand elle était la femme du résistant Robert Antelme. En novembre 1995, Duras et Mitterrand sont tous deux vivants, aux nécrologies néanmoins prêtes dans les rédactions, tirées régulièrement de l'assoupissement des tiroirs par le bruissement de la rumeur. Quelques mois plus tard, Duras et Mitterrand seront passés du marbre journalistique au marbre funéraire. « François Mitterrand a lu Duras dès le début, expose Adler, dès ses premiers romans, méconnus, comme *La vie tranquille*. Il m'a dit sincèrement que Marguerite Duras était pour lui un grand écrivain, et que cela ne dépendait pas de leur amitié. Il précisait : " Je fais le partage. " Il aimait *Les petits chevaux de Tarquinia*, *Moderato cantabile* ou *L'après-midi de Monsieur Andesmas*, ces livres où les personnages

1. Entretien téléphonique avec l'auteur, le 9 juillet 1996.
2. Entretien avec l'auteur, le 16 octobre 1996.

tentent d'échapper à la solitude par l'amour ou le crime, ou bien rentrent dans le silence. Il appréciait cette littérature silencieuse, écrite par petites touches. Mais sa préférence allait à *Un barrage contre le Pacifique*, car l'enfance de Duras et la peinture de la vie coloniale plaisaient à l'ancien ministre de la France d'Outre-Mer. Enfin, s'il s'était réjoui du prix Goncourt attribué à *L'amant*, il lui préférait *L'amant de la Chine du Nord*, un scénario devenu livre. Les risques, les enjeux littéraires, l'économie de moyens de cet ouvrage le rendaient selon lui supérieur à *L'amant*, de facture plus classique, plus lisse [1]. »

C'est un autre ouvrage de Duras que veut ce jour-là évoquer Laure Adler : *La douleur*, publié en 1985, et notamment le texte intitulé « Ter le milicien », où Marguerite Duras narre ce jeu ambigu qui l'associa pendant l'Occupation à un collaborateur, Delval. Il s'agit pour elle de venir en aide, via cette comédie, à son mari Robert Antelme, arrêté par les Allemands le 1er juin 1944. François Mitterrand mobilise une partie de son réseau pour surveiller les restaurants où se rencontrent Delval et Duras, contacts dépourvus d'utilité et riches de dangers. Tout ramène décidément François Mitterrand, en novembre 1995, aux années de guerre. En janvier précédent, il a déjà parlé de cet épisode de la Résistance avec Laure Adler, la recevant dans ses appartements privés de l'Elysée, où il passe alors de plus en plus de temps, comme si la maladie l'avait repoussé dans ce fortin familier. « Alors vous me parlez de Marguerite Antelme, future Marguerite Duras, et de son comportement, que vous trouvez ambigu, avec le gestapiste français Delval. Marguerite a été indéniablement aimable avec Delval. Elle a voulu tout tenter pour essayer de sauver son mari. Elle a réussi, par l'intermédiaire de Delval, à envoyer des couvertures à son mari à Fresnes. Elle avait vu, sous ses yeux, son mari et sa belle-sœur arrêtés. Il fallait la comprendre [2]. » Dix mois plus tard, Mitterrand ne formule pas de verdict plus net, persistant devant le même témoin dans cette désapprobation maquillée d'indulgence en levant les bras au ciel : « Que peut-on reprocher à une femme qui souffre et qui désire revoir son mari ? » Mais François Mitterrand n'est pas dupe, même de l'insondable Duras qui déclara à son propos, en mai

1. Ibid.
2. Laure Adler, *L'année des adieux*, op. cit., p. 304.

1981 : « De sa personne, il est seigneurial. » « Il avait un large sourire ironique quand il parlait du " personnage " Duras, précise Laure Adler. Il m'a rappelé les entretiens qu'il avait réalisés avec elle pour *L'Autre Journal*. Je ne les avais pas oubliés : Duras voulait en faire un livre, chez Gallimard, mais il fallait pour cela ajouter un ou deux entretiens pour épaissir l'ouvrage. Elle m'a appelée à l'Elysée, où j'étais conseillère culturelle, et j'ai transmis la requête à François Mitterrand. Il n'en a jamais voulu [1]... » Perdu pour l'édition, le dialogue Duras-Mitterrand vivra au théâtre, fin 1992, avec une petite fille pour incarner l'écrivain. Tragique sous l'Occupation, mondain ou spirituel ensuite, le face-à-face Mitterrand-Duras a-t-il été pendant un demi-siècle autre chose qu'une talentueuse comédie? On y trouve en tout cas cette phrase de Mitterrand, solennelle comme une réplique de fin d'acte, si éloquente fin 1995 : « L'angoisse de ce qui entoure le phénomène qu'on appelle la mort, je ne l'ai jamais tout à fait surmontée [2]. »

Venue pour parler de Duras, Laure Adler n'échappe pas à l'écho d'une conversation si souvent tenue entre elle et le Président, où défilent les écrivains comme les hommes d'affaires dans *La Folle de Chaillot*, précipités comme eux, le plus souvent, dans une Géhenne de théâtre. « Il était d'une sévérité intense avec Mauriac, se souvient Laure Adler, et s'interrogeait même : " Pourquoi le considère-t-on comme un écrivain? " Il était sévère également, même s'il appréciait *La chute*, avec Camus : " Il prend la pose ", disait-il [3]. » Mitterrand vante, en revanche, William Styron, dont il lut *Le choix de Sophie* pendant la campagne de 1981, et Dos Passos, qui glissa, croisant Mitterrand, de la gauche – le communisme – à la droite. « Il aimait beaucoup les femmes écrivains, conclut Adler, qui avaient inventé une langue, comme Duras ou Sarraute. François Mitterrand était sensible à cet aspect formel de la littérature, ce qui explique aussi son amour de la poésie. Il parlait interminablement de Saint-John Perse avec un de ses conseillers diplomatiques, qui préparait un livre sur ce poète [4]. » Si l'écriture, c'est la vie, la littérature, c'est donc les femmes. « Il était Casanova, tranche Giesbert. Il connaissait ses *Mémoires* par cœur et nous traitait, les

1. Entretien avec l'auteur, le 16 octobre 1996.
2. *L'Autre Journal*, le 26 février 1986.
3. Entretien avec l'auteur, le 16 octobre 1996.
4. Ibid.

journalistes comme les autres, comme des femmes [1]. » Le 4 novembre 1986, l'avion présidentiel en route pour Montpellier survole les Cévennes. En face de François Mitterrand est installée une femme. « C'est beau, les Cévennes, hein [2] ? » lui lance-t-il. Entre elle et lui, il a déposé un exemplaire des *Mémoires* de Casanova, dans l'édition de la Pléiade...

Casanova n'est pas convié, fin novembre, à la dernière rencontre entre Jean Lacouture et François Mitterrand. Il est néanmoins question de littérature, et Lacouture questionne à la fois Mitterrand le lecteur et l'écrivain Mitterrand. C'est la cinquième fois que le Président reçoit ainsi celui dont il a décidé qu'il serait son biographe. « Vous êtes aquitain. Comme moi [3] », a-t-il livré, en guise d'explication, mais il en est sans doute une autre. En offrant ses ultimes confidences à celui qui consacra trois volumineux tomes à la vie du général de Gaulle, François Mitterrand cherche une fois encore à croiser sous la même toise son encombrant prédécesseur. Si Jean Lacouture écrit sur le quatrième Président de la Ve République un ouvrage égal ou supérieur à celui qu'il consacra à son fondateur, c'est le match de Gaulle-Mitterrand qui a trouvé son arbitre. Le jour où il reçoit Jean Lacouture, François Mitterrand n'est pas en état de tenir le moindre round. La maladie transforme sa vieillesse en naufrage, tandis que de Gaulle coula à pic, torpillé par la mort un soir de novembre, exactement un quart de siècle plus tôt.

Mitterrand est recroquevillé dans son lit, tournant presque le dos à son visiteur qui, pour la seconde fois, est reçu dans la chambre et non dans le bureau. Lacouture est un instant plus nécrologue que biographe. Saisi par l'expression douloureuse qui pétrit le visage de François Mitterrand, il laisse échapper : « Monsieur le Président, est-ce que vous souffrez ? » La question est d'une grande et maladroite sollicitude, la réponse est une esquive et une confidence. Le Président se tourne lentement vers son visiteur qui s'approche du lit, et lui souffle : « Mon cher, la morphine, c'est merveilleux [4]. » Grand aveu, tant les gardiens du mythe mitterrandolâtre clameront après la mort du Président que jamais il n'accepta la moindre injec-

1. *Le Grand Débat*, France Culture, le 16 septembre 1996.
2. Sylvie Pierre-Brossolette, *Paroles de Présidents*, op. cit., p. 84.
3. Entretien avec l'auteur, le 6 octobre 1996.
4. Ibid.

tion de morphine. A moins qu'il ne s'agisse d'une suprême vanité stoïcienne, le grabataire vantant la substance qu'il refuse, au prix d'insupportables douleurs soigneusement exhibées devant un témoin de choix? Mensonge ou orgueil, la nature du péché importe peu : seuls comptent la miette de mystère, le supplément d'ambiguïté confié au facteur de la postérité. Mitterrand semble offrir une information importante, mais, quand on ouvre le paquet, c'est une question qui jaillit au bout de ce ressort qu'est le point d'interrogation. Avant le travail du doute, l'aveu surprend Jean Lacouture : « Il prenait donc de la morphine? C'est dire s'il souffrait. J'ai pensé alors à la phrase de Montaigne : " Si le gémissement permet de souffrir un peu moins, gémissons [1]. " »

L'écrivain prend place au bout du lit, et la conversation s'engage, voguant très vite vers les rivages de la littérature. François Mitterrand en profite pour jouer une nouvelle partie de « qui vaut quoi dans le monde des écrivains? » Et il commence par déboulonner une statue qu'il a lui-même érigée sur son piédestal, et briquée pendant des années : celle de Jacques Chardonne. « On commence à m'embêter avec Chardonne, lance-t-il à Lacouture. Je l'aime parce que c'est un écrivain de chez moi, un très bon écrivain. » L'historien n'est pas dupe, même s'il ne connaît pas encore les œuvres de Chardonne : « Je les ai lues après cette discussion : c'est sans intérêt. Quand je pense que mes sœurs dévoraient cela avant guerre, quand on le disait l'égal de Mauriac [2] ! » A Edouard Balladur, qui lui demandait un jour pourquoi il aimait « un auteur tellement ennuyeux », Mitterrand répondit : « C'est parce que j'ai dit ça dans une émission de télévision, il y a tellement longtemps [3]. » Si François Mitterrand prend ses distances, à la fin de sa vie, avec Chardonne, c'est encore et toujours à cause de la guerre. Il craint que cette affinité littéraire, que personne ne lui a jamais reprochée, soit regardée soudain à travers le prisme maudit de l'Histoire de l'Occupation. Or Chardonne n'a pas été irréprochable durant ces quatre années. Sa *Chronique privée de l'an 40* et surtout *Voir la figure* révèlent un personnage pétainiste par fatalité et défaitiste par lucidité. Son réalisme est honnête, mais coupable dans une époque où seul l'idéalisme est salvateur. Brièvement em-

1. Ibid.
2. Ibid.
3. Franz-Olivier Giesbert, *Une vie*, op. cit., p. 680.

prisonné à Cognac après la Libération, c'est moins un non-lieu qu'une grande indifférence qui est alors la cause de sa relaxe. Fidèle jusqu'au bout à Bousquet, Mitterrand lâche sans remords Jacques Chardonne, abandon préventif. Il est vrai que sa carrière politique ne doit rien à cet écrivain délicat, dont la prose sent trop la tuberculose, au style toussotant, et qui succomba d'ailleurs en même temps que la sentimentalité fade composant le fonds de ses romans. Rien de tout cela n'est Mitterrand, qui diffère de Chardonne dès la prime jeunesse : « J'étais un enfant plein de passion, mais surtout rongé d'un singulier désespoir, pareil à une migraine, qui ne m'a pas quitté pendant vingt ans [1] », confie l'écrivain. Le politique, lui, enfant tout aussi plein de passion, fut rongé d'un singulier espoir, pareil à une ambition, qui ne l'a pas quitté pendant soixante ans : celui du pouvoir. Le vieux Président pourrait néanmoins méditer l'une des premières phrases du *Bonheur de Barbezieux* : « Le passé n'est jamais tout à fait révolu quand il a duré ; c'est le présent qui parfois se dissipe sous nos yeux, faute de prises [2]. » En novembre 1995, Mitterrand est harcelé par le cancer, qui délite une à une ses journées, en attendant de déchiqueter ses heures. Le présent se dissipe, tandis qu'un passé qui a trop duré le harcèle de symbole en symbole, de procès en lectures. Mais Mitterrand préfère sans doute plagier comme Chardonne, qui s'en fit presque une devise à la fin de sa vie, la formule de Victor Hugo : « Le vieux s'estime. »

Dans *Le bonheur de Barbezieux*, sauvé de la rouille littéraire par sa simplicité, une phrase encore ne peut qu'être reniée par Mitterrand : « Le goût littéraire est toujours tardif, s'il apparaît jamais [3]. » Mitterrand est sûr de son goût, qui est ancien, fixé dès la jeunesse et assumé depuis, hormis quelques rares et intéressantes disgrâces. Avec Jean Lacouture, la discussion se concentre vite sur les auteurs essentiels, dont le tout premier est Léon Tolstoï. « Si j'ai un Dieu littéraire, c'est Tolstoï [4] », confiait-il à Bernard Pivot en 1988. Tolstoï l'excommunié, l'ascète inaccompli qui chercha vainement à mettre sa vie en harmonie avec sa foi, quand Mitterrand tenta sans plus de succès de se construire une foi qui fût en phase avec sa vie.

1. Jacques Chardonne, *Le bonheur de Barbezieux*, Stock, 1980, p. 52.
2. Jacques Chardonne, *Le bonheur de Barbezieux*, op. cit., p. 9.
3. Jacques Chardonne, *Le bonheur de Barbezieux*, op. cit., p. 90.
4. *Paris-Match*, le 24 avril 1988.

Tolstoï ogre de sensualité, génie de littérature. « Dans *Guerre et Paix*, c'est tout ce qui concerne la stratégie qui m'a intéressé [1] », confiait-il à Gonzague Saint-Bris dès 1974. Et c'est *Guerre et Paix* qu'il évoque encore une fois devant Jean Lacouture, comme si l'ouvrage mêlait du mieux qu'il fût possible la littérature et la science de la victoire. Derrière Tolstoï, noble, riche et glorieux, Mitterrand place un autre Russe, miséreux et maudit : Fedor Dostoïevski. Ces deux écrivains, le comte et le bagnard, le colosse et l'épileptique, ne sont-ils pas les deux hérauts de la vie de Mitterrand, ce « noir » et ce « rouge » cernés par Catherine Nay en un lointain reflet de la bichromie stendhalienne ? L'aristocrate Tolstoï, prospère et adulé, a tenté sans relâche et sans succès de ressembler à ses paysans, tout comme Mitterrand a contrefait le populaire pour dominer la gauche, sans jamais perdre son ascendant de classe. Le roturier Dostoïevski, anarchiste et endetté, a toujours patienté, persuadé, même au pied du poteau d'exécution, que le destin lui apporterait gloire et confort – ce qui advint. Et tous deux poursuivaient en fait le même but spirituel : trouver la voie vers Dieu, s'en approcher assez pour croire en lui sans cesser de croire en soi. Voilà pourquoi Mitterrand les compare au point de les superposer. Et s'il place Tolstoï devant Dostoïevski, c'est parce qu'il est lui-même, surtout à la fin de sa vie, plus près du noir que du rouge, plus descendant de Tolstoï que de Dostoïevski.

« Quand on me demandait, il y a quarante ans, quel était le plus beau livre que j'avais lu, je répondais : *Les frères Karamazov*. A présent, je préfère certains livres de Tolstoï [2]. » Tolstoï est son « Dieu littéraire », mais Dostoïevski est son diable littéraire, qui le hante d'une vie menée, sans comédie aucune, de bas en haut. Dans l'œuvre de Dostoïevski, c'est donc, bien sûr, *Les frères Karamazov* que distingue François Mitterrand face à Jean Lacouture. « Ah ! Le starets Zossima ! Le starets Zossima ! » susurre François Mitterrand, inspiré. Invocation obscure au profane, que celle du thaumaturge dostoïevskien, de ce moine gourou et martyr, mélange de Raspoutine et de sainte Thérèse. Mais que la définition du starets Zossima est troublante, tracée par Fedor Dostoïevski lui-même : « Ainsi, qu'est-ce donc qu'un starets ? Le starets est celui qui prend

1. *Femme*, février 1996.
2. François Mitterrand & Elie Wiesel, *Mémoire à deux voix*, op. cit., p. 172.

votre âme, votre volonté dans son âme et sa volonté à lui [1]. » Le starets Mitterrand eut plus d'un fidèle... Et plus fascinante encore est la description du starets agonisant mais recevant encore ses interlocuteurs : « Au lieu du malade à l'agonie, peut-être déjà sans connaissance, qu'il craignait de trouver, il le vit soudain assis dans son fauteuil, l'air épuisé de faiblesse mais animé et gai, entouré de visiteurs et menant avec eux une conversation paisible et sereine. Au demeurant, il n'avait quitté son lit qu'un quart d'heure à peine avant [2]... » Et voilà soudain, surgi de la littérature russe, le vieux Président de la République, grabataire en privé, mais toujours apte à guérir un instant pour recevoir d'ultimes témoins de son magnétisme. Voilà le starets de l'avenue Le-Play.

Mitterrand ne feint pas, néanmoins, devant Jean Lacouture, qu'il reçoit au fond de son lit. Mais leur conversation ne glorifie pas seulement les auteurs adulés du Président, elle torture aussi ceux qu'il méprise, piquant de cruelles épingles dans la poupée de cire de leur évocation. Et la victime préférée de Mitterrand, c'est André Malraux. En cette fin novembre 1995, il ignore, bien sûr, que le ministre de la Culture du général de Gaulle entrera, un an plus tard exactement, au Panthéon. Son agressif mépris en eût été renforcé. « Malraux ? Il le déteste, résume Lacouture. Cela part de la haine de Mitterrand pour le RPF, et il le considère en plus comme un mauvais écrivain. Même quand je lui ai rétorqué que Malraux aimait *Les frères Karamazov*, il m'a répliqué : " On peut aimer les mêmes choses, l'un pour de bonnes raisons, l'autre pour de mauvaises [3]. " » La haine de Malraux, chez Mitterrand, est protéiforme. Il y a, d'abord, la haine politique. Si elle s'enracine sans aucun doute dans le RPF, qui connaît une flamboyante – bien qu'éphémère – réussite, à l'heure où Mitterrand noyaute sournoisement l'UDSR d'anciens prisonniers pour en prendre le contrôle en combinard, si elle se nourrit des miettes que laisse échapper sa haine maîtresse, celle du gaullisme, si elle transpire le mépris de Morland, résistant de la fin 1942, pour Berger, résistant du début 1943, elle est surtout marquée au fer rouge du discours du 15 dé-

1. Fedor Dostoïevski, *Les frères Karamazov*, première partie, livre premier, chapitre 5.
2. Fedor Dostoïevski, *Les frères Karamazov*, deuxième partie, livre sixième, chapitre 1.
3. Entretien avec l'auteur, le 6 octobre 1996.

cembre 1965. Quelques jours plus tôt, Mitterrand a mis de Gaulle en ballottage lors de la première élection présidentielle au suffrage universel. Plus exactement, Jean Lecanuet a rogné les voix du centre droit, privant ainsi le Président sortant d'un appoint décisif, et ouvert les portes du second tour au candidat de la gauche. Le général de Gaulle secoue alors sa grande carcasse, pachyderme agacé par une piqûre de moustique, et Malraux se charge de la vraie riposte. Il monte au feu à la tribune du Palais des Sports de Paris, et démantibule Mitterrand d'une prose grinçante et pleine des cliquetis de l'orateur en liberté. Le voilà qui moque « le petit cantique de M. Mitterrand à son amour de la liberté, ce poujadisme sentimental [1] ». Le voilà qui résume Mitterrand à un « mélange de désir émouvant et d'inévitable démagogie qu'implique l'éternelle intention politique, opposée à l'action politique [2] ». Le voilà qui accuse Mitterrand de vouloir couper la France en quatre, puisqu'il est « le candidat unique de quatre gauches, dont l'extrême droite [3] ». « Malraux est cet incomparable conteur que j'ai eu la chance d'entendre à Crans-sur-Sierre, quelque soir d'une douce semaine de juin 1956, écrit Mitterrand le 6 mars 1972. A la lueur des bougies du chalet suisse où nous dînions, les sabots des chevaux mongols frappaient le sol de Samarkand [4]. » Le 15 décembre 1965, les chevaux de Samarkand piétinent François Mitterrand. « Vous avez rêvé la gauche [5] », achève Malraux, qui est resté, depuis, le cauchemar de Mitterrand. « Le personnage a éclipsé l'œuvre [6] », écrit de Malraux le futur Président. « La personne du général de Gaulle comptera plus que son œuvre [7] », pronostiquait-il six mois plus tôt, en septembre 1971. La haine historique de Mitterrand pour Malraux est la petite sœur de sa haine historique pour de Gaulle.

Il y a, ensuite, une détestation littéraire de Mitterrand envers Malraux, cet écrivain qu'il estime fort peu, pour l'avoir aimé dans sa jeunesse et se retrouver honteux, l'âge venant, de s'être fait berner. Malraux n'a cessé de dégringoler les barreaux de l'échelle littéraire mitterrandienne, sauf lors d'une brève indulgence de

1. André Malraux, *La politique, la culture*, Folio, 1996, p. 306.
2. André Malraux, *La politique, la culture*, op. cit., p. 311.
3. Ibid.
4. François Mitterrand, *La paille et le grain*, op. cit., p. 64.
5. André Malraux, *La politique, la culture*, op. cit., p. 310.
6. François Mitterrand, *La paille et le grain*, op. cit., p. 65.
7. François Mitterrand, *La paille et le grain*, op. cit., p. 18.

cimetière, en novembre 1976 : « Toute déception rend injuste, et je le suis resté longtemps [1]. » « Sur Malraux et son œuvre, Mitterrand a poursuivi sa révision à la baisse, confirme Roger Gouze, son beau-frère, admirateur, lui, de l'auteur de *La condition humaine*. Récemment il me disait : " Sauf *L'espoir* que je n'ai pas relu et qui pourrait rester son meilleur livre, tout Malraux sombrera dans l'oubli. C'est truqué, bavard, artificiel, soufflé et le plus souvent ennuyeux [2]. " » François Mitterrand est libre de son jugement, qui en vaut un autre. Mais il ne s'agit pas là d'une commune jalousie d'auteur : Mitterrand n'en veut pas à Malraux d'être devenu un grand écrivain quand lui n'a pas pu s'épanouir dans cette voie, il le méprise d'être un plus mauvais écrivain que lui et d'avoir néanmoins connu la gloire en littérature. Car Malraux est un mauvais écrivain, mais c'est un écrivain. « Je me demande, à ce propos, si Malraux n'appartient pas à cette lignée d'écrivains dont le génie s'exprime tout entier dans la conversation et se dissipe dans l'écriture [3] », cingle Mitterrand en 1972. « Au fond, je me demande si Malraux n'appartenait pas à cette catégorie d'écrivains dont le génie s'exprime dans la conversation et se dilue dans l'écriture [4] », recopie-t-il en 1995 dans un ouvrage qui devrait avoir la spontanéité du livre d'entretiens qu'il prétend être. Mitterrand s'autoplagie pour dénier à Malraux le titre d'écrivain...

Cette détestation littéraire n'est qu'une moitié, en fait, de la haine existentielle qui anime Mitterrand à l'égard de Malraux. Le baroudeur d'Asie, le mercenaire antifasciste a su, en effet, tresser l'action et la littérature pour en faire l'amarre de son existence. Mitterrand, lui, a dû choisir. « A Paul Guilbert, du *Quotidien de Paris*, qui m'interroge : " Etes-vous un écrivain raté ou un politique par dépit ? " Je réponds : " Je suis un homme politique. " Sans doute avais-je plus de goût pour l'action [5]. » Il n'a pas répondu, abrité derrière l'ambiguïté du « sans doute »... En homo politicus, pour reprendre l'appellation de Franz-Olivier Giesbert, il a certes poussé l'action vers des réussites que Malraux n'a jamais obtenues. Malraux a accompagné l'Histoire faite par un autre. Mitterrand a

1. François Mitterrand, *L'abeille et l'architecte*, op. cit., p. 229.
2. Roger Gouze, *Mitterrand par Mitterrand*, Le Cherche-Midi, 1994, p. 118.
3. François Mitterrand, *La paille et le grain*, op. cit., p. 65.
4. François Mitterrand, *Mémoires interrompus*, op. cit., p. 164.
5. François Mitterrand, *L'abeille et l'architecte*, op. cit., p. 328.

parfois fait l'Histoire, et, le reste du temps, l'a accompagnée en feignant de la faire. La vie de Malraux apparaît ainsi à Mitterrand moins aboutie, mais plus accomplie que la sienne. Erik Orsenna n'a pas tranché la rivalité dans *Grand amour*, mais il livre dans ce roman à clef celle de la serrure existentielle : « On le créditait toujours d'une " personnalité romanesque ", l'une des plus romanesques du siècle. Voilà pourquoi Il détestait Malraux, son concurrent le plus sérieux. » « Etre crédité » est l'expression juste, tant la vérité biographique est ici importune. Mitterrand en veut surtout à Malraux d'avoir sculpté un mythe pour en couvrir une existence plus petite que son masque. Malraux a écrit les *Antimémoires*, Mitterrand laisse des *Mémoires interrompus* qui sont des non-mémoires. C'est Julien Gracq qui prononce, involontairement, le verdict : « En somme Malraux n'a fait qu'étoffer sa vie des *addenda* qui lui semblaient dus, qui la prolongeaient organiquement, et dont seul le cadre trop étriqué d'une existence individuelle au XXe siècle l'élaguait [1]. » Mitterrand a retranché de sa vie les épisodes qui le dérangeaient, quand Malraux enluminait la sienne d'aventures rêvées. Malraux a menti par exagération et Mitterrand par omission. Mitterrand a regretté de n'être pas un héros du XIXe siècle, Malraux s'est donné les moyens d'être un héros du XXe.

De l'auteur Mitterrand, il est question entre chien et loup dans cet ultime dialogue qui réunit Jean Lacouture et l'ancien Président de la République. « Je lui dis : " Mais il y a un moment dans votre vie où vous choisissez la politique et non la littérature. Pourquoi ? " Et il me répond : " En littérature, je n'étais pas sûr d'avoir un grand talent. En politique, je savais. Je savais comment on est avec les hommes. " Et il a un geste net, qui semble dire : " Je savais comment on commande [2]. " » Mitterrand a donc préféré la concrète ambition aux illusions de l'art, trouvant sa voie par calcul et non par destin. L'aveu contredit la belle version généralisée par Jean d'Ormesson : « Tout homme politique est un écrivain manqué. Tout homme politique aurait voulu être écrivain et, ne le pouvant pas, il se contente d'être Président de la République [3]... » C'est

1. Julien Gracq, *En lisant, en écrivant*, op. cit., p. 261.
2. Entretien avec l'auteur, le 6 octobre 1996.
3. Hugues Le Paige & Jean-François Bastin, *François Mitterrand, portrait en surimpressions*, op. cit.

pour ne pas être un écrivain manqué que Mitterrand a donc choisi la politique, mais il est demeuré en lui un remords, d'où une longue suite de ruses que déploie, pour apparaître en écrivain, cet homme qui sait écrire. La première ruse, évidente, est de faire des livres : il en composa dix-huit, sans compter *Premier accord*, une nouvelle érotique rédigée en mai 1940, ni un amas de médiocres poèmes entassés de l'adolescence à la quarantaine passée.

La deuxième ruse est de parler des livres qu'on veut écrire. Et Mitterrand est un maître ès procrastination. « Gallimard attend depuis un certain temps un livre de vous sur Laurent de Médicis [1]... », lui fait remarquer Bernard Pivot le 7 février 1975. « Depuis bien trop longtemps », reconnaît Mitterrand, qui ajoute « Laurent de Médicis attendra en effet l'heure de ma retraite ». Napoléon III chasse Laurent de Médicis, et Mitterrand s'engage dans un ouvrage sur le coup d'Etat du 2 décembre. « Que j'essaye d'achever maintenant [2] », promet Mitterrand en 1978. Il ne verra jamais le jour, pas plus que le livre, « promis à Grasset, sur, pour paraphraser une formule célèbre, une certaine image, que j'ai, de la France [3] ». Point d'escroquerie ici, tant son désir est réel d'écrire ces livres, mais l'homo politicus n'a pas le temps. Rêver ces livres, c'est un peu les écrire. « Ecrivain, je n'aurais pas été un écrivain d'imagination [4] », se désole Mitterrand en octobre 1977. Il s'est imaginé écrivain.

Mitterrand entretient également toute une liturgie de plume, un rituel de l'écriture dont il narre les moindres détails. « Je ne supporte pas l'idée d'une feuille de papier froissée, avant qu'elle n'ait servi à quelque chose d'utile. J'ai une sorte de respect vis-à-vis du papier [5] », explique-t-il à Pierre Jouve et Ali Magoudi. « Je peux écrire n'importe où. (...) Et je peux rester plusieurs heures à écrire sans faire attention à ce qui se passe autour de moi, sans remarquer que je saute un repas, que la journée s'achève [6] », affirme-t-il à Pierre Boncenne. Mais il a du mal à commencer : « Que de prétextes n'ai-je pas inventés, au moment de commencer la rédaction

1. *Lire*, décembre 1994.
2. *Lire*, septembre 1978.
3. Ibid.
4. François Mitterrand, *L'abeille et l'architecte*, op. cit., p. 328.
5. Pierre Jouve & Ali Magoudi, *François Mitterrand, portrait total*, op. cit., p. 170.
6. *Lire*, septembre 1978.

d'un livre, pour ne pas m'asseoir à ma table ! Une fois, mon regard est retenu par les rayons de ma bibliothèque. (...) Une autre fois, mon chien aboie dehors et je vais voir ce qui se passe. (...) Une autre fois encore, mon stylo ne me convient pas... Ce refus animal d'écrire peut durer des jours [1]. » Là encore, cette gestuelle est sincère et sympathique, bien qu'assez commune. Mais elle est surtout un décorum pour enjoliver l'acte d'écrire, dont le résultat ne peut se défendre seul. « Nous avons souvent parlé de cette difficulté à s'y mettre, témoigne Jean d'Ormesson. Mitterrand m'a dit : " Il faut casser la glace. Il faut s'encapuchonner. " Et je lui ai cité ce mot de Flaubert : " Pour écrire, il faut se monter le bourrichon [2]. " » Tombe alors de la bouche du jovial académicien la terrible conclusion : « Il parlait si bien de la condition d'écrivain. Il parlait mieux de la littérature qu'il ne la pratiquait [3]. » Et si Mitterrand appartenait à cette catégorie d'écrivains dont le génie s'exprime dans la conversation sur la littérature et se dilue dans l'écriture ?

Grammairien rigoureux et grand lecteur, François Mitterrand mérite cette appellation intermédiaire, entre l'homme qui sait écrire et l'écrivain, que lui décerne François Nourissier : « Littérateur ». Un mot sévère, surtout éclairé par la sentence de Romain Rolland : « Tolstoï, le moins littérateur des écrivains. » « Manque, hélas ! le livre, explique Nourissier. (...) Mais, on le sent, nous ne parlons plus ici de savoureuses facilités pour l'écriture, mais d'une passion qui exige tout de son homme et ne tolère pas de n'être que décorative [4]. » Manque le livre, en effet, même si Mitterrand, ultime ruse, a depuis longtemps paré le reproche d'un : « Le livre que j'aimerais encore écrire ne le sera sans doute jamais [5]. » « Croyez que ce devait être beau », glissa Mallarmé en excuse post-mortem. « Croyez que ce devait être grand », semble dire Mitterrand. Fin novembre, pourtant, il écrit, et clame à son éditrice sa grande satisfaction face aux pages achevées. « Il y avait des feuillets sur le lit, ainsi que sur le bureau, avec des chemises jaunes et orange, un mélange des travaux sur l'Allemagne et des entretiens avec Georges-Marc Benamou, se souvient Lacouture. Et Mitterrand m'a

1. François Mitterrand & Elie Wiesel, *Mémoire à deux voix*, op. cit., p. 164.
2. Entretien avec l'auteur, le 21 octobre 1996.
3. Ibid.
4. *L'Express*, le 13 avril 1995.
5. *Lire*, septembre 1978.

dit en montrant les feuilles étalées devant lui sur les draps : “ Voici le bouquin que je suis en train de terminer [1]. ” » Publiés en avril 1996, trois mois après la mort du Président, *Mémoires interrompus* et *De l'Allemagne, de la France* ont déçu. On attendait un testament politique, un long message légué à la postérité, Mitterrand ne laissait derrière lui que deux volumes d'une plaidoirie trop agacée, d'une autobiographie trop lisse. Aucune surprise, aucun aveu, pas plus de mea culpa que de règlements de compte. Mitterrand distille son venin entre les lignes, comme toujours, quand on voudrait qu'enfin sorti des luttes pour le pouvoir, il assassinât en plein jour. Il devait écrire pour l'Histoire, il a travaillé pour le présent, pour l'actualité, ruminant l'émission ratée du 12 septembre 1994, où il s'expliqua sur Vichy avec Jean-Pierre Elkabbach, répondant aux articles, déjà oubliés des Français, qui l'accusèrent de n'avoir su prévoir ni accompagner l'effondrement de l'Est communiste et la réunification de l'Allemagne. On attend la suite du *Coup d'Etat permanent*, le suprême procès de De Gaulle au tribunal mitterrandien, et l'on découvre une critique convenue, réchauffée des ouvrages plus anciens.

Peu importe que des erreurs de détail se soient glissées dans ces ouvrages, comme le recense l'anonyme auteur d'*Aboitim 2*, un proche de Mitterrand abrité derrière le nom du labrador présidentiel, Baltique [2]. C'est sur l'essentiel qu'ils sont indigents : une page à peine sur la guerre d'Algérie, dont une seule ligne sur l'abandon des pouvoirs de justice aux militaires locaux, en 1956, par le garde des Sceaux Mitterrand. Certes, les mots sont lourds : « Une erreur, sûrement [3]. » Mais reconnaître une erreur là où on devrait avouer une grave faute, c'est comme nier la vérité. Dix lignes seulement sont, de même, consacrées à l'affaire de l'Observatoire, pour accuser le sadisme de De Gaulle ! Cette affaire sonne pourtant, en 1959, la mort de Mitterrand, du moins du premier Mitterrand, celui de la facilité. Honni, il entre en chrysalide et c'est en 1965 le second Mitterrand qui s'avance à l'élection présidentielle, le Mitterrand de l'ambition suprême. En 1959, sa carrière s'achève, son destin commence. Rarement faute politique aussi grave aura rendu un tel service à celui qui l'a commise... Et au moment de dire

1. Entretien avec l'auteur, le 21 octobre 1996.
2. Baltique, *Aboitim 2*, Edition n° 1, 1996.
3. François Mitterrand, *Mémoires interrompus*, op. cit., p. 185.

la vérité, de raconter ce qui le conduisit à sauter, le 15 octobre 1959 après minuit, par-dessus la haie de l'Observatoire, benêt jouet de la droite ou lui-même comploteur d'opérette, il se tait.

Pourquoi ne pas avoir profité de ces ultimes écrits pour établir la vraie chronologie du cancer ? Valait-il mieux, vraiment, laisser un docteur interlope jeter la vérité scandaleuse sur un cadavre encore tiède ? « Ses deux derniers livres ? Je les trouve très médiocres », tranche Jean d'Ormesson. Ils le sont, en effet. Manquera donc toujours, hélas ! le livre. Et quelles pages de François Mitterrand pourra-t-on parcourir demain pour le seul plaisir de lire ? Hormis quelques chroniques élégiaques de *La paille et le grain* et de *L'abeille et l'architecte*, l'œuvre mitterrandien sera livré, selon le mot de Marx, à la critique rongeuse des souris. Pour clore leur échange sur la littérature, Jean Lacouture dit à François Mitterrand : « En somme, Monsieur le Président, vous n'avez pas écrit *Les Thibault.* » Mitterrand fait la moue : « *Les Thibault* ? Oui, c'est bien, c'est bien. » « Président, je n'ai pas osé aller jusqu'aux *Frères Karamazov* [1]... » Et tout est dit, en résonance avec cette lointaine confidence de Mitterrand à son beau-frère Roger Gouze : « Si j'avais pu écrire *Les frères Karamazov*, ça aurait mieux valu que d'entrer dans quelques ministères que je connais [2]. » Mais quatorze ans d'Elysée valent de ne pas avoir tenté, sans doute vainement, d'écrire *Les frères Karamazov*.

*

* *

Jean-Pierre Tarot passe la tête par la porte : « Monsieur le Président, il faut arrêter. » L'entretien a duré trois quarts d'heure, et Jean Lacouture s'en va, raccompagné par le starets Mitterrand, comme lors de chacune de ses visites. Il en reste une à honorer, courant décembre, en attendant, bien sûr, de fixer des rendez-vous pour l'année prochaine. Mais les deux hommes ne se verront plus, et c'est la mort qui remplacera l'historien au chevet du Président, pour décider des chapitres et du style de la nécrographie qu'il faut désormais songer à rédiger, au propre. Les deux Aquitains n'ont pas parlé de Montaigne, sur lequel Jean Lacouture vient d'achever un ouvrage. Mais Mitterrand n'a besoin de personne pour relire

1. Entretien avec l'auteur, le 6 octobre 1996.
2. Roger Gouze, *Mitterrand par Mitterrand*, op. cit., p. 18.

Montaigne, et surtout deux chapitres des *Essais* : « Que philosopher, c'est apprendre à mourir » et « De juger de la mort d'autruy ». C'est dans ce dernier que l'intolérable question est posée : « Une âme si rare et examplaire ne coûte elle non plus à tuer qu'une âme populaire et inutile ? Cette vie, qui en couvre tant d'autres, de qui tant d'autres vies despandent, qui occupe tant de monde par son usage, remplit tant de places, se desplace elle comme celle qui tient à son simple nœud [1] ? » Mitterrand l'exceptionnel doit mourir, puisque le commun des mortels, en cette fin novembre, meurt.

C'est ainsi le cas d'un de ses amis d'adolescence, un Charentais anonyme dont la disparition n'intéresse personne, mais passionne Mitterrand. « Un ami mort, voilà qui devient coutumier avec ce temps qui nous emporte et qui, maintenant, accélère le pas, écrivait-il vingt-deux ans plus tôt, en décembre 1973. (...) Rupture m'est encore blessure et je ne me résous pas aux adieux [2]. » Sa sœur Colette l'appelle un soir pour lui annoncer ce décès, et ajouter une étrange anecdote : à la veille de mourir, cet ami a compris qu'il était l'heure en regardant son chat lui faire un signe... Voilà qui fascine François Mitterrand, adepte de la gourmande nécrophagie à la Montaigne : « Aussi ay-je pris en coustume d'avoir, non seulement en l'imagination, mais continuellement la mort en la bouche ; et n'est rien dequoy je m'informe si volontiers, que de la mort des hommes : quelle parole, quel visage, quelle contenance ils y ont eu [3]... » A la fin des années quatre-vingt, une collaboratrice de Jean Poperen se meurt d'un cancer, et reçoit les visites fréquentes d'une secrétaire du Parti socialiste. François Mitterrand convoque cette assistante à l'Elysée, pour se faire conter par le menu les souffrances de l'agonisante. Et Franz-Olivier Giesbert n'a pas manqué de placer en exergue au *Vieil homme et la mort* les mots de Julien Green dans *Le visionnaire* : « Un matin d'automne qu'il rentrait de promenade, il sentit la mort poser le doigt sur un point de son estomac. » Qu'Azraël se déguise en chat ne peut qu'exciter la curiosité mortuaire du Président.

Le lendemain de cette nouvelle, François Mitterrand a la mort gaie, et décide de déjeuner avec une jolie femme. Son choix se

1. Montaigne, *Essais*, livre II, chapitre 13, op. cit., p. 270.
2. François Mitterrand, *La paille et le grain*, op. cit., p. 223.
3. Montaigne, *Essais*, livre I, chapitre 20, op. cit., p. 135.

porte sur Laure Adler, qu'il a vue quelques semaines plus tôt pour parler de Duras. Christiane Dufour appelle l'heureuse élue le matin même : « Tu es libre à déjeuner ? » Laure Adler ne l'est pas, mais se souvient d'une circonstance analogue, survenue alors qu'elle était en poste à l'Elysée. Une telle invitation arrivait parfois, accompagnée d'une longue marche dans Paris pour se mettre en appétit ou digérer. Elle avait alors répondu : « Non, je déjeune avec un diplomate. » Et Christiane Dufour avait répliqué : « Je te conseille de ne pas dire cela au Président. » Fin novembre 1995, elle n'hésite donc pas, et acquiesce. « Ce sera dans un endroit calme et tranquille », précise Christiane Dufour. Laure Adler, qui vit en banlieue, attend toute la matinée que l'avenue Le-Play lui précise le lieu du rendez-vous. Le téléphone sonne enfin : le Président l'attendra chez Lipp ! En guise d'endroit tranquille, c'est une des brasseries les plus vibrionnantes de Paris qui est choisie. « Et en plus, se souvient-elle, nous avions une table en plein milieu, en bas, à côté de l'escalier ! Il y avait des gens connus partout, Bernard-Henri Lévy était assis en face de nous [1]. » François Mitterrand est là, très souriant. Il n'a plus envie d'aller dans les endroits discrets, et tient à afficher à la face du Tout-Paris qu'être mourant c'est encore être vivant quand on s'appelle Mitterrand, et qu'il assume avec arrogance cette lapalissade. Laure Adler, politesse obligée et sincère étonnement, lui dit : « Vous avez l'air en pleine forme. » Mitterrand lui saisit le poignet et réplique : « Je n'ai plus qu'un bras, l'autre ne répond plus. Je ne sais pas comment je vais manger proprement avec vous, alors, je vous en supplie, ne dites pas que j'ai l'air d'aller bien. » Un jour, à la préfecture de Bordeaux, en se lavant les mains, François Mitterrand avait constaté que son crâne se dégarnissait : la mort avait posé le doigt sur un point de son occiput, et il se mit alors à porter plus fréquemment un chapeau... La lente décrépitude de la vieillesse, avec son catalyseur le cancer, approche aujourd'hui de son terme.

Mais Mitterrand a décidément, ce jour-là, l'agonie joyeuse. Il raconte l'histoire de cet ami trépassé la veille, et la conversation s'engage sur la mort : le déjeuner n'aura pas d'autre sujet. Ce sont les signes de la mort, les diverses prémonitions qui défilent en même temps que les plats, avec au dessert une question surprise :

---

1. Entretien avec l'auteur, le 16 octobre 1996.

quand la mort est là, a-t-on tout fait pour ne pas avoir peur? « François Mitterrand parlait avec beaucoup de gaieté, multipliant les allusions à Barbey d'Aurevilly, à Edgar Allan Poe. Puis nous évoquons les rites de la mort qu'observent les survivants [1]. » Un déjeuner semblable, curieusement, avait eu lieu presque un an plus tôt, en décembre 1994, à l'Elysée. Laure Adler était déjà à la table du Président, et raconte : « Il ironise sur ses douleurs, son âge, sa difficulté à se déplacer, avant de dévorer ce qu'on lui sert, tout en piquant dans l'assiette de ses voisins [2]. » Michel Charasse arrive alors et se joint aux convives, mais la mort tient toujours le menu. « Vous qui êtes auvergnats, demande Mitterrand – un grand-père de Laure Adler était paysan dans le Cantal, Charasse est maire de Puy-Guillaume – j'espère que vous ferez un grand repas après ma mort. » Puis le Président se tourne vers le monde des vivants, sans rien perdre de son alacrité, dégustant les mots cruels comme un plateau d'huîtres. « Celui-là, vous croyez qu'il viendrait me dire bonjour? Celui-ci, il vaut mieux qu'il ne vienne pas me saluer. Et celui-là, vous croyez qu'il va s'arrêter? Non, je vais lui faire un petit signe et il va continuer. » « Tel Saint-Simon, il glisse quelques remarques définitives sur l'actualité : il se sentait en extra-territorialité de la politique [3] », ajoute Adler. Puis le déjeuner s'achève, et la traditionnelle promenade commence, déambulation semblable, en abrégé, à ces marches dans la contre-allée des Champs-Elysées, que Mitterrand nommait le « pseudo-jardin », au temps si proche du pouvoir. Puis l'auteur de *L'année des adieux* dit adieu, sans le savoir, à François Mitterrand : elle ne le reverra plus.

C'est le mois des adieux qui s'ouvre, en effet, pour Mitterrand. Ainsi, il reçoit quelques minutes, dans son bureau, allongé sur la chaise longue de cuir noir, une autre jeune femme, aussi blonde que Laure Adler est brune : Marine Jacquemin. La journaliste de TF1, visiteuse de Latche et compagne de voyage à Colorado Springs, ne reste que cinq minutes : « C'était un adieu [4]. » Marie-Noëlle Lienemann, elle, ne le revoit même pas cinq minutes. « Nous nous sommes téléphoné tout au long de l'automne, se souvient-elle. On parlait de la vie, de lui, de Paris et de son architec-

1. Ibid.
2. Laure Adler, *L'année des adieux*, op. cit., p. 284.
3. Entretien avec l'auteur, le 16 octobre 1996.
4. Entretien avec l'auteur, le 11 juin 1996.

ture, jamais de politique, mais souvent de la carte électorale. Je citais des cantons, et il me corrigeait : il avait aussi digéré tous les changements des dernières élections municipales. Un jour, je lui raconte que je reviens de la Nièvre, et il me dit : “ Ah ! Ils sont un peu froids là-bas, mais ce sont des fidèles, des solides. ” “ Fidèle ”, “ solide ” étaient les plus grands compliments pour lui. J'appelais souvent Le-Play. Lors de notre dernière conversation, il m'a dit : “ Ne m'en voulez pas de ne pas vous recevoir, je n'ai pas envie que vous me voyiez dans cet état-là. ” J'ai senti alors que je ne le verrais plus, que je devrais me contenter de lui parler au téléphone. Pourtant, quand Jean-Luc Mélenchon, un peu plus tard, a déjeuné à Le-Play avec Charasse et le Président, je l'ai engueulé : “ J'ai été te chercher cet été à la gare de Bordeaux après une virée pour rien à l'aéroport, je t'ai amené avec moi à Latche : tu aurais bien pu me faire inviter à ce déjeuner ! Mais Mitterrand ne voulait plus que je le voie [1]. ” » Quelques jours après, François Mitterrand veut dire adieu, également, à Franz-Olivier Giesbert, mais celui-ci se terre chez lui et ne répond pas au téléphone, redoutant qu'on l'appelle pour un problème qui l'agace au *Figaro*. A quinze heures, Giesbert décroche néanmoins : c'est François Mitterrand, qui voulait le matin même l'inviter à déjeuner, mais n'a donc trouvé qu'un abonné absent. Les deux hommes conversent un peu au téléphone, mais ce n'est pas là, pour eux, l'instrument des derniers mots. « Il était dans son lit, il s'ennuyait, il m'a posé une question et fait deux remarques, c'est tout [2] », se souvient Giesbert. Ces deux-là ont manqué leurs adieux, qui pourtant n'ont pas raté beaucoup de dialogues.

Une autre personne, chère au cœur de François Mitterrand, connaît fin novembre un sort plus indélicat. Christina Forsne a rencontré en 1979, à Bommersvik, en Suède, celui que plus personne ne pensait pouvoir être élu Président de la République. Correspondante en France, elle va, quinze années durant, être son « amie suédoise », intime et discrète. Quelques semaines avant la fin du second mandat de Mitterrand, elle a quitté Paris. « Durant les derniers dix-huit mois, explique-t-elle, il était obsédé par son état physique, et ses mauvais traits de caractère ressortaient. Il voulait

1. Entretien avec l'auteur, le 21 juin 1996.
2. Entretien téléphonique avec l'auteur, le 9 juillet 1996.

des flatteries, des courtisans. Son monde était de plus en plus petit [1]. » Quand la blonde Christina Forsne lui annonce son départ, Mitterrand la comprend et l'approuve : il ne souhaite pas qu'elle le voie diminué, ils se rendront ensemble à Florence quand il aura quitté le pouvoir et qu'il se portera mieux. Dans sa chambre élyséenne, à moitié allongé sur son fauteuil spécial de cuir noir, avec à portée de la main un téléphone portable dont il sait à peine se servir, il l'écoute, en souffrant, parler des rosiers de sa maison de campagne et des malheurs d'Edouard Balladur, puis il s'endort. Elle s'en va sur la pointe des pieds, il ne la reverra jamais. Pourtant, elle revient à Paris à la fin du mois de novembre. Par téléphone, ils ont convenu de se retrouver avenue Le-Play, mais, quand elle se présente, Christina Forsne trouve porte close : le Président n'est pas visible, explique son entourage. Elle essaye de lui téléphoner, mais jamais on ne lui passe son ami Président. Elle repart alors pour la Suède, d'où elle lui envoie une lettre qui restera sans réponse. De longs mois plus tard, elle s'interroge encore : « Il est impossible que le François Mitterrand que j'ai connu soit parti sans me laisser une trace, un mot. Où sont toutes les boules que je lui ai offertes au retour de mes voyages [2] ? » « Älskar ni inte livet? N'aimez-vous pas la vie? » lui avait-il demandé à l'issue de leur première rencontre, surpris qu'une jeune femme ne parle que de politique. Lui l'aimait...

D'autres adieux sont plus réussis : adieu subliminal, brève écorchure sur la routine des jours qui suffit à distinguer une heure, pour la rendre inoubliable; et si une heure est inoubliable, c'était donc l'heure des adieux. Dominique Bertinotti, l'historienne attitrée du Président avenue Le-Play, a droit ainsi, le 9 novembre, à une promenade aux alentours au Champ-de-Mars. Le Président n'est pourtant pas très en forme : il avance, soutenu par Tarot, et doit soudain s'asseoir en plein milieu du trottoir, sur le pliant que transporte l'un de ses gardes du corps. Dominique Bertinotti serre contre elle un dossier cartonné, qui tient fermée sa veste d'épaisse laine grise, à carreaux. « François Mitterrand affectait à chacun une tâche précise. Là, il m'a fait sortir de mon rôle, et cette promenade a résumé toute la période vécue avenue Le-Play : la souffrance et le

1. Entretien avec l'auteur, le 25 avril 1997.
2. Ibid.

combat, le sourire et les yeux pétillants avant de décocher une petite phrase, les moments de rébellion contre les médecins et les gardes du corps, contre les choses insignifiantes, et puis des propos plus graves, et puis, toujours, ses livres et ses projets [1]. » « Quand je mourrai, puissé-je partir en plein travail », suppliait déjà Ovide.

*

* *

Les promenades de novembre n'ont pas toutes le charme lumineux de celle entre François Mitterrand et Dominique Bertinotti. Mitterrand porte le plus souvent sa casquette grise, une immense parka et une écharpe, jaune paille ou lie-de-vin. Et toujours sa canne dont le pommeau est un oiseau turquoise et la tige marquée d'un entrelacs rouge abscons. Le 14 novembre, il se promène avec un volubile visiteur. Le 17, il marche aux côtés de son beau-frère, Roger Hanin. De sa main gauche, Mitterrand tient sa parka fermée, de la droite il s'agrippe au bras de Hanin, qui, mains dans les poches, avance doucement, sa carrure, son bronzage et son écharpe bleu ciel soulignant encore plus la frêle silhouette du Président. La plupart de ces sorties sont photographiées par les paparazzi toujours aux aguets avenue Le-Play. Le nombre des promenades, leurs horaires, la longueur et la durée du trajet, l'usage ou non du pliant sont pour eux les indices de la forme du Président.

Un jour de novembre, le Président hèle l'un d'entre eux, qui lui demande la permission de se faire photographier à ses côtés. Pendant qu'un garde du corps manipule l'appareil, Mitterrand glisse au chasseur d'images : « C'est dur de vieillir [2]... » Un jour de novembre, un paparazzo surprend le Président, au Champ-de-Mars, presque porté par Jean-Pierre Tarot et un garde du corps. Enveloppé dans son étrange parka noire et informe, le Président serre ses deux mains sur son ventre, et ses bras font ainsi deux poignées par lesquelles on peut discrètement le soutenir. Un pantalon beige tombe, trop lâche, sur ses souliers marron et, entre l'écharpe – lie-de-vin ce jour-là – et la casquette grise, un regard creux compte les mètres, effrayant œil noir au fond de sa cavité. Un gendarme porte comme toujours un petit sac, un autre a passé en bandoulière la

1. Entretien avec l'auteur, le 2 mai 1996.
2. *Paris-Match*, le 7 décembre 1996.

courroie du pliant à trois pieds et petit siège de cuir. Car le Président ne peut plus toujours aller de banc en banc, et se voit contraint à des haltes intermédiaires. Crispé et faible, minuscule aux côtés de ses robustes gendarmes, c'est le bout de l'année plus que celui de l'allée, qu'il fixe intérieurement. Il vient de confier à Michel Charasse : « Je compte sur vous pour veiller à ce qu'on ne me voie pas ratatiné comme un légume, grabataire et inconscient. Il faudra tout faire pour m'épargner cette misère [1]. »

Mais Mitterrand doit accomplir, avant les grands rendez-vous de décembre, un pèlerinage supplémentaire, à Gordes. Selon son habitude, il s'est rendu dans ce village du Vaucluse à la mi-avril, à l'approche de Pâques, pour profiter de la floraison des cerisiers. François Mitterrand a également planté dans ce jardin quelques oliviers, non pour une quelconque récolte, mais simplement pour la présence de cet arbre qu'il a mêlé au chêne dans ses armoiries présidentielles. Sur fond de roches blanches et de garrigue, il marche en avril dans le petit jardin de la maison d'Anne Pingeot, sanglé dans son habituelle parka verte et matelassée, le cou protégé par une grosse écharpe et un drôle de chapeau, beige et mou, sur la tête. Jean-Pierre Tarot est là, en bermuda kaki et chemise rouge, Mitterrand est pendu au bras de la mère de Mazarine, qui porte une longue jupe et une veste blanches ; un gros chien blanc les suit. Le sol est couvert de fleurs jaunes, qui semblent un reflet doré, dans l'herbe, des fleurs blanches accrochées aux petits cerisiers. Une brève visite a lieu, fin juin, pour voir ces mêmes cerisiers, en fruits cette fois, mais François Mitterrand veut retourner une fois de plus en Provence, comme s'il voulait rétablir, avant la fin, la tradition des Noëls à Gordes, qui prévalait avant qu'Assouan ne s'impose. Quand cet ultime voyage s'organise, la France est en grève. « Notre avion devait décoller à onze heures du matin, se souvient Laurence Soudet, amie d'Anne Pingeot et ancienne collaboratrice du Président, qui possède aussi une maison à Gordes. Le vol a été repoussé plusieurs fois : nous ne sommes partis qu'à dix heures du soir, après avoir patienté deux heures et demie dans une salle d'attente de l'aérogare, et trois quarts d'heure encore dans l'avion. Il y avait dans la carlingue des connaissances du Président, qui sont venues le saluer ; des passagers ont demandé des autographes, et le per-

1. Michel Charasse, *55, faubourg Saint-Honoré*, op. cit., p. 294.

sonnel de bord est venu lui expliquer les raisons de la grève. C'était sympathique, mais fatigant. Le voyage a achevé de l'épuiser [1]. »

Arrivé à Gordes, François Mitterrand ne met quasiment pas le nez dehors. Il reste dans cette maison acquise, pendant les années soixante-dix, par le biais de la société civile immobilière de Lourdanaud, réunissant, autour de Mitterrand, François de Grossouvre et Laurence Soudet. « C'est la plus petite et la plus moche du village », s'étonnent encore les habitants de Gordes. Une pièce a été ajoutée, le jardin a été planté en verger, et Anne Pingeot est lentement devenue la gérante et l'associée majoritaire de la SCI, c'est-à-dire la propriétaire de la maison. « Fin novembre, il a à peine pu sortir dans le jardin. Il souffrait d'un malaise généralisé, plus que d'une douleur violente, se souvient Laurence Soudet. Tarot était là, et sa présence seule soulageait François Mitterrand. Tarot traitait la souffrance quart d'heure par quart d'heure, et faisait ce qu'il fallait pour éviter les douleurs trop aiguës. Il prenait beaucoup de notes, et des photos aussi [2]. » L'état de François Mitterrand s'aggrave, il ne peut même plus écrire. Mourir à Gordes ? « Il est incertain où la mort nous attende, attendons la partout [3] », conseille encore Montaigne. Mitterrand l'attend partout, mais Gordes n'est pas l'endroit, et il lui faut aller au bout de décembre. Un avion privé est loué, et le Président revient à Paris.

*

* *

Le 30 novembre, dernier jour du mois, François Mitterrand déjeune avec Jean Daniel, comme cela était prévu depuis la mi-octobre. Fatigué, le Président a convié le patron du *Nouvel Observateur* dans ses bureaux de l'avenue Le-Play. « Je rencontre Odile Jacob, à qui il vient de remettre quatre cents pages d'un manuscrit [4] », se souvient Jean Daniel. « Il ne m'a jamais parlé des affaires, du PS ou de Tapie, précise-t-il. Moi, j'étais dans la politique étrangère, la littérature et les arts, sauf la musique, car Mitterrand était l'être le plus indifférent à la musique, et le plus

---

1. Entretien avec l'auteur, le 10 juin 1996.
2. Ibid.
3. Montaigne, *Essais*, livre I, chapitre 20, op. cit., p. 132.
4. *Le Nouvel Observateur*, le 11 janvier 1996.

ignorant en la matière. Il était surpris qu'un juif comme moi s'intéresse à ce point aux autres religions : il m'a parlé de son catholicisme, tout en me mettant en garde contre l'Eglise. Le seul cadeau qu'il m'ait jamais offert, c'est une édition du Syllabus. En littérature, il n'avait de goût ni pour l'aventure, ni pour le pathétique. Il aimait la concision classique, était plus près de Chateaubriand que de Diderot, du côté de Machiavel plus que du côté de Lawrence d'Arabie [1]. »

En octobre, mois consacré à la politique étrangère, François Mitterrand a invité Jean Daniel, le mercredi 11, à traiter de géopolitique. En novembre, mois consacré à la littérature, François Mitterrand ne parle, le jeudi 30, que de cela, ou presque. Ainsi, de son récent voyage en Argentine et au Chili, Daniel rapporte à Mitterrand la vieillesse de deux écrivains, l'Argentin Sabato et le Chilien Coloane. « Sabato déclare vivre comme s'il était immortel. Coloane dit qu'il est déjà mort », résume-t-il. « Savez-vous, réplique Mitterrand, reprenant son interrogation d'octobre, que je sais pourquoi Roger Stéphane s'est suicidé ? Menacé par la maladie, il manquait surtout d'argent et il n'avait plus la capacité d'en réunir, il n'avait pas l'orgueil d'en demander. — Je crois, Président, que c'est surtout la maladie », avance Daniel. « J'ai toujours de la peine à le croire, réplique Mitterrand. Quand elle s'aggrave, la maladie ne fait que priver de la conscience, de l'énergie, du courage qui sont indispensables pour décider de mettre fin à ses jours. En tout cas, je pense à Roger Stéphane de manière totalement différente. Il faisait grand cas de Malraux. Comme vous, je crois. Mais ce n'est pas seulement cela qui nous séparait [2]. » « Je vois un corps qui se traîne et un esprit qui s'accroche, confie Daniel. Je surveille si je ne le fatigue pas, je baisse la voix alors ; mais il me relance, fait rebondir la conversation [3]. » François Mitterrand parle de ses voyages à venir : en Egypte bientôt, en Allemagne au printemps, pour effectuer cette visite récemment annulée. Il évoque également les amis qu'il voit encore, et ceux qu'il ne rencontre plus. « Je regrette l'éloignement de Régis Debray », glisse-t-il, alors qu'à un autre témoin il lâchait quelques mois plus tôt : « Vous voyez les santons alignés dans la crèche provençale ? Eh bien Régis Debray, c'est celui-là, c'est le traître. » Jean Daniel prend congé. « La dernière chose que m'a dite

1. Entretien avec l'auteur, le 15 octobre 1996.
2. *Le Nouvel Observateur*, le 11 janvier 1996.
3. Entretien avec l'auteur, le 15 octobre 1996.

François Mitterrand, c'est : " Revenez ! Revenez ! " J'avais déjà entendu cela de vieux géants lors d'ultimes visites [1]. »

Novembre s'achève. Deux épisodes vont résumer ce mois. D'abord, un face-à-face insolite, presque cocasse, qui contient un demi-siècle de vie politique. Dans la piscine de l'hôpital des Invalides, Jacques Chaban-Delmas tente, un matin de novembre, de fortifier ses jambes malades par des séances de rééducation aquatique. Soudain, le responsable de l'établissement, gêné, vient lui demander d'abréger sa baignade : le Président Mitterrand est là, pour une séance de soins. « Qu'il vienne, se réjouit Chaban, je serai ravi de discuter avec lui. »

Quelques mois plus tôt, pour une émission de La Cinquième sur Jacques Chaban-Delmas, François Mitterrand, encore Président, a accepté de répondre aux questions de Jean Lacouture. Désagréable avec son interlocuteur, en visible méforme, Mitterrand profite de son témoignage pour détailler une fois de plus son passé de résistant. Sa première rencontre avec Chaban, c'était à l'occasion d'un rendez-vous avec le général Arnault : « Fin 1943. Pas tout à fait fin 1943, j'étais en Angleterre : avant novembre. » Cinquante-deux ans plus tard, fin novembre 1995, Mitterrand entre dans la piscine des Invalides, cette fois bien nommés. Les deux monstres sacrés de la IVe et de la Ve République se saluent – ils se tutoient – et, leurs deux corps broyés par le temps mendiant un sursis, engagent ce qui sera leur ultime dialogue. De quoi parlent l'ancien Président de la République et l'ancien Président de l'Assemblée nationale ? Des grandes heures de leurs joutes politiques ? Des affaires d'Etat ? De l'échec du second et des triomphes du premier dans la course à l'Elysée ? Du général de Gaulle ? Non. Ce jour-là, Jacques Chaban-Delmas et François Mitterrand, ces âmes « rares et examplaires » d'Aquitains, parlent de la mort et du temps qui leur reste à vivre.

Une promenade résume également ce dernier mois de novembre de Mitterrand, une flânerie comme le Président n'en dégustera plus d'autre avant sa mort. Une ultime fois, Mitterrand « fait les bouquinistes ». Ses pas le mènent au bout du boulevard Montparnasse, près de la Closerie des Lilas, dans la boutique de Claude Otorelo.

1. Ibid.

Le libraire s'apprête à déménager, pour gagner une échoppe moderne, toute de faïence noire, dans la rue Bonaparte. Mais sa boutique n'est pas encore vide, que le Président connaît si bien. Un jour, il était dans le bureau du libraire, en compagnie de Georges Kiejman, qui demanda à voix haute *Le bleu du ciel*, de Bataille, pour l'offrir au Président. Otorelo passa dans son magasin pour le chercher, vainement, quand un client s'interposa : « Je l'ai sur moi. Je viens d'en acheter un exemplaire à la librairie Gallimard : puis-je l'offrir au Président ? » Otorelo retourna à son bureau pour expliquer la situation à Mitterrand, qui hésita : « Que dois-je faire ? — Acceptez », conseilla le libraire... Un autre jour, Otorelo crut épater le Président en lui montrant un exemplaire des *Positions politiques des surréalistes* annoté de la main même d'André Breton. « Je l'ai déjà vendu », précisa le bouquiniste, sûr d'exciter la curiosité et la convoitise de Mitterrand, avant d'ouvrir la page portant l'autographe. « On pouvait y lire : " Nous autres surréalistes, nous n'aimons pas notre Patrie. " Mitterrand n'eut aucune réaction. On le disait intéressé seulement par le XIXe siècle : ma fierté est de ne lui avoir vendu que des ouvrages surréalistes. Le Président m'a acheté le manifeste dada, du Boris Vian. Il venait me voir pour des auteurs qu'il a découverts sur le tard. Un jour, je lui ai montré du Vian, relié en Revorim, une sorte de caoutchouc noir et dur : il a aimé tout de suite, alors qu'il était habitué aux reliures jansénistes, en plein ou en demi-maroquin, monochromes. Visiter les librairies l'aidait pendant les moments importants, malgré les conseils de son entourage, qui ne trouvait pas cela sérieux. Je l'ai beaucoup vu pendant la guerre du Golfe [1]. » De l'arbre au papier, Mitterrand s'oxygénait dans les librairies comme dans les bois de Latche.

Otorelo, grand et mince, avec une crinière de cheveux noirs, accueille fin novembre son prestigieux habitué, comme il l'a déjà reçu en juin, quand Mitterrand était venu acheter boulevard Montparnasse un exemplaire de *Où boivent les loups*, un recueil de poèmes de Tristan Tzara, dans l'édition originale. Cette fois, il cherche des ouvrages de Pierre Bettencourt, le frère d'André Bettencourt, ami du Président depuis l'époque du 104, rue de Vaugirard, leur pension commune. « Pierre Bettencourt est un personnage incroyable, raconte Otorelo, qui a écrit des livres pleins

---

1. Entretien avec l'auteur, le 12 novembre 1996.

d'humour, dont un au dos duquel il avait écrit : " Un exemplaire de cet ouvrage a été envoyé au Maréchal Staline, qui nous a adressé ses compliments. " Un jour, Pierre Bergé m'a acheté un livre érotique de Pierre Bettencourt, *Les plaisirs du Roi*, pour lequel avait été composée une reliure montrant sur le premier plat – la couverture – une couronne et un phallus dressé, composé de coquilles d'œufs. Bergé m'a dit : " Je vais l'offrir au Président [1]... " » Claude Otorelo n'a pas de livre de Pierre Bettencourt à proposer au Président, qui formule alors une autre demande : « Avez-vous *La vie rêvée*, de René-Guy Cadou ? J'en ai parlé avec Bergé, j'aimerais lui offrir. » Claude Otorelo n'a pas *La vie rêvée*, et le Président repart bredouille.

Le libraire trouvera ce mince recueil de poèmes à la fin décembre mais, surpris par le décès de François Mitterrand, ne pourra livrer la commande. Il l'offrira donc lui-même, en janvier, à Pierre Bergé. « Le 20 janvier, témoigne Bergé, j'ai reçu un appel de Claude Otorelo, qui m'a raconté toute l'histoire. J'avais parlé, souvent, de Cadou avec Mitterrand. Ce fut une grande rencontre entre Mitterrand et moi. J'ai même évoqué ce poète quand le Président est mort, et la veuve de Cadou m'a écrit pour me remercier. J'ai été chercher ce livre à Montparnasse, et je l'ai fait relier avec d'autres œuvres et une photo, sur laquelle on me voit, à Solutré, en compagnie de François Mitterrand [2]. » Cadou, c'est un peu le Chatterton du pauvre, mais il y a dans les œuvres de ce poète charentais, mort en 1951 à trente et un ans, une plainte souvent belle et quelques fulgurances qui font songer à Aragon. Mitterrand trouva sans doute, à la fin de ses jours, une bien étrange parenté entre ses souffrances de mort vécue et la douleur adolescente gémie par Cadou dans certains des vers de *La vie rêvée* : « De la douleur, mon Dieu, j'en eus toujours assez / Mon ombre fut mon seul compagnon de voyage. » Tout comme il devait goûter la question posée dans le poème éponyme du recueil : « Si la vie n'était pas / La seule la première / A quoi bon la rosée / Sur le front du matin. »

*

* *

1. Ibid.
2. Entretien avec l'auteur, le 24 juin 1996.

Dans ce pays où les poètes disparaissent jeunes et les politiques meurent vieux, le froid de décembre s'avance. Dans les embouteillages, un vieux Président perclus et las de combattre regagne ses bureaux, où doivent encore défiler les visiteurs. Le-Play est pour Mitterrand ce que la gare d'Astapovo fut à Tolstoï : une illusion de liberté, un chevet mortuaire, un exil déguisé en évasion. Et dans la nuit qui tombe sur Paris et sur sa vie, peut-être murmure-t-il les vers de René-Guy Cadou : « O mort parle plus bas, on pourrait nous entendre / Approche-toi encore et parle avec les doigts... »

Décembre

Michel de Montaigne a pris la main du Président fin novembre, et restera à son chevet jusqu'au bout. Lentement, François Mitterrand va s'installer dans la disposition d'esprit du sage de Bordeaux : « Je suis pour cette heure en tel estat, Dieu mercy, que je puis desloger quand il lui plaira, sans regret de chose quelconque, si ce n'est de la vie, si sa perte vient à me poiser. Je me desnoue par tout ; mes adieux sont à demi prins de chacun, sauf de moy. Jamais homme ne se prépara à quitter le monde plus purement et pleinement, et ne s'en desprint plus universellement que je m'attens de faire [1]. » Le programme de François Mitterrand pour décembre est tout entier inscrit dans ce paragraphe. Il lui faut se « desnouer » par tout et donc aller en Egypte rompre ce puissant lien. Il lui faut compléter des adieux « à demi prins » et donc recevoir encore de nombreux visiteurs avenue Le-Play. Il lui faut songer à quitter ce monde « purement et pleinement » et donc régler la question philosophique qui est en lui. Il pourra alors prendre ses adieux de lui-même.

L'agenda d'adieu de François Mitterrand n'est pas tenu avec une rigueur scientifique, car il ne s'agit pas d'organiser un défilé de compagnons. L'humeur, l'improvisation et l'état de santé sont les seuls guides du Président, avec toutefois un souci récurrent : revoir les plus vieux fidèles, les subordonnés des luttes anciennes plutôt que les obligés du pouvoir présidentiel, les habitués des urnes vides plus que les convives des dîners d'Etat. François Mitterrand ne

1. Montaigne, *Essais*, livre I, chapitre 20, op. cit., p. 134.

ferme pas pour autant la porte à ses collaborateurs élyséens. Ceux qui ont « tenu la maison » alors que la maladie en avait diminué le maître sont les bienvenus ; parce qu'ils ont été les gardes-malades du Président, il n'a pas envers eux la pudeur et la coquetterie qui lui font fermer sa porte à d'autres. Se croisent ainsi avenue Le-Play les grognards et les Marie-Louise, la première et la troisième générations Mitterrand, celle du milieu, les maréchaux, n'ayant plus droit qu'aux sollicitudes téléphoniques, hormis les intimes et quelques fidèles que le Président n'a pas eu l'occasion de revoir depuis mai et tient à saluer.

Les « grognards mitterrandistes » ont, souvent, hypothéqué leur situation personnelle pour se lancer, au cours des années soixante, dans l'aventure Mitterrand. Car ce n'est alors qu'une aventure, au fumet parfois douteux, mêlant les vapeurs frelatées de la IVe République à l'odeur de carambouille de l'Observatoire. Magnétisme de Mitterrand, réflexe d'achat à la baisse et volonté d'agir en bande étroite se sont additionnés dans leur choix. La campagne héroïque de 1965, les premières victoires cantonales ou législatives puis le lent dépeçage des vieux appareils de gauche ont durci leur cuir et aiguisé leurs dents. La victoire de 1981 fut pour certains d'entre eux un avènement, pour d'autres l'occasion de raccrocher les gants. Le 10 mai sonne alors, à la fois, l'heure de la victoire et celle de la retraite. Claude Estier, sans jamais être ministre, reste aux côtés de Mitterrand, ferraillant à partir de 1986 au Sénat, où le Parti socialiste reste minoritaire. Avant l'été de 1995, le Président l'a appelé, et Claude Estier est venu le voir avenue Le-Play. Il travaille alors à *De Mitterrand à Jospin*, un livre de souvenirs de campagnes ; en guise d'épopées militaires napoléoniennes, Estier narre en témoin privilégié les cavalcades septennales de la gauche, au gré de cinq élections présidentielles, de 1965, où Mitterrand n'avait aucune chance, à 1995, où Jospin n'avait aucune illusion. Seule manque à l'appel l'élection présidentielle de 1969. Mais pour ces grognards, où Mitterrand n'était pas, il n'y avait pas de gauche – le face-à-face Poher-Pompidou du second tour le prouve –, il n'y avait même pas d'élection.

En juin 1995, l'ancien Président est fatigué, et la conversation suit un roulis aléatoire : « On parle de tout et de rien [1] », résume

1. Entretien avec l'auteur, le 11 octobre 1996.

Claude Estier. Et surtout pas de la campagne de Lionel Jospin, dont le sénateur était le mandataire, et qui fait encore entendre les clameurs de son triomphal échec à 47,3 %, ravivées par les bons résultats des municipales. Début décembre, François Mitterrand invite à nouveau Claude Estier à venir lui rendre visite avenue Le-Play, pour déjeuner cette fois. « C'était le jeudi 7 décembre, se souvient Estier. Quand j'arrive, il vient me dire bonjour dans le couloir, puis il s'éclipse. Il va visiblement très mal. Je reste dans le bureau des deux secrétaires, puis l'on vient me dire : " Il est couché, il va vous recevoir. " J'entre alors dans sa chambre, et je le vois au fond de son lit, extrêmement pâle. Je lui dis : " Je ne veux pas vous déranger ", et fais mine de m'en aller. Il me répond : " Non, non, restez. On va vous donner un plateau. " On me l'apporte, en effet, et je mange au bout du lit, seul. François Mitterrand se met à parler et, discutant, s'échauffe. Le voilà qui reprend vie et visage humain. En fait, il a entrepris de revoir en tête à tête tous ses anciens compagnons. Nous parlons donc, ou plutôt il parle beaucoup des années soixante, et particulièrement de 1964 et 1965. Il me rappelle des détails que j'avais complètement oubliés. De cette époque, nous sommes peu à être encore en activité, ou tout bonnement vivants. Il y a Pierre Joxe, Louis Mermaz, Louis Mexandeau. Mais il a toujours été sensible aux petits groupes d'amis. Le grand moment qu'il aimait à se rappeler, c'est quand il s'est déterminé à être candidat, durant l'été 1965. »

Et plus exactement les deux extrémités de l'été : le 4 juillet, quand il fait part à ses amis de son intention d'être candidat, à condition que Pierre Mendès France le soutienne, ainsi que la SFIO de Guy Mollet, et que le Parti communiste ne lance pas de champion dans la bataille; le 9 septembre, quand il rédige sur un morceau de papier arraché à une nappe du restaurant La Palette, à Montparnasse, son communiqué à l'AFP, annonçant qu'il défie de Gaulle. C'est la chance qui sert Mitterrand : de Gaulle réputé invulnérable, les prétendants quittent l'un après l'autre l'arène, piteux comme Gaston Defferre, nobles comme Pierre Mendès France, élégants comme Antoine Pinay, matois comme Waldeck-Rochet ou modestes comme Daniel Mayer. La place est mauvaise, on la laisse à Mitterrand, qui a déjà glissé dans plus d'une flaque de boue, et n'est pas à une humiliation près. Lui qui pense à sa candidature depuis 1962, depuis que le suffrage universel est convié à une telle grand-messe, sait que l'occasion est inespérée. « L'Histoire passe une fois, deux fois, dix fois, mais il faut savoir la saisir [1] », concède-t-il bien plus tard, mais à d'autres il confie : « L'Histoire est comme un cheval au galop qui passe devant la maison. Il faut l'enfourcher sans réfléchir, ou c'est trop tard. »

En cet été 1965, Mitterrand a guetté le cheval puis a bondi sur son dos. Il lui faudra seize ans pour le dompter, après avoir mordu la poussière plus qu'à son tour, mais l'essentiel est fait au beau soleil de cette année-là. « Le hasard de vacances dans les Landes m'a fait, l'été 1965, rencontrer à maintes reprises François Mitterrand, se remémore Claude Imbert. C'était, trois mois avant sa première candidature présidentielle, dans sa maison d'Hossegor, déjà bucolique, mais sans les chênes, les chèvres, les ânes et les chiens de Latche. (...) Je garde de ces soirées un souvenir qui éclipse tous les autres : celui d'un homme en passe d'achever la mue essentielle de son destin. Je m'attendais à un sceptique, à un roué. J'avais devant les yeux un questionneur inquiet, à la pensée ramassée, en train d'appareiller vers une Terre promise. Sous l'apparence d'une réflexion versatile, je voyais émerger quelques môles philosophiques sur lesquels allait s'édifier une nouvelle fortune publique. Le socialisme, dirait-il plus tard, mais pas encore. Il ne parlait ici que de la gauche, continent en friche, qu'il découvrait comme un Robinson venu de loin, et revenu de tout [2]. » Il n'est pas étonnant que trente ans plus tard, au seuil de la mort, François Mitterrand aime à se souvenir de cette naissance, de cette renaissance politique. Tout commence pendant l'été 1965, et tout s'achève pendant l'hiver 1995. Quinze ans d'ascension, quinze ans de règne.

« Nous avons ensuite évoqué ce qui était pour lui l'autre grand moment, le Congrès de Metz, poursuit Claude Estier. 1981 a commencé en 1965, mais tout aurait pu s'arrêter en 1979. Si l'on n'avait pas poursuivi l'Union de la gauche contre l'idée Mauroy-Rocard, tout s'arrêtait. La victoire de 1981 était dans le " tenir bon " de 1979. Ce n'était pas évident à l'époque, avec les sondages et l'" archaïsme " de Mitterrand, comme dénonçait Rocard. Metz, c'était une bataille physique, le seul Congrès où il y eut des bagarres dans la salle. C'était là son ultime message politique : le PS est devenu une alternative politique grâce au rassemblement de

1. *Le Quotidien de Paris*, le 26 octobre 1977.
2. Claude Imbert, *Le Débat*, mai 1982.

toute la gauche et ne le restera que dans cette ligne. Il me l'a clairement expliqué, avec une vivacité intellectuelle qui contrastait avec son corps épuisé. Puis, soudain, une grande fatigue l'a saisi [1]. » Claude Estier se lève alors pour prendre congé. Voilà deux heures qu'il est dans la chambre du Président, à l'écouter parler du passé et se soigner d'une perfusion de souvenirs, comme si l'évocation du temps perdu allait allonger le temps qui lui reste. « Je veux aller une dernière fois en Egypte », ajoute simplement Mitterrand. Trente ans plus tôt, Estier l'a accompagné dans ce pays qu'il connaît depuis longtemps, et tous deux ont alors rencontré Sadate. Tout comme la victoire présidentielle a été le pivot des trente années écoulées, le voyage à Assouan est le pivot des trente jours encore à venir. « Je me suis dit en sortant : c'est la dernière fois que je le vois [2] », achève Estier.

Quelques jours plus tard, c'est à un autre vieux fidèle, Roland Dumas, de venir rendre une ultime visite à François Mitterrand. Les deux hommes se sont croisés pendant la guerre, ont vaguement frayé au début des années cinquante, pour faire route ensemble à partir de 1956. « Ce matin de janvier 1956, alors que j'avais quitté ma ville natale de Limoges sous la neige, fraîchement élu député de la Haute-Vienne, je fus accueilli à la gare d'Austerlitz par le fidèle Georges Beauchamp, venu à ma rencontre pour me conduire jusqu'à lui. François Mitterrand me reçut dans ce petit bureau composé de deux pièces qu'il occupait aux Champs-Elysées : " Votre élection fut pour nous une surprise. Vous êtes le seul nouvel élu de l'UDSR en métropole ", déclara-t-il. Ce fut notre vraie première rencontre [3]. » Quarante années exactement séparent cette entrevue de la mort de Mitterrand, le 8 janvier 1996. Entre-temps, il a fait de cet affidé son ministre des Affaires étrangères, qui a pérégriné pour lui à travers la planète avant de venir goûter une retraite dorée au Conseil constitutionnel. Ce jour de décembre, c'est le ministre des Affaires étrangères qui se rend avenue Le-Play : « J'apportais des vieilles notes sur l'Allemagne. Il travaillait d'arrache-pied sur son livre. Nous avons parlé de la campagne, des bois, et François Mitterrand s'est fait un peu lyrique [4]. »

1. Entretien avec l'auteur, le 11 octobre 1996.
2. Ibid.
3. Roland Dumas, *Le fil et la pelote*, op. cit., p. 454.
4. Entretien avec l'auteur, le 6 novembre 1996.

Georges Beauchamp, l'hôte de la gare d'Austerlitz, a précédé de quelques jours Roland Dumas au chevet de François Mitterrand. Si ses anciens compagnons sont des grognards, Beauchamp est le Mamelouk du Président, comme l'était à ses côtés Georges Dayan jusqu'à sa mort subite, en 1979. Leur amitié remonte à la Résistance, à la lutte commune dans le Mouvement national des prisonniers. Puis Beauchamp fut le chef de cabinet de Mitterrand au ministère des Anciens Combattants et attacha définitivement ses pas à celui de l'ambitieux avocat charentais. « Je ne l'ai plus quitté. Avec Dayan, nous avons aménagé notre vie pour le servir, complètement. Dayan organisait des dîners dans son appartement, et moi je faisais le tour des colloques pour " chasser " des têtes et les amener dans les Clubs ou la Convention des institutions républicaines. Après 1971, il a eu un appareil à son service au Parti socialiste. Je me suis occupé de la Nièvre, des affaires du département et de son journal, le *Courrier*. En 1981, il a voulu me prendre dans son cabinet à l'Elysée, mais je lui ai dit : " Je n'ai plus l'âge, et j'ai désormais l'habitude de donner des coups de sonnette, plus d'en recevoir. " Et j'ai pris la place de Pierre Bérégovoy au Conseil économique et social, mon Université du troisième âge [1]. »

A un ami de si longue date, le plus ancien qui lui reste dans la maigre cohorte des survivants, Mitterrand ne cache rien. A quelques semaines de la mort, il ne s'abrite pas pour accueillir Georges Beauchamp derrière la pudeur dont il se farde pour recevoir ses plus jeunes collaborateurs ou ministres, ni derrière la coquetterie qu'il réserve à ses ultimes visiteuses. « C'est dur, Georges, tu sais, c'est vraiment dur. » Beauchamp a entendu plus d'une fois cette sobre plainte, et ne s'inquiète pas. Il sait que la douleur est à ce stoïcien un prix acceptable pour ce qu'il achète : « A l'Elysée, il a refusé les produits à base de morphine, par crainte de voir diminuer sa capacité intellectuelle. Tout comme il refusait les traitements hormonaux par peur de la castration chimique. Il me disait : " Je veux continuer à bander. " Ensuite, il a continué à rejeter la morphine pour pouvoir écrire, puis il a fini par en prendre aux derniers moments, avec Tarot [2]. » A la mi-décembre, François Mitterrand a déjà usé du grand soulagement que procure la morphine. « Nous

1. Entretien avec l'auteur, le 29 mai 1996.
2. Ibid.

avons évoqué sa maladie, un peu. Il en parlait comme d'une ennemie, et savait qu'il s'adressait à un connaisseur, puisque j'ai été atteint du même mal. Pourtant, il avait un peu de jalousie à mon égard, parce que je souffrais moins que lui. Mon cancer de la prostate n'a pas dégénéré en cancer des os. » Mitterrand a tort d'envier Beauchamp. Brûlé par une radiothérapie trop violente, Beauchamp a failli mourir en se soignant, victime de terribles hémorragies intestinales. Et c'est Mitterrand qui a, par sa puissance présidentielle, contribué à le sauver : « Faites quelque chose pour Beauchamp », ordonne-t-il, à l'époque, au docteur Gübler, qui déniche un spécialiste de la microchirurgie au laser capable de recoudre les entrailles du mourant. Depuis, dans le grand hall glacial du Conseil économique et social, Georges Beauchamp déambule, souriant, et goûte chaque minute de son sursis. Quand il donne une dernière poignée de main à François Mitterrand, ignorant que le destin brise là plus d'un demi-siècle de compagnonnage, Beauchamp n'a qu'une certitude : « Il n'y avait pas d'abandon. Il n'y avait pas d'abandon. »

On peut au Palais-Royal ressentir le contraire de ce qui est perçu Place d'Iéna, et penser quand on est conseiller d'Etat le contraire d'un conseiller économique et social. Maurice Benassayag vient rendre une ultime visite à François Mitterrand au tout début décembre. Il n'est pas des cercles les plus anciens, et son sillage aux côtés de Mitterrand n'est long que d'un quart de siècle. C'est en 1971, dans le cimetière de Jarnac, que leur relation s'est véritablement nouée, après une nuit passée chez un boucher que François Mitterrand avait connu pendant la guerre. Baguenaudant entre les tombes, ils parlent de la vie et de la mort, avant de reprendre l'avion pour Paris. Dans l'appareil, Benassayag lit *Le plus long voyage*, d'Edward Morgan Forster, souvenirs romancés de la vie scolaire de cet Anglais, surtout connu pour *La route des Indes.* Comment Mitterrand pourrait-il rester insensible à cet auteur qui glorifie les êtres guidés par leur instinct et rejette ceux qui obéissent aux conventions sociales ? « François Mitterrand m'a alors parlé de littérature, et il m'a séduit par la littérature. En descendant de l'avion, il m'a demandé : " Voulez-vous travailler avec moi ? " Et j'ai répondu : " Oui [1]. " » Tout est si simple avec Mitterrand :

1. Entretien avec l'auteur, le 9 mai 1996.

pourquoi convaincre quand on peut charmer? Début décembre 1995, le magnétisme est éteint, et le spectacle du cancer à l'œuvre corrode tous les souvenirs. « Quand je me suis approché, il m'a demandé de l'aider à se lever, comme cela était déjà arrivé une ou deux fois à l'Elysée. Pour y arriver, j'étais obligé de le prendre presque dans mes bras. Or François Mitterrand, c'était pour moi l'homme debout. Je me suis souvenu alors des quatre-vingt-un meetings de la campagne présidentielle de 1981. Cette fois-ci, il allait très mal, c'était visible. Et dire que je ne l'avais jamais vu avoir mal qu'aux dents! J'ai eu soudain le sentiment que je le voyais pour la dernière fois [1]. »

Beauchamp avait quitté un combattant fatigué, mais prêt à en découdre encore avec les métastases, Benassayag soulève une écorce humaine griffée de douleur, un homme dont la vie ne tient plus qu'à un fil, celui de la plume ou de la conversation, selon les heures du jour et les grincements du corps. Beauchamp avait conversé avec un survivant, Benassayag dialogue avec un mourant, et il s'agit du même homme. « Nous parlons ce jour-là du destin, des enfants, de la souffrance et de l'Italie. Tous les ans, j'essaye d'aller à Rome, que je préfère à Florence. Rome me donne un sentiment d'éternité par ses civilisations entassées : tout passe, rien ne disparaît, on est à la fois peu de chose et le noyau de l'univers. François Mitterrand, lui, place Venise au-dessus de Florence, et Florence au-dessus de Rome. Venise domine grâce à son charme romantique, Florence est liée à des sentiments profonds [2]. » Maurice Benassayag n'a pas échappé aux questions de géographie, il n'évitera pas plus l'oral de littérature : le Président l'interroge sur ses récentes lectures. « Je venais de lire un ouvrage de Schnitzler, et nous parlons de lui. » En quittant le Président, Benassayag songe à deux instants parmi les milliers qu'il a vécus aux côtés de Mitterrand. « En 1974, après la publication des résultats définitifs de l'élection présidentielle, il a réuni son équipe et a déclaré : " C'est dommage, je crois que j'aurais fait un bon Président. " Gaston Defferre pleurait. Mais le lendemain matin, Mitterrand était dans ses bureaux, place du Palais-Bourbon, et il lançait les Assises du socialisme. » C'est là l'« homme debout », que tout ce qui ne tue pas

1. Ibid.
2. Ibid.

rend fort, et qui sort ainsi endurci de la défaite, posant le regard à l'horizon du prochain combat. « Et puis j'ai pensé à la veille de la mort de Georges Pompidou, poursuit Benassayag. Avant de le quitter après une journée de travail, Jean-Claude Colliard a dit à Mitterrand : " Monsieur le Président – nous l'appelions déjà tous ainsi – Georges Pompidou va mourir. " Et le Président a répondu : " Pensez à ce qu'il doit vivre : avoir tant attendu et être fauché en plein septennat. Et occupez-vous des renseignements que je vous ai demandés sur la fédération des Pyrénées-Orientales [1]. " »

Auprès de François Mitterrand se relayent donc en décembre 1995 tous ceux qui l'ont aidé à écrire son livre de la Genèse – la campagne de 1965 – puis les artisans du Deutéronome socialiste – la pensée d'Epinay et le Programme commun –, mais il n'oublie pas, loin de là, les compagnons du Livre de Josué – la colonisation et la préservation de la Terre promise, à savoir le parti menacé par la deuxième gauche. C'est pourquoi le téléphone sonne, un soir de la fin novembre, dans la voiture de Paul Quilès. Il est l'un des hommes clefs du Congrès de Metz, en 1979, l'un des fantassins lancés en première ligne par François Mitterrand, pour arrêter l'offensive de Pierre Mauroy et de Michel Rocard, l'un des « sabras », selon le nom de guerre donné à cette relève mitterrandiste. Quand son téléphone de voiture sonne, alors qu'il revient d'une quelconque inauguration locale, Paul Quilès a accompli une longue route depuis les comptes et les mécomptes du Congrès de Metz. Plusieurs fois ministre, il a quitté la capitale, fortin chiraquien, pour le Tarn, où il a réussi à ne pas être battu aux législatives de 1993, avant de gagner en juin 1995 la mairie de Cordes. Il décroche son combiné et entend Christiane Dufour lui asséner : « Le Président veut te parler. — C'est une blague ? enchaîne Quilès. — Mais non. Je te le passe. — Attends. Je m'arrête [2]. » Il pleut à torrents sur le Tarn, la chaussée est glissante, et Paul Quilès ne se sent pas de taille à conduire d'une main tout en tenant de l'autre un téléphone où grésille la voix de François Mitterrand. « J'ai donné un coup de frein hasardeux et je me suis arrêté sur le bas-côté », raconte le député de Carmaux, héritier du fief de Jean Jaurès. « Et j'ai entendu la voix du Président : " Comment ça va,

1. Ibid.
2. Entretien avec l'auteur, le 25 juin 1996.

dans le Tarn? Ah? Il pleut? Venez donc me voir un de ces jours [1]. " » Un rendez-vous est pris pour le début décembre.

Quelques jours plus tard, l'automobiliste tarnais vient donc avenue Le-Play rendre visite à l'« immobiliste » charentais, condamné à garder la chambre. « Au premier regard, j'ai trouvé le Président extrêmement las. Et c'est alors que Christiane Dufour m'a soufflé : " Il est moins fatigué que d'habitude. " Bigre ! » François Mitterrand, en effet, est plutôt en forme, qui retrouve l'un de ses jeux favoris : le jet de venin. « Il m'a fait des commentaires tellement acerbes ce jour-là que je me suis promis de ne jamais les répéter [2] », s'amuse Quilès. Car le Président parle encore politique, et, quand les métastases le laissent en paix, retrouve sa pugnacité : « Vous verrez, le RPR reviendra à sa mentalité de parti qui reprend toujours tout sous sa coupe », lance-t-il en un ultime couplet à sa psalmodie de quarante ans contre les clans et les factions, en un codicille privé au *Coup d'Etat permanent*. François Mitterrand traite avec son ancien ministre de l'Intérieur d'histoire et de géographie, parlant du passé, mais aussi de la carte de France : « Vous avez bien fait de choisir le Tarn, c'est un beau département. » Les deux hommes partagent un instant le souvenir de ce sommet franco-espagnol tenu en 1992 dans le Tarn et achevé à Cordes, dont Paul Quilès, alors « premier flic de France », n'est pas encore le maire. Un dîner rassemble une douzaine de convives au Grand Ecuyer, pour déguster la cuisine d'Yves Thuriez. « François Mitterrand était fatigué, mais il était heureux d'être dans le Tarn. Pour lui, c'était avant tout le département d'où était parti sa campagne de 1981, le département de Jaurès. Il était imbibé des idées de Jaurès, mais aussi de son art oratoire, avec la lente montée de la phrase, qui enroule les propositions circonstancielles et va vers sa chute. Et puis il aimait ce pays d'équilibre et de vie, de nourritures, de paysages, d'amitié [3]. »

Après l'évocation de « ce pays d'équilibre et de vie », François Mitterrand, de lui-même, parle de la mort, de sa mort, comme il le fait avec presque tous les convives de ce long banquet d'adieu étiré au fil de décembre. Et dans cette ronde des adieux, le petit pas pré-

1. Ibid.
2. Ibid.
3. Ibid.

sidentiel est toujours le même, glissant avec naturel sur ce sujet propre à toutes les emphases, dont il a embarrassé son discours depuis presque deux ans, coloré son mythe politique depuis un quart de siècle et nourri sa philosophie personnelle pendant toute sa vie. « Je suis beaucoup plus serein devant la mort », déclare Mitterrand à son ancien sicaire de 1979. « Est-ce que vous diriez encore que ce qui est dur, ce n'est pas de mourir mais de ne plus vivre ? » interroge curieusement Quilès, reprenant une phrase glissée par le Président dans une interview au *Figaro*. « Oui, encore plus, répond le Président avant de marquer une pause et de poursuivre, un sourire en coin et l'œil brillant : Parce que quand même, Quilès, un beau coucher de soleil sur Cordes et un bon repas chez Thuriez, c'est quand même dur de ne plus avoir ça [1]... » Commentant la mort de Pablo Neruda le 26 septembre 1973, Mitterrand cite cette phrase du grand poète chilien : « Il arrive que je me lasse d'être homme [2]. » Lui ne s'est jamais lassé d'être homme, d'être vivant, il a simplement épuisé son corps comme le cavalier crève sa monture. L'heure du départ est là, et Paul Quilès jette une fois encore son regard au bleu de glacier sur François Mitterrand. « Nous avons eu une poignée de main comme jamais, un serrement terrible qui m'a fait mal au ventre. " Faites-moi signe ", a-t-il ajouté. On ira manger ensemble. Je mange encore, je marche ; c'est dur, la rééducation, mais je fais cent à cent cinquante mètres par jour. Alors sa chienne s'est approchée, lui a léché la main avec force, et il m'a dit : " C'est quand même bien plus fidèle [3]. " »

*

* *

François Mitterrand marche de moins en moins. Le temps est loin où il approchait l'heure de promenade quotidienne, gagnant les restaurants voisins et en revenant à pied avec force détours. C'était pourtant il y a six mois à peine, aux premiers jours de l'été, lors de la grande rémission de juin. En décembre, les promenades ne se mesurent plus en minutes quotidiennes ni en hectomètres, et mettre le nez dehors est une victoire déjà bien grande sur la maladie. « En

1. Ibid.
2. François Mitterrand, *La paille et le grain*, op. cit., p. 195.
3. Entretien avec l'auteur, le 25 juin 1996.

décembre, il n'a quasiment plus bougé de Le-Play, confirme Gilbert Mitterrand. Il souffrait, il voulait finir ses écrits. Chaque semaine, je passais le voir, ou je téléphonais, et toujours il marquait une grande lassitude [1]. » Cloîtré dans son appartement, François Mitterrand regarde la télévision : ainsi, début décembre, il apprécie particulièrement l'adaptation de *La marche de Radetsky*, d'après Joseph Roth, et il décroche son téléphone pour féliciter Christine Gouze-Rénal, sa belle-sœur, qui est la productrice du film. Le Président est un sédentaire forcé. Il est tragique et cocasse que ce *Piéton de Paris* soit privé de ces marches, qu'il aime tant, dans la capitale, au moment même où ses habitants sont, eux, contraints et forcés d'aller à pied : la grève des transports en commun cause une thrombose quasi générale et jette la population sur le pavé, au son des vains klaxons, insupportables aubades et sérénades. De la fenêtre de son bureau, François Mitterrand voit chaque jour les avenues Bosquet, de La Bourdonnais et de La Motte-Picquet emmêler leurs files de véhicules en un écheveau bariolé et fumant. Il voit aussi passer de temps à autre un cortège de grévistes partant manifester son mécontentement dans le quartier des ministères. Un an plus tôt, en novembre 1994, François Mitterrand avait confié à quelques-uns de ses collaborateurs élyséens sa vision de la dégradation sociale : « Dans un an, cela va exploser », avait-il alors prophétisé. Un an plus tard, l'ancien Président ne joue pas les pythies triomphantes. Non qu'il ait oublié son opportun pronostic, mais l'ampleur du mouvement de 1995 le surprend. Le vieux Président retiré, loin des quolibets de la foule et des chutes dans les sondages, se contente de philosopher : « Ils vont s'apercevoir que gouverner n'est pas si facile [2] », confie-t-il ainsi à Michel Charasse.

Il n'est pas moins explicite en recevant quelques jours plus tard l'un de ses visiteurs estivaux de Latche : Jean-Luc Mélenchon. Le sénateur de l'Essonne, à la fin du mois de novembre, lui a fait passer un petit mot par l'intermédiaire de sa secrétaire : « Monsieur le Président, si vous ne m'avez pas trop vu cet été... » Et François Mitterrand répond immédiatement à Christiane Dufour : « Eh bien non, je ne l'ai pas assez vu [3] ! » Et il téléphone lui-même à Mélenchon pour l'inviter à déjeuner. Dès les premières phrases échan-

1. Entretien avec l'auteur, le 18 novembre 1996.
2. Entretien avec l'auteur, le 11 avril 1996.
3. Entretien avec l'auteur, le 9 avril 1996.

gées entre les deux hommes, l'humeur est joviale et le déjeuner promet de ne pas être morne. Jean-Luc Mélenchon, installé au Sénat comme une sorte de Ravachol chez les papys, a l'œil pétillant et verglacé, et la rondeur faussement rassurante. Il est une sorte d'enfant qui n'en finit pas de jouer à la révolution. Ses indignations n'en sont pas moins sincères, et sa générosité incontestable : pour lui, dans « socialiste », il y a d'abord « social ». « Tout le monde vous embrasse, annonce-t-il d'entrée à Mitterrand, même Pascale, ma compagne, malheureusement. — Pourquoi malheureusement ? s'étonne le Président. — Il lui suffit d'un grand homme à la maison [1] », s'explique Mélenchon, faux jaloux et vrai taquin. François Mitterrand rit. Avec Mélenchon, le Président range ses confidences sur l'au-delà. Avant de passer à table, les deux hommes s'amusent à évoquer des souvenirs de grèves, qui n'étaient pas plus désagréables au locataire de l'Elysée qu'au parlementaire de l'Essonne, soutien à peine caché et organisateur à peine discret de nombre d'entre elles. « Nous avons parlé d'une grève lancée dans un atelier RATP de ma commune, et qui s'était ensuite étendue à toute la Région. Et le Président m'a rappelé cette réception au Sénat, où il était venu avec Rocard, alors Premier ministre. “ Vous avez vu, lui disait Rocard, vous avez vu Monsieur le Président, j'ai réglé le problème de la grève à la RATP. — Ah bon ? Monsieur le Premier ministre, avait répondu Mitterrand ? Alors, la prochaine fois ça va être la SNCF ? ” Et en passant devant moi, il m'a serré ostensiblement la main, et m'a dit : “ Bravo ! Soignez un peu la forme, mais sur le fond, je suis d'accord avec vous. ” Rocard était livide [2]. » Des années plus tard, l'animateur de la Gauche socialiste rit encore de bon cœur de ce tour de potache avec un Président qui offrit à la gauche et au socialisme leurs plus belles victoires avant de leur faire subir les plus grandes apostasies. Puis les deux hommes s'approchent de la fenêtre, et regardent passer dans la rue une volée de banderoles, comme d'étranges voiles sur la mer ondulante des manifestants. « Qu'est-ce que c'est ? interroge Mitterrand. — Aujourd'hui, ce sont les professeurs d'Education physique, répond Mélenchon, au fait, comme il se doit, de la cartographie parisienne des défilés. — Tiens ? Eux aussi ? poursuit le Président, faussement naïf, comme si Rocard était encore là et qu'il

1. Ibid.
2. Ibid.

fallût le brocarder. — Et ce n'est pas fini, renchérit le sénateur, encore huit jours et c'est mûr. — Pauvre Chirac [1] ! » conclut Mitterrand, en pouffant derrière son carreau.

François Mitterrand est moins insolent avec son successeur quand il reçoit Anne Lauvergeon. Aux côtés de l'iconoclaste Mélenchon, boute-en-train irrespectueux, Mitterrand n'est plus du tout ancien Président, mais face à l'ancienne secrétaire générale adjointe de l'Elysée, tout le sérieux de l'Etat resurgit, et les réflexes du pouvoir reviennent : mesure et circonspection. « Il s'imposait une fermeture politique, mais sa curiosité demeurait ouverte, commente Anne Lauvergeon, absolument pas dupe. Sa phrase préférée était : “ Comment vous expliquez ça, vous [2] ? ” » Fidèle parmi les fidèles, elle revoit régulièrement le Président depuis leur voyage à Colorado Springs. Les déjeuners, presque hebdomadaires, deviennent de plus en plus aléatoires, annulés ou maintenus selon l'état de santé du Président. Anne Lauvergeon passe toujours aussi souvent avenue Le-Play, mais trouve parfois porte close au bout du couloir blanc à moquette bleue : dans ses appartements privés, le Président ne peut recevoir personne. Quand, en revanche, la douleur cède la place à des visiteurs plus affables, Mitterrand en profite : il interroge, innocent, prend des nouvelles de ce monde extérieur qu'il ne fréquente presque plus, hormis quelques exploits hectométriques, des escapades médicales et, bientôt, une aventure au bout du monde. « Qui fait quoi ? Pour quelle raison ? Contre qui est-ce dirigé ? » Sur sa grille d'analyse politique, les curseurs de ses questions placent les pions de l'actualité, et dans ce jeu de go il cherche à comprendre, à saisir la situation de l'après-lui. Mais peut-on mesurer le système solaire après avoir été si longtemps le soleil ? C'est un sincère étonnement qui saisit François Mitterrand face à l'impopularité d'Alain Juppé. « Il aimait bien Juppé, témoigne Anne Lauvergeon. Il avait avec lui un contact curieux, très intello-normalien. Il le considérait comme très structuré, très coordonné, des qualités qui vont de pair avec celles d'un Premier ministre [3]. »

Le devoir de réserve explique, bien sûr, le silence parfait de François Mitterrand, mais son incompréhension est là, incon-

1. Ibid.
2. Entretien avec l'auteur, le 18 juin 1996.
3. Ibid.

testable. Il a totalement intégré le nouveau paysage politique français, remodelé par la présidentielle, par les élections municipales, par quelques scrutins partiels égrenés dans l'automne et par le ressac des générations. Et pourtant, la France qui s'enfièvre sous ses fenêtres lui est partiellement mystérieuse. En 1965, « il avait tout compris avant tout le monde [1] », selon le mot du politologue Olivier Duhamel. En 1995, il ne distribue plus les cartes, ne pipe plus les as et ne devine plus le jeu de l'adversaire, parce qu'il n'a plus d'adversaire. François Mitterrand n'est plus à la table de poker politique, et ne plus jouer le désoriente. L'abandon ne s'est pas accompli brutalement, le 17 mai, au bas du perron élyséen. Ce lent débrayage, involontaire, s'est effectué au gré de l'été et des réflexions de Jospin sur l'avenir de la gauche, de l'automne et du chantier lancé au Parti socialiste. Mitterrand n'est plus dans le coup. Il s'est efforcé de parler de l'avenir, et n'a réussi qu'à s'enfoncer dans les sables mouvants du passé. Tout cela, il le sait, et c'est son ultime habileté. Il a compris que sa parole n'avait plus de valeur que testamentaire et testimoniale, qu'on n'attendait plus de lui aucune action mais des réactions, qu'il n'était plus qu'un commentateur de luxe dérangé et espéré dans les grandes occasions : les essais nucléaires, les grandes grèves... Son silence est donc sa dernière intelligence politique, masque élégant et noble jeté sur un vide soudain.

*
* *

L'autre manière de se taire, c'est de parler de tout et de rien, et c'est ce que François Mitterrand fait au cours de son déjeuner du mercredi 13 décembre. A La Marée, un luxueux restaurant de poisson installé à deux pas de la salle Pleyel, à la limite du XVIIe et du VIIIe arrondissement, Pierre Bergé et Georges-Marc Benamou attendent le Président, en compagnie de Danielle Mitterrand. Il s'agit ici du déjeuner d'adieu aux « tontonophiles », à ces mitterrandolâtres qui organisèrent le culte avunculaire, juste avant le second septennat, depuis le journal *Globe*, aidé financièrement, en son temps, par Urba, l'officine de financement politique du Parti socialiste. C'est François Mitterrand, une fois de plus, qui a choisi

1. *Les Brûlures de l'Histoire*, « François Mitterrand et les grands rendez-vous de l'Histoire », émission citée.

le lieu du déjeuner, mais c'est son cancer, comme toujours, qui reste maître de son agenda, et qui le lui rappelle crûment quand il tente de renouer avec ses plaisirs de Président retraité : marcher ou prendre ses repas en ville. Ainsi, la veille au soir, Christiane Dufour appelle-t-elle Pierre Bergé pour lui signifier que le déjeuner est annulé, en raison de la fatigue de François Mitterrand. Puis elle lui téléphone à nouveau le matin du 13 pour rétablir le rendez-vous : les mâchoires du cancer sont imprévisibles, qui se sont relâchées dans la nuit. « Finalement, c'est OK, annonce simplement la secrétaire de Mitterrand. Et ce sera à La Marée : le Président veut manger des huîtres. » « Pour les femmes, les livres et les huîtres, confie son ami Charles Salzmann, Mitterrand n'a jamais changé de goût : il aimait toujours les mêmes espèces [1]. » A La Marée, Pierre Bergé n'attend pas Mitterrand à la table réservée pour les convives. Il s'est levé, et vient à la porte l'accueillir. « Il m'a semblé d'abord ne pas aller trop mal, se souvient Bergé. Il avançait seul, avec une canne [2]. » Il est « élégant comme un riche touriste américain [3] », note Georges-Marc Benamou en remarquant une tenue qui lui semble singulière : veste à carreaux sur chemise à carreaux. En fait, il s'agit de la désormais habituelle veste pied-de-poule rouge et bleu marine. De Latche à Colorado Springs, François Mitterrand a usé tout l'automne de cette tenue vestimentaire. Et il fera bientôt de même à Assouan. Mais Benamou, il est vrai, n'a pas beaucoup rencontré le Président depuis l'automne – deux fois –, et jamais hors de ses bureaux de l'avenue Le-Play.

« C'est pendant le déjeuner que son état s'est dégradé, poursuit Bergé, et que j'ai réalisé qu'il était en très mauvaise forme [4]. » Le repas se transforme, selon Bergé, en calvaire. « Le Président trouve que le service prend du temps, ce qui est vrai. Il mange du homard et des huîtres, mais ça ne va pas [5]. » Ces huîtres que voulaient tant le Président, au point de traverser la Seine et la moitié de Paris pour rejoindre une adresse réputée où les déguster, ne sont pas à la hauteur. « Trop salées, pas assez plates, trop grasses, pas à son goût [6] », détaille Benamou. La conversation ne lui convient pas plus et les

1. Entretien téléphonique avec l'auteur, le 8 janvier 1997.
2. Entretien avec l'auteur, le 24 juin 1996.
3. Georges-Marc Benamou, *Le dernier Mitterrand*, op. cit., p. 225.
4. Entretien avec l'auteur, le 24 juin 1996.
5. Ibid.
6. Georges-Marc Benamou, *Le dernier Mitterrand*, op. cit., p. 229.

sujets défilent, comme les huîtres, sans qu'un seul d'entre eux n'accroche sa pensée : la droite, la gauche, les grèves... Georges-Marc Benamou glane néanmoins une concession du Président, importante pour lui mais à porter au crédit de la fatigue plus qu'à celui de la réflexion : « Vous avez peut-être raison, c'était les énarques de l'époque [1] », lâche Mitterrand à propos de Bousquet et des technocrates de Vichy. L'aveu est maigre... « La conversation est difficile, concède Bergé. Il écoute et parle peu, il est fatigué, il se prend la tête dans les mains plusieurs fois pendant le repas. » Seule l'Europe va le sortir quelques instants, à peine, de sa conversation émiettée et absente. « Je sais la réserve que vous vous imposez, commence Pierre Bergé, mais je pense que vous êtes très attentif à l'Europe, et à ce que ni le gouvernement, ni le Parti socialiste ne prennent des positions anti-européennes. — On n'en est pas encore là, tempère le Président. — Mais pour vous et pour votre figure dans l'Histoire, renchérit Bergé, vous ne pouvez accepter qu'on dise des choses contre l'Europe. — Je serai attentif, merci de me prévenir [2] », écourte le Président. Dans les trois semaines qui lui restent à vivre, François Mitterrand n'aura pas l'occasion de venir publiquement à la rescousse de la cause européenne. Il rappellera néanmoins à l'ordre les frileux qu'il croisera, dont Henri Emmanuelli. Mais à peine le nuage d'encens des obsèques de Mitterrand retombé sur le pays, une première fissure sera burinée par Laurent Fabius, en une brève tribune dans la presse, fin janvier 1996. François Mitterrand pensait laisser la foi européenne à son pays, c'est le doute européen qui fait frissonner la France dès l'hiver qui suit son décès.

Le 13 décembre 1995, François Mitterrand n'a pas la tête à l'Europe, il a l'esprit en Afrique. Ce n'est pas à cause de cet autre convive cacochyme, Jacques Foccart, qu'accueille ce jour-là La Marée. Ame damnée du général de Gaulle pour l'Afrique, empereur clandestin du continent noir, Foccart est, en effet, dans la salle. Il est peu de serviteurs du gaullisme que Mitterrand déteste autant que Foccart ; il est peu de serviteurs du gaullisme qui se sont dévoués autant au Général que Foccart. Au-delà de la rivalité entre deux systèmes de contrôles de l'Afrique – celui de Foccart a nettement mieux réussi que celui de Mitterrand –, c'est quarante ans

1. Entretien avec l'auteur, le 27 juin 1996.
2. Entretien avec l'auteur, le 24 juin 1996.

de haine qui se dressent en un mur compact entre les deux hommes. « Ils étaient là, deux vieillards subclaquants et curieux, s'observant l'un l'autre en se demandant lequel des deux va mourir le premier [1] », raconte crûment Benamou. Jacques Foccart est plus âgé que Mitterrand de quelques années, et pourtant la vieillesse lui est moins douloureuse : la mécanique se grippe, son corps s'effondre lentement, quand brûle celui de Mitterrand, dont c'est l'intime chimie qui se dérègle. Fin 1995, Foccart est encore en train de vieillir, Mitterrand a déjà commencé à mourir. Si Mitterrand songe à l'Afrique, ce n'est pas aux terres noires labourées par Foccart, mais à l'Egypte. Mitterrand est obsédé par son voyage à Assouan : il attend ce jour même des résultats d'analyses qui vaudront visa ou veto pour ce voyage, selon les médecins.

A la fin du repas, l'ancien Président se rend aux toilettes de l'établissement, installées au sous-sol, en compagnie de Jean-Pierre Tarot et d'un officier de sécurité. « Il a été incapable de remonter, témoigne Bergé, et ils ont dû le soutenir. Il ne pouvait plus du tout marcher, il était dans un état effrayant. Heureusement, il n'y avait plus personne dans le restaurant. Je l'ai raccompagné à sa voiture avec Georges-Marc Benamou. J'étais effondré [2]. » Benamou a gardé un souvenir différent de la scène, si l'on en croit ce qu'il narre dans *Le dernier Mitterrand* : pas d'escapade pitoyable aux toilettes, et un restaurant pas tout à fait vide, puisqu'y trône encore, au moins, Jacques Foccart [3]. L'émotion postérieure à la mort de Mitterrand brouille un peu la mémoire de Bergé et de Benamou. Les photos prises à la sortie du restaurant par Sipa Press montrent un Mitterrand cireux, la joue creuse et le sourcil froncé au-dessus de son écharpe jaune pâle, mais debout et avançant sans l'aide de personne, suivi de Baltique. Même sa canne, qui est ce jour-là ornée d'une boule d'ivoire en guise de pommeau, n'est pas appelée à la rescousse : il la tient horizontale, comme lors de ses promenades sous les pins landais. Certes, Tarot n'est pas loin, arborant une écharpe rouge vif, ni Pierre Tourlier, le fidèle chauffeur reconnaissable à son catogan, qui tient à la main la casquette présidentielle. Mais Mitterrand descend seul du trottoir, et cherche un chemin pour regagner son véhicule, garé en double file. Du fait des grèves, le stationnement parisien est anarchique : une Chrysler

1. Entretien avec l'auteur, le 27 juin 1996.
2. Entretien avec l'auteur, le 24 juin 1996.
3. Georges-Marc Benamou, *Le dernier Mitterrand*, op. cit., p. 232.

Néon envahit le trottoir devant la façade lambrissée de La Marée, dont l'auvent est décoré de verdure et de rubans dorés à l'approche des fêtes, une Clio s'agrippe à un emplacement pour livraisons, une moto gêne le passage... Danielle Mitterrand est radieuse, tout sourire dehors, avec un foulard rouge ébouriffé qui jaillit de son manteau. Elle converse avec Pierre Bergé qui n'a pas l'air du tout, avec son chapeau à la main et un demi-sourire, « effondré ». Seul Georges-Marc Benamou, deux pas en arrière, est un peu plus taciturne.

Le lendemain, jeudi 14 décembre, c'est avec Jack Lang que déjeune François Mitterrand : après les diacres du culte mitterrandien, voici le tour du grand prêtre. En deux jours, Mitterrand déjeune avec les trois Parisiens qui se mêleront aux Landais – Emmanuelli et les Munier – et à sa famille, le 31 décembre. L'ancien ministre de la Culture a pris l'initiative de cette pénultième rencontre, appelant Mitterrand avenue Le-Play pour l'inviter, mais lui laissant le choix du restaurant. Le Président porte sa préférence sur un établissement de l'avenue Bosquet : Chez Clémentine. L'endroit est un peu sombre, une lumière orangée nappant un faux plafond couvert d'étranges torsades. Des chaises bistrot aux dossiers arrondis et luisants se frottent aux nappes à carreaux rouges et un comptoir imposant pousse sa panse jusqu'au milieu de la salle, obligeant l'établissement tout entier à déborder sans vergogne sur le trottoir. Chez Clémentine est surtout l'un des restaurants les plus proches de l'avenue Le-Play. Jack Lang est le premier sur place, et attend le Président, qu'il voit soudain franchir l'entrée, avec difficulté, presque porté par Tarot. « Je m'en veux soudain de l'avoir invité, raconte Lang. Je me dis que j'abuse de lui, que j'abuse de son amitié, du devoir d'amitié qu'il se sent obligé de remplir envers moi [1]. » Le repas débute, et François Mitterrand parle, comme toujours, de sa maladie : « Je souffre surtout d'abattement, je suis terrassé par la fatigue. » Et, comme souvent, le voilà qui reprend vie au fil des plats, trouvant dans l'appétit aiguisé par le fumet du repas un surcroît d'énergie. Des œufs à la crème d'oseille sont ainsi dévorés sans relâche, tandis que Tarot, lui aussi, mange copieusement.

Il s'agit, en fait, du scénario inverse de la veille. C'est le voyage à Assouan qui occupe la conversation : François Mitterrand ex-

1. Entretien avec l'auteur, le 11 juillet 1996.

prime son désir, intact et intraitable, d'aller passer Noël en Egypte, mais également ses craintes. Ses forces l'abandonnent, il ne peut se mouvoir debout sans la poigne ferme de son docteur et d'un garde du corps : comment supporter un si long voyage, et comment profiter vraiment, aux bords du Nil, de cette villégiature ? Les analyses décryptées la veille n'ont pas livré de réponse claire, et laissent dans l'incertitude le programme des semaines à venir : le voyage à Assouan, l'organisation des fêtes de fin d'année, mais également la longueur de l'ultime sursis. A partir des résultats médicaux de cette mi-décembre, c'est le calendrier de son agonie que va en fait organiser Mitterrand. Tarot, lui, se veut encourageant : « Ayez confiance, vous le ferez ce voyage, et les choses remonteront après. » « C'est pourquoi j'ai pensé avec confiance que François Mitterrand irait mieux en janvier [1] », explique Jack Lang. Jean-Pierre Tarot est, mi-décembre, en total désaccord avec les autres médecins qui approchent Mitterrand. Tous le jugent incapable d'aller à Assouan, et considèrent ce voyage comme une forme de suicide. Seul Tarot approuve le désir de son patient, parce qu'il sait combien Mitterrand tient à cette ultime échappée égyptienne, mais également parce qu'il a compris que le long combat du malade contre son cancer approche de son dénouement. Il ne s'agit plus de gagner du temps, mais de mettre en valeur celui qui reste, de remplir chaque heure présidentielle d'instants choisis. C'est pourquoi Tarot encourage Mitterrand, qu'il accompagnera à Assouan.

Avec son ancien ministre de la Culture, François Mitterrand parle également politique. « Surtout, n'allez pas chez les radicaux ! » ordonne l'ancien Président. Depuis quelques semaines, la rumeur, en effet, court Paris : après la déchéance politique de Bernard Tapie, lièvre scélérat enfin rattrapé par l'opiniâtre tortue judiciaire, et la candidature avortée de Jean-François Hory à l'élection présidentielle, Radical se cherche un meneur charismatique. Or Jack Lang est en léger froid avec le Parti socialiste depuis qu'il a vainement tenté d'en être le candidat à l'Elysée, un an plus tôt exactement, après le renoncement de Jacques Delors. Lang a dû s'effacer avant même le choix des militants, victime d'une guérilla d'appareil qui ne lui a rien épargné, et il a compris que la popularité était inutile sans l'appui d'un parti. Depuis mai 1995, re-

1. Ibid.

plié dans son fief de Blois, il est plongé dans la circonspection : vedette politique sans parti, il semble le repreneur idéal pour un parti politique sans vedette. Il a, qui plus est, toujours marqué son soutien à Bernard Tapie, mitraillé par des rafales de discrédit : à l'Assemblée nationale, quand l'immunité parlementaire du député des Bouches-du-Rhône fut levée par ses pairs, Jack Lang entourait d'un bras affectueux et consolateur les épaules du banni. La nouvelle direction de ce qui s'appelle encore Radical, après avoir été le Mouvement des radicaux de gauche et avant d'être contraint par la Justice à changer encore de nom – c'est Parti radical socialiste qui sera choisi – ne cache donc pas son désir : débaucher Jack Lang et retrouver avec lui cette star indispensable à tout parti en démocratie médiatique. « Surtout, n'allez pas chez les radicaux ! » a déjà ordonné François Mitterrand à son ancien ministre, au début du mois, par téléphone. Il répète cet avertissement Chez Clémentine, avant le dessert, et le réitérera quelques jours plus tard, à Latche, lors du repas de réveillon. Le jeudi 14 décembre, Jack Lang le rassure pourtant : « Il n'en est pas question. Tapie et Baylet me l'ont gentiment proposé, mais c'est non. »

Et il tiendra parole, revenant sur la scène du Parti socialiste au printemps 1996 et laissant Bernard Kouchner empoigner le gonfalon radical. L'ancien ministre de l'Action humanitaire n'a pas, lui, à quitter le Parti socialiste, auquel il n'appartient pas, et cette seule différence facilite grandement la manœuvre. C'est d'ailleurs l'argument qu'avance François Mitterrand pour déconseiller au maire de Blois une pareille acrobatie politicienne. Employant soudain la « langue de Lang », comme au temps du Président « branché », du Mitterrand « hip-hop » conçu par Jacques Pilhan et mis en scène par Yves Mourousi, il lâche : « Que voulez-vous ? Vous êtes “ looké ” leader socialiste, vous ne pouvez pas changer. » Cette phrase marque son auditeur, et l'audace lexicale de Mitterrand donne du poids à sa recommandation : Jack Lang, qui fut tenté mais jamais emballé par la proposition radicale, n'attendait sans doute pas plus que ce veto présidentiel pour la décliner. Le suspense entretenu quelques semaines par son hypothétique transfert chez les radicaux a eu pour Lang une vertu principale : le placer à nouveau sous les feux de la rampe, l'aider à préparer son retour en première ligne au PS, où il lui faut s'employer à n'être plus seulement « looké » culture, pour prétendre à de nouvelles responsabilités. Il ne peut deviner que Lionel Jospin, déterminé à clore l'ère Mitterrand, le laissera croupir comme tant d'autres au Parlement après la victoire législative du 1er juin 1997.

Après ce déjeuner avec François Mitterrand, Jack Lang ne sait trop comment juger l'état de santé du Président, l'appétit démontré face aux œufs à la crème d'oseille n'effaçant pas la première impression, ce pas de porte franchi avec la plus grande douleur. C'est pourquoi il ne rassure qu'à moitié Pascal Sevran quand celui-ci le joint au téléphone, quelques jours plus tard. « On me dit qu'il est mort [1] », explique l'animateur de télévision pour justifier cet appel empressé. Jack Lang dément immédiatement, et rapporte pour preuve le récit de son récent déjeuner avec Mitterrand. « S'il mange, c'est donc que cela va bien? conclut et interroge à la fois Sevran. — Bof, répond Lang. — Donc, ça ne va pas? poursuit son interlocuteur. — Pas terrible [2] », concède enfin l'ancien ministre, dans une demi-mesure gênée.

*
* *

Le vendredi 15 décembre, c'est un dîner de têtes qui anime les bureaux du 9, avenue Le-Play, un dîner sans nourriture tenu à onze heures du matin : François Mitterrand reçoit Valéry Giscard d'Estaing. Le plus ancien des deux – qui est aussi le plus jeune – a pris l'initiative de cette rencontre d'ex-Présidents de la République – qui sont tous les deux des vieillards. Et dans les quelques mètres carrés du bureau de François Mitterrand, c'est presque un quart de siècle d'Elysée qui est réuni : vingt et une années de pouvoir suprême entassées. Que peuvent donc se dire, pendant quarante-cinq minutes, Giscard et Mitterrand, duettistes des présidentielles de 1974 et de 1981 ? Ils ont eu plusieurs tête-à-tête en quinze ans, mais celui-ci est inédit, et seul capable de faire écho à l'autre, l'institutionnel, celui de la passation des pouvoirs de mai 1981. Ils étaient alors tous deux présidents, l'un pour quelques minutes encore, l'autre déjà inondé de l'onction populaire, et attendant le chrême constitutionnel. Ils sont, fin 1995, tous deux anciens Présidents, partageant cette patine suprême que laisse l'Elysée. Presque

1. Entretien avec l'auteur, le 21 novembre 1996.
2. Ibid.

octogénaire, François Mitterrand est mourant; presque septuagénaire, Valéry Giscard d'Estaing est en pleine forme, n'en finissant pas de mener son combat d'arrière-garde. Après avoir nourri des espoirs de retour au sommet, il défend désormais ses derniers privilèges, dans cette UDF qui veut changer de président au printemps suivant. Le centre se dégiscardise comme le PS se démitterrandise.

VGE aussi a expérimenté cet insupportable statut : avoir été Président de la République, mais il n'a pas eu la chance de faire coïncider sa retraite politique avec sa vieillesse physique, ayant eu celle d'être élu jeune. Cela lui évite l'agonie publique, mais pas le calvaire politique. Mais quand un ancien Président de la République rencontre un ancien Président de la République, qu'est-ce qu'ils se racontent? En mai 1981, Giscard a défait sa cravate pour ôter de son cou le pendentif portant le code nucléaire : Mitterrand l'a empoché, et c'est chez le teinturier qu'il fallut rattraper la veste présidentielle pour que la France ne soit pas bêtement désarmée en cas d'attaque atomique! Puis furent transmis les secrets d'Etat de la quatrième puissance du monde : « Ces fameux secrets d'Etat de Giscard? s'étonnera Mitterrand le 24 février 1984. Tout ce que je l'ai entendu me dire se borne à : " Est-ce que je peux garder mon chauffeur [1] ? " » Haine pour haine, Giscard tranche en juin 1986 : « Mitterrand, au fond, c'est un médiocre. C'est la fausse valeur de la deuxième moitié du XXe siècle [2]. » S'il y a égalité entre les deux hommes dans leurs affrontements à l'élection présidentielle, ils ne se départagent pas plus au rang des cruautés excessives...

Fin 1995, c'est Valéry Giscard d'Estaing qui demande un entretien avec son successeur. « Il ne m'a parlé que de Mazarine », confiera-t-il plus tard. Giscard exagère : le dialogue traite aussi de l'Europe, et de la place du couple franco-allemand en son sein. François Mitterrand, à pied d'œuvre sur cet ouvrage de politique étrangère qui deviendra *De l'Allemagne, de la France* après son décès, a les idées particulièrement à jour. Quant à Valéry Giscard d'Estaing, l'Europe est devenue son unique fonds de commerce politique, mis en vitrine sous toutes ses formes : monétaire, institutionnel, social. Ni l'un, ni l'autre n'en diront donc plus, mais chacun est satisfait de ce sujet. Giscard parce qu'il console à l'échelle européenne ses ambitions éteintes dans l'Hexagone, cher-

1. Sylvie Pierre-Brossolette, *Paroles de Présidents,* op. cit., p. 52.
2. Sylvie Pierre-Brossolette, *Paroles de Présidents,* op. cit., p. 72.

chant à Strasbourg une sortie par le haut. Mitterrand parce que la construction européenne, vilipendée par ses fidèles mêmes au sein du Parti socialiste, est une incontestable ambition dans son contestable bilan. Deux Présidents impuissants, deux Lear parlant d'un continent parce que leur pays n'a plus besoin d'eux. L'un a écrit après l'Elysée *Le pouvoir et la vie*, l'autre n'a cessé de raconter, commençant avant même son départ du sommet de l'Etat, le pouvoir et la mort. L'un a écrit un roman d'amours bucoliques et niaises intitulé *Le passage*, l'autre, plus doué pourtant, n'a jamais écrit de roman, et utilise l'expression « le passage » pour nommer la mort.

Le dimanche 17 février 1974, François Mitterrand eut une fulgurante vision de Giscard. Le brillant polytechnicien n'est alors que ministre des Finances, et Georges Pompidou n'est pas encore mort. Mitterrand relève dans une lettre de Voltaire à sa nièce : « Je ressemble assez à celui qui rêvait qu'il tombait d'un clocher et qui, se trouvant fort mollement dans l'air, disait : pourvu que cela dure. » Et le premier secrétaire du Parti socialiste écrit alors pour *L'Unité* la courte chronique suivante : « Je ne sais pourquoi ce dormeur haut perché me fait penser à Valéry Giscard d'Estaing [1]. » Ce n'est que sept ans plus tard que l'apologue sera vrai pour Giscard ; et fin 1995, il se vérifie pour Mitterrand, qui quémande un sursis, « se trouvant fort mollement dans l'air » de la vie, malgré ses souffrances. Au-delà des haines, il est assez logique que Valéry Giscard d'Estaing soit le dernier homme politique de droite à voir François Mitterrand : il est le seul à avoir rivalisé avec lui, il est son plus proche ennemi. De Gaulle n'a jamais vraiment été à la portée de Mitterrand, qui n'a jamais vraiment été menacé par Jacques Chirac. Le match nul de leurs présidentielles méritait bien cette troisième mi-temps à huis clos.

*
* *

Ce n'était là qu'un interlude au sein du feuilleton des adieux à gauche. Le samedi 16 décembre, François Mitterrand invite Georges Kiejman à déjeuner. C'est devenu une habitude en cette fin d'année 1995 : depuis quelques semaines, les deux hommes ont repris leur tradition du déjeuner du samedi. Il y eut un repas chez

1. François Mitterrand, *La paille et le grain*, op. cit., p. 256.

Lulu, rue du Château, dans le XIVe arrondissement, où Mitterrand s'étonne de la disgrâce de Chirac et de Juppé en mélangeant sincérité et ironie. Il y eut un déjeuner au Dôme en tête à tête, puis un autre, au Dôme encore, avec Tarot cette fois. Mazarine, également invitée est prévenue trop tard par son père. François Mitterrand doit bien cela à Kiejman, qui a témoigné sans le trahir au procès de Christian Didier, l'assassin de Bousquet. Mitterrand a copieusement boudé l'avocat après ses propos sur le livre de Péan et sur la Bosnie, il l'absout après cette apparition irréprochable à la barre. De plus, Kiejman a fait pour lui « quelques petites choses professionnelles [1] » dans les mois précédents, quelques actes de procédure délicats : l'interdiction de l'édition non autorisée des discours du Président, le communiqué contre le *Verbatim* d'Attali... « Je ne peux pas venir », décline pourtant Kiejman le 16 décembre, quand Mitterrand l'invite. Il est en compagnie, en effet, d'un ami socialiste belge, Roger Lallemand. « Mais si vous le souhaitez, c'est l'occasion de manger un jambon-purée [2]. » Cet étrange menu est, en fait, une plaisanterie récurrente entre Mitterrand et Kiejman, le Président regrettant toujours qu'ils ne puissent se cuisiner à l'improvisade des repas simples comme un jambon-purée. « D'accord », accepte Mitterrand, qui débarque quelques minutes plus tard dans les 260 mètres carrés où Kiejman vit avec ses enfants et ses livres. L'avocat est là, dans la cuisine, ouverte sur l'entrée de l'appartement et sur l'immense pièce principale. « Ce jour-là, il a été à la fois très en retrait et très présent, beaucoup moins directif que d'habitude dans la conversation, mais pas absent du tout. Il était un spectateur attentif. Si je l'ai vu beaucoup au mois de décembre, c'est qu'il avait envie de voir les gens qu'il aimait bien et qui l'aimaient bien [3]. »

La tournée des adieux s'achève, qui a salué les fidèles anciens et plus récents, ceux qui ont servi et flatté, guerriers de la conquête et défenseurs de la fin de règne. La tournée des adieux s'achève, Mitterrand se tourne désormais vers l'Egypte. Sa décision est sûre et certaine depuis longtemps, il lui reste à la formuler en hésitant assez longtemps pour que la contre-attaque des gardes-malades ne puisse s'organiser. Au début de la semaine suivante, il déjeune,

1. Entretien avec l'auteur, le 3 avril 1996.
2. Ibid.
3. Ibid.

avenue Le-Play, avec Anne Lauvergeon : ce sera leur dernier tête-à-tête. « Mais quel spectacle je vous donne, pardon [1] », s'excuse-t-il d'entrée, comme toujours quand il va mal. L'ex-secrétaire générale adjointe de l'Elysée vient d'achever la lecture d'un livre sur les Médicis, et la discussion s'engage sur la grande famille florentine. Mitterrand peut en parler des heures, imbibé de cet ouvrage sur Laurent de Médicis qu'il n'écrira jamais, mais dont les recherches lui ont été un fil d'Ariane à travers le dédale de l'Histoire européenne. Il choisit de traiter face à Anne Lauvergeon, reconvertie au sein de la Banque Lazard, des Pazzi, banquiers et rivaux malheureux des Médicis. « Il a alors une demi-heure de vie, puis il retombe dans la démission [2] », se souvient Anne Lauvergeon.

Car la perspective du voyage à Assouan ne ragaillardit pas François Mitterrand. Au contraire, c'est parce qu'il a décidé d'aller à Assouan, et qu'il sait que nul ne pourra désormais l'en empêcher, que François Mitterrand s'incline sous le joug du cancer. « Tant qu'il a eu quelque chose devant lui, il s'est battu, explique Lauvergeon : Colorado Springs, ses mémoires, Assouan. A partir du 15 décembre, il est en roue libre [3]. » Et en roue libre, François Mitterrand sait qu'il avancera suffisamment pour ses ultimes pèlerinages, avant de franchir en douceur le col de l'autre monde. « D'un rendez-vous sur l'autre, j'ai vu la différence, confie Anne Lauvergeon. François Mitterrand considérait que sa qualité de vie était insuffisante. Il évoquait le souvenir de Jean Riboud, atteint du même cancer que lui : en se promenant dans son verger, Riboud s'est cassé en deux, la colonne vertébrale rompue par les métastases osseuses, et il a passé les dix derniers mois de sa vie dans un fauteuil roulant. François Mitterrand ne voulait pas de ça, il ne voulait pas non plus voir les métastases gagner son système nerveux, ce qui était pour lui le comble de l'horreur. Or à la mi-décembre, il a compris que l'offensive finale du mal était lancée, et qu'il ne survivrait plus que dans une situation humiliante. Il avait toujours cru pouvoir surpasser les attaques de la maladie : plus cette fois [4]. »

En 1984, François Mitterrand avait griffonné, sur une note rédigée par Hubert Védrine à propos de l'accord maroco-libyen

1. Entretien avec l'auteur, le 18 juin 1996.
2. Ibid.
3. Ibid.
4. Ibid.

d'Oujda, quelques phrases du général Henning von Tresckow : « Que cela soit ma gloire que je cherche : savoir que sur mon chemin, un endroit sera marqué qui m'engloutira. Et pourtant ne rien changer en moi et autour de moi quand je le verrai, et ne pas ralentir mon pas [1]. » Dans *De l'Allemagne, de la France*, François Mitterrand narre comment Tresckow fut englouti : acteur du coup d'Etat manqué contre Hitler le 20 juillet 1944, il s'avança vingt-quatre heures plus tard, à pied, vers les lignes soviétiques... Hitler, pour Mitterrand, c'est le cancer : il sait que le combat est perdu. Les lignes de l'armée Rouge, c'est l'horizon de janvier, ce goutte-à-goutte de mort dont il va se perfuser dès qu'il sera sûr. Car, si les analyses de la mi-décembre n'ont rien interdit, n'ont rien conclu, elles ont laissé percer le doute sur l'évolution du cancer. Un autre rendez-vous médical est fixé au tout début de janvier pour connaître avec certitude, cette fois, la nouvelle cible des métastases. Mais déjà un compte à rebours s'enclenche, que Mitterrand assume : à Odile Jacob qui lui parle du dixième anniversaire de sa maison d'édition, qu'elle veut fêter en sa présence le 5 février 1996 et faire coïncider avec la publication de son livre d'entretiens avec Benamou, il glisse : « Je ne serai plus là le 5 février. » Au professeur Vallancien qui le visite au milieu de décembre il lâche : « Dans un mois, je ne serai plus de ce monde. » Devant Michel Charasse, il s'interroge : « Vous croyez que je vais la sentir venir longtemps à l'avance [2] ? » L'homme qui déjeuna avec tous ses amis pour leur dire adieu doit préparer désormais son souper avec la mort, puisque le Commandeur n'existe pas. Il n'est pas question encore de s'asseoir à la table du festin de pierre, mais il faut la dresser, sans tarder.

*

* *

La mort, pour François Mitterrand, c'est d'abord ses morts, ces êtres disparus à qui il adresse ses pensées vespérales avant que le sommeil ne close la journée, cette nécropole arpentée quotidiennement. « A qui pensez-vous le plus ? interroge Franz-Olivier Giesbert. — D'abord, à mes parents. Et puis à mes amis les plus chers qui ont disparu, il y a souvent longtemps : Georges Dayan et son

---

1. Hubert Védrine, *Les mondes de François Mitterrand*, op. cit., p. 576n.
2. Michel Charasse, *55, faubourg Saint-Honoré*, op. cit., p. 295.

frère Jean, et puis Jean Riboud, qui en a beaucoup bavé sur la fin (...) Sans oublier aussi ce brave Jean Chevrier (...) Il faudrait encore ajouter un père jésuite que vous ne connaissez pas [1]. » Ce jésuite, c'est Alphonse Delobre, un compagnon de captivité, au Kommando de Schaala, dont Mitterrand fit un interlocuteur privilégié sur ces sujets métaphysiques : « A la fin de sa vie une congestion cérébrale le rendit aphasique. Mais toute la lumière du monde habitait son regard. Il me souriait encore la veille de sa mort [2]. » Au grand cimetière imaginaire de François Mitterrand, il faut encore enterrer tous ceux dont il vécut l'agonie comme une passion, aux sens profane et religieux du terme. En 1992, le père de Jean-Pierre Soisson, que Mitterrand connut au conseil régional de Bourgogne, se meurt d'un cancer de la prostate. Nul ou presque ne sait alors que François Mitterrand est atteint du même mal, alors que chaque semaine au Conseil des ministres, il demande à Soisson des nouvelles de son père. « Après le décès de mon père, en septembre, le Président m'a demandé de lui raconter en détail ses derniers instants [3]. » Le jeudi 4 novembre 1976, il rend compte dans *L'Unité*, en trois lignes, de « ce mot de Jacques Monod sombrant dans le coma : " Je cherche à comprendre [4] " ». Il a longuement questionné la nièce du savant sur cette agonie...

François Mitterrand, conteur à enluminures, aime raconter comment disparurent les grands hommes. « Je me souviens, raconte Serge July, d'un petit déjeuner à l'Elysée, pendant la guerre du Golfe, où il nous a raconté à quelques-uns, pendant une heure et demie, la mort de Descartes. La thèse de Mitterrand était que Descartes avait fait l'amour toute la nuit avec Christine de Suède, qu'ils avaient énormément bu, qu'il s'était perdu en sortant de la chambre de la Reine, qu'il s'était endormi dans un couloir où le vent glacial soufflait et qu'il avait attrapé la pneumonie dont il était mort. J'en fais une brève, Mitterrand en avait fait un petit roman parlé [5]. » Et de même il sait par cœur les derniers mots écrits par Jules Renard, le Nivernais, dans son journal intime, devant le pus qui lui coule le long de la jambe : « " J'espère pouvoir voir cet au-

1. Franz-Olivier Giesbert, *Le vieil homme et la mort*, op. cit., p. 47.
2. François Mitterrand, *Mémoires interrompus*, op. cit., p. 19.
3. Entretien avec l'auteur, le 28 octobre 1996.
4. François Mitterrand, *L'abeille et l'architecte*, op. cit., p. 220.
5. Serge July, « Une certaine idée des Français », art. cit., p. 7.

tomne, mais vivrai-je en automne ? Ça séchera dans mes draps, comme quand j'étais Poil-de-Carotte ". Les derniers mots de son *Journal*, c'est Poil de Carotte. C'est-à-dire que la boucle était bouclée [1]. » Et quand il se penche, au détour d'une exposition, sur la photographie du gouvernement Ramadier, où il détenait en 1947 le portefeuille de l'Information, il détaille le cliché, avant de lâcher : « Tous morts. » Puis, après un silence : « Sauf moi [2]. » C'est vrai aussi des candidats à la première élection présidentielle au suffrage universel, en 1965. Tous morts, même l'iconoclaste Marcel Barbu et le sémillant Jean Lecanuet. Sauf lui...

En décembre 1995, il ajoute une anecdote à sa collection d'agonies. Une de ses collaboratrices de l'Elysée lui rend visite avenue Le-Play et lui confie qu'elle prépare une biographie des trois Rostand – l'écrivain Edmond et ses fils, Jean le biologiste et Maurice le poète. Elle lui raconte alors qu'en novembre 1918, recevant sa maîtresse et l'embrassant alors qu'il est alité, atteint de grippe espagnole, Edmond Rostand a la douloureuse surprise de l'entendre se gargariser après ces contagieuses effusions. « C'est le bruit de la mort », écrit-il. En raccompagnant sa visiteuse, Mitterrand l'embrasse et lui souffle : « N'oubliez pas de vous laver... » Enfin, souvenir crucial parmi les souvenirs, il y a cette tante, une sœur de son père, qui avait très peur de mourir, surtout vers la fin, et donnait à l'agonie son sens étymologique d'angoisse. Dans sa chambre de mourante, un jour, vient lui rendre visite son neveu François. Il entre, s'approche d'elle et lui prend la main. Elle ouvre alors les yeux et dit dans un souffle : « Ah ! François ! Tu es là ! » Et elle meurt. « Ce souvenir le rassurait. Il a vu très peu de gens mourir [3] », commente Marie de Hennezel. François Mitterrand aurait-il la présence viatique, le pouvoir de donner la paix éternelle ?

La mort, pour François Mitterrand, c'est également une question : comment mourir ? Il l'a posée au début de sa préface à *La mort intime*, le livre de Marie de Hennezel, et c'est auprès d'elle qu'il va chercher la réponse en ce mois de décembre. Elle est revenue vers lui à la fin du mois précédent, et leurs rendez-vous vont être de plus en plus fréquents. Tout au long de leur amitié, ils ont ainsi procédé, par de longues périodes de silence mutuel et

1. *Apostrophes*, 7 février 1975, rapporté dans *Lire* en décembre 1994.
2. *Les mots de François Mitterrand*, Michel Lafon, 1996, p. 165.
3. Entretien avec l'auteur, le 17 juin 1996.

d'intenses mais brefs cheminements communs. Du 12 au 19 décembre, elle le voit presque tous les jours, pour achever leur réflexion sur la mort, pour imaginer « le passage ». La nuit qui a suivi leur première rencontre, en novembre 1984, Marie de Hennezel a fait un étrange rêve : « Il devait s'engager dans un tunnel plein d'eau et je devais l'accompagner, car je savais respirer sous l'eau. » François Mitterrand a déjà de l'eau jusqu'au cou en cette fin 1995... Il a très fréquemment interrogé Marie de Hennezel sur le moment même de la mort. « Il est vrai que j'ai très souvent été présente dans un tel moment, auprès des malades, explique-t-elle. Je lui répondais que c'est aussi simple que de naître. Le corps est prêt pour cela, il sait naître et mourir. C'est comme une bougie qui s'éteint. La peur est causée par notre imaginaire à ce moment-là. L'arrivée du souffle, ce qui maintient en vie, est un moment que le corps sait traverser; l'organisme doit savoir aussi passer dans l'autre sens [1]. » François Mitterrand précise sa grande appréhension : être débordé par la souffrance physique, ne plus se maîtriser, et s'enliser dans une interminable agonie qui laisse une image détériorée à son entourage. Marie de Hennezel lui conseille de se fixer des échéances à court terme, puis, le moment venu, de ne plus s'accrocher, de s'abandonner à la mort. C'est exactement ce que s'apprête à faire Mitterrand. Dans ces ultimes dialogues, ils parlent encore des thèmes de *La mort intime*, mais les silences sont nombreux, et les mots souvent inutiles. « On sent bien que ce n'est pas par des discours que vous aidez les malades à trouver la paix, mais par votre présence [2] », lui disait-il déjà en 1992.

Leur dernière rencontre a lieu le mardi 19 décembre, dans la chambre du Président, avenue Le-Play. Dernière, elle est aussi la plus longue, deux heures. François Mitterrand est recroquevillé dans son lit, un énorme pull rouge enfilé à l'envers, et Marie de Hennezel s'assoit à côté de lui, sur le lit, comme à son habitude. Baltique ne cesse de s'agiter et Mitterrand sourit aux facéties de sa chienne. « Je sens la vie qui se retire... Mes forces m'abandonnent... Si seulement on pouvait rétablir le contact », dit le Président. Il confie les dernières trahisons de son corps, jusqu'aux ultimes plaisirs qui disparaissent : « Même celui de manger. » Le bon

1. Ibid.
2. Marie de Hennezel, *La mort intime*, op. cit., p. 209.

vivant cède avant le vivant. Reste le plaisir d'écrire, et l'amertume de n'avoir pas achevé ses livres. « Je vais mourir, mais ce n'est pas une affaire, cela ne m'affecte plus de la même manière. C'est un arrachement à soi-même qu'on finit par accepter. Mais que c'est long, de mourir... Penserez-vous à moi, après ma mort ? » « Je sens une émotion monter. Alors, je pose ma tête sur sa poitrine et je reste là, à écouter son souffle. Sa vie, encore là. Il pose sa main sur mes cheveux et me tient contre lui, longtemps [1] », raconte Marie de Hennezel. Cinquante-deux ans plus tôt, François Mitterrand a décrit sans le savoir cette scène, dans un texte rédigé en avril 1943 pour *Métier de Chef* et qu'il cite abondamment dans ses *Mémoires interrompus* : « Tout ce qui va mourir incite au partage, comme on partage la peur en s'étreignant l'un l'autre. (...) Celui qui reste a le cœur étrangement troublé de ce départ d'un être auquel rien jusque-là ne le rattachait et qui perd soudain son vêtement d'étranger parce que la vie leur signifie en même temps qu'elle est faite de mort et d'oubli [2]. »

« Mettrez-vous une petite pierre à côté de la vôtre, en souvenir de moi ? » interroge encore François Mitterrand, faisant allusion à la maison que possède Marie de Hennezel dans le Gard. Une maison accrochée dans les bois, à flanc de colline, face à un horizon sans aucune autre habitation. « François Mitterrand avait beaucoup aimé ce lieu inscrit dans une nature sauvage et forte. Le site compose une sorte de cirque avec, sur le terrain en face de chez moi, une pierre levée, qui est là depuis toujours. Nous nous étions assis à côté de cette pierre, près de laquelle je médite souvent, et j'avais dit à François Mitterrand que je souhaitais être enterrée là. Nous parlions souvent du désir des gens de savoir où ils seraient enterrés, car c'est une idée qui conforte le vivant [3]. » François Mitterrand avait, de son côté, parlé à Marie de Hennezel d'un livre sur le tellurisme, sur les forces que dégagent certains lieux. « Il y était très sensible, il croyait que des lieux dégageaient force et paix [4]. » Le 19 décembre, Marie de Hennezel s'engage à dresser en hommage à François Mitterrand une pierre à côté de la sentinelle minérale de son refuge gardois. Puis elle prend congé. « En douze ans, c'est la

1. *Elle*, janvier 1996.
2. François Mitterrand, *Mémoires interrompus*, op. cit., p. 31.
3. Entretien avec l'auteur, le 17 juin 1996.
4. Ibid.

première fois que c'est moi qui suis partie, et non lui qui a mis fin à ma visite. J'avais un rendez-vous à l'hôpital, et je partais le lendemain pour Venise. Je lui ai dit tout cela, en ajoutant que j'étais prête à revenir s'il allait plus mal. Il m'a dit : " Je ne suis pas attirant. " Il craignait toujours d'être trop exigeant, de tomber dans la " tyrannie des grands malades [1] ". »

Marie de Hennezel quitte son vieil ami, qui est depuis quelques jours son patient, et, comme prévu, se rend le lendemain à Venise. Un souvenir de mort la rattache particulièrement à cette ville : quelques années plus tôt, alors qu'elle ne connaissait pas Venise, l'un de ses patients, Dimitri, lui avait promis de l'y emmener. Puis il était mort. Quelques jours après ce décès, Marie de Hennezel eut l'occasion de se rendre à Venise, et d'aller méditer en hommage à Dimitri au bar du Danieli, ce grand hôtel dont il avait vanté le « charme un peu triste ». Fin 1995, Marie de Hennezel veut de la même façon rendre hommage à François Mitterrand lors de son séjour au cœur de la lagune mortifère. Elle lui téléphone donc depuis Venise et lui demande : « Où voulez-vous que j'aille pour vous ? — A la basilique des Frari, répond Mitterrand, voir *L'Assomption* du Titien. » Marie de Hennezel se rend donc dans l'imposante basilique de briques, qui mélange le gothique et le byzantin. Dès l'entrée, elle est saisie par la vision, au fond de la nef, derrière le chœur, de cette Vierge rouge montant au ciel. Le vieux Chateaubriand avait effectué le même pèlerinage, écrivant à sa femme le 15 septembre 1833 : « Il me tarde de voir *l'Assomption* du Titien [2]. » Vingt-sept ans plus tôt, à la recherche de la dalle funéraire du peintre, il était passé devant le tableau sans le voir, tant l'œuvre était encrassée après trois siècles passés à veiller sur les Frari. En 1817, le tableau, nettoyé, a gagné l'Académie des Beaux-Arts, et ne retrouvera la chapelle principale des Frari qu'en 1919. « (...) dix grandes figures d'hommes au bas du tableau ; remarquez à gauche l'homme ravi en extase, regardant Marie. La Vierge au-dessus de ce groupe assompte au centre d'un demi-cercle de chérubins ; multitude de faces admirables dans cette gloire : une tête de femme à droite, à la pointe du croissant, d'une indicible beauté ; deux ou trois Esprits divins jetés horizontalement dans le ciel, à la manière

1. Ibid.
2. Chateaubriand, *Mémoires d'outre-tombe*, appendice XVII, Flammarion, 1982, t. 4, p. 752.

pittoresque et hardie du Tintoret. Je ne sais si un ange debout, n'éprouve pas quelque sentiment d'un amour trop terrestre. Les proportions de la Vierge sont fortes ; elle est couverte d'une draperie rouge ; son écharpe bleue flotte à l'air ; ses yeux sont levés vers le Père Eternel, apparu au point culminant. Quatre couleurs tranchées, le brun, le vert, le rouge et le bleu couvrent l'ouvrage : l'aspect du tout est sombre, le caractère peu idéal, mais d'une vérité et d'une vivacité de nature incomparables [1]. » Marie de Hennezel n'a pas l'œil de Chateaubriand, et ne remarque ni l'érection juvénile du chérubin, ni la beauté sereine de la femme céleste. Mais elle regarde longuement « cette image de ravissement », se recueille en pensant à François Mitterrand mourant, et achète une carte postale reproduisant le tableau, qu'elle conservera précieusement. Chez elle, au pied d'un escalier en colimaçon, veille aussi une vierge à l'enfant en bois clair, enrubannée d'une écharpe blanche...

La mort, pour François Mitterrand, c'est enfin l'au-delà. Qu'il ait envoyé Marie de Hennezel contempler *L'Assomption* du Titien plutôt qu'un palais vénitien ou la lumière glissant sur un canal inconnu n'est pas insignifiant. L'Assomption, c'est « le passage », cet instant où l'on quitte un monde pour l'autre, l'ultime souffle étant jeté entre la vie et la mort comme le Rialto sur le Grand Canal ; c'est la Douane de Mer. En décembre, François Mitterrand veut absolument achever par une certitude sa réflexion cinquantenaire sur « l'après ». « Il avait progressivement remplacé sa réflexion sur l'au-delà par une longue interrogation sur la vie [2] », affirme Michel Charasse, qui se trompe. Plus François Mitterrand clame son amour exclusif de la vie, plus il plonge son quotidien dans le bain mystique. Un portrait de saint François d'Assise et un autre de sainte Thérèse de Lisieux ornent sa chambre, le *Pèlerinage en Terre Sainte*, de l'hégoumène russe Daniel accompagne les ouvrages des Pères de l'Eglise dans sa bibliothèque, même la lecture des stoïciens est la quête d'un périscope braqué sur l'au-delà. Fin 1995, François Mitterrand est, en fait, dans la situation de Dostoïevski, quand il écrivit dans son journal de bagnard sibérien : « Je suis un enfant de l'incroyance et du doute. Jusqu'à présent et même jusqu'au tombeau. Quelle terrible souffrance me coûte

1. Chateaubriand, *Mémoires d'outre-tombe*, quatrième partie, livre septième, 4, op. cit., p. 346.
2. Michel Charasse, *55, faubourg Saint-Honoré*, op. cit., p. 294.

maintenant cette soif de croire qui est d'autant plus forte en mon âme qu'il y a davantage en moi d'arguments contraires. » Qui plus est, fils du doute socialiste, Mitterrand est petit-fils de la foi catholique de son enfance. A quelques jours de sa fin prochaine, il s'emploie à désamorcer tout l'arsenal qu'il a amassé pour argumenter son agnosticisme. « Je suis devenu d'une certaine façon agnostique. Agnostique, ce n'est pas celui qui n'y croit pas. C'est celui qui ne sait pas s'il y croit ou s'il n'y croit pas [1] », explique-t-il en 1986. Dix ans plus tôt, il affirmait déjà sur Europe 1 : « Je ne sais pas si je crois ou si je ne crois pas. Je me pose la question, je n'ai pas la réponse, mais c'est un type de problème qui me préoccupe [2]. »

Au fil des temps, l'agnosticisme devient la vérité officielle et commode, véritable « ni-ni » religieux, qui s'affine selon les versions : « Il se définit lui-même comme un agnostique, témoigne Roger Quilliot, mais pas un agnostique contre, comme un agnostique avec, avec Dieu, un dieu qui n'est plus présent, qui l'est en quelque sorte à travers des zones d'ombre [3]. » Tout cela est faux : l'agnosticisme n'est pas ce que décrit Mitterrand, qui n'est pas agnostique. Il s'agit avec l'agnosticisme d'une certitude : ce qui est au-delà de l'expérimental, c'est-à-dire l'étendue entière du métaphysique, est inconnaissable. L'agnostique peut croire ou ne pas croire, mais il sait qu'il ne saura jamais. Mitterrand, en passant sa vie à chercher à savoir, a donc parjuré sans cesse l'agnosticisme. S'il était sincère en affirmant qu'il ne sait pas s'il croit ou non, Mitterrand grossirait en fait les rangs des sceptiques, mais il ne l'est pas. François Mitterrand croit profondément en l'au-delà, et ne s'interroge en fait que sur sa forme. « Je me suis fait une philosophie, j'ai fait le tour de la question [4] », lance-t-il à Roland Dumas, parlant de la mort, quelques jours avant de partir pour Assouan, comme il le dira à Jack Lang le 31 décembre. L'expression est parfaitement choisie, tant il s'agit pour Mitterrand de philosophie plus que de religion, et de question plus que de réponse. C'est l'interminable questionnement qui l'a séduit pendant cinquante

1. Pierre Jouve & Ali Magoudi, *Mitterrand, portrait total*, op. cit., p. 94.
2. Cité par Edith Boccara, *Mitterrand en toutes lettres*, Belfond, 1995, p. 323.
3. Hugues Le Paige & Jean-François Bastin, *François Mitterrand, portrait en surimpressions*, op. cit.
4. Entretien avec l'auteur, le 6 novembre 1996.

ans, et le « problème » évoqué à Europe 1 est d'ordre mathématique.

Le jeudi 4 août 1977, il note pour *L'Unité* cette scène de genre à Latche : « Autour de moi on parle de la vie, de la mort, des origines du monde, de l'existence de Dieu, de l'au-delà et du néant. Dans les deux camps on bataille ferme. Des deux côtés, quelle certitude ! On démontre. On décide. On tranche. J'écoute et je pense que si j'aime ceux qui se posent des questions, je me méfie de ceux qui trouvent [1]. » Il se méfie, mais il a sa petite idée, malgré les prévenances qu'il doit aux lecteurs de la feuille socialiste. Une semaine plus tard, le 12 août 1977, il livre d'ailleurs un message codé en racontant l'histoire de Semhazaï, envoyé de Dieu sur terre, où une tentation mal combattue le condamna à rester jusqu'au jour où l'échelle céleste aperçue en songe par Jacob lui permit de grimper aux cieux. « Je pense à ce Semhazaï qui, pour retrouver Dieu, dut attendre qu'un homme en rêvât [2]. » Fin 1995, Mitterrand rêve de Dieu pour Mitterrand. Son christianisme ne s'est jamais éteint, placé en veilleuse comme la Présence divine dans les chœurs d'église. « Je l'ai vu visiter des églises chez moi, dans la Creuse : il était chez lui [3] », confie Hubert Védrine. Et « Jean-Noël de Lipkowski se souvient fort bien d'avoir visité avec lui la cathédrale de Cologne, en 1956, et d'avoir retrouvé François Mitterrand prosterné en prière, dans l'obscurité, à genoux à même le sol derrière une colonne [4] ».

Si François Mitterrand semble s'éloigner du catholicisme, c'est parce qu'il est plus que catholique : le christianisme, ce n'est pas excessif pour lui, c'est insuffisant, trop élémentaire. « La croix que vous m'offrez / N'est pas à ma hauteur [5] », clame Mitterrand avec René-Guy Cadou. Sa spiritualité a besoin d'un système plus complexe à appréhender. Dans sa préface à *La mort intime*, il fait sienne la réserve de Danièle, une malade en « fin de vie » : « Je ne crois ni en un Dieu de justice, ni en un Dieu d'amour. C'est trop humain pour être vrai. Quel manque d'imagination ! Mais je ne crois pas pour autant que nous soyons réductibles à un paquet

1. François Mitterrand, *L'abeille et l'architecte*, op. cit., p. 310.
2. François Mitterrand, *L'abeille et l'architecte*, op. cit., p. 311.
3. Entretien avec l'auteur, le 8 octobre 1996.
4. Catherine Nay, *Le noir et le rouge*, op. cit., 1988, p. 57.
5. René-Guy Cadou, *Œuvres poétiques complètes*, Seghers, 1978, p. 71.

d'atomes. Ce qui implique qu'il y a autre chose que la matière, appelons ça âme ou esprit ou conscience, au choix. Je crois à l'éternité de cela. Réincarnation ou accès à un autre niveau tout à fait différent... Qui mourra verra [1] ! » Peut-il y avoir meilleur écho au « Je crois aux forces de l'esprit » proféré par Mitterrand le 31 décembre 1994, lors de ses derniers vœux télévisés de Président, et au « Maintenant, tu sais », qu'il fait prononcer à Dieu quand Bernard Pivot lui demande, le 11 avril 1995, ce qu'il aimerait entendre, post-mortem, de la bouche d'un éventuel Créateur.

Pour Mitterrand, l'âme voyage, sans aucun doute, et Dieu existe, mais la réalité de cette évidence est au-delà de toute imagination. Le 19 décembre, Marie de Hennezel lui parle de ce que Françoise Dolto nomme « le comité d'accueil », tous ces êtres aimés qui attendent au seuil de l'au-delà le nouveau-mort. « Il a souri », témoigne-t-elle. Dans son livre, Marie de Hennezel rapporte la dernière phrase prononcée par sa grand-mère avant de mourir : « Ah ! la lumière ! C'était donc vrai ! » François Mitterrand ne sait pas exactement ce qui l'attend et apprécie de pouvoir ainsi tout envisager. « Il était très au fait des dernières découvertes de la physique quantique, se souvient Marie de Hennezel. Il faisait des réflexions du type “ la matière, c'est de l'énergie ”, et cela nourrissait quelque chose de plus mystique, la sensation que tout ne se réduit pas à notre perception de l'espace-temps, qu'il y a une autre dimension. Il me disait : “ Cette table a telle forme, mais sa réalité, ce sont des atomes qui dansent, donc tout est possible [2]. ” » Dès 1992, il avait ainsi résumé sa foi, « expérience quasi sensorielle et intime, dont il dit qu'elle plaide davantage à ses yeux pour l'existence de Dieu que n'importe quel discours religieux [3] ». Mitterrand agite donc tout un bric-à-brac de croyances qui désaltèrent sa curiosité intellectuelle et apaisent son angoisse métaphysique. Il a lu *Le livre tibétain de la vie et de la mort*, de Sogyal Rimpoche, le *Livre des morts* des anciens Egyptiens, *L'expérience de la mort*, de Maurice Zundel et bien d'autres viatiques cosmopolites.

« Il n'avait pas peur de la mort car il n'avait pas peur du péché, de l'enfer, se souvient Laurence Soudet. Il voulait savoir s'il y avait

1. Marie de Hennezel, *La mort intime*, op. cit., p. 12.
2. Entretien avec l'auteur, le 17 juin 1996.
3. Marie de Hennezel, *La mort intime*, op. cit., p. 208.

ou non une autre vie, comment l'âme pouvait vivre en dehors du corps. Il ne se préoccupait pas de sauver son âme, il avait très bonne conscience. La dernière fois qu'il a vu Jean Guitton, il m'a confié : " Guitton me voit avec un grand plaisir, car il sait que je vais mourir avant lui, et l'idée que je rencontrerai le Seigneur avant lui le réjouit, le requinque [1]. " » Ce n'est pas le salut qui intéresse Mitterrand, c'est l'éternité. Au printemps de 1995, il confie à Franz-Olivier Giesbert ses ultimes hésitations, déjà fort éloignées de l'agnosticisme affiché aux grandes heures du socialisme : « J'ai une âme mystique et un cerveau rationaliste et, comme Montaigne, je suis incapable de choisir. Je ne sais pas si je crois en Dieu, mais je suis souvent tenté d'y croire [2]. » L'hiver venu, Mitterrand cède à sa tentation. « La foi, c'est vingt-quatre heures de doute, moins une seconde d'espérance », calculait Georges Bernanos. Pour Mitterrand, il est 23 heures, 59 minutes, 59 secondes à l'horloge religieuse. Et ce n'est pas Montaigne qui fait chuter alors le dernier point d'interrogation, mais Pascal. Pascal, le prosateur qui fascinait l'adolescent Mitterrand. Pascal, le théoricien qui seul sait rendre le christianisme assez exigeant et complexe pour passionner le vieillard Mitterrand. Pascal, le chrétien qui vit une foi intellectuelle et pure à la fois. « Lors d'une soirée des années cinquante, François Mitterrand apporta de son bureau un disque, qui venait d'être enregistré par Pierre Fresnay, des *Pensées* de Pascal, se souvient Roger Gouze. Après le dîner, réunis à quelques-uns autour du tourne-disque, nous avons plusieurs fois et d'autres soirs encore, écouté cette voix venue des " espaces infinis ". Le silence témoignait assez de notre émotion, aussi peu feinte qu'ostentatoire, en ces temps où le miroir déformant de la célébrité se désintéressait de notre petit cercle [3]. »

Il est donc là, le Mitterrand religieux, dans cette componction attentive face à un microsillon hoquetant. L'homme qui rit dans les cimetières se tait devant Pascal. Dans les *Pensées*, Mitterrand a trouvé son propre cheminement de la terreur vers la paix. « Qu'on s'imagine un nombre d'hommes dans les chaînes, et tous condamnés à la mort, dont les uns étant chaque jour égorgés à la vue des autres, ceux qui restent voient leur propre condition dans celle de

1. Entretien avec l'auteur, le 10 juin 1996.
2. *Le Figaro*, le 13 mars 1995.
3. Roger Gouze, *Mitterrand par Mitterrand*, op. cit., p. 35.

leurs semblables, et se regardant les uns les autres avec douleur et sans espérance, attendent à leur tour. C'est l'image de la condition des hommes », se lamente le janséniste. C'est là le point de départ de la réflexion mitterrandienne sur la mort, enracinée dans le grouillement mortel des stalags. « FEU. " Dieu d'Abraham, Dieu d'Isaac, Dieu de Jacob " non des philosophes et des savants. Certitude, Certitude, sentiment, joie, paix », s'extasie enfin Pascal dans son Mémorial. Mitterrand ne va pas aussi loin, et reste insatiablement accroché au dieu des philosophes et des savants, au dieu questionné et mis en doute. Mais « le silence éternel de ces espaces infinis m'effraie » fut la chaconne de son angoisse métaphysique, et la « renonciation totale et douce » son ultime calmant. « Enfin : y a-t-il quelque chose derrière? demande-t-il à Laurence Soudet. Si je retrouve la foi, j'ai une réponse à ma question [1]. » Il n'a pas retrouvé la foi, il n'a pas pu se rassasier de la réponse, ni même d'une réponse, mais il a fait « le tour de la question ».

Mitterrand dilue le christianisme dans la métempsycose, quand Pascal le concentre dans la grâce. Mais la logique est la même, tant Mitterrand est élitiste à sa manière : il se « méfie de ceux qui trouvent » car leur réponse est simpliste, et il cherche une foi orphique au bout de son existence interrogative. Il n'a pas oublié la devise du collège Saint-Paul d'Angoulême, qu'il portait brodée au revers de son uniforme, au milieu des quatre roses du blason – *in gratia veritas*; la vérité est dans la grâce. Mais sa vérité religieuse à lui est ailleurs. Mourir sans angoisse, c'est être assuré de l'éternité, et puisqu'il est impossible d'en être certain pour l'au-delà, il faut qu'elle soit garantie en ce monde, il faut être immortel de son vivant. « C'est au fond le rêve d'éternité qui nous habite tous, résume Roger Quilliot. Il a été très fort dans sa jeunesse sous l'aspect chrétien, et finalement il a persisté. Au fond, toute une partie de son histoire politique s'explique par cette idée [2]. » Le pouvoir pour l'indélébile trace, l'Histoire en paradis... « Ce n'est pas la foi, mais l'épaisseur de vie que l'on a derrière soi qui permet de s'abandonner dans les bras de la mort [3] », lui a dit Marie de Hennezel, recueillant son assentiment. Fin décembre 1995, pour Fran-

1. Entretien avec l'auteur, le 10 juin 1996.
2. Hugues Le Paige & Jean-François Bastin, *François Mitterrand, portrait en surimpressions*, op. cit.
3. Marie de Hennezel, *La mort intime*, op. cit., p. 208.

çois Mitterrand, foi et accomplissement sont donc synonymes, et il se fond vraiment en ce personnage divin que les humoristes lui ont sculpté. Croire en ce qu'il a été lui plaît autant que croire en Dieu, et il s'offre ainsi, in extremis, une apothéose. « Si je crois en Dieu, c'est par poésie », écrit Jules Supervielle. « Si je crois en Dieu, c'est par ambition », semble répondre Mitterrand.

François Mitterrand donne une éclatante preuve de son inclination au mysticisme, le 3 décembre 1995, au pied de son immeuble de l'avenue Frédéric-Le-Play. A l'approche du centenaire de la mort de sainte Thérèse de Lisieux, en 1997, un gigantesque périple a été organisé pour exposer ses reliques à travers la France et l'Europe. Pérégrine ainsi dès le début de l'année 1995 la splendide châsse dorée aux vingt-huit colonnes, sanctuaire miniature délicatement ouvragé, entouré à chaque étape d'une foule pieuse. Il est curieux que François Mitterrand ait succombé au charme – spirituel – de Thérèse Martin, devenue au Carmel sainte Thérèse de l'Enfant-Jésus. Jean de la Croix et l'autre Thérèse, d'Avila, ont laissé des bréviaires plus flamboyants et argumentés que la Normande phtisique. Que sainte Thérèse de Lisieux ait pu atteindre la foi par la « petite voie », modèle enfantin d'accès à Dieu, alors que lui-même échouait malgré ses méditations sophistiquées, l'intriguait sans doute. Dans les années soixante-dix, de lointains cousins de Mitterrand en route pour le Jura firent une halte sur une aire d'autoroute. Surpris de voir François Mitterrand attablé dans un coin du restaurant-grill, ils s'avancèrent pour le saluer; il leur montra alors l'ouvrage qui lui tenait compagnie pendant ce repas solitaire : les *Manuscrits autobiographiques de sainte Thérèse de l'Enfant-Jésus.* « Grâce à vos livres, j'ai appris beaucoup de choses sur la vie de Thérèse, un personnage important de ma vie spirituelle », écrit-il plus tard à Jean-François Six, l'auteur de *Lumière dans la nuit.* François Mitterrand a lu *Histoire d'une âme*, le journal de la sainte, dans sa jeunesse, mais ce sont les reliques de sainte Thérèse qui le passionnent à l'automne de 1995, car il n'a pas besoin d'aller en Egypte, pays des sarcophages, pour assouvir sa fascination des rites funéraires.

Des reliques en pèlerinage, c'est un mort qui se promène. Après, entre autres églises, Notre-Dame des Victoires, Auteuil, Saint-Louis, la Trinité et la basilique de Montmartre, la châsse s'arrête quelques jours à Saint-François-Xavier, l'église voisine des Invalides. Le dimanche 3 décembre, elle quitte cet ultime gîte d'étape pour regagner sa Normandie, mais, au prix d'un léger détour sur le chemin de l'autoroute, marque encore un arrêt, inédit. François Mitterrand a demandé à voir les reliques, et le véhicule qui la contient stoppe donc quelques instants avenue Frédéric-Le-Play. Le Président quitte son refuge de malade, gisant se relevant pour une sainte morte, descend trois étages et fait quelques pas sur le trottoir. On ouvre une portière, et le mystique Mitterrand étend les mains pour les apposer sur la châsse. Il demeure ainsi de longs instants, silencieux, méditant au cœur de Paris devant un parallélépipède doré au macabre contenu. Puis il retire ses mains, et remonte, sans un mot, vers ses pénates, moribond inspiré par ce contact furtif. Ses mains déjà froides se sont-elles réchauffées sur l'or glacé de la châsse ? Quel magnétisme mystérieux est-il venu chercher dans la pénombre d'un dimanche finissant, piéton incongru mendiant un supplément de vie ou un morceau de la vraie foi ? « Je ne meurs pas, j'entre dans la Vie », affirmait la jeune carmélite rongée par la tuberculose, mais le vieux cancéreux doute encore. Sainte Thérèse reprend la route de la Normandie, et Mitterrand son chemin de croix. Par ce geste et tant d'autres signes, jusqu'à l'extrême-onction réclamée au seuil de la mort, François Mitterrand a sacrifié avec zèle à la liturgie catholique, en un pari pascalien qui le rattache encore à cette lignée radicale incarnée par Herriot mourant : un athéisme de façade dont le stuc laïcard s'effrite sous la griffe de la mort, laissant à nu une foi de pierre d'autant plus pure, souvent, à l'heure ultime, qu'elle fut honteuse au vu du siècle, une foi protégée par la croûte même de ses apostasies. Mais le catholicisme est décidément trop indigent pour nourrir la flamme spirituelle de Mitterrand, et Thérèse trop seule pour que la communion des saints soit une compagnie suffisante. François Mitterrand, avant d'entrer au royaume de la mort, veut retourner au pays des morts. Assouan l'attend.

*
* *

Le jeudi 21 décembre, Anne Lauvergeon appelle François Mitterrand : « J'y vais », annonce-t-il d'emblée. Son ancienne collaboratrice, qui l'a vu quelques jours plus tôt minauder des hésitations et, surtout, exhaler l'épuisement, est stupéfaite. Mais les valises sont presque prêtes. Pascal également l'incite à ce voyage, en écrivant : « Notre nature est dans le mouvement ; le repos entier est la mort. » Charles Salzmann est venu rendre sa visite d'intendant : « J'ai organisé ce voyage en Egypte, comme tous les autres [1] », explique-t-il. Salzmann trouve un Président en bonne forme, bien plus vif que l'automne précédent, dans le calvaire élyséen. « En octobre 1994, je lui avais apporté pour son anniversaire un fusain représentant Clemenceau en train de s'adresser à la Chambre. François Mitterrand était allongé. J'ai posé le dessin au bout du lit et nous l'avons longuement regardé. Puis il m'a dit : " C'était le plus grand. " Il souffrait beaucoup. Je suis resté une heure et demie à ses côtés, dans un grand silence, sauf de temps en temps, quand il lâchait une phrase sur le passé ou quand il me disait : " C'est trop dur. Je ne vais pas pouvoir tenir jusqu'au bout. " Je suis parti en pleurant. Et deux ou trois fois ensuite, j'ai eu le sentiment que je le voyais pour la dernière fois, tant il allait mal. Mais fin 1995, cela ne m'a pas effleuré l'esprit. Et pourtant [2]... » L'ancien conseiller en communication du Président apporte ce jour-là un autre cadeau : un exemplaire du manuscrit de son livre, *Le bruit de la main gauche*. Trente ans d'amitié et de travail en commun entre Mitterrand et Salzmann, qui fut l'un des inventeurs des estimations de résultats pour soirées électorales, sont racontés dans l'ouvrage. « Je vais l'emporter et le lire là-bas », promet Mitterrand, qui vient d'achever un autre ouvrage, offert par le général Pierre de Bénouville : *Qui est là ? On m'appelle Dieu*, du révérend père Bruckberger. Mais, deux jours plus tard, quand Salzmann appelle l'avenue Le-Play pour d'ultimes détails, le docteur Tarot lui raconte ce qui s'est passé : « Dès votre départ, le Président a ouvert le volume, a commencé à lire, et ne l'a plus lâché. Il l'a lu d'une traite, pendant deux heures et demie ! Puis il m'a dit : " C'est un livre de qualité. " » Pour Salzmann, ces quelques mots valent tous les prix littéraires...

Le vendredi 22 décembre 1995, c'est l'hiver. Paris se remet lentement de la grève des transports, mais le beau soleil qui a caressé trois semaines durant les piétons involontaires cède la place à

1. Entretien téléphonique avec l'auteur, le 8 janvier 1997.
2. Ibid.

un humide frimas de saison. La grande carcasse beige de l'Ecole militaire se tasse un peu, et sur le Champ-de-Mars les arbres crispés font comme une armée famélique et grimaçante, au bancal garde-à-vous. Mitterrand, lui, parle du printemps... Il a réuni son équipe de l'avenue Le-Play pour une réunion de travail, avant les dix jours d'absence qui se profilent au calendrier. « Sur le moment, nous n'avons pas eu le sentiment d'un adieu, se souvient Dominique Bertinotti, mais il est vrai que la conversation a été plus longue que d'habitude, et les digressions plus nombreuses [1]. » François Mitterrand dresse avec ses collaborateurs, ce jour-là, le planning de travail des trois mois à venir. Le livre en préparation sur l'Allemagne est au centre de la conversation : l'introduction et la conclusion sont encore à rédiger. De plus, le Président veut l'inscrire dans un plus vaste projet, en un seul ou plusieurs volumes, incluant l'explication de ses attitudes pendant la guerre du Golfe et le conflit qui ravagea l'ex-Yougoslavie. Jamais, selon son éditrice, le titre *De Berlin à Bagdad* n'a sérieusement été envisagé : plus appropriée pour OSS 117 que pour un ancien Président, la formule avait simplement été jetée sur une chemise cartonnée, tombée sous des regards trop curieux. L'ouvrage se retrouvera le 8 janvier 1996 orphelin d'auteur et de titre, dont le choix donnera lieu à d'acharnés débats entre Odile Jacob, Mazarine et quelques autres. « Comme tous les titres de quelque livre que j'écrive, il a été péniblement acquis par la réflexion [2] », confiait Mitterrand à la publication de *La paille et le grain*. Cette laborieuse habitude lui a survécu.

S'il a décidé d'emporter en Egypte les feuillets sur l'Allemagne, Mitterrand n'a pas l'intention de publier son livre de politique internationale dans l'immédiat. Les pages déjà prêtes sur l'Allemagne ont d'ailleurs été rédigées, pour la plupart, avant le travail de l'été et de l'automne sur le livre d'entretiens avec Benamou. En décembre, Mitterrand les reprend simplement, pour d'ultimes aménagements et rédiger celles qui manquent encore. « Entre le livre avec Benamou et celui sur l'Allemagne, il souhaitait aborder le premier septennat, ajoute Dominique Bertinotti. Il avait déjà commencé à y travailler. Nous avions, ensemble, évoqué les moments forts de ce mandat, et il avait même livré quelques

1. Entretien avec l'auteur, le 2 mai 1996.
2. *Apostrophes*, le 7 février 1975.

pages, qui n'étaient que des ébauches. Il envisageait de clore ce livre avec les pages sur l'Allemagne [1]. » Pour d'autres parmi ses proches, le livre avec Georges-Marc Benamou, débarrassé de sa forme dialoguée, les pages sur le premier septennat et celles sur la politique étrangère devaient être réunis en un seul ouvrage, pour lequel Mitterrand avait choisi un titre : *Mémoires de fin de siècle.* Bref, Mitterrand n'est pas très au fait de ce qu'il a achevé et de ce qu'il veut faire, butinant dans ses divers ouvrages en cours et mélangeant sans cesse le puzzle de ses écrits.

C'est que nulle part, sans doute, il n'a senti l'ébauche d'un grand livre, du Livre qu'il voudrait laisser au monde en puissant testament. Aux cent cinquante pages sur l'Allemagne, l'éditeur en ajoutera trente consacrées aux réactions de l'étranger après le 10 mai 1981 et une soixantaine nourries par des « pièces à l'appui » : l'addition fait un ouvrage, pas un livre. François Mitterrand sème alors les pages comme des petits cailloux blancs, pour retrouver son chemin dans un passé mélangé. Ses derniers écrits cherchent leur souffle. Le vendredi 22 décembre, la réunion s'étire. « Fallait-il y voir un adieu, s'interroge Bertinotti ? Je me méfie des considérations psychologiques a posteriori. Nous lui apportions la vie, la continuité intellectuelle, avec nous il ne parlait plus de sa maladie [2]. » François Mitterrand joue à l'espoir avec ses camarades d'après pouvoir, mais à son frère Robert, il confie un pronostic plus pessimiste : « Tu sais, je ne crois pas que je tiendrai plus de deux mois. Mais j'ai encore trois cents pages à écrire et je voudrai aller en Egypte et en Italie [3]. »

Le lendemain, face à Michel Charasse, le Président fait encore le décompte du temps indispensable à l'achèvement de ses livres : « J'en ai au moins pour jusqu'en avril 1996, explique-t-il au détour d'un long entretien. Il faut absolument que je tienne le coup [4]. » Il va écrire en Egypte, pays du papyrus et du calame. Le soir même, il déborde d'enthousiasme, au téléphone, en parlant de son livre en cours avec son éditrice, Odile Jacob : « Vous avez aimé le premier, mais celui-là va être bien meilleur. » Le dimanche 24 décembre, alors que la France entière prépare le repas de Noël, François

1. Entretien avec l'auteur, le 2 mai 1996.
2. Ibid.
3. Rapporté par Franz-Olivier Giesbert, *Une vie*, op. cit., p. 726.
4. Michel Charasse, *55, faubourg Saint-Honoré*, p. 296.

Mitterrand s'envole pour l'Egypte, contre l'avis des médecins – Tarot excepté –, contre la raison la plus élémentaire et malgré les gémissements de son corps. Mitterrand défie la mort et la charme à la fois, allant sur ses terres mêmes : l'Egypte, Eldorado des rites funéraires où les tombes sont des villes et les momies le grand peuple autochtone. « Les dés jetés plus loin le dernier coup du sort / Double six ô le rire insouciant de la mort [1] », chante René-Guy Cadou. C'est un double six que tente Mitterrand en faisant rouler les dés de sa vie sur le tapis de sable du désert égyptien. Et en ce mois de décembre où sa réflexion religieuse achève son cheminement, Assouan est l'épilogue. S'il a « fait le tour de la question », c'est en Egypte que se pose le point d'interrogation final. D'habitude, le Président partait à Assouan le 20 décembre au plus tard. Les analyses attendues et les hésitations du malade ont retardé le projet de quelques jours, mais Mitterrand entend bien ne pas écourter son séjour : en prenant l'avion, il n'envisage pas de revenir en France pour le réveillon du 31 décembre.

Treize personnes au total grimpent dans l'appareil personnel de Hosni Moubarak : aux côtés de François Mitterrand se trouvent Mazarine et une de ses amies, Maude, Anne Pingeot et sa sœur Agnès, Jean-Pierre Tarot, son épouse et leur fils Matthieu, André et Anouchka Rousselet, deux amis du Président et enfin un officier de sécurité. En survolant l'Egypte, Mitterrand voit glisser sous l'avion un pays qu'il connaît depuis quarante-six ans. Il n'est encore que ministre de l'Information, en août 1949, quand il découvre, au hasard d'une escale d'avion, en compagnie de son épouse, la terre égyptienne. Invité en Afrique équatoriale française, il s'est lancé dans un long périple à travers le continent noir, et revient à Paris en sauts de puce qui le mènent du Caire à Athènes en passant par Damas et Jérusalem. Point de révélation alors, point de coup de foudre au pied des pyramides. Mitterrand est trop jeune, trop ambitieux et trop empressé de vivre pour s'ensabler. Il attendra donc trente-cinq ans pour ériger en rite sa visite annuelle en Egypte, voyage dans le temps plus que dans l'espace, car c'est l'ancienne Egypte qui fascine Mitterrand. « Il avait tellement lu de livres sur l'Egypte qu'il savait tout mieux que moi, raconte Hosni Moubarak. Il connaissait les tombes de chaque pharaon. » Mitterrand connaît aussi le

1. René-Guy Cadou, *Œuvres poétiques complètes*, op. cit., p. 250.

monastère de Sainte-Catherine, en plein Sinaï. En 1987, le jour de Noël, les moines orthodoxes ont la surprise de voir surgir le Président français, qui se fait déposer en hélicoptère sur le mont Moïse, où le prophète éponyme vit le buisson ardent et reçut, plus tard, les Tables de la Loi. Aux dix commandements, la légende mitterrandolâtre veut que le Président en ait ajouté ce jour-là un onzième, à usage personnel : « A la présidentielle tu te représenteras. »

Puis l'avion vire au sud, remontant les siècles en même temps que le Nil, « ce fleuve aux tiédeurs fécondantes, près duquel nos fleuves de France sembleraient de négligeables ruisseaux [1] », pour gagner 1 000 kilomètres plus loin la Haute-Egypte. Mitterrand a remonté plusieurs fois cette vallée du Nil : « Je me souviens d'un de ses voyages, témoigne Hosni Moubarak. Il avait demandé à prendre le bateau de Louxor à Assouan, une croisière de quarante-huit heures. A mi-chemin, il a dit : " Je continue en voiture. " Il a alors voulu s'arrêter dans la maison d'un village et a demandé aux fermiers : " Puis-je entrer ? " Les gens étaient tellement heureux qu'ils ont allumé leur four, fait cuire pour lui des galettes très fines et préparé toutes sortes de plats. Ce fut une vraie fête. Tout le village était là, réuni autour de lui. Il a partagé leur repas et il est reparti la voiture pleine de pains. » Caprice de pharaon ou réflexe d'éternel candidat en campagne, comme s'il voulait être élu conseiller général d'Edfou ou de Kom Ombo. En décembre 1995, Mitterrand, venu en Egypte pour tenter d'achever un livre qui lui échappe, songe-t-il à cet autre qu'il n'écrira jamais et qui le tente depuis plus de vingt ans ? « Si j'avais le temps, j'aimerais raconter l'histoire des fleuves que j'ai connus. (...) A l'époque de mes premiers voyages dans le monde, c'est-à-dire après la guerre, chaque fleuve rencontré me donnait l'envie d'écrire un poème [2]. » Quel poème, en 1949, lui a dicté le clapotis du Nil ? Quel chant funéraire monte, quarante-six ans plus tard, du grand sillon liquide vers le vieux Président ?

L'avion se pose à Assouan, et le gouverneur de la province, Salah Misbah, accueille François Mitterrand au bas de la passerelle.

---

1. Pierre Loti, *La mort de Philae*, Calmann-Lévy, 1908, p. 179.
2. *L'Unité*, *Mitterrand en toutes lettres,* 30 novembre 1973, cité par Edith Boccara, p. 165.

En novembre 1982, les clefs de la ville furent remises à l'illustre visiteur, avec leur étrange blason où l'on ne sait si y sont gravés des palmiers ou des pylônes glorifiant l'électricité. L'ancien Président et sa suite sont transportés ensuite à l'hôtel Old Cataract. C'est l'hôtel qui est « old », et non la cataracte, dont le grondement s'est tu en 1902, avec la construction du premier barrage d'Assouan par les Anglais. « De cataracte, par exemple, on sait qu'il n'y en a plus à Assouan, ironise Pierre Loti en 1908 dans *La mort de Philae*, son pamphlet antitouristes. (...) De cette cataracte cependant, Cook and Son – industriels frottés de poésie, comme chacun sait – ont désiré perpétuer le souvenir en donnant son nom à un hôtel de cinq cents chambres établi par leurs soins en face de ces rochers, aujourd'hui rendus au silence, sur lesquels le vieux Nil a bouillonné durant tant de siècles. " Cataract Hôtel ", cela fait encore illusion, n'est-ce pas ? Et puis cela s'arrange bien comme en-tête de papier à lettres. » A trois heures et demie de l'après-midi, François Mitterrand est devant le large bâtiment rouge à liserés blancs, qui allonge ses trois étages et ses ersatz de donjons hexagonaux derrière quelques palmiers aux plumets un peu ridicules. Le Président s'avance sur l'épais tapis qui recouvre les dalles blanches et passe la disgracieuse porte verte frappée de l'enseigne « Old Cataract » sur son chambranle de pierre. Soutenu sous chaque bras, il traverse péniblement le hall et fait quelques pas sur la terrasse qui domine le petit jardin. En contrebas, on entend les touristes qui barbotent dans la piscine. François Mitterrand gagne sa suite, juste au-dessus de cette terrasse collective du rez-de-chaussée. Le couloir est luxueusement lambrissé et la porte de l'appartement 237, encadrée par deux appliques et une grande plaque marquée « Presidential Suite », ouvre son lourd panneau de bois sculpté.

S'imbriquent derrière elle un salon au parquet marqueté, une salle de bains en marbre blanc et faïence bleue, un coin bureau et une chambre où le roi Fouad, le tsar Nicolas II ou encore Winston Churchill ont séjourné. Le mobilier est rococo et peu élégant. Dans la chambre, de vastes rectangles roses couvrent les murs, à côté d'une petite coiffeuse et de l'immense lit à baldaquin, dont les frêles colonnes cannelées et renflées semblent peiner sous le poids d'un ciel gorgé du tissu pastel qui sévit dans tout l'appartement, avec ses fleurs bleues et roses dégoulinantes. Deux lourds fauteuils, un guéridon et un divan médiocrement impérial complètent le mobilier, où seul le tapis est vraiment de bon goût. Le bureau est un peu plus sobre, avec son petit secrétaire, son armoire-vitrine garnie de livres et sa chaise à rayures bleues. Sur le mur sont accrochées une carte ancienne de la vallée du Nil et des gravures d'automobiles antédiluviennes, à côté du sous-main brillent un téléphone cornet de bazar, au combiné noir et or, et une lampe de cuivre torsadé qui semble une fleur fanée à plonger ainsi vers le bureau sa corolle de verre blanc.

Mais François Mitterrand, le 24 décembre 1995, ne visite pas cette suite qu'il connaît par cœur, pour l'avoir régulièrement habitée depuis 1988. Il la traverse pour gagner le vaste balcon qui fait tout le prix de l'appartement. Il s'agit en fait du « toit » de la terrasse du rez-de-chaussée, surmonté d'un auvent en deux parties, frangé de pointes de bois. Ces quelques mètres carrés sont entourés d'une rambarde ajourée de bois vert, et l'ensemble tient à la fois du chalet suisse et du repaire ottoman, comme un gros nez plaqué sur la façade victorienne de l'hôtel. Deux étages plus haut, un fronton de brique rouge domine Assouan d'une paire de boules de pierre blanche, de trois drapeaux, d'un panneau en arabe et d'une vaste enseigne « Old Cataract ». Mitterrand entre sur la terrasse, soutenu à sa droite par Anne Pingeot et à sa gauche par Jean-Pierre Tarot. Il n'a même pas pris le temps d'enlever son chapeau de paille blanche à ruban rouge bordé de noir, tout comme Tarot arbore encore une cravate toute parisienne. Le soleil est rasant, et découpe sur le mur la frange dentelée de l'auvent de la terrasse, comme une terrible herse d'ombre qui voudrait griffer Mitterrand. A Abou Simbel, le soleil levant vient illuminer au fond du temple sculpté dans la roche les statues de Rê et de Ramsès. A Assouan, le crépuscule cerne d'ombre un Président déchu.

Debout, à quelques pas de la rambarde, le chapeau bien enfoncé sur les yeux, Mitterrand respire l'air sec de la Haute-Egypte, cherchant une jouvence dans la douceur vespérale. Il regarde devant lui : la courbe paresseuse du Nil, les flancs de granit de l'île Eléphantine, dont les blocs gris à moitié immergés semblent des pachydermes au bain, puis les frontispices du désert, safranés par le crépuscule, ondulation nonchalante qui porte un étrange bijou, le mausolée de l'Agha Khan, dont le cube de pierre est le chaton, et le dôme une perle d'ambre. Mitterrand voit aussi les buissons étiolés, points de suspension broussailleux qui se fondent dans la page sablonneuse du désert, et les felouques éparpillées sur le fleuve, dont les voiles blanches, virgules frémissantes, sont la vraie ponctuation du paysage. Il reste debout quelques instants, puis s'assoit dans un fauteuil d'osier. Il ne s'agit plus de « fauteuils d'osier peints en rouge vif », comme les décrivait en 1937 Agatha Christie. Installée dans une chambre à l'étage supérieur, la romancière anglaise a placé les débuts de *Mort sur le Nil* à l'hôtel de la Cataracte, qui n'était pas encore « old » alors ; il ne l'est vraiment devenu qu'avec la construction, quelques mètres plus loin, d'une barre bétonnée baptisée New Cataract. Mais Mitterrand ne regarde pas cette verrue blanche, il s'abandonne au panorama et transmet sa joie à la petite troupe, qui l'a rejoint sur le balcon, Mazarine restant un peu en retrait. « Il était rayonnant de voir le Nil et l'île Eléphantine, de nous les montrer, se souvient André Rousselet. Il était très ému [1]. »

Le spectacle est roboratif pour François Mitterrand, qui reste longuement sur la terrasse avant de s'installer vraiment dans sa suite et de se préparer pour le repas de Noël. Des serviteurs en livrée blanche à broderies rouges, ou bien rouge à franges dorées, s'affairent dans l'appartement du Président, où se tient le repas. Les convives ont apporté les mets de Paris : huîtres, foie gras, saumon fumé, chablis 1994 et champagne. Le Président a retrouvé quelques forces : « A table, l'un des convives a eu un trou de mémoire, cherchant vainement un nom de lieu ou de personne. Tout le monde a réfléchi, et c'est le Président qui a trouvé », se souvient Rousselet [2]. Certes... Mais il faut rester raisonnable : une demi-heure avant minuit, chacun regagne sa chambre. Le lendemain, Mitterrand se lève vers neuf heures, avale un café et déambule sur sa terrasse. Puis tout le monde se prépare, quitte l'hôtel et descend vers l'embarcadère, pour une longue promenade sur le Nil. La felouque glisse lentement sur le fleuve et s'incline à peine en tournant à la pointe de l'île Eléphantine. Juste au-dessus de l'onde se dessine le nom de l'embarcation, qui se veut à la fois pompeux et pittoresque : *Isis II*. Isis, c'est la sœur – et l'épouse – d'Osiris, le dieu des morts, celle qui part à la recherche du corps de son mari, enfermé dans un

1. Entretien avec l'auteur, le 10 avril 1996.
2. Ibid.

coffre puis dépecé par Seth, pour en rassembler les quatorze morceaux et se faire engrosser par cet époux ressuscité. Isis, c'est la déesse qui lutte contre la mort. En ce jour de Noël 1995, sur le pont de la felouque, allongé sur un transat à l'ombre de la voile dressée comme une paume de main, comme l'oreille du chacal Anubis, François Mitterrand regarde le Nil, et songe.

Entre François Mitterrand et Venise, c'est une histoire d'amour. Entre François Mitterrand et l'Egypte, c'est une histoire de mort. Le désert que frôle la felouque en remontant le Nil vers le barrage d'Assouan est un linceul jeté sur la civilisation qui a offert le plus grand raffinement aux rites funéraires. L'Egypte fait vivre la mort. Mythes, embaumements, sépultures, métempsycose : quel roman que la mort, en Egypte ! L'ouvrage existe d'ailleurs, en d'innombrables éditions, en kilomètres de papyrus. Il s'appelle le *Livre des morts*, et Mitterrand l'a lu et relu. Mélange de formules magiques et d'incantations, il est le bréviaire des âmes pour l'au-delà, qui indique comment franchir toutes les épreuves du tribunal d'Osiris et entrer dans les champs d'Ialou, ce paradis version bandelettes. A l'incessant questionnement mitterrandien répond l'inépuisable liturgie mortuaire égyptienne. Mitterrand connaît aussi la subtile théorie égyptienne des trois âmes – l'akh, le ba et le ka –, à côté de laquelle la tradition judéo-chrétienne est une sotériologie du pauvre. L'âme-ba demeure après la mort en compagnie du corps du défunt, et l'accompagne dans sa vie d'outre-tombe, tandis que l'akh rejoint son double céleste, et que le ka préserve le trépassé comme il l'a protégé pendant toute son existence. L'instant fatal du voyage dans le monde souterrain, c'est la pesée des cœurs : le cœur du défunt, lourd de ses mauvaises actions, devant rester aussi léger que la plume sur la balance d'Anubis. Dans le balancement de la felouque sur les vaguelettes du Nil, Mitterrand trouve-t-il le jugement de l'Ancienne Egypte sur sa vie ?

L'audace de cette promenade, en tout cas, a été trop grande. De retour à l'hôtel, Mitterrand s'affaisse, plongeant dans un état d'affaiblissement qui ne le quittera plus. « Il travaille à son livre sur l'Allemagne », donne en guise d'explication officielle son entourage. En fait, le Président va mal. Il ne quitte plus l'hôtel, s'accrochant au bras de Tarot pour gagner le transat moelleux, digne du pont d'un paquebot, qui est installé sur le côté gauche de la terrasse. Parfois, il le déplace pour suivre le soleil, quêtant l'indulgence de Rê dans un héliotropisme de sanatorium. Parfois, il s'abrite sous un parasol blanc aux longues franges. Trouvant encore la force de s'habiller, il revêt cette chemise à carreaux et cette veste pied-de-poule qu'il affectionne depuis quelques mois. Mais il se contente souvent d'enfiler le large peignoir blanc fourni par l'hôtel pour venir s'allonger sur la terrasse, à côté de la table où déjeunent ses compagnons. Les vacances continuent, d'ailleurs, pour la petite troupe mitterrandienne, partagées entre la piscine de l'hôtel, à l'aplomb de la terrasse du 237, et les excursions : le mausolée de l'Agha Khan, ultime phare dressé face à l'océan désertique, avec ses douze marches circulaires qui sont comme des ronds dans l'eau du sable ; le temple de Philae, que Loti visita à demi noyé par les eaux, en barque, et que les hommes depuis ont démonté pierre à pierre pour le rebâtir au sec ; le temple de Kom Ombo, celui d'Edfou...

Quelques mois plus tôt, en février, Mitterrand se promenait, alerte, sur les quais fleuris du Nil, en compagnie de Tarot. Son chapeau était déjà celui-là, et il semblait en forme, malgré une éraflure au front, stigmate d'une chute. Le ciel était turquoise comme les scarabées des bagues égyptiennes, et les felouques amarrées avaient roulé leur voile et incliné leur mât en d'immenses cannes à pêche. Fin décembre, à l'hôtel, Mazarine improvise un cours sur Kant pour Matthieu Tarot, peu prédisposé par ses études d'informatique aux subtilités de la philosophie. Le mercredi 27 décembre, l'état du Président empire. Il n'a pas la force de déjeuner seul : allongé sur la terrasse, emmitouflé dans son peignoir et dans une serviette jaune qui lui enserre le visage, il garde les yeux fermés tandis qu'Anne Pingeot le nourrit lentement. Cachée derrière le parasol, elle porte le chapeau blanc à ruban rouge et noir de François Mitterrand... Jusqu'à ce jour, l'ancien Président n'a pas envisagé d'écourter son séjour. Il joint par téléphone Jean-Pierre Soisson, son ancien ministre « d'ouverture », qui est en vacances à Louxor : « Jean-Pierre, venez me voir [1]. » Une date est fixée, le 2 janvier, Mitterrand ayant donc prévu à cet instant de prolonger son voyage à Assouan au-delà du réveillon. Il a d'ailleurs programmé, également, un déjeuner avec Hosni Moubarak, qui possède à

1. Entretien avec l'auteur, le 28 octobre 1996.

quelques kilomètres d'Assouan une propriété. Et s'il voulait, soudain, mourir à Assouan, s'éteindre en Egypte ?

« Je l'ai entendu dire, un jour, rapporte Franz-Olivier Giesbert : " Je voudrais mourir dans l'un des plus beaux endroits du monde, à Assouan où l'on se sent si grand, avec le ciel pour soi, ou à Venise où l'on se sent si petit, déjà englouti [1]. " » Et François Mitterrand n'est pas mort à Venise... « Il a toujours eu une conception psychique des choses, voire proche de la métempsycose, tant il se passionnait pour la migration de l'âme [2] », ajoute Laurent Fabius. L'un de ses complices en égyptomanie, Jean-Pierre Soisson, confirme que Mitterrand avait « une fascination pour le Nil. Il lisait le *Livre des morts*, et, s'il ne croyait pas à la résurrection du Christ, il était persuadé que nous étions tous un fragment d'éternité, une parcelle du feu divin [3] ». Au milieu des ruines de cette civilisation dont la nécrologie atteint une sophistication telle qu'elle répond presque à tous les doutes, où les sépultures sont plus belles que les palais, François Mitterrand trouve une terre digne de lui.

Un ultime argument plaide pour ce désir d'une mort assouane. François Mitterrand avait proposé à sa femme Danielle de l'accompagner, cette fois-ci, en Haute-Egypte, mais l'ex-première dame de France a refusé de déroger à ses habitudes. Pourquoi cette invitation, si ce n'est pour réunir en ce lieu qu'il vénère les êtres qui lui sont le plus chers, et leur dire adieu ? « Il ne cachait pas qu'il n'en reviendrait peut-être pas, reconnaît Gilbert Mitterrand. Mais il disait aussi : " Si je ne le fais pas à mon âge, je n'aurai peut-être plus grand temps pour le faire [4]. " » Mais, soudain, François Mitterrand décide de quitter la suite rose et fleurie de l'hôtel Old Cataract et d'aller mourir en France. Pourquoi ? Quel raisonneur est venu le convaincre que nulle sépulture ne l'attendait ici, qu'il lui fallait rendre son dernier souffle dans l'air graisseux de l'hiver parisien et non dans la douceur assouane ? A-t-il au contraire retrouvé un soudain espoir, la certitude d'avoir gagné un sursis dans le climat prévenant des rives du Nil ? Ou bien a-t-il simplement trouvé ce qu'il était venu chercher : la réponse au grand doute qui le taraude sur l'après ? A-t-il souhaité revoir cette épouse qui avait refusé de l'accompagner ? Est-il

1. Franz-Olivier Giesbert, *Le vieil homme et la mort*, op. cit., p. 126.
2. Entretien avec l'auteur, le 31 mai 1996.
3. Entretien avec l'auteur, le 28 octobre 1996.
4. Entretien avec l'auteur, le 18 novembre 1996.

effrayé par le silence inflexible des sépultures pharaoniques? Son cœur a-t-il été trop lourd sur la balance d'Anubis?

François Mitterrand ne mourra pas à Assouan. Le vendredi 29 décembre, il fait savoir à ses hôtes égyptiens qu'il souhaite rentrer en France, téléphonant lui-même à Hosni Moubarak. Puis il regarde une ultime fois le Nil du haut de sa terrasse : les vaguelettes étincelant sous le violent soleil de la mi-journée dessinent autant d'écailles à cet infini cobra bleu lové aux flancs du désert. « Les fleuves ont le mouvement du sang. Ils séparent et ce qu'ils coupent ne se rejoint pas. Je ne crois pas beaucoup aux ponts sur l'eau qui va [1]. » Il descend dans le hall de l'hôtel, s'arrête quelques instants sur une chaise à la sortie de l'ascenseur, tant il est faible, et signe le livre d'or de l'Old Cataract. Sur l'épais papier de la page, il ne trace que son nom, et la date : « 29 XII 1995 ». Son paraphe n'a jamais été très enlevé, mais la plume cette fois a dû lui sembler bien lourde : la cédille de François s'est décrochée pour glisser dans la page comme un cil perdu; la barre horizontale qui traverse les deux « t » de Mitterrand s'épuise en quelques millimètres, tel un fil brisé; le « d » final a vu le stylo retomber en un zigzag épuisé. François Mitterrand sort ensuite de l'hôtel, soutenu à sa gauche par le docteur Tarot, qui a délaissé son bermuda pour un complet sombre sur une chemise bleu roi, et à sa droite par un sicaire local en jeans et tennis, les lunettes de soleil sur le front. Sous le porche, un officiel en cravate vient saluer le prestigieux client, puis la troupe, mêlant fidèles du Président et membres de la sécurité, entoure la voiture noire où François Mitterrand s'installe. Tenu sous les aisselles par ses deux porteurs, dont les mains froissent le costume pied-de-poule et la chemise à carreaux, il baisse la tête, toujours couverte par le chapeau blanc à ruban noir et rouge, et se penche vers son reflet difforme, que le capot briqué lui renvoie, puis s'assoit péniblement à l'avant, à côté du chauffeur. Quelques minutes plus tard, le voilà dans l'avion mis à sa disposition, une fois encore, par Hosni Moubarak. En prenant de l'altitude, l'appareil permet à ses passagers d'admirer une ultime fois la haute vallée du Nil, le renflement du lac derrière la grosse lèvre du barrage et ces minuscules griffures que font sur le sable du désert les

1. *L'Unité*, le 30 novembre 1973, cité par Edith Boccara, *Mitterrand en toutes lettres*, op. cit., p. 165.

monuments des pharaons. Sur le grand pilier du temple de Philae sonnent les vers hiéroglyphés de la chanson d'Isis : « Son nom est souveraine de la Vie, elle qui rend vie à l'Egypte. » Isis n'a pas voulu de Mitterrand.

*
* *

« François Mitterrand n'a pas pu mourir en Egypte, mais l'Egypte a tué François Mitterrand », résume l'un des témoins des dernières semaines du Président. Dans l'avion de Moubarak, Mitterrand se comporte presque comme un pirate de l'air, déroutant à plusieurs reprises l'appareil. Il demande tout d'abord au pilote d'effectuer deux escales – une à Clermont-Ferrand, où Anne Pingeot a sa famille, et l'autre à Paris, pour déposer le reste de sa suite – avant de gagner le terme du vol : la Bretagne. François Mitterrand veut-il retourner à Belle-Ile, s'enivrer une ultime fois de l'ampleur océane et trouver en l'Atlantique le linceul que n'a pu lui offrir le désert ? Latche ne semble toujours pas inscrit au programme présidentiel, comme si Mitterrand cherchait dans l'errance une excuse pour ne pas se rendre au rendez-vous de l'autre famille. Puis le plan de vol ne comporte plus que deux destinations : Paris et Biarritz, pour gagner cette fois la bergerie landaise. Enfin, le pilote apprend qu'il ne posera qu'une seule fois son appareil, à Biarritz. La troupe alors s'éparpille dans l'hiver français.

L'ultime cérémonial collectif attend François Mitterrand : réunir les fidèles de la Saint-Sylvestre. L'expédition d'Egypte a nimbé d'incertitude, jusqu'au bout, la tenue de cette soirée rituelle : aura-t-elle lieu ? Le retour impromptu du Président, le 29 décembre, déclenche l'opération réveillon. Le samedi 30 décembre au matin, il demande à son fils Gilbert de téléphoner à Henri Emmanuelli, pour l'inviter à dîner à Latche le soir même. « Est-ce que tu es libre ? demande Gilbert Mitterrand à Emmanuelli. — Sans problème. — Viens en famille. — Pourquoi le 30 ? Il n'y a pas de réveillon ? — Non, il a simplement envie de te voir, de bavarder [1]. » Le député des Landes est surpris, mais il obtempère tout de même. « Mais nous ne sommes que le 30 ! réalise Mitterrand, qui s'était trompé

1. Entretien avec l'auteur, le 18 novembre 1996.

de date, en voyant surgir son ancien ministre. Restez quand même. » C'est un petit comité qui dîne dans la salle à manger de Latche en ce pénultième jour de 1995. Danielle et François Mitterrand, Roger Hanin et Christine Gouze-Rénal, Jean-Pierre Tarot et le couple Emmanuelli. Le Président est en forme, et se lance dans un cours de politique, comme aux belles heures de l'été précédent, rééditant les professions de foi de sa jeunesse électorale. « Vous êtes tous battus avant d'être des battants, lance-t-il à son ancien ministre. Cette époque est fantastique. Ah ! Si j'avais quinze ans de moins et deux ou trois amis solides ! » Pourtant, quand Emmanuelli se lança dans la politique landaise, à trente-six ans, Mitterrand ne l'encouragea guère : « Ne vous présentez pas, vous serez battu, vous êtes trop jeune, il faut un profil de notable. » Emmanuelli fut élu... Malgré cette erreur de pronostic, le patron du conseil général des Landes demeure admiratif : « Une seule fois, Mitterrand m'a dit : " Je ne sais pas. Je n'ai pas la réponse. " C'est à propos de la Nouvelle-Calédonie, quand j'étais secrétaire d'Etat aux Dom-Tom [1]. » Le 30 décembre 1995, il est impressionné par l'incapacité de Mitterrand à se décourager. « C'est comme Defferre avec la peur, commente-t-il. Defferre n'avait jamais peur, et disait : " La peur, ça ne sert à rien [2]. " » Mais il s'inquiète quelque peu de voir l'ancien Président se fatiguer ainsi, et tente de le calmer. « Laissez-le, lui glisse Tarot, cela le fait bouger, et il ne souffre pas. »

Le lendemain, 31 décembre, est une mauvaise journée pour Mitterrand, qui paye sans doute son appétit et ses bavardages de la veille. Jean-Christophe Mitterrand, qui devait dénicher des ortolans dans son département du Gers, revient bredouille. Si la chasse aux ortolans est autorisée, son commerce est interdit, et il faut donc être un initié pour agiter les bons réseaux de fournisseurs, surtout fin décembre. C'est le désir exprès du Président qui a déclenché cette chasse aux goûteux petits oiseaux, et sa déception serait terrible. Gilbert Mitterrand profite alors d'un nouveau coup de fil à Henri Emmanuelli, qui fait partie de la liste des convives du réveillon. « J'étais déjà là hier, ça fait peut-être beaucoup », esquisse poliment l'ex-premier secrétaire du PS. Gilbert Mitterrand balaye ces

1. Entretien avec l'auteur, le 25 juin 1996.
2. Ibid.

réserves d'une phrase : « Hier, c'était hier, il avait envie de voir des copains, mais aujourd'hui, c'est le réveillon, ce n'est pas pareil. Au fait, il faut que tu trouves des ortolans [1]. — Ce n'est pas l'époque, rétorque Emmanuelli. Je ne suis pas sûr d'en trouver, du moins pas pour tout le monde. » Le député des Landes téléphone à l'un de ses amis, militant socialiste et braconnier à ses heures. « Si c'est pour François Mitterrand, je vide mon congélateur [2] », déclare sans hésiter le généreux donateur. Henri Emmanuelli pourra arriver à Latche avec une douzaine d'ortolans. Gilbert appelle également Odile Jacob, et lui passe François Mitterrand, qui, fatigué, lui souhaite bonne année et lui demande de venir le voir à son retour à Paris. L'ancien Président téléphone enfin à Marie de Hennezel : « Il m'a dit qu'il rentrait à Paris le mercredi 3 janvier, et m'a demandé de lui rendre visite. Ses derniers mots ont été : " Bonne année [3]. " »

En urgence, les autres convives du réveillon ont été rameutés, les mêmes que l'année précédente, dans la confusion la plus totale. Monique Lang, apprenant qu'elle et son mari doivent se rendre dans les Landes, contacte comme d'habitude Pierre Bergé : le patron d'Yves Saint Laurent emmène chaque année les convives du réveillon dans son avion privé. « Nous ne sommes pas invités », confie Bergé, associant Georges-Marc Benamou dans cet ostracisme. Monique Lang intervient alors auprès de Danielle Mitterrand, avec succès. Pourquoi François Mitterrand a-t-il marqué si peu d'empressement à organiser ce dernier réveillon ? Pourquoi a-t-il voulu restreindre le cercle des invités ? Tout comme il ne souhaitait pas, au fond, revenir en France pour le Nouvel An, il aurait préféré pour cette soirée l'intimité à cet aréopage trop bavard. « On lui a imposé des gens qu'il ne voulait plus voir », commente un témoin extérieur, hypothèse pour laquelle plaide la confusion de dates avouée par Mitterrand la veille – il se croyait le 31 et n'avait invité qu'Emmanuelli – et le peu d'empressement que met le Président à quitter sa chambre-bureau pour gagner, vers vingt et une heures, la salle à manger.

Les dîneurs ont regardé à vingt heures les premiers vœux télévisés de Jacques Chirac. Face à l'écran sont donc réunis Danielle Mitterrand, Roger Hanin et Christine Gouze-Rénal, Jack et Mo-

1. Entretien avec l'auteur, le 18 novembre 1996.
2. Entretien avec l'auteur, le 25 juin 1996.
3. Entretien avec l'auteur, le 17 juin 1996.

nique Lang, Henri Emmanuelli et son épouse, Gilbert – avec ses deux filles et sa seconde femme, Cornelia – et Jean-Christophe Mitterrand – avec sa femme, lui aussi, et son fils Adrien –, Pierre Bergé, Georges-Marc Benamou, Jean et Yvette Munier, des amis de la guerre. Quand le Président les rejoint, accompagné de Jean-Pierre Tarot et d'un de ses gendarmes, la conversation s'engage immédiatement sur la prestation de Jacques Chirac. Les critiques s'élèvent, Henri Emmanuelli sonnant la charge, mais Mitterrand fait entendre un contrepoint : « Je ne suis pas d'accord, il n'était pas mal du tout. Croyez-moi, l'exercice est difficile. » Chacun s'installe pour le dîner : Mitterrand s'allonge sur le long fauteuil dévolu d'habitude au repos digestif d'après les repas, une table basse ayant été installée à ses côtés, ainsi que deux poufs où se relayeront les invités ; le reste des convives prend place autour de la grande table, dressée, avec plus de magnificence que d'habitude, par Danielle Mitterrand et sa sœur Christine.

Ces témoins du dernier réveillon de François Mitterrand se relayent à son chevet-table, comme en visite auprès d'un sénateur romain. Jack Lang reste longtemps en sa compagnie, l'aidant à manger et lançant la conversation. « Nous parlons de l'Argentine, où j'ai fait un récent voyage, et nous nous moquons de concert des rouflaquettes de Carlos Menem. Nous parlons de politique, et il me répète à quel point il a trouvé réussis les vœux de Jacques Chirac, puis il évoque ses livres en chantier. “ J'ai encore six mois de travail devant moi ”, me dit-il. Il me parle de l'Egypte, puis de la mort : “ Je suis prêt, je n'ai pas peur. J'ai réglé en moi la question philosophique. ” Puis il ajoute : “ C'est devenu insupportable. C'est comme si j'avais un bourreau en moi [1]. ” » Jack Lang cède ensuite sa place. A Pierre Bergé, Mitterrand parle de la maison de Zola, à Médan, que le patron d'Yves Saint Laurent vient de racheter à l'Assistance publique. Avec Georges-Marc Benamou, il évoque les jambes de Julia Roberts, ce livre qu'il leur faut compléter et sa maladie, en une phrase qui marque profondément l'auteur du *Dernier Mitterrand* : « Ça y est... Je suis dévoré de l'intérieur [2]... » Henri Emmanuelli prend son tour, pour entendre un nouveau couplet du sermon sur l'Europe que lui tient Mitterrand depuis le début de l'automne. « Je ne vous reproche rien, rétorque

1. Entretien avec l'auteur, le 11 juillet 1996.
2. Georges-Marc Benamou, *Le dernier Mitterrand*, op. cit., p. 29.

le député des Landes. Vous avez porté une grande idée, mais vous avez trop donné à l'économie, pas assez au social et au politique. — Les circonstances l'imposaient, argumente Mitterrand. — Non, on aurait pu provoquer quelques crises au passage, insiste Emmanuelli. — Dans le fond, oui », concède l'ancien Président. Puis il parle un peu de ses voyages – « Pas trop, car c'était la liturgie de sa vie privée » –, de ses livres et du passé. « Du passé lointain plus que du passé proche. Il me dit : " Vous, vous connaissez Thiers et ce qu'il a fait, mais il n'y a pas grand monde comme cela. " Il était important pour lui d'avoir achevé deux mandats : " Quatorze ans, ça marque. Quant au contenu, les thésards sauront. " Je me suis souvenu aussi, en le voyant ainsi, d'une phrase qu'il m'a répétée mille fois, après me l'avoir confiée d'abord alors que je venais de remplacer Rocard au pied levé à l'Agriculture. Mitterrand m'avait emmené en voyage présidentiel aux Etats-Unis et, comme je n'étais pas prévu au protocole, il me transportait dans sa limousine. Et il m'a dit : " Il faut faire ce qu'on croit devoir faire [1]. " » Quand la ronde de ses confidents s'est achevée, François Mitterrand se lève, et prend congé. Il est vingt-deux heures cinquante, et il balaye l'assemblée d'un lent regard qui n'oublie aucun convive, et qu'aucun convive n'oubliera. « Ce n'était pas un " dernier regard ", raconte Gilbert Mitterrand, mais pour certains, cela a été le dernier regard. Et nous avons tous eu un pincement au cœur en le voyant souffrir [2]. »

L'intensité de ce regard, de cet au revoir, est le seul point d'accord de tous les témoins. Les métamorphoses de la mémoire sont souvent stupéfiantes, et il demeure de cet ultime réveillon autant de récits différents qu'il y eut ce soir-là de convives. Untel vécut « une soirée gaie avant tout », un autre considère que ce dernier jour de 1995 fut « une journée effroyable pour François Mitterrand, ruiné par Assouan », un troisième y voit « la réplique exacte des réveillons précédents, sauf qu'il n'a pas pu s'asseoir à table ». Georges-Marc Benamou, en un an, change de point de vue. En janvier 1996, il insiste : « C'était un réveillon grave et rieur. Du moins pas aussi triste qu'on pourrait l'imaginer. (...) Il y eut ensuite, comme les autres années, les histoires de la fédération socialiste

1. Entretien avec l'auteur, le 25 juin 1996.
2. Entretien avec l'auteur, le 18 novembre 1996.

des Landes, les discussions sur les manières d'avaler les ortolans, quelques blagues auxquelles il aimait rire, les cadeaux distribués. La chaleur d'un cercle familial resté, au fond, provincial et authentique [1]. » Mais dans l'ouvrage qu'il publie pour le premier anniversaire de la mort du Président, *Le dernier Mitterrand*, plus rien n'est « comme les autres années » : Mitterrand n'entend pas les blagues rituelles de Roger Hanin, qui s'emmêle dans ses récits, et le cercle familial a les larmes aux yeux. Mais d'autres témoins racontent comment Henri Emmanuelli et Roger Hanin firent rire toute la tablée en imitant une émission télévisée de la campagne présidentielle, l'un incarnant Patrick Poivre d'Arvor, l'autre tenant lieu de candidat socialiste. Le repas de Mitterrand divise aussi les témoins. Pour Pierre Bergé, « François Mitterrand a très bien mangé, se régalant des ortolans d'Emmanuelli [2] ». Pour Gilbert Mitterrand, « il a goûté à tout, ce qui était déjà extraordinaire [3] ». Pour Jack Lang, l'appétit présidentiel est nettement plus timide : « On aimait faire des compétitions du plus gros mangeur d'huîtres, car on les adore tous les deux. Là, il n'en mange aucune. Il boit un peu de vin blanc, mais cela lui brûle l'estomac [4]. » Pour Georges-Marc Benamou, le repas est une orgie : « Une trentaine d'huîtres, du foie gras, un morceau de chapon, deux ortolans... Comment peut-il [5] ? » Mais Jack Lang n'a pas l'impression, puisque c'est lui qui occupe alors le pouf, de servir un Pantagruel : « François Mitterrand mangeait d'habitude les ortolans d'une seule bouchée, d'un seul bloc. Là, je suis obligé de les lui découper [6]. »

On est loin de la cérémonie des ortolans, tête sous la serviette et craquements d'os broyés, décrite par Benamou dans *Le dernier Mitterrand.* Les Munier, enfin, dressent une version de la scène comparable à celle de Jack Lang, et ils le clameront, dans *La Semaine des Landes* et à l'Agence France Presse, à la publication du *Dernier Mitterrand* : « Il est certain que M. Benamou a fabulé. Il a assisté à deux soirées de Nouvel An : l'année précédente, Pierre Bergé avait fait une démonstration amusante pour montrer com-

1. *L'Evénement du Jeudi*, le 11 janvier 1996.
2. Entretien avec l'auteur, le 24 juin 1996.
3. Entretien avec l'auteur, le 18 novembre 1996.
4. Entretien avec l'auteur, le 11 juillet 1996.
5. Georges-Marc Benamou, *Le dernier Mitterrand*, op. cit., p. 28.
6. Entretien avec l'auteur, le 11 juillet 1996.

ment on dégustait l'ortolan. Mais lors du dernier réveillon, François Mitterrand était très, très faible, incapable de se pencher, son visage était de cire, les yeux très souvent fermés, absolument pas comme dans la version décrite par le journaliste. Par exemple, il n'a jamais consommé deux ou trois douzaines d'huîtres, ni même goûté un seul ortolan, encore moins deux. Il a simplement suçoté une cuisse d'ortolan, c'est tout. Je ne vois pas pourquoi Benamou s'est permis d'exagérer à ce point [1]. » Où est la vérité ? Franz-Olivier Giesbert retiendra, lui, le scénario orgiaque dans sa biographie : « Mitterrand en a englouti deux (ortolans). Il a aussi avalé des toasts de caviar et des tranches de foie gras. Sans oublier les fruits. Jack Lang lui tenait la fourchette, mais il a mangé comme un chancre, redevenant, l'espace d'un repas, le gros mangeur qu'il avait si longtemps été [2]. »

Benamou, confident banni des mémoires présidentiels, a tenté de fixer pour l'Histoire une version apocalyptique de ce repas de Saint-Sylvestre, tout à la fois Cène et Passion mitterrandiennes. Après avoir appris de la bouche de Roger Hanin, venu chercher les invités parisiens à l'aéroport de Biarritz, que le cancer du Président datait de 1981, il va de surprise en surprise. Benamou est stupéfait de voir Mitterrand entrer dans la salle à manger soutenu par son docteur et son garde du corps, mais depuis de longs mois, le Président a besoin de poignes fermes, dans ses nombreux moments de faiblesse, pour se déplacer. Benamou s'attriste de voir Mitterrand plonger dans un assoupissement étrange, mais depuis de longs mois, le Président s'isole sans explication dans un brutal mutisme, fermant sur son visage la porte capitonnée de sa douleur. Benamou s'étonne de l'appétit retrouvé de l'agonisant, quelle que soit l'ampleur réelle des agapes de ce soir-là, mais depuis de longs mois, il se nourrit par à-coups, annulant des invitations à déjeuner pour se contenter d'une orgie de pilules, en tête à tête avec son cancer. Benamou se désole de le voir quitter les convives du réveillon avant minuit, mais c'est la coutume. « Les cadeaux étaient remis avant le repas, témoigne Gilbert Mitterrand, il partait toujours juste après minuit, voire dès vingt-trois heures trente. Les douze coups et les bises, ce n'était pas trop son truc [3]. »

---

1. *La Semaine des Landes* et AFP, le 17 janvier 1997.
2. Franz-Olivier Giesbert, *Une vie*, op. cit., p. 727.
3. Entretien avec l'auteur, le 18 novembre 1996.

Benamou, comme d'autres témoins, reconstruit en fait ses souvenirs, consciemment ou non, à partir de la mort de Mitterrand : intervenue huit jours plus tard, elle jette une lumière rétrospective sur le réveillon. Ce ne peut être qu'un repas pour prendre congé de la vie, puisque Mitterrand est mort peu après. Et puisqu'il a décidé de ne plus s'alimenter peu après le réveillon, il faut que cet adieu aux mets ait été une orgie surnaturelle. Cette illusion d'optique, choses vues à travers la lentille de la mémoire, serait une innocente anamorphose si elle ne nourrissait de son reflet sanglant une morbide fascination. Certains convives du réveillon de Latche se repaissent moins d'ortolans que des restes de vie de Mitterrand. « D'autres que moi, assurément, avaient été plus attentifs, l'œil fixé sur le gros homme tassé dans son fauteuil, glissant à leurs affidés " l'heure approche " et lui, fouillé, violé dans son agonie par cet appétit des vivants [1]. » C'est François Mitterrand qui griffonne ces lignes pour *L'Unité*, après avoir appris, attablé chez Lipp, la mort de Georges Pompidou. Mais si le « gros homme » devient une « silhouette césarienne », l'image vaut, à vingt ans de distance, pour François Mitterrand lui-même, allongé le 31 décembre 1995 sous les regards affamés. Et ce réveillon n'est que le résumé, l'ultime acte d'un spectacle de plusieurs mois : la mort de François Mitterrand.

L'aréopage de la Saint-Sylvestre n'est pas plus coupable de voyeurisme que tous ceux qui ont approché le Président depuis que sa maladie est publique, notamment depuis l'opération de 1994. Ils n'ont pas lu Jean Starobinski : « J'avoue n'aimer guère la curiosité que l'on témoigne si souvent pour les maladies des hommes illustres. Ils étaient hommes, ils avaient un corps, ils sont morts : par quoi ils sont du commun. Peut-être ont-ils voulu n'être qu'art et parole, se dissimuler dans l'œuvre parfaite. Vaine prétention : la mort les a bien rejoints. Il nous est toujours loisible de les considérer du point de vue de la mort, et c'est ce que nous faisons en scrutant leurs maux : leurs dents se cariaient, ils digéraient mal, ils toussaient, le spirochète les pourrissait. La postérité, sournoisement, prend sa revanche, retrouve l'obscène présence du viscère, et se penche sur ces misères. Assez admiré, assez répandu d'encens, il

1. François Mitterrand, *La paille et le grain*, op. cit., p. 268.

faut comprendre, disent des hommes sérieux, protégés par leurs tabliers. Et ils vous poussent ces cadavres sur la table d'autopsie, comme s'ils s'apprêtaient à découvrir dans quelque parenchyme lésé le ressort secret des œuvres qui furent un jour accomplies par des hommes vivants et libres. Certains " pathographes " ont eu cette naïveté : Baudelaire, pour eux, s'explique par la syphilis, Chopin par la tuberculose, Greco par l'astigmatisme. Beau nivellement. Une question vient tout naturellement à l'esprit : pourquoi tous les malades n'ont-ils pas du génie ? L'artiste laisse toujours une dépouille ; mais nous n'atteindrons jamais son art dans sa dépouille [1]. » Le 31 décembre 1995, une heure avant minuit, la dépouille déjà spectrale de François Mitterrand s'engloutit dans la nuit landaise pour gagner l'antre engorgé de souvenirs qui sert de chambre au vieux Président. Derrière les vingt regards, pour la plupart sincèrement émus, qui scrutent son sillage en cette ultime soirée de l'année, se cache une armée de nécrophages et de « pathographes ». Leur intention est souvent pure : atteindre l'art politique de François Mitterrand à travers l'étude de sa maladie, au spectacle surtout de la bataille finale. Mais il s'enfuit, et va cacher son agonie. Mitterrand fut avec ses métastases un Horace médical qui, à bout de souffle, stoppe sa course. Le cancer, invincible Curiace, dresse alors son glaive, dans l'aube glacée de 1996.

1. Jean Starobinski, « La maladie de Rousseau », *Jean-Jacques Rousseau, la transparence et l'obstacle*, Tel-Gallimard, 1985, p. 434.

Janvier

Le lundi 1er janvier 1996, François Mitterrand dort longtemps. Ses invités, qui ont poursuivi jusqu'à deux heures du matin les agapes du réveillon, s'apprêtent à gagner l'auberge du Soleil, à Azur, où, chaque premier de l'an, Pierre Bergé offre le déjeuner. Mais, le Président ne daignant paraître, c'est à Latche que s'improvise le repas. « Nous n'étions plus que six ou sept à table, et sa chaise était vide, décrit Pierre Bergé. Il nous a fait savoir qu'il fallait manger sans lui [1]. » En toute fin de matinée, Michel Charasse téléphone, pour souhaiter la bonne année à son Président. C'est Danielle Mitterrand qui décroche : « Il est très fatigué, il dort et je ne sais pas s'il voudra vous parler. » Mais le Président prend la communication depuis sa chambre-bureau. Les deux hommes échangent le récit de leurs réveillons, puis Charasse passe aux vœux : « Je vous souhaite de tenir le coup et de vous battre comme vous l'avez toujours fait jusqu'à présent. — Je suis épuisé, je n'ai plus de forces. Toute mon énergie est partie. Il faut pourtant que je tienne le coup pendant encore quelque temps. J'ai tellement de travail à finir [2]. » La fatigue est telle que la tournée des vœux téléphoniques s'arrête là. « Il m'appelait toujours pour le Nouvel An, raconte Laurent Fabius. Pas en 1996. J'ai pensé à ce qu'il me disait si souvent : " Je suis en sursis, je ne pensais pas vivre aussi longtemps [3]. " »

« Il n'est arrivé que vers quinze heures, poursuit Georges-Marc Benamou. Et il y a eu près de deux heures de bavardages, avec de longs silences, des rires et même de faibles colères [4]. » Les ba-

1. Entretien avec l'auteur, le 24 juin 1996.
2. Michel Charasse, *55, faubourg Saint-Honoré*, op. cit., p. 297.
3. Entretien avec l'auteur, le 31 mai 1996.
4. Entretien avec l'auteur, le 27 juin 1996.

vardages portent encore sur les vœux télévisés de Jacques Chirac. Le Président s'informe des commentaires journalistiques, prêtant une attention toute particulière à la presse régionale, notamment à l'éditorial de Jean-François Lemoîne, dans *Sud-Ouest.* Puis la conversation glisse sur d'autres sujets, dont la mort, la veille, de l'écrivain Suzanne Prou. « Il était vif, et soudain affligé par une grande fatigue intérieure [1] », se souvient Jack Lang. Les « colères » évoquées sont les différends qui opposent Mitterrand à son médecin – Tarot lui a préparé sa ration de pilules – et à tous ceux qui l'incitent à manger. « Il a dit : “ Je ne veux qu'une tasse de thé. ” Il avait visiblement décidé de cesser de manger [2] », décode Bergé. « Il semblait avoir baissé le rideau, comme si, une fois franchi le cap de l'année nouvelle, il refuserait médicaments et aliments [3] », complète Jack Lang. « Il m'a dit : “ J'aurais préféré ne pas connaître cette nouvelle année. ” Et j'ai répondu : “ Je vous comprends [4] ” », conclut Bergé. Un peu après seize heures, les convives s'apprêtent à partir : Pierre Bergé a un rendez-vous à Paris, et tous sont tributaires, comme la veille, de son avion privé. François Mitterrand, surpris d'un si rapide départ, va répéter à chacun les propos qu'il leur a déjà martelés. A Jack Lang, il rappelle : « Surtout ne vous laissez pas séduire par les radicaux. Vous êtes un leader socialiste, restez-le [5]. » A Pierre Bergé, il réitère ses félicitations : « C'est bien ce que vous faites pour la maison de Zola. Tenez-moi au courant [6]. » Et à Georges-Marc Benamou, il parle du livre : « Je dois encore faire des corrections [7]. »

Quand la lumière décline sur le premier jour de l'année, François Mitterrand est seul, alité dans son bureau. Il est dix-sept heures, et un silence familial est retombé sur Latche. La porte s'ouvre lentement, et Gilbert Mitterrand pénètre dans la chambre de son père. Attendu à Paris, où il enseigne, le lendemain, il souhaite regagner sa ville de Libourne sans tarder. « Tu rentres maintenant ? interroge François Mitterrand. — Il le faut, répond Gilbert. — Fais bonne route. Je te verrai à Paris. — J'y serai dimanche, le

1. Entretien avec l'auteur, le 11 juillet 1996.
2. Entretien avec l'auteur, le 24 juin 1996.
3. Entretien avec l'auteur, le 11 juillet 1996.
4. Entretien avec l'auteur, le 24 juin 1996.
5. Entretien avec l'auteur, le 11 juillet 1996.
6. Entretien avec l'auteur, le 24 juin 1996.
7. Entretien avec l'auteur, le 27 juin 1996.

sept. — Bon, alors à dimanche. C'est bien dimanche prochain ? — Oui, c'est dimanche prochain. — Ah, bon, bon [1]... » Gilbert Mitterrand ne verra plus son père. Etranges adieux, au coin d'un lit, entre un père et son fils, dans la pénombre vorace d'une fin d'après-midi de janvier. Mais la scène la plus étrange et la plus émouvante de ces dernières heures passées ensemble a eu lieu un peu plus tôt. Gilbert Mitterrand est déjà venu s'asseoir au bord du lit paternel, pour tromper un peu la solitude et la souffrance du malade. « C'est de la destruction, tout cela. C'est de l'autodestruction. C'est du gâchis », gémit alors le Président, drapant d'amertume sa déchéance. « Je lui ai dit alors que ma femme, qui était à côté de moi, attendait un bébé : " Tu as un quatrième petit-enfant en route. " Nous nous sommes alors amusés au jeu des prénoms. Il ne voulait nous dissuader de rien, mais il semblait avoir des idées. Je lui ai dit que nous cherchions des prénoms français dont la musicalité soit acceptable pour ma belle-famille hollandaise. C'est pourquoi nous cherchions du côté des racines bretonnes. " C'est joli, mais pourquoi un prénom breton ? Tu n'es pas breton, ta femme non plus ", a-t-il rétorqué. Nous avons alors proposé des noms de lieux, qui évoquaient nos racines plus qu'ils n'étaient jolis. Il a fait la moue : " C'est la mode... " Tout à coup, il nous a dit : " Guillaume, Cornelius, Thomas. " Et comme nous lui demandions pourquoi, il s'est lancé dans une longue explication historique : " Guillaume à cause de Guillaume d'Orange [2]... " »

François Mitterrand, en fait, ne livre pas à son fils tous les secrets de cette étrange onomastique. Il unit en parrains pour ce petit-fils qu'il ne connaîtra pas deux figures homonymes : Guillaume d'Orange le Grand et Guillaume d'Orange-Nassau le Taciturne. Le premier, canonisé, fut comte de Toulouse au VIIe siècle, combattit les Sarrasins, enleva Barcelone et fonda l'abbaye de Saint-Guilhem-le-Désert. Le second, au XVIe siècle, sépara les Provinces-Unies du reste des Pays-Bas et mena la guerre contre l'Espagne. Autant le premier Guillaume fut un catholique fervent et prosélyte, autant le second fut habité par le doute, abandonnant son catholicisme de naissance pour se convertir à un calvinisme qu'il avait toujours toléré. Le Grand et le Taciturne, le catholique fervent et l'apostat, réunis pour offrir un prénom au dernier des Mitterrand,

1. Entretien avec l'auteur, le 18 novembre 1996.
2. Ibid.

ne composent-ils pas un saisissant Janus à l'image de l'ancien Président ?

« L'explication pour Cornelius est plus simple, analyse Gilbert Mitterrand : c'est un prénom typiquement hollandais, et ma femme s'appelle Cornelia. Quant à Thomas, c'est un mystère. Pourquoi Thomas [1] ? » Comment ne pas voir ici la place des quatre saints Thomas ? Celui de l'Evangile, qui douta de la résurrection du Christ jusqu'à l'heure où il mit son doigt dans la plaie au flanc du Messie, et à qui Jésus lança : « Parce que tu m'as vu, tu as cru ; heureux ceux qui croient sans voir ! [2] » Saint Thomas d'Aquin, le grand théologien qui tenta de concilier foi et raison. Saint Thomas Becket, martyr pour la pureté et l'intransigeance de sa foi, incarnation parfaite de la sainteté définie par Mitterrand : « C'est la rigueur. C'est le courage. C'est l'intransigeance. Et tout cela dans une enveloppe humble [3]. » Et enfin saint Thomas More, qui décrivit en un roman le socialisme accompli et lui donna ce nom que Mitterrand ne pouvait qu'approuver : *Utopie*. Ce baptême anticipé qu'ordonne Mitterrand, agençant pour sa descendance le premier des sacrements en guise de volonté dernière, cette extrême-onction à l'envers qu'il administre de son grabat, brûle de foi cherchée et perdue, de doute chevillé à l'âme, comme si l'essentiel aux ultimes heures et au creux du berceau était l'insaisissable divin. Le choix des prénoms pour son futur petit-fils n'est pas purement catholique, mais il est profondément religieux, jusqu'à l'excès de symboles. François Mitterrand pressent que son petit-fils sera baptisé, Gilbert l'ayant été et sa femme appartenant à une famille catholique. Le voilà doté de prénoms qui pèsent leur poids de sacré.

Mitterrand attachait une grande importance aux prénoms : par admiration pour le philosophe, il appelle Pascal son premier fils, mort tout petit en 1945 et jamais évoqué, en cinquante ans de vie publique ; puis Jean-Christophe, à cause de Romain Rolland ; vient Gilbert, parce que « chez les Mitterrand, le nom de Gilbert revient souvent depuis le XVIe siècle [4] » ; enfin Mazarine, à cause du cardi-

---

1. Ibid.
2. Evangile selon saint Jean, 20, 29.
3. *Questions sur l'essentiel*, 1979 ; rapporté par Edith Boccara, *Mitterrand en toutes lettres*, op. cit., p. 339.
4. François Mitterrand & Elie Wiesel, *Mémoire à deux voix*, op. cit., p. 46.

nal. La philosophie, la littérature, la famille et la politique : tout ce qui a passionné Mitterrand a baptisé ses enfants. Mais le plus étrange, le plus visionnaire est que François Mitterrand n'envisage à aucun instant que l'enfant à naître puisse être une fille. Car, si les prénoms sont importants, le nom est essentiel. Et s'il n'est pas un Mitterrand pour toute sa vie, à quoi bon doter cet enfant de prénoms ? Mitterrand l'officiel n'a eu que des fils, les filles sont pour la main gauche, elles sont l'exceptionnel et l'interdit, elles sont Mazarine. Pourtant, en ce début janvier, Gilbert et Cornelia Mitterrand ignorent le sexe de leur bébé. Une échographie est prévue à Paris le mercredi 10 janvier : elle confirmera que c'est un garçon qui est attendu. Il vient au monde le 9 juillet 1996, six mois et un jour après la mort de son grand-père François, et quelques jours après la Saint-Thomas. Ses parents retirent d'ailleurs de son état civil ce prénom à la raison inconnue, et le nomment Guillaume François Cornelius Marie, tous les Mitterrand s'appelant Marie. Et souvent Anne Pingeot appelait Mazarine, dans son jeune âge, Marie...

Latche se vide, Latche est désert. Le vent dans les pins n'est plus une houle ample et soyeuse, mais un long mugissement vain, une sorte de râle de la forêt gangrenée par l'hiver. Il est minuit dans le siècle pour François Mitterrand. Il lui reste moins d'une semaine à vivre. Et comme une force obscure l'avait arraché à sa tentation de mourir à Assouan, un mystérieux impératif va l'appeler soudain à Paris. Le lendemain, mardi 2 janvier, il sommeille dans son bureau de la bergerie. Jean Munier, le voisin de Moliets et le compagnon de la jeunesse guerrière, vient lui rendre visite. Il a ouvert lentement la porte, est venu s'asseoir au pied du lit, et pose lentement la main sur le front de François Mitterrand, qui se réveille. « Ah, c'est toi, Jean. Tu vois, mon cancer se généralise. » L'après-midi même, il retourne à Paris, empruntant un avion privé parce que l'avion de ligne est complet, et se rend directement à l'hôpital pour de nouvelles analyses. « Nous aurions pu nous voir en fin de journée, puisque j'étais à Paris, se désole Gilbert Mitterrand. Mais il ne devait rentrer que le lendemain mercredi. J'en étais resté à cette version officielle. De toute façon, il était à l'hôpital [1]. » Rentré à Libourne, Gilbert appelle sa mère : « Elle me dit qu'il a passé un

1. Entretien avec l'auteur, le 18 novembre 1996.

mauvais lundi soir, qu'il n'a avalé qu'une soupe, ce qui n'était pas rare. Mais il n'a rien mangé non plus le mardi midi. C'est alors que ma mère a compris qu'il s'agissait d'une attitude délibérée de refus. Ce retour précipité n'était pas prévu, mais il voulait avoir des certitudes sur une alerte : avait-il ou non des métastases au cerveau ? Il voulait faire des examens au plus vite, pour en être sûr [1]. »

*

* *

François Mitterrand en est sûr. Il a des métastases au cerveau. Et sa décision est prise. Comme le lui avait conseillé Marie de Hennezel, François Mitterrand s'est fixé depuis quelques semaines des échéances à court terme. « Puis, le moment venu, ne plus s'accrocher, s'abandonner à la mort [2] », avait ajouté la vestale d'Hadès. Mitterrand respecte aussi cette liturgie, et confie à Tarot sa résolution. « Il y avait une inquiétude médicale sur un commencement d'attaque cérébrale. Mon père avait une jambe qu'il ne commandait plus [3] », expliquera Gilbert Mitterrand après la mort du Président. Montaigne, après Sénèque, narre la mort du jeune Tullius Marcellinus, qui voulait « anticiper l'heure de sa destinée pour se deffaire d'une maladie qui le gourmandoit plus qu'il ne vouloit souffrir. (...) il entreprit de s'en aller de cette vie, non de s'en fuir ; non d'eschapper à la mort, mais de l'essayer. Et, pour se donner loisir de la marchander, ayant quitté toute nourriture, le troisiesme jour après, s'estant faict arroser d'eau tiede, il défaillit peu à peu, non sans quelque volupté, à ce qu'il disoit [4] ». A partir du mardi 2 janvier 1996, François Mitterrand va faire de même. Il se cadenasse avenue Frédéric-Le-Play, réduisant son horizon aux murs de sa triste chambre et à l'infini paysage de sa méditation. Cicéron avait le sentiment d'arriver au bout de sa vie comme à la rive d'un océan : « A mesure que j'approche de la mort, je crois voir en quelque sorte la terre et atteindre enfin le port après une longue traversée [5]. »

---

1. Ibid.
2. Entretien avec l'auteur, le 17 juin 1996.
3. *Sud-Ouest*, le 1er février 1996.
4. Montaigne, *Essais*, Livre II, chapitre 13, « De juger de la mort d'autruy », op. cit., p. 273.
5. Cicéron, *De Senectute*, XIX, 71

Mitterrand, lui, a sans doute un point de vue contraire. Etendu presque en permanence, alternant en douceur veilles et assoupissements, comme le cycle des marées, il attend que le ressac de la douleur l'entraîne enfin au large. Franz-Olivier Giesbert a raison de citer Rilke : « Laissez-moi ma mort à moi. Je ne veux pas celle des médecins [1]. » Mitterrand ne s'éloigne pas de Tarot, et il reçoit même une dernière visite de son spécialiste des médecines naturelles, Philippe De Kuyper, mais, comme le général Henning von Tresckow, il veut aller sans retenue vers l'endroit qui va l'engloutir, cette seconde immobile où commence la nuit pure. « J'aime tellement la vie que je n'arrive pas à mourir [2] », plaisantait-il moins d'un an plus tôt. En ce début d'année, c'est parce qu'il aime tant la vie, et qu'il ne veut pas l'insulter par une indigne déchéance, qu'il va réussir à mourir. Jean-Pierre Tarot le persuade cependant d'accepter la pose d'une perfusion, pour que son jeûne volontaire ne transforme pas son agonie en supplice. C'est là l'eau tiède de Tullius Marcellinus. Mitterrand accepte, et trouve dans ce sinistre goutte-à-goutte glucosé une clepsydre pour battre le compte à rebours de ses ultimes journées.

Le grand portrait à la mine de plomb accroché dans l'entrée est la sentinelle d'une forteresse silencieuse. Les vacances ont vidé les locaux, les promenades au Champ-de-Mars sont terminées, les rendez-vous se limitent aux visites feutrées des intimes. « J'ai appelé son secrétariat au milieu de la semaine, on m'a dit qu'il était indisponible, se souvient Jack Lang. J'ai dit : " Prévenez-moi quand je peux passer le voir. " On ne m'a pas rappelé [3]. » De même, Marie de Hennezel ne peut avoir accès une dernière fois au plus illustre de ses « patients » : « D'habitude, c'est au téléphone, directement, que nous fixions nos rendez-vous. Quand j'ai appelé le mercredi matin, c'est Jean-Pierre Tarot qui a décroché et m'a dit curieusement : " Est-ce que vous pouvez croiser n'importe qui dans sa chambre, de sa famille ? " Je connaissais Danielle Mitterrand, l'ayant rencontrée une fois, après la publication de mon livre, mais à part elle, je n'avais vu personne d'autre de son entourage très proche. C'est ce que j'ai dit à Tarot, et un rendez-vous a été fixé à midi trente. Mais Tarot m'a fait rappeler avant pour me dire qu'il

1. Franz-Olivier Giesbert, *Une vie*, op. cit., p. 728.
2. Franz-Olivier Giesbert, *Le vieil homme et la mort,* op. cit., p. 134.
3. Entretien avec l'auteur, le 11 juillet 1996.

était impossible de le voir. J'ai pensé qu'il devait y avoir un proche auprès de lui. L'après-midi même, j'avais un avion à prendre pour la Martinique, où allait se tenir un séminaire sur l'accompagnement, prévu depuis six mois. Plus tard, j'ai eu le sentiment qu'il m'avait dit au revoir le 19 décembre et qu'il n'avait pas besoin d'un nouveau rendez-vous [1]. » Si personne ne prévoit une fin aussi rapide que celle qui va advenir, beaucoup envisagent une mort prochaine du Président. « Après les vacances de Noël, confie Marie-Noëlle Lienemann, j'ai appelé Jean-Luc Mélenchon et je lui ai dit : " Qu'est-ce qu'on fait à sa mort ? " J'étais sûre que le consensus autour de Mitterrand ne durerait pas longtemps après son décès, et que resurgiraient les attaques. Avant les vacances, je voulais que ma carte de vœux de maire d'Athis-Mons représente la République, avec des drapeaux bleu-blanc-rouge, les enfants réunis lors de la visite du Président en 1995 et une phrase de lui au dos. Mais je ne l'ai pas fait, car il m'a paru déplacé d'utiliser une photo de lui en carte de vœux alors qu'il allait mourir. Début 1996, j'ai eu l'idée de préparer un argumentaire avec les passages forts de la pensée de François Mitterrand et son vrai bilan, notamment les progrès sociaux. Nous l'aurions publié après sa mort. J'avais entamé aussi une recherche des plus belles photos de lui. Mais il est mort trop vite [2]. »

Le jeudi 4 janvier, François Mitterrand reçoit Michel Charasse, en fin d'après-midi, brièvement, malgré de violents maux de tête qui confirment les analyses. « Il m'a dit : " Je ne tiendrai plus longtemps. " Je suis parti très inquiet, après lui avoir dit : " Je reviens à Paris lundi matin, je passe vous voir lundi après-midi. " Et il m'a répondu : " Revenez vite [3]. " » « Il m'a pris la main, l'a longuement serrée. J'ai eu l'impression qu'il voulait m'embrasser. Mais nous ne l'avions jamais fait [4] », ajoute Charasse dans son livre. *Gala*, dans sa première livraison de l'année, publie les photos volées du séjour de Mitterrand à Assouan, dont le flou enrobe la silhouette molle d'un homme à la dérive, dans le linceul mordoré de la lumière désertique. Le paparazzo a d'abord proposé ses clichés à *Paris-Match*, qui a décliné l'offre, considérant que l'émotion s'arrê-

1. Entretien avec l'auteur, le 17 juin 1996.
2. Entretien avec l'auteur, le 21 juin 1996.
3. Entretien avec l'auteur, le 11 avril 1996.
4. Michel Charasse, *55, faubourg Saint-Honoré*, op. cit., p. 298.

tait où commence l'indécence... ou bien que les photos n'étaient pas assez nettes. « Une seule chose pourrait nous faire regretter ce choix, confie Stéphane Denis, influente plume de l'hebdomadaire. Que Mitterrand meure dans les huit jours. »

Ce jeudi 4 janvier, François Mitterrand écrit un document décisif : le codicille de son testament. Le document principal est prêt depuis plus de trois ans, rédigé le 10 septembre 1992, juste avant sa première opération de la prostate, au cas où... Depuis, un événement majeur est intervenu : l'aveu à l'opinion, organisé, de l'existence de Mazarine. Absente du premier testament car absente alors, officiellement, de la vie de François Mitterrand, elle peut désormais apparaître en pleine lumière. En trois ans, François Mitterrand n'a pas changé d'un iota ses dernières volontés, malgré le tourbillon mystique et spirituel qui l'a agité au long des mois. C'est dire s'il est détaché des contingences funéraires, soucieux seulement d'avoir réglé en lui la « question philosophique ». Le « codicille Mazarine », qu'il omet – orgueil ou distraction ? – de signer, ne porte d'ailleurs que sur des dispositions matérielles : il s'agit pour François Mitterrand, sceptique sur les relations futures entre ses deux familles et soucieux de son avenir matériel, de « doter » sa fille. Anne Pingeot, au fil des ans, est devenue actionnaire majoritaire de la SCI de Lourdanaud, c'est-à-dire propriétaire de la maison de Gordes, mais Mazarine n'a rien, si ce n'est un héritage génétique qui pousse certains à l'envier et tous à la redouter. La part d'héritage matériel que François Mitterrand lègue à sa fille est d'abord composée de nombreuses correspondances privées et de divers papiers personnels, qui avaient suivi le chef de l'Etat avenue Le-Play, et qu'il ne souhaitait pas abandonner aux Archives nationales, ni même à la future Fondation portant son nom. Mazarine Pingeot hérite également d'une partie de la bibliothèque de son père, « des livres qui ne sont pas sans valeur », précise le codicille en une sublime litote : il s'agit en vérité de tous les ouvrages antérieurs à 1800, c'est-à-dire les plus précieux. Cinquante ans de bibliophilie insatiable, d'amour des reliures et de culte des éditions originales ont constitué le vrai trésor de François Mitterrand.

Mazarine hérite des joyaux, Danielle Mitterrand des bijoux les plus nombreux mais les plus communs. Mariés sous le régime de la communauté universelle, les époux Mitterrand se sont engagés à laisser à celui des deux qui vivra le plus longtemps, l'essentiel de leurs biens : pour Danielle, il s'agit des 252 mètres carrés de la rue de Bièvre, estimés à 4 719 000 F en 1994, de la maison de gemmeur de Latche et ses 37 hectares de forêt, d'un étang à Planchez-en-Morvan, dans la Nièvre, du solde de leur compte du Crédit Lyonnais [1] et des droits d'auteur sur les livres de son mari. Seule la clause de la « quotité disponible » autorise François Mitterrand à rédiger le codicille en faveur de sa fille. Mais avant tout, il laisse à celle-ci un instrument de puissance inégalable : les droits moraux sur son œuvre. Nul ne peut faire commerce de la pensée mitterrandienne sans l'aval de Mazarine. Quand la postérité voudra sculpter la statue de François Mitterrand, Mazarine ne tiendra pas le marteau, mais elle choisira le burin, la pierre et parfois l'artiste.

Le jeudi 4 janvier, François Mitterrand se livre à d'autres menus travaux de plume. Il griffonne ainsi quelques cartes de vœux, laborieusement. « Je lui avais écrit pour son anniversaire, fin octobre, raconte Louis Mexandeau. Et la réponse était visiblement de sa main. En revanche, quand j'ai reçu ses vœux de bonne année, la signature m'a semblé artificielle, presque trop nette, et j'ai pensé à un parapheur [2]. » « Il m'a adressé une lettre il y a quelques jours à peine, où il me dit à bientôt [3] », témoignera, le jour du décès de Mitterrand, Henri Michel, ancien responsable des chasses présidentielles et élu de la Drôme. Christiane Dufour, au téléphone, laisse entendre à Jean Lacouture qu'un nouveau rendez-vous sera peut-être possible, dans une ou deux semaines, quand le Président aura récupéré des fatigues du voyage égyptien. François Mitterrand écrit également à Jean d'Ormesson. L'écrivain du plaisir et de la légèreté d'être, l'homme des bonheurs de plume et de la plume heureuse, après avoir partagé les derniers instants du François Mitterrand présidentiel, occupe quelques-unes des ultimes minutes du François Mitterrand épistolaire. « Je lui avais envoyé mon livre, *Presque rien sur presque tout*, le 15 décembre, bien qu'il ne dût être publié qu'à la mi-janvier. Je m'étais dit : " Il va mourir, je dois faire vite. " Le 4 janvier, il m'a envoyé un petit mot, très positif sur le livre, rédigé d'une calligraphie très détériorée, qui s'achevait

1. Soit 232 784 F au départ de l'Elysée, en mai 1995, selon *L'Express* du 25 avril 1996.
2. Entretien avec l'auteur, le 3 octobre 1996.
3. Source AFP.

par : “ J’aimerais vous parler plus longtemps. Passez me voir si les circonstances le permettent [1]. ” »

Et si François Mitterrand, pour réunir les deux moitiés du symbole, avait voulu revoir son insolite confesseur, quittant la vie comme il avait quitté le pouvoir, avec l’extrême-onction de cet écrivain doté d’une onction extrême pour le vieil homme qu’il était ? Mitterrand n’a pas trouvé son Las Cases. Georges-Marc Benamou n’avait pas la carrure nécessaire au mémorialiste, Jean Lacouture n’a pas eu le temps nécessaire à l’historien, Jean d’Ormesson, en un petit déjeuner auprès d’un Président crépusculaire et un plateau-repas au chevet d’un mourant, aurait pu écrire *Mémoires d’un adieu*, ou *L’art de la révérence*, celle qu’il eut sur le tard pour Mitterrand et celle que Mitterrand tira avec brio. Un rendez-vous manqué, des « circonstances » qui ne le permettent plus, et voilà François Mitterrand qui va mourir muet, sans phrase ultime léguée à l’Histoire, sans aveu in articulo mortis ou dernier entêtement. Il est dommage qu’un tel homme ait rendu son dernier souffle sans avoir dit son dernier mot. A moins que... Dans les confidences qu’a recueillies Laure Adler pour *Avant que la nuit ne vienne* (Grasset), Pierre de Bénouville, l’un des amis les plus intimes de François Mitterrand, a raconté son ultime déjeuner avec l’ancien président. Il se tient le jeudi 4 ou le vendredi 5 janvier, et le malade a appelé lui-même pour lancer l’invitation. « J’ai composé un menu spécial qui va nous plaire à tous les deux », chuchote Mitterrand à l’arrivée de Bénouville. Ce sont des huîtres que les deux amis, du peu d’appétit qui leur reste, vont déguster. « Tu sais, tout peut arriver, j’ai une rémission de la tumeur pour le moment, mais tout peut arriver », confie Mitterrand à Bénouville en le raccompagnant. Ce dernier, comprenant qu’il s’agit d’un adieu, prend son vieil ami dans ses bras et le supplie : « François, je t’en prie, ne pars pas sans dire pardon [2]. » Alors, Mitterrand appelle Jean-Pierre Tarot et lui donne ses consignes. Le médecin va quérir le prêtre de la paroisse voisine. Cet après-midi-là, le chef historique des socialistes reçoit donc l’extrême-onction avenue Le-Play.

Le vendredi 5 janvier, François Mitterrand a encore la force de tracer quelques lignes. Il écrit une lettre de remerciement à Hosni

1. Entretien avec l’auteur, le 21 octobre 1996.
2. Pierre de Bénouville, *Avant que la nuit ne vienne*, entretiens avec Laure Adler, Grasset, 2002, p. 335.

Moubarak, pour son hospitalité lors des vacances assouanes de la tribu mitterrandienne. Le raïs ne recevra cet autographe qu'après le décès de l'ancien Président... Ce même vendredi, Anne Lauvergeon se rend avenue Frédéric-Le-Play. La veille, elle a conversé quelques minutes avec le Président, au téléphone. « Il m'a dit : " Ça ne va pas du tout, je suis dans le trente-sixième dessous. " C'était une expression très inhabituelle chez lui. Il a ajouté : " Je ne vais pas bien du tout, et en même temps je vais très bien, j'y vais tout doucement. " Le vendredi, on m'a dit qu'il n'était pas visible, que je devais repasser au début de la semaine suivante. Et un rendez-vous a été pris pour le lundi midi, le lundi 8 janvier... Je m'en veux un peu de n'avoir pas insisté. J'ai ressenti ce choix de ne plus se battre, je l'ai ressenti affectivement et intellectuellement, et je n'ai pas su réagir, alors que j'étais pour lui une source de dynamisme, d'énergie [1]. » Mais Anne Lauvergeon rebrousse chemin. En fin d'après-midi, François Mitterrand reçoit son fils Jean-Christophe. « Il l'a fait revenir du Moyen-Orient, où il était en mission pour la Générale des Eaux [2] », précise Georges Beauchamp. « Ce n'était pas son fils préféré, ajoute un témoin, c'était d'abord l'enfant de Danielle. » « Il était couché dans son lit, les yeux fermés, raconte Gilbert Mitterrand. Mon frère lui a demandé s'il souffrait, il a répondu : " Comme un chien. " Puis il a ouvert les yeux et il a ajouté : " Et même comme deux chiens. " C'est dire s'il était encore lucide, pour faire ainsi de l'humour [3]. » Jean-Christophe ne s'attarde pas. A l'autre bout de la France, l'inquiétude croît dans la famille Mitterrand. Gilbert a téléphoné régulièrement, tout au long de la semaine, à sa mère : « " Ton père ne va pas bien, me répétait-elle. Il m'appelle tous les jours, il me dit qu'il est dans un état de fatigue extrême. " Tarot me l'a confirmé. Il m'a dit : " Il arrête de se battre [4]. " »

Le samedi 6 janvier, François Mitterrand fait venir André Rousselet avenue Le-Play, et celui-ci comprend d'emblée, en entrant dans la chambre de son ami agonisant, pourquoi il a été convié. « Il ne prenait plus aucun médicament. Ni ceux de Tarot, ni les pilules homéopathiques de Philippe De Kuyper. Il ne s'alimentait plus. Ce

1. Entretien avec l'auteur, le 18 juin 1996.
2. Entretien avec l'auteur, le 29 mai 1996.
3. Entretien avec l'auteur, le 18 novembre 1996.
4. Ibid.

samedi, il avait en plus une forte irritation de la gorge, qui l'empêchait de déglutir. Je lui ai demandé, avec beaucoup de difficultés, car cela m'était très désagréable, quelles étaient ses intentions au cas où. Il m'a fait une réponse en forme de mensonge à soi-même : " J'ai le temps de penser à cela. " Mais j'ai poursuivi : voulait-il l'extrême-onction, où souhaitait-il finalement être enterré, quel type de funérailles désirait-il [1] ? » Les réponses sont dans le testament rédigé en 1992, et François Mitterrand demande à André Rousselet s'il veut bien être son exécuteur testamentaire. Georges Dayan est mort, Roger-Patrice Pelat aussi, Georges Beauchamp est malade et en retraite au Conseil économique et social, seul André Rousselet est encore actif parmi les fidèles, sans avoir d'ambition future. Il ne captera pas l'héritage que Mitterrand lui confie, ne profitera pas de sa mission pour étendre son pouvoir sur l'Institut, n'écrira pas d'évangile. « Je n'interviens qu'en cas de dérapage [2] », explique-t-il aujourd'hui. André Rousselet repart les mains vides, sans le testament dont il devra surveiller l'exécution. « J'ai le temps... » lui a dit Mitterrand, qui ne veut pas transmettre la garde de ses dernières volontés avant l'instant fatal. Néanmoins, il a confié à Rousselet qu'il souhaitait que son cercueil fût porté par les gendarmes détachés à son service de sécurité. François Mitterrand reçoit également Christine Gouze-Rénal, qui le rassure : elle s'engage à prendre en charge Danielle en cas de besoin. Le Président, en effet, se préoccupe soudain des ressources qu'il laisse à son épouse.

A Latche, Danielle Mitterrand écrit. Elle sait que les heures de son mari sont désormais comptées. A chaque coup de téléphone entre la bergerie et l'avenue Le-Play, l'évidence s'impose. Pourtant, elle est restée dans les Landes, comme elle l'avait prévu : elle ne rentrera que le dimanche. « Si elle avait anticipé son retour, il ne l'aurait pas apprécié, raconte Gilbert Mitterrand. Il nous avait prévenus : " Ne venez pas à mon chevet comme si c'était la fin, et me le dire par votre présence [3]. " » Prisonnière de la pinède sablonneuse de Latche, cathédrale fantomatique et détrempée, Danielle Mitterrand écrit : « Jean-Pierre Tarot vient de m'appeler. L'espoir de voir François reprendre un peu de vigueur nous quitte.

1. Entretien avec l'auteur, le 10 avril 1996.
2. Ibid.
3. Entretien avec l'auteur, le 18 novembre 1996.

Il pleut sur Latche, il me semble regarder tomber la pluie pour deux. François ne verra sans doute jamais plus ce carré d'herbe limité par la dune plantée des pins qu'il n'a pas voulu faire abattre. J'écris ces phrases sans pouvoir les inscrire dans la réalité. Latch sans lui, sa construction, ses terres savamment rassemblées autour de cette petite maison que nous avons fait vivre ensemble. François qui abandonne la vie, parceque trop fatigué, elle l'insupporte. Nous respectons sa façon de sortir de la scène ; sa façon de mettre un terme à son œuvre, à ses amours ; à s'éloigner de sa famille qui le fera vivre parmi les vivants, parceque François ne meurt pas. François ne meurt pas. » Le « e » facultatif de Latche, les deux mots liés de « parceque », le pluriel évocateur de « ses amours » : ces quelques lignes à l'encre bleue et un peu triste, que Danielle Mitterrand signera et publiera plus tard, sont à la fois spontanées et pleines de sous-entendus, riches de cinquante années d'inaltérable affection et d'invivable ambiguïté.

François Mitterrand, en effet, ne meurt pas. Sa lente consomption, entre assoupissement et veille docile, prend des heures. « Rien ne consent à mourir de ce qui connut le vivre », prévient Jules Supervielle. Le corps de François Mitterrand ne consent pas à mourir, mais il se laisse convaincre, plus timide que rétif, par l'âme de François Mitterrand. « La mort et l'immortalité formant un couple d'amants inséparables, celui dont le visage se confond avec le visage des morts est immortel de son vivant », écrivait Milan Kundera dans *L'immortalité*, à propos de la visite mythique de François Mitterrand au Panthéon, le 21 mai 1981, cabotage grandiose au milieu de ces épaves d'Histoire que sont les tombeaux des Grands Hommes. « François ne meurt pas », et pas plus ce Mitterrand que le peuple et son clergé d'humoristes surnommèrent « Dieu ». Le couple de mort et d'immortalité qu'héberge, entre autres Janus, le masque césarien, doit pourtant divorcer : « immortel de son vivant », François Mitterrand doit vivre sa mort.

Le dimanche 7 janvier 1996 est le dernier jour de la vie de François Mitterrand. Comme Marco Polo, comme Galilée, il va mourir un 8 janvier. Le VIIe arrondissement est vide et silencieux, comme tous les dimanches, plus encore que d'habitude tant les Parisiens, repus d'agapes festives, demeurent frileusement cloîtrés. Quelques silhouettes ténues glissent sur le sable du Champ-de-Mars, pressant le pas quand la bise de janvier vient leur faire un brin de conversation. Baltique sort sans son maître humer l'air glacé du Paris dominical. Le monde a disparu pour François Mitterrand, suspendu entre celui-ci et l'autre, qui l'attend. La lumière grise tisse pour lui dans la chambre d'étranges limbes, et les doigts de la nuit viendront bientôt tirer les rideaux. François Mitterrand a remis à Jean-Pierre Tarot l'enveloppe contenant son testament. Mazarine, ce jour-là, décide de mettre un peu de vie dans l'appartement morbide de l'avenue Frédéric-Le-Play : elle invite à déjeuner sa tante, sa cousine et des amis. Elle tient à ce que sa mère quitte le chevet du mourant pour les rejoindre, mais Anne Pingeot refuse. En fin d'après-midi, elle embrasse son père, inconscient, puis regagne son domicile de la rue Jacob. Avec quelques camarades, elle va prolonger tard dans la nuit une fête enfumée et rythmée par quelques films. Danielle Mitterrand quitte Latche pour Paris. Gilbert Mitterrand, à Libourne, décide de prendre le TGV de treize heures trente. Arrivé à la gare, il réalise que ce train ne circule pas le 7 janvier. « Le suivant était à dix-neuf heures, avec une arrivée à Paris après vingt-deux heures. Cela rendait impossible toute visite à Le-Play, comme je l'avais promis à mon père. Je décide donc de filer sur Bordeaux, où un train est prévu avant seize heures. Un ami m'emmène en voiture, mais, quand il s'éloigne après nous avoir déposés, je réalise que j'ai oublié dans son véhicule le sac avec les billets. Je passe donc au guichet en acheter d'autres, et perd au passage quelques minutes. Quand j'arrive sur le quai avec ma femme enceinte, les bagages et mon chien, les portes du train sont déjà fermées, le départ est imminent. Seule la voiture-bar est encore ouverte : nous nous y engouffrons [1]. » L'incident serait cocasse s'il n'avait failli priver Gilbert Mitterrand d'une ultime visite à son père. Dans le train qui file vers Paris en traversant cette campagne charentaise où grandit François Mitterrand, Gilbert espère encore le voir et lui parler.

Dans l'appartement silencieux de l'avenue Le-Play, Jean-Pierre Tarot ressent soudain tout le poids de la fatigue. De longs mois aux côtés d'un malade difficile, une semaine auprès d'un naufragé volontaire de l'existence, laissant dériver son corps sur l'imprévisible mer de l'agonie, l'ont épuisé. Cette mort de François Mitterrand

1. Ibid.

qui s'esquisse dans les heures prochaines, c'est son échec et sa gloire : ne pas avoir apporté à l'ancien Président le sursis qu'il souhaitait pour parachever la longue plaidoirie consignée dans ses livres, offrir aujourd'hui à son patient le trépas qu'il désire, ou lui éviter tout au moins la déchéance qu'il redoutait tant. Dix-huit ans plus tôt, le 20 novembre 1977, François Mitterrand a décrit la mort dont il ne voulait pas en narrant, sans raison aucune ce jour-là, celle de Staline : « Un transport au cerveau, sans doute, a fait de lui cet homme aux yeux cloués sur le vide et qui souffle et qui grogne comme un buffle enlisé. Autour de lui, on guette. La buée de ses poumons sur une glace de poche pèse encore le poids d'un empire [1]. » Personne ne guette François Mitterrand, Tarot le veille. Vers seize heures trente, le docteur appelle Henri Emmanuelli dans les Landes. « " C'est pour parler ", a-t-il précisé d'emblée, raconte le député des Landes. Mais il ne disait rien, il semblait à bout, et j'ai cru alors que tout était fini. Je lui ai ordonné : " S'il est arrivé quelque chose, dites-le-moi ! " Il m'a répondu : " Non, non. " Il avait simplement besoin de parler. Quand j'ai raccroché, je me suis dit : " Est-il mort, ou bien Tarot a-t-il dit la vérité ? " En fait, il avait dit la vérité, et pourtant j'ai été dès cet instant persuadé que François Mitterrand venait de mourir [2]. » Henri Emmanuelli, invité avec un jour d'avance au réveillon du 31 décembre, aura été prévenu avant tout le monde, par confusion, de la mort de François Mitterrand.

Jean-Pierre Tarot laisse également un message sur le répondeur de Marie de Hennezel : « Les choses deviennent préoccupantes. A bientôt. » Quand la confidente de François Mitterrand interroge son répondeur, il est plus de minuit en France. « J'essaye d'appeler Tarot, puis Le-Play, mais le téléphone sonne dans le vide, raconte-t-elle. Tout remonte, des souvenirs, des paroles. Ce n'était pas un choc, mais j'étais bouleversée. C'était dur d'être si loin. J'ai su ensuite, par un ami d'Anne Pingeot, que la mort de François Mitterrand avait été très sereine [3]. » Marie de Hennezel s'endort dans son hôtel de Fort-de-France. « En cette nuit où je sens que François Mitterrand est en train de mourir, je fais maintenant un autre rêve. Il vient vers moi, se penche à mon oreille et me dit à voix basse

1. François Mitterrand, *L'abeille et l'architecte*, op. cit., p. 335.
2. Entretien avec l'auteur, le 25 juin 1996.
3. Entretien avec l'auteur, le 17 juin 1996.

avec une infinie tendresse : “ Vous savez comment me retrouver. ” Je sais qu’il fait allusion à ce pont invisible dont Victor Hugo parle dans *Les Contemplations* pour désigner la prière. Alors, je prie pour cet homme qui meurt là-bas, en France, et que j’aime, moi aussi, d’un sentiment plein de délicatesse et de pudeur [1]. »

Plus tôt dans la soirée, vers vingt heures, Gilbert Mitterrand retrouve sa mère rue de Bièvre. « On va à Le-Play », souffle-t-elle sans lui laisser le temps de poser ses valises. Jean-Pierre Tarot les accueille dans l’appartement privé de François Mitterrand, l’air grave. « L’atmosphère était lourde et triste [2] », se souvient Gilbert Mitterrand. Le docteur tourne avec soin ses phrases : « Il est calme, il s’est assoupi. Il m’a chargé d’un message difficile. Ne m’en veuillez pas, ne lui en veuillez pas, mais il ne souhaite voir personne. Il a ajouté : “ Ceux qui m’aiment me comprendront. ” Voilà ce qu’il m’a dit. La décision vous appartient. » Danielle et Gilbert Mitterrand sont abasourdis par cet ostracisme imprévisible : il ne veut pas les voir ! Après d’innombrables soirées dominicales passées rituellement rue de Bièvre, la rue de Bièvre n’a pas le droit de se transporter auprès de lui pour le voir une ultime fois. « Il y avait d’une part le désir qu’on ne le voie pas dans un tel état, et d’autre part la volonté d’achever son face-à-face avec la mort [3] », explique son fils. Il y avait sans doute, comme dans le secret désir de ne pas revenir d’Egypte, la volonté de passer ses dernières heures au sein de la seule seconde famille, désormais la plus importante. « C’était pour nous un dilemme, poursuit Gilbert. Il ne nous ordonnait rien. Et il était à trois portes de nous. J’ai rédigé un petit mot, que j’ai confié à Jean-Pierre Tarot [4]. » Le docteur retourne près de son patient éveillé, et lui demande : « Gilbert m’a donné un petit mot. Voulez-vous que je vous le lise ? » François Mitterrand acquiesce, et écoute le message d’affection et d’encouragement de son fils. Danielle Mitterrand, elle, brave l’interdit, et pénètre dans la chambre de son mari. « On s’est tenu la main et il a murmuré : “ J’ai mal [5] ” », confiera-t-elle ensuite. Quand elle quitte son mari, Danielle Mitterrand rejoint son fils dans une pièce voisine, et Jean-

1. Marie de Hennezel, *Elle,* 15 janvier 1996.
2. Entretien avec l’auteur, le 18 novembre 1996.
3. Ibid.
4. Ibid.
5. Franz-Olivier Giesbert, *Une vie*, op. cit., p. 729.

Pierre Tarot leur raconte comment la semaine s'est passée. « Nous n'avions pas envie de partir, confie Gilbert. Nous sommes restés jusqu'à vingt-trois heures, puis nous sommes rentrés rue de Bièvre [1]. »

*
* *

Commence alors l'ultime nuit de François Mitterrand, semblable à s'y méprendre à ces lignes de Fernando Pessoa qu'il connaissait si bien, intitulées « La mort du Prince » : « J'ai de la fièvre mais sans sommeil, et je vois sans savoir ce que je vois. Il y a de grandes plaines alentour, et des fleuves au loin, et des montagnes... Mais, en même temps, rien n'existe de tout cela, et je me trouve au commencement des dieux, et j'éprouve une horreur immense de partir ou de rester, et de ne savoir où être, ni quoi être. Et cette chambre aussi, où je t'entends me regarder, est quelque chose que je connais, qu'il me semble voir; et toutes ces choses sont mêlées et séparées tout à la fois, et aucune d'entre elles n'est cette autre chose que je tente désespérément d'entr'apercevoir [2]. » Seul Jean-Pierre Tarot assiste à ces ultimes instants : Mitterrand « l'entend-il le regarder ? » L'ancien Président, exsangue, a-t-il éprouvé « une horreur immense de partir ou de rester » ? Le muet docteur a simplement confié comment François Mitterrand lui avait demandé, à vingt-trois heures, l'extrême-onction, et comment il lui avait conseillé d'attendre encore un peu, avant de lui administrer lui-même le dernier des Sacrements [3]. « Il m'a dit plusieurs fois qu'il aimerait mourir dans son sommeil, que c'était son souhait [4] », témoigne Anne Lauvergeon. François Mitterrand va être exaucé. Il se réveille brièvement après quelques heures de sommeil, murmure « Ça va », puis s'assoupit à nouveau. La respiration se fait râle. L'instant fatal est porté à bout de bras par l'aurore. Elle est encore bleue comme l'aube, légèrement safranée en sa proue par une promesse de lumière.

« Tout est vain / La fenêtre et l'aurore me restent dans la main / Les fleuves se disloquent (...) Ah tout est décidé / Le ciel rentre sa lame / Ma chair sa mort dans l'âme / Mon sang son coup

1. Entretien avec l'auteur, le 18 novembre 1996.
2. Fernando Pessoa, *Le livre de l'intranquillité*, Christian Bourgois, 1988, p. 146.
3. Franz-Olivier Giesbert, *Une vie*, op. cit., p. 729.
4. Entretien avec l'auteur, le 18 juin 1996.

de dé [1] », gémit René-Guy Cadou. La plainte du poète charentais est l'idoine mélopée pour accompagner François Mitterrand au seuil de l'au-delà. Il avait une phrase presque rituelle, entendue par de nombreux témoins, qu'il aimait à prononcer en apprenant la mort d'un proche : « Lui seul ne sait pas qu'il est mort. » Arrive-t-il alors à concilier à son tour cette ignorance avec le « Maintenant, tu sais » qui le rassurait depuis quelque temps ? Sait-il qu'il meurt, sait-il qu'il est mort, sait-il ce qu'est l'au-delà ? Son corps criblé de cancer achève sa combustion, et sa respiration le soulève désormais comme un champ de cendres gonflé de bise. La chair de François Mitterrand rentre sa mort dans l'âme de François Mitterrand. Dans le petit matin parisien, derrière ses volets clos, un vieil homme né à Jarnac en 1916 rend son dernier souffle. Qui est-il ? Est-ce l'enfant de Saintonge qui expire et s'élève dans les nuées semblables aux brumes charentaises ? Est-ce l'adolescent enfiévré, aux ambitions vivaces et aux amours contrariées, dont l'incassable orgueil est brisé par un frimas de janvier ? Est-ce l'aventurier des heures troubles, interlope cabotant jusqu'au bon chenal, qui emporte sa part de mensonge et de secret dans la tombe, royaume des impossibles aveux ? Est-ce l'élégant ministre champion en ricochets politiques qui s'affaisse sur les lauriers fanés des vanités anciennes ? Est-ce l'indestructible banni, l'opiniâtre pestiféré, le grand solitaire, qui trépasse quand l'encens s'empoigne avec le soufre pour pétrir l'ultime fragrance ? Est-ce le monarque copieusement apostat, au règne trop paisible dans un siècle trop tragique, qui s'efface, plus sûr de laisser un souvenir qu'une empreinte ? Un vieil homme né à Jarnac en 1916 rend son dernier souffle derrière ses volets clos, dans le petit matin parisien.

Le lundi 8 janvier 1996, au point du jour, François Mitterrand est mort.

*
* *

Il est à peine six heures du matin. Jean-Pierre Tarot réveille d'abord Anne Pingeot, qui a passé la nuit avenue Le-Play. Elle passe quelques instants dans la chambre de François Mitterrand,

---

1. René-Guy Cadou, *Œuvres poétiques complètes*, op. cit., p. 233.

puis quitte les lieux. Anne Pingeot se rend rue Jacob, où elle éveille sa fille, endormie depuis à peine quelques heures. « Papa est mort cette nuit, susurre-t-elle. Tu veux venir le voir avant qu'on ne l'annonce et que les visiteurs n'arrivent ? » Quelques minutes plus tard, seule en face du corps inerte de son père, Mazarine Mitterrand hurle sa douleur. « Il était "peint" », écrira-t-elle [1]. Le docteur Tarot téléphone ensuite à Danielle Mitterrand, rue de Bièvre. « Quand nous nous sommes retrouvés en famille au petit déjeuner, raconte Gilbert Mitterrand, elle nous a dit : " Vous devriez vous habiller. Nous allons à Le-Play. " Nous l'avons interrogée : " Il se passe quelque chose ? " Elle a simplement ajouté : " Il faut y aller. " Alors, nous avons compris [2]. » Jean-Pierre Tarot prévient également Roger Hanin et Christine Gouze-Rénal, puis l'exécuteur testamentaire, André Rousselet : « Il était sept heures environ, Tarot m'a appelé chez moi. J'ai immédiatement téléphoné à Jacques Chirac, qui a cru que je voulais lui parler d'*Infomatin*, dont le dernier numéro venait de sortir. Quand je lui ai annoncé la mort de François Mitterrand, il m'a dit : " J'arrive tout de suite. " Je me suis alors dépêché de me rendre à Le-Play pour m'incliner devant la dépouille de François Mitterrand, et pour accueillir Jacques Chirac [3]. » Tarot remet alors à Rousselet l'enveloppe testamentaire, qui sera ouverte un peu plus tard devant la famille.

Le docteur multiplie les coups de téléphone. Il débusque ainsi Michel Charasse en Auvergne. « Je ne pensais pas que cela irait aussi vite, se souvient Charasse. Après ma visite du 4 janvier, je pensais qu'il en avait pour encore huit jours, au moins. Je me suis retrouvé plus malheureux après une si longue attente que s'il était mort brutalement. Une mort subite assomme, tandis qu'une mort attendue provoque une onde de choc plus durable. Je suis parti pour Paris en voiture, et j'ai pensé tout au long du trajet à ce qu'il allait falloir faire. Mais j'ai eu un autre choc terrible durant la matinée : c'est de constater que France Télévision donnait abondamment la parole à Jacques Attali [4] ! » Pendant que Michel Charasse se précipite sur l'autoroute, Jean-Pierre Tarot téléphone au domicile de Roland Dumas. C'est l'épouse du président du Conseil constitutionnel qui lui répond, puis répercute la nouvelle vers son

1. Mazarine Pingeot, *Bouche cousue*, Julliard, 2005, p. 141.
2. Entretien avec l'auteur, le 18 novembre 1996.
3. Entretien avec l'auteur, le 10 avril 1996.
4. Entretien avec l'auteur, le 11 avril 1996.

mari, alors à Bordeaux. Roland Dumas est surpris. « Il m'avait tellement dit : " Je voudrais finir mes écrits, j'ai encore six mois de travail. " Il a longtemps hésité à faire un ou deux livres, puis il a tranché : " Ce sera un seul livre [1] " ». Mais ses héritiers et l'éditeur en décideront autrement. Roland Dumas s'engouffre dans le premier TGV, et arrive avenue Le-Play après onze heures. Pendant ce temps, son épouse appelle Pierre Bergé : « C'est un choc terrible. Je vais à Le-Play. André Rousselet est déjà là. Je regarde François Mitterrand mort. Danielle Mitterrand est assise en face de moi et me dit : " Il a maintenant la réponse à la question qu'il s'est posée toute sa vie. " Je me dis qu'il a eu la mort qu'il souhaitait. Il aurait détesté mourir brutalement, sauf par assassinat. J'ai repensé à ce jour où il m'avait dit : " Si je meurs assassiné, c'est très bien. C'est très bien de mourir dans ses fonctions [2]. " »

Hors les intimes, nul ne sait encore que François Mitterrand est mort. Seul, un écrivain que François Mitterrand appréciait l'a pressenti. « Je me suis réveillé ce matin-là avec l'intuition qu'il était mort. Je ne le dis jamais, car cela paraît incroyable et un peu ridicule. Mais quand France 2 m'a appelé pour m'annoncer la nouvelle, cette intuition m'a semblé vertigineuse. » Alors que tout est encore calme, un billet est apporté avenue Le-Play pour François Mitterrand : il s'agit d'une prière rédigée, selon son habitude, par Roger Schultz, le prieur de la Communauté de Taizé. « Jésus notre paix, s'il arrive de perdre confiance, tu fais flamboyer en nous une lueur. Elle peut être toute petite, mais déjà elle éclaire notre propre nuit, et s'y engouffre le feu de Dieu, l'Esprit Saint. » Quelle lumière brûle désormais dans la grande nuit qui a enseveli Mitterrand? A neuf heures, Laurence Soudet téléphone au musée d'Orsay : « J'appelle tous les jours mon amie Anne Pingeot. Elle est à son bureau comme d'habitude. Ce jour-là plus qu'un autre, elle ne voulait pas être absente. Elle ne me dit rien, mais sa voix est éloquente. Je comprends. Je lui dis : " Je passe te voir cet après-midi. " Elle me répond : " Oui [3]. " » Les occupants de l'avenue Le-Play arrivent un à un. « J'ai compris tout de suite la situation en arrivant à neuf heures, raconte Jean Kahn, à la tête de l'officier de sécurité qui m'a ouvert la porte : d'habitude jovial, avec son visage

1. Entretien avec l'auteur, le 6 novembre 1996.
2. Entretien avec l'auteur, le 24 juin 1996.
3. Entretien avec l'auteur, le 10 juin 1996.

joufflu et ses cheveux poivre et sel, il avait la mine défaite. J'ai passé la matinée à envoyer promener les journalistes qui appelaient. Jusqu'à onze heures, je dis que je ne sais rien. C'était très éprouvant [1]. » « Avant l'annonce officielle de sa mort, il y a eu un moment d'intimité dans l'équipe, se souvient Dominique Bertinotti. Puis cela a été un grand tourbillon [2]. »

Christiane Dufour, après Tarot, prévient quelques amis proches. Elle joint ainsi la secrétaire de Paul Quilès à l'Assemblée nationale, qu'elle connaît bien. Celle-ci appelle son patron dans le Tarn, et lui dit : « François Mitterrand ne va pas bien... Je crois qu'il est mort. » « Je pense alors à tous ceux qui se précipitent et se jettent sur les cercueils, raconte Quilès. Je n'ai pas envie de les voir, je décide donc de ne rentrer à Paris que le lendemain. Mais je me souviens de ce jour de 1988 où François Mitterrand m'a fait venir par une porte dérobée à l'Elysée, pour me dire : " Je suis désolé, vous ne serez pas dans ce gouvernement. " Je lui avais répondu : " Je ne vous demande rien ; je ne l'ai jamais fait, je ne le ferai jamais. " L'après-midi même, il m'a rappelé pour me dire : " J'ai discuté avec Rocard, on a trouvé un poste très bien : Télécommunications et Espace [3] " ». L'avenue Le-Play prévient également Jean-Louis Bianco, dans son bureau de l'immeuble Pathé, boulevard Malesherbes. L'ancien secrétaire général de l'Elysée est en compagnie de Pierre Favier et Michel Martin-Roland, qui l'interrogent pour rédiger le troisième tome de *La décennie Mitterrand*. « C'est un choc terrible. Toute l'histoire défile. En fonçant vers Le-Play, j'ai soudain le regret de ne pas l'avoir revu, de ne pas lui avoir reparlé. Je regrette qu'il ne soit pas venu à Digne, comme prévu, pour me remettre la Légion d'honneur [4]. » Quand il rejoint son cabinet de radiologie, Michel Benmussa aperçoit la voiture de Jacques Chirac devant la porte de l'immeuble, et devine ce qui s'est passé. Il téléphone immédiatement à son frère Paul, le patron du restaurant Chez Edgard, cantine du microcosme et chambre d'écho pour téléphone arabe, qui le rabroue : « J'ai dit à mon frère : " C'est la énième fois qu'on annonce sa mort. C'est encore une fausse alerte. " Je m'en suis mordu les doigts... »

1. Entretien avec l'auteur, le 15 mai 1996.
2. Entretien avec l'auteur, le 2 mai 1996.
3. Entretien avec l'auteur, le 25 juin 1996.
4. Entretien avec l'auteur, le 10 septembre 1996.

A sept heures quarante-cinq, Europe 1 a révélé que Danielle Mitterrand préparait la publication de ses mémoires de cinquante ans de vie commune avec l'ancien Président : curieuse coïncidence. Un peu avant dix heures et demie, les rédactions s'agitent, alors que leurs principaux responsables sont réunis dans les salons du rez-de-chaussée de l'Elysée, dans l'attente du Président de la République pour la cérémonie des vœux à la presse. « J'étais chez moi, prêt à partir au bureau, quand Nathalie Saint-Criq m'appelle, témoigne Hubert Védrine. Elle me dit qu'on lui a dit que François Mitterrand était mort. Je lui ai répliqué : " On me le dit tous les trois jours ! " Elle a enchaîné : " Il paraît que Jacques Chirac est là-bas. " Trois minutes plus tard, Christiane Dufour m'a téléphoné pour m'annoncer la mort du Président. Ce fut un trou noir. Tout mot serait trop littéraire pour exprimer ce que je ressens alors. C'est l'événement le plus attendu, et pourtant j'ai un sentiment d'irréalité. Il est dur de passer à un monde où il n'y aura plus François Mitterrand. Il avait tant été dans ma vie, toujours inscrit dans mon paysage. Je le revois à table, ou en train de se promener à la campagne ou dans une ville étrangère, prenant son interlocuteur à contre-pied, ironique mais affectueux, pour s'assurer le pouvoir dès le début du dialogue [1]. » Pendant ce temps, deux appels successifs, dont un anonyme, annoncent la mort du Président au fameux « téléphone rouge » d'Europe 1. Un journaliste de la station appelle le fils du docteur Tarot, qui est l'un de ses amis. « Tu m'emmerdes, je peux rien te dire », répond-il sèchement, après un silence embarrassé et avant de raccrocher brutalement. Un autre joint Monique Lang : « C'est sans doute faux, je ne suis pas au courant. Je me renseigne à Le-Play, rappelez-moi dans cinq minutes. » Cinq minutes plus tard, son secrétariat signale qu'il est impossible de la déranger... Monique Lang fait prévenir son mari, en train de terminer un cours à la faculté de Nanterre. « Pardonnez-moi d'interrompre brutalement ce cours, on vient de m'annoncer la mort de François Mitterrand [2] », lance-t-il à ses élèves médusés.

Dans toutes les rédactions, la rumeur se mue pendant ce temps en information. France 2 est le premier média qui ose franchir le

---

1. Entretien avec l'auteur, le 8 octobre 1996.
2. Entretien avec l'auteur, le 11 juillet 1996.

pas et annoncer la mort de Mitterrand en un flash spécial, alors que la brume des derniers doutes n'est pas encore levée. Puis, à dix heures cinquante-cinq minutes, tombe la dépêche : « Flash, AFPp--f, durée : 06 secondes, 0013 FRA / AFP-TM99, PARIS – Mitterrand est mort annonce son secrétariat. pf / cgd » Commence alors la grande déferlante de l'information. Radios et télévisions déversent sur les ondes les nécrologies prêtes depuis de longs mois, rameutent les troupes, partent en chasse des premières réactions, des premiers invités. A l'Elysée, les téléphones portables sonnent le tocsin quand Jacques Chirac fait irruption dans la salle : « Le Président François Mitterrand nous a quittés ce matin. Je viens à l'instant de le saluer une dernière fois. Je viens aussi d'exprimer à sa famille mes condoléances et celles de la Nation. Pendant quatorze ans, Monsieur Mitterrand a écrit une page importante de l'Histoire de notre pays. Il a assuré le bon fonctionnement de nos institutions, il a permis à l'alternance démocratique de s'exécuter dans la sérénité, il a voulu renforcer les solidarités, il a fait progresser la construction européenne avec détermination. Face à la maladie, il a montré un courage tout à fait exceptionnel. C'est une grande figure qui nous quitte et je le salue avec émotion et respect. » Alors que le Président s'éclipse, les journalistes jaillissent du perron de l'Elysée et font crépiter le gravier de la cour en se précipitant vers les issues.

Dans une même arborescence, toutes les rédactions répercutent la nouvelle en cherchant réactions et témoignages. Le plus souvent, ils apprennent le décès de François Mitterrand aux personnalités dont ils espèrent quelques propos. Dans les Landes, Henri Emmanuelli apprend la nouvelle via le télex AFP. Le soir même, il sera avenue Le-Play. Claude Estier est prévenu par un journaliste, alors qu'il travaille dans son bureau du Sénat, et file immédiatement à l'appartement du Président, où on lui fait savoir que la famille est autour du corps, et qu'il vaut mieux revenir plus tard, l'après-midi. Alerté lui aussi par téléphone, Georges Kiejman ne tarde pas pour répondre aux interviews. « Je sais avec quelle rapidité se fixe une image médiatique. Un journaliste du *Figaro* voulait m'interroger : comme je n'avais pas le temps, je l'ai embarqué dans mon taxi, et je lui ai parlé des dernières pages des *Mémoires* de Saint-Simon, qui ne voit plus Louis XIV que par l'entremise de son médecin, Fagon, et qui décrit comment on a toujours besoin de réduire la distance envers les autres qu'impose l'exercice du pouvoir. Je songe alors au besoin que ressentait Mitterrand d'acheter un livre sur les quais, ou une saucisse sèche au coin à droite de la rue de Bièvre, comme tout le monde. Je songe aussi à Malraux et à son " Tout homme est un misérable petit tas de secrets ". Je me souviens que, quand je lui disais que mon idéal humain était Woody Allen, Mitterrand était amusé. Enfin, je me rappelle que la première fois qu'il m'a parlé gentiment, à moi le mendésiste, c'était pour me demander une contribution à son éloge funèbre de Pierre Mendès France [1]. »

A Belle-Ile, que Kiejman avait fait découvrir à Mitterrand, Jean-Louis Goumy apprend la mort de son prestigieux client alors qu'il est justement en train de lui écrire une carte de vœux. France Inter joint Jean Lacouture, qui se rend à la Maison de la radio, mais réserve la primeur de son sentiment à France Culture... France 2 rattrape Jacques Attali dans ses bureaux du 28, rue Bayard, où une lithographie verte offre des « roseaux penchants », en un double hommage à Pascal et à Narcisse. « J'étais trop lié à mon père pour me sentir orphelin, mais c'est comme si j'avais perdu un oncle [2] », se souvient-il. Jean Glavany, lui, est à des centaines de kilomètres de Paris, et tout aussi éloigné de son fief des Hautes-Pyrénées. La veille, il a accompagné son fils Matthieu à Lyon, où il devait disputer un match de rugby. Puis ils ont passé la nuit chez un ami, le patron de la fédération socialiste de la Drôme, avant de rejoindre l'aéroport de Satolas, où un avion doit les emporter pour des vacances familiales en Espagne. Là encore, c'est France Inter qui leur apprend, dans la voiture, la nouvelle. « Ce ne fut pas une surprise, mais un choc. M'est revenue à l'esprit l'image d'un déjeuner que nous avions pris ensemble, le Président, Jean-Louis Bianco et moi, au début de 1995. Jean-Louis m'a dit à la fin du repas qu'il s'inquiétait pour l'après-présidence et la solitude qui risquait de frapper Mitterrand. " J'ai peur que ce ne soit pas très long, lui ai-je fait remarquer. — Qu'est-ce que tu veux dire? m'a-t-il demandé, interloqué. — Réfléchis. " Il a eu soudain des larmes plein les yeux [3]. » Un an plus tard, Jean-Louis Bianco pleure encore : « J'étais invité sur RTL, se souvient Jean d'Ormesson. Fabius était

1. Entretien avec l'auteur, le 3 avril 1996.
2. Entretien avec l'auteur, le 30 septembre 1996.
3. Entretien avec l'auteur, le 11 mars 1996.

en ligne, Mauroy était là, avec Bianco, qui restait de marbre. Quand j'ai dit mon émotion, j'ai vu deux larmes couler sur ses joues. Je me suis levé et je lui ai serré la main [1]. »

La radio continue son travail d'alerte, relayée par le bouche à oreille. Des millions de chuchotements tissent un linceul de mots, soyeux comme tout hommage à la française. « C'est ma femme qui a entendu la nouvelle et m'a prévenu, raconte Maurice Faure. Je me suis dit que la vie avait terriblement malmené François Mitterrand pendant quatorze ans [2]. » C'est également par son épouse que Maurice Benassayag apprend la mort du Président, avant de faire une brève et première visite avenue Le-Play. Et c'est par son mari que Marie-Noëlle Lienemann est prévenue... « J'ai appelé Le-Play, qui a confirmé. Tout s'effondre. Je n'ai jamais été une intime. Je le voyais par à-coups, et c'était pour moi des moments forts, des références. Je ne l'avais pas vu depuis longtemps, mais c'était un laps de temps habituel. Dans ma tête, il ne pouvait pas être mort. Je vais à Le-Play avec Jean-Luc Mélenchon, mais Pierre Tourlier, le chauffeur de Mitterrand, nous dit qu'il y a trop de monde, qu'il faut revenir demain. Nous avions décidé de faire une grande affiche parlant de fidélité et d'espoir, mais l'espoir, après sa mort, nous paraît un terme déplacé. Je choisis donc d'écrire : “ Merci, nous continuons. ” Je n'avais pas eu le temps d'achever mon tri des plus belles photos de Mitterrand, je choisis à la hâte un cliché de sa visite à Athis-Mons, au printemps précédent, et je fais brouiller le leader de l'opposition locale, qui se trouve par hasard juste derrière lui [3]. » « C'est mon bras droit qui m'a appelé, raconte de son côté Jean-Luc Mélenchon : “ Ils disent à la radio que le vieux est mort. ” “ Le vieux ”, c'était une idée de Julien Dray et moi, par référence à Trotski ; ça énervait Mitterrand, qui disait qu'“ on est toujours le vieux de quelqu'un ”. J'ai répondu à mon collaborateur : “ Une fois de plus, c'est pas vrai. — Je crois que cette fois, c'est pour de bon ”, m'a-t-il dit. J'ai raccroché et je me suis mis à pleurer. J'ai beaucoup pleuré cette semaine-là. J'ai appelé la secrétaire de Mitterrand à Le-Play, qui m'a dit que je pouvais venir. Mais, sur place, Tourlier nous a arrêtés : “ Revenez demain, c'est la pagaille. ” Je me suis occupé des affiches de l'Essonne : à seize

1. Entretien avec l'auteur, le 21 octobre 1996.
2. Entretien avec l'auteur, le 7 octobre 1996.
3. Entretien avec l'auteur, le 21 juin 1996.

heures, elles étaient placardées, avec un grand “ Merci M. Le Président [1] ”. »

La nouvelle du décès de François Mitterrand surprend ses amis dans d'insolites endroits. En sortant d'une réunion matutinale au PS, Elisabeth Guigou s'arrête quelques instants au café Le Solferino. « On vient d'entendre à la radio que le Président Mitterrand est mort », lui assène la patronne : « Je me suis sentie soudain glacée [2]. » A Caen, c'est en pleine cérémonie de rentrée du tribunal de grande instance que Louis Mexandeau apprend la mort de son chef de file. « Je suis abasourdi : cassure intérieure, blessure forte, tristesse sans limites [3]. » Anne Lauvergeon, elle, prend tranquillement son petit déjeuner dans les salons de la Banque Lazard, en compagnie d'un client italien, quand un de ses collaborateurs lui fait passer un petit mot : « Le Président Mitterrand est mort. » « J'ai terminé mon petit déjeuner comme si de rien n'était. Je niais l'événement. J'ai appelé Jean Kahn à Le-Play, pour lui demander ce que je devais faire. Il m'a dit : “ Tu viens. ” Sur place, Michel Charasse s'installait en ordonnateur des obsèques [4]. »

Pierre Joxe, lui, est surpris par la nouvelle dans un endroit où, en tant que président de la Cour des comptes, il n'a rien à faire : les locaux du groupe socialiste à l'Assemblée nationale. « J'ai eu de la peine, mais moins que si je l'avais vu grabataire ou gâteux. Je me suis souvenu de ce voyage au Bengale, via Calcutta qu'il avait entrepris au début des années soixante-dix, dans le plus grand secret. A part moi, un seul dirigeant socialiste était au courant, au cas où : aujourd'hui encore, j'ignore qui était ce second témoin. Au retour, j'ai demandé à François Mitterrand pourquoi il avait effectué ce voyage. Il m'a répondu : “ J'avais besoin de voir cela. On ne peut pas savoir ce que sont la mort et la souffrance sans avoir vu l'Inde [5]. ” » Pierre Joxe conteste s'être trouvé au matin du 8 janvier 1996 à l'Assemblée nationale. Pourtant, Laurent Fabius en est certain : « Pierre Joxe est entré dans mon bureau, et il m'a dit : “ Mitterrand est mort. ” Nous sommes restés silencieux tous les

1. Entretien avec l'auteur, le 9 avril 1996.
2. Entretien avec l'auteur, le 20 juin 1996.
3. Entretien avec l'auteur, le 3 octobre 1996.
4. Entretien avec l'auteur, le 18 juin 1996.
5. Entretien avec l'auteur, le 30 septembre 1996.

deux un long moment, puis nous avons pris nos dispositions [1]. » L'amnésie de Joxe a peut-être une explication : c'est lui, également, qui se rend rue de Solferino pour prévenir Lionel Jospin du décès de l'ancien Président.

Pascal Sevran, est dans sa maison de campagne, quand une de ses amies, qu'il n'a pas vue depuis trente ans, lui téléphone : « T'es au courant ? — De quoi ? — François Mitterrand est mort. — J'ai filé à Paris, j'ai été voir le corps, j'ai pleuré à torrents pendant cinq minutes, je n'avais plus pleuré ainsi depuis mon enfance, j'en ai encore la chair de poule [2]. » Rive gauche, un écrivain amoureux songe ce jour-là à se suicider, mais réalise en apprenant le décès de Mitterrand combien son geste serait ridicule à côté de cette mort planétaire ; il renonce : en succombant, l'ancien Président a donc sauvé une vie... La nouvelle se propage vite hors des frontières. Jean-Pierre Soisson est ce matin-là dans l'avion qui le ramène de Louxor : le pilote prévient les passagers. « Dès mon arrivée, je me suis changé, puis j'ai foncé avenue Le-Play [3]. » A New York, le fils d'Elie Wiesel téléphone à son père, en visite dans une université du sud du pays. Il est six heures du matin aux Etats-Unis. « J'ai une triste nouvelle à t'annoncer. Ton ami Mitterrand est mort. » « Je sens le silence qui lentement entre en moi et y dépose une tristesse familière [4]. » Quelques heures plus tard, loin des épanchements français, le *Wall Street Journal*, ingrat comme le capitalisme avec celui qui réconcilia la gauche française et le profit, se contentera de quelques lignes : « Died : François Mitterrand, 79, Socialist, ex-President of France... » A Göteborg, Christina Forsne est bien au chaud dans sa voiture ; elle allume son autoradio, et s'arrête net au milieu de la rue glacée...

Les médias audiovisuels poursuivent leur chasse aux témoignages, à l'émotion brûlante, dont le flot coule comme du bronze fondu, dans le moule de la journée, une première épreuve de la statue de Mitterrand. La tristesse, l'hommage, la réserve endeuillée et l'onction funèbre en gomment toutes les aspérités. Il faut attendre le début de l'après-midi pour que les premières égratignures lui soient portées : les contrastes du bilan présidentiel, les ombres du

1. Entretien avec l'auteur, le 31 mai 1996.
2. Entretien avec l'auteur, le 21 novembre 1996.
3. Entretien avec l'auteur, le 28 octobre 1996.
4. Elie Wiesel, *... et la mer n'est pas remplie*, op. cit., p. 466.

passé, les amitiés trop tenaces et les amours trop clandestines font un oxyde rapide sur le buste encore tiède, le protégeant autant qu'ils le ternissent. « A une heure du matin, après une émission d'un ennui mortel, narre Jean d'Ormesson, je me suis risqué à rappeler sur TF1 les liens entre Mitterrand et Hersant : l'UDSR, Hersant refusant de voter la levée de l'immunité parlementaire de Mitterrand après l'Observatoire, comment Mitterrand lui a rendu la politesse. Que n'avais-je dit ! J'avais violé un tabou [1]. » Seule la Bosnie se risque ce jour-là à un crachat public en guise d'hommage funèbre : « La Bosnie n'a pas de raison de se souvenir de lui », cingle Ejup Ganic, le vice-président de la Fédération croato-musulmane. Que Sarajevo, plaie encore fumante au front de la nouvelle Europe, soit aussi sévère ne tarit pas une larme dans les chaumières françaises. Mitterrand n'a pas compris la guerre en Bosnie ; la Bosnie ne comprend pas l'union nationale française, empaquetée dans le catafalque. En France, les fausses notes sont rarissimes : Lutte ouvrière, la LCR et à treize heures, dans un restaurant du VIIIe arrondissement de Paris, cet éminent rocardien qui ne refuse pas de boire une coupe de champagne : « C'était une crapule. Mieux vaut avoir perdu avec Rocard qu'avoir gagné avec Mitterrand. »

Avenue Le-Play, le défilé mortuaire s'organise, long ruban de fidélités éplorées déroulé devant le corps du Président. Toiletté, habillé d'un costume gris sombre, le corps de François Mitterrand est allongé sur son lit ; bientôt sera glissé sous sa tête un oreiller réfrigérant, tandis qu'un grand dessus-de-lit blanc sera disposé sur le cadavre. Robert Mitterrand, le frère du Président complète le cercle familial. Aux côtés de ses proches, rassemblés avant l'annonce officielle du décès, s'embouteille la nomenklatura mitterrandienne : Gilles Martinet, curieusement arrivé parmi les premiers, Catherine Tasca, Bernard Kouchner, Jean-Louis Bianco, Michel Charasse, Pierre Bergé, Anne Lauvergeon, Georges Kiejman, Roland Dumas, Pierre Joxe, Robert Badinter. Le général Pierre Guillain de Bénouville, ami de jeunesse de Mitterrand, vient également rapidement. Jack Lang et sa femme ont été parmi les premiers à venir s'incliner devant la dépouille du Président : « J'ai été surpris de le voir ainsi allongé. Pour moi, il était fondamentalement l'homme debout [2]. »

1. Entretien avec l'auteur, le 21 octobre 1996.
2. Entretien avec l'auteur, le 11 juillet 1996.

A onze heures, Roland Dumas est arrivé : il ne bougera presque plus de l'appartement, veillant François Mitterrand toute la nuit avec Pierre de Bénouville, Geneviève Delachenal, une sœur du défunt, arrivant à la rescousse pour les nuits suivantes. « Dumas était le plus proche de Mitterrand, intellectuellement, reconnaît Jean-Pierre Soisson. C'est lui qui m'a accueilli à Le-Play, et m'a emmené devant la dépouille. J'ai demandé à être seul cinq minutes. Il y avait une gravure de Venise sur le mur, une aquarelle pas très belle. Dans la bibliothèque, il y avait des ouvrages sur Venise, sur Vézelay et l'art roman, et le *Livre des morts* [1]. »

Les visites de l'après-midi sont ouvertes par Alain Juppé, suivi par son prédécesseur à Matignon, Edouard Balladur. A quatorze heures, Dominique Bertinotti décroche le téléphone : au bout du fil, une sculptrice propose de mouler les mains du Président défunt. Devant la porte, les visiteurs sont séparés en deux par des barrières : la foule des anonymes passe à gauche et attend son tour pour déposer une rose sur l'amoncellement de fleurs qui encadre le porche, les célébrités se glissent à droite pour entrer dans l'immeuble. Harlem Désir et Fode Sylla, de SOS Racisme, puis Pierre Aidenbaum de la Licra, et Loïk Le Floch-Prigent, alors patron de la SNCF, précèdent ainsi le cardinal Lustiger et le grand rabbin Sitruk. Laurent Fabius arrive ensuite, devançant Lionel Jospin, accompagné de Claude Estier. « A un mois de distance, raconte celui-ci, je le voyais dans le même lit. Cette fois, il était beaucoup plus serein. J'ai soudain eu un choc en réalisant que c'était trente ans de ma vie qui étaient couchés là [2]. » Jean Lacouture, qui connaît bien cette chambre où, par deux fois, François Mitterrand l'a reçu alité, vient également s'incliner devant sa dépouille : « Roland Dumas et Jean-Pierre Tarot m'ont accompagné dans la chambre. Il y avait un livre sur chaque table de nuit. D'un côté, *Axel*, de Villiers de l'Isle-Adam, de l'autre un ouvrage de Gide, *Geneviève* ou *Isabelle* [3]. » Georges Beauchamp arrive à son tour : « J'ai vécu dix-sept ans dans cet immeuble, au rez-de-chaussée, avant de partir quand le cabinet de radiologie s'est installé, à cause du trafic incessant [4]. »

1. Entretien avec l'auteur, le 28 octobre 1996.
2. Entretien avec l'auteur, le 11 octobre 1996.
3. Entretien avec l'auteur, le 6 octobre 1996.
4. Entretien avec l'auteur, le 29 mai 1996.

Jean Glavany, passé d'abord chez lui mettre un costume de circonstance, arrive avenue Le-Play à seize heures. Il va lui aussi rendre hommage à François Mitterrand dans la chambre mortuaire. « J'étais effondré. J'ai senti soudain une main sur mon épaule : c'était Danielle Mitterrand. J'ai rejoint Charasse et Dumas dans l'appartement et je leur ai dit : “ J'ai annulé mon voyage, je suis disponible. ” Et Dumas m'a répondu – l'expression m'a surpris : “ Tu tombes bien. Il y aura des obsèques dans l'intimité à Jarnac et Chirac sera à Notre-Dame, mais le Président a mis dans son testament : ‘ Pas de discours dans les cérémonies officielles, mes amis feront ce qu'ils voudront. ’ ” L'idée nous est alors venue d'organiser une cérémonie d'adieu. J'en suis chargé, et je me mets en contact avec le préfet de police. Je suis content de servir une dernière fois François Mitterrand [1]. » Dans une autre pièce de l'avenue Le-Play, Roger Hanin, Pierre Chassigneux, Gilbert Mitterrand et Maurice Benassayag réfléchissent à une autre formule. « Nous avons évoqué une cérémonie au Trocadéro, sur le parvis des Droits de l'Homme, en présence du corps du Président, raconte Benassayag. Mais Gilbert ne souhaitait pas voir “ trimbalé ” le corps de son père, et ne voulait pas de défilé devant le cercueil. Nous avons appris que le PS envisageait quelque chose à la Bastille. Nous nous sommes ralliés à cette idée [2]. »

André Rousselet s'est rendu à l'Elysée dans l'après-midi, pour communiquer au Président les dispositions souhaitées par François Mitterrand pour ses obsèques, et a pris note du projet de messe à Notre-Dame, avec un deuil national tacite dans tout le pays. Il retourne à Le-Play alors que le jour décline et que François Léotard, Jean-Pierre Elkabbach, Alain Duhamel et Pierre Mauroy se présentent. « Avec François Léotard et Pierre Mauroy, nous restâmes bloqués dans l'ascenseur de Le-Play à deux reprises [3] », se souvient Jean-Pierre Elkabbach. Alain Duhamel et François Léotard se recueillent devant le corps du Président, suivis par Mauroy et Elkabbach. Un peu plus tard, Jacques Delors et Henri Emmanuelli arrivent à leur tour, et il fait nuit noire quand Valéry Giscard d'Estaing entre à son tour dans cet immeuble où il est venu trois semaines plus tôt. « La foule dans la rue était impressionnante. Gil-

1. Entretien avec l'auteur, le 11 mars 1996.
2. Entretien avec l'auteur, le 9 mai 1996.
3. Jean-Pierre Elkabbach, *Vingt-neuf mois et quelques jours*, op. cit., p. 125.

bert et Tarot m'ont accueilli [1] », se souvient Emmanuelli. Il y a en effet plus de monde avenue Le-Play pour saluer l'homme mort qu'il n'y en avait en mai, rue de Solferino, pour fêter le Président sur le départ. L'heure n'est plus au bilan mais à l'hommage, le moment n'est pas politique mais historique, ce qu'on ressent l'emporte sur ce qu'on pense.

*
*   *

Jacques Chirac l'a bien compris, qui s'adresse à la France des téléviseurs allumés dès vingt heures. A seize heures, Lionel Jospin a parlé rue de Solferino, comme il l'avait promis dès onze heures du matin, avant même d'exprimer son « chagrin profond ». Le premier secrétaire du Parti socialiste, qui venait de rendre les derniers honneurs à Mitterrand avenue Le-Play, rate son intervention. Quittant les rivages simples et sûrs de l'émotion et du flou indulgent, il se lance dans un portrait cahotant et une esquisse d'inventaire. Jacques Chirac a perçu, lui, le tempo funèbre du pays, tel que les tambours médiatiques l'ont marqué toute la journée. Comme Lionel Jospin, il évoque l'homme d'Etat et l'homme, mais il en dégage la « richesse et la complexité » quand son rival a surtout marqué, en de mal celés filigranes, des contrastes et des contradictions. « La guerre. La Résistance. Les mandats électoraux. Les ministères dont, très jeune, il assume la charge », égrène Chirac pour résumer un parcours dont les ambiguïtés exigent prudence et nuance. « Un des hommes politiques les plus talentueux de l'après-guerre et de l'inventive et fragile IVe République », tricote Lionel Jospin, en une phrase ou chaque adjectif peut être lu comme une critique. « La longue période ensuite, où il sera l'une des figures majeures de l'opposition, avec détermination, opiniâtreté, pugnacité », raconte le Président gaulliste pour évoquer ces années où l'auteur du *Coup d'Etat permanent* combattait pourtant sans merci le général de Gaulle. « François Mitterrand n'est pas le seul mais le principal acteur du retour de la gauche au pouvoir », minore l'opposant socialiste. « François Mitterrand nous quitte. Il nous quitte peu de mois après l'issue de son mandat présidentiel, comme si la fin de sa vie humaine coïncidait avec le terme de sa responsabilité poli-

1. Entretien avec l'auteur, le 25 juin 1996.

tique », explique Jospin. « François Mitterrand n'est pas réductible à son parcours. (...) Le Président Mitterrand, au contraire, donne le sentiment d'avoir débordé sa propre vie », élargit Chirac. Il cherche en fait derrière les mots la résonance du mythe Mitterrand qui va se tresser à partir de sa mort. Il voit juste sur le bilan de Mitterrand, mettant en avant, comme l'opinion, l'abolition de la peine de mort, la construction de l'Europe, les « acquis sociaux » et la pratique de l'alternance. « Autour de lui, détaille Jospin, nous avons appris à gouverner. Nous avons eu du temps pour réaliser des réformes. Nous avons fait faire des pas en avant à notre pays. Nous avons gagné en expérience. Mais nous avons subi aussi l'épreuve, payé parfois le prix pour ses tentations, connu – comme il est normal – la sanction du suffrage. » Chirac parle de « l'alternance maîtrisée », Jospin de « la sanction du suffrage »...

« Ma situation est singulière, poursuit le chef de l'Etat, car j'ai été l'adversaire du Président François Mitterrand. Mais j'ai été aussi son Premier ministre, et je suis, aujourd'hui, son successeur. Tout cela tisse un lien particulier. » Jospin, lui, ne s'écarte pas, pour décrire ses relations avec Mitterrand, d'un « nous » réfrigérant et impersonnel : n'y avait-il donc aucun « lien particulier » entre Mitterrand et lui ? La réaction d'un téléspectateur précis vaut toutes les démonstrations : ce soir-là, Régis Debray regarde la télévision en compagnie de Jean Daniel. « Debray s'est réconcilié avec Mitterrand à ce moment-là, grâce au discours de Jacques Chirac [1] », témoigne le patron du *Nouvel Observateur*. Les deux rivaux de la présidentielle de 1995 parlent du même homme, et leurs logos pourtant ne se croisent jamais. Jospin est nuancé, Chirac est lyrique. Jospin est dans le « droit d'inventaire », Chirac dans le devoir d'union nationale. Jospin veut laisser transparaître la vérité, Chirac veut écrire la préface d'une légende. Jospin a raison, mais c'est Chirac qui vise juste. Ses pieux mensonges le grandissent quand la sincérité retenue de Jospin semble déplacée. Chirac agite l'encensoir, Jospin touille le vinaigre. Le pays ne veut pas qu'on crache sur les tombes, même si l'on se contente de postillonner. « Je souhaite que nous méditions son message », professe Jacques Chirac à la fin de son allocution télévisée, alors que Lionel Jospin a déclaré quelques heures plus tôt : « Nous continuerons à agir en

1. Entretien avec l'auteur, le 15 octobre 1996.

pensant à lui. » Non seulement la « méditation » est plus profonde que la simple « pensée », mais dans le « nous » de Lionel Jospin, il n'y a que les socialistes, tandis que dans le « nous » de Jacques Chirac, il y a la France. Deux ans plus tard, Jacques Chirac regrettera devant Jean Lacouture le mot d'« exemple »... qu'il n'a pas prononcé dans son allocution du 8 janvier [1]. Etrange remords sans fondement.

Dans cet échange d'oraisons funèbres, un épisode politique se joue, important. Il est inexact, dans l'émotion et l'admiration consensuelle soulevées par sa rhétorique indulgente, de considérer que Jacques Chirac ne devient réellement Président de la République qu'au soir du décès de son prédécesseur, l'adresse aux mânes de François Mitterrand valant discours d'investiture. Le feuilleton des essais nucléaires était à lui seul un brevet d'exécutif. Mais si Jacques Chirac a bel et bien endossé l'uniforme du Général le 17 mai 1995, il le boutonne le 8 janvier 1996. Par ses paroles œcuméniques et absolvantes, il dépasse le statut de Président de droite pour s'afficher Président de tous les Français, et même, désormais, seul Président de tous les Français. Lionel Jospin, lui, rate l'investiture d'opposant de tous les Français. C'est un politicien qui semble réagir à la mort de Mitterrand, et non cet homme d'Etat qu'ont apprécié les électeurs lors de la campagne présidentielle. Certes, le malaise provoqué au sein du PS par les grèves du mois précédent et le décès précipité du Président ne lui ont pas offert la sérénité nécessaire, mais Lionel Jospin a commis une erreur. Il a voulu pousser au-delà de la mort de François Mitterrand la démitterrandisation publique du PS, alors qu'il n'est plus nécessaire de tuer le père quand il a trépassé. Jospin n'est pas alors en mesure d'évincer Mitterrand de la galerie des grandes figures socialistes : pourquoi griffer le tableau au lieu de sagement l'accrocher à sa place ? La faute politique est grave. A refuser ainsi, dans une froideur ostentatoire, d'être le dauphin politique de François Mitterrand, Jospin renonce également à en être l'héritier.

Dix-huit mois plus tard, un coup de dés le portera au pouvoir, et il se retrouvera à demi Président, face à un Jacques Chirac anémié par l'échec de sa dissolution-martingale. Ainsi tourne la roue poli-

---

1. Jean Lacouture, *Mitterrand, une histoire de Français*, Seuil, tome 2, p. 580.

tique, prompte à jeter les ambitieux dans la boue ou les étoiles, l'habileté d'un soir ne protégeant pas de l'humiliation du lendemain, la maladresse d'un coup n'empêchant jamais de se refaire au gré du temps. Le 8 janvier 1996, la France va se coucher après avoir boudé les émissions spéciales, offrant un triomphe d'audimat à M6, qui bat son record d'audience avec *Double Impact*, une niaiserie à la sauce karaté. « Ce grain d'encens qui remplit une église », s'étonnait Baudelaire. Brûlé par brassées, l'encens écœure déjà le pays, qui veut creuser sous la cendre pour exhumer les secrets du défunt, ses lettres enrubannées, ses mensonges soudain libérés, la part noire de son âme, dont l'outre-tombe n'a pas voulu et que les survivants peuvent dépecer à loisir. Dès le mardi 9 janvier, la pitance des nécrophiles sera servie.

*
* *

La journée commence comme s'est achevée la veille : par un long défilé de personnalités au chevet mortuaire de François Mitterrand. René Monory est le plus matinal, qui vient dès huit heures et demie. Delors, Dumas, Charasse, Lang, Emmanuelli reviennent avenue Le-Play, surveillant l'ordonnancement des cérémonies envisagées, pour lesquelles Jean Glavany et André Rousselet multiplient les allées et venues. Ginette Chevrier, la patronne de l'hôtel Vieux-Morvan, est arrivée de Château-Chinon. Dans son testament, François Mitterrand demande à ses héritiers de lui rendre visite, et d'aller déposer des fleurs dans trois endroits de la Nièvre qu'il affectionnait particulièrement, dont cet étang qu'il avait fait sien, à Planchez-en-Morvan, venant parfois y mirer son âme et ses ambitions. Le week-end des 20 et 21 janvier, Danielle Mitterrand et ses deux fils honoreront cette dernière volonté. Sur la route de Paris, Ginette Chevrier aurait pu croiser le 9 janvier Bernadette Chirac. L'épouse du chef de l'Etat avait en effet envisagé pour ce jour-là, de longue date, un déplacement à Château-Chinon, afin de visiter le musée du Septennat installé dans sa ville par François Mitterrand, et d'y trouver l'inspiration pour le projet équivalent nourri par Jacques Chirac pour son propre mandat. Le décès de l'ancien Président a bien sûr entraîné l'annulation du voyage... Henri Nallet, Marcel Debarge, Paul Quilès, Jean Poperen, Edwige Avice, Louis Mexandeau viennent à leur tour avenue Le-

Play, suivis par des personnalités plus à gauche – Jean-Pierre Chevènement, Georges Sarre, Anicet Le Pors, Jack Ralite, Marc Blondel – ou bien de droite – Jacques Toubon, Nicole Catala.

Marie de Hennezel, fraîchement débarquée de l'avion qui l'a ramenée de Martinique, vient, elle aussi, voir une ultime fois l'homme avec lequel elle a tant parlé de la mort. Elle veut surtout contempler le visage de François Mitterrand défunt : « Je regarde toujours le visage des morts, explique-t-elle, car ils portent la trace des derniers instants. François Mitterrand est lui-même, grave et serein, plus jeune, plus maigre et plus austère que lors des derniers temps. Il m'a semblé surtout beaucoup plus petit et plus frêle que de son vivant [1]. » « A part celui de ma mère, je n'ai vu que deux cadavres dans ma vie, poursuit Laurence Soudet : Pierre Mendès France et François Mitterrand. Mendès est mort subitement, en parlant au téléphone : il avait le même visage que trente ans plus tôt, sans un seul cheveu blanc. Il avait vieilli très tôt, puis plus du tout. Mitterrand a vieilli tard, et rapidement. Je le voyais souvent les deux dernières années : il vieillissait de mois en mois. Mort, il a retrouvé son visage d'il y a dix ans, son masque romain [2]. » C'est le masque aussi qui a saisi Christine Gouze-Rénal. Elle l'a dit le lundi soir à Jean-Pierre Elkabbach, quand l'ex-président de France Télévision est sorti de la chambre mortuaire : « François a maintenant un masque. Il est tranquille, reposé. Il ressemble au masque de Pascal [3]... » N'est-ce pas au contraire, la première fois depuis bien longtemps que François Mitterrand n'a plus de masque ? Robert Badinter a lui aussi longuement médité devant le corps de François Mitterrand : « Cet ivoire dans lequel, de son vivant, paraissait sculpté son visage faisait que la lividité ne le rendait pas différent. Ainsi la mort dont la pensée lui était si présente, parfois jusqu'à l'obsession, le figeait tel qu'en lui-même je l'avais connu. (...) " Mort, où est ta victoire ? ", dit le psalmiste. A contempler le visage de François Mitterrand mort, à mon tour je cherchais la réponse et ne la trouvais point [4]. » Trois semaines après sa mort, chacun pourra méditer face au gisant de Mitterrand.

1. Entretien avec l'auteur, le 17 juin 1996.
2. Entretien avec l'auteur, le 10 juin 1996.
3. Jean-Pierre Elkabbach, *Vingt-neuf mois et quelques jours*, op. cit., p. 125.
4. *Le Nouvel Observateur*, le 11 janvier 1996.

Le 25 janvier, *Paris-Match* publie deux photos du corps de Mitterrand. L'une, de trois quarts face, montre l'intégralité du cadavre et une moitié de la chambre, avec son placard moderne, une chaise de cuir noir aux accoudoirs arrondis où se sont assis tant de visiteurs, puis Tarot aux derniers moments et enfin ceux qui ont veillé le mort. Dans l'angle du mur, deux cannes sont appuyées, celle, surmontée d'un oiseau bleu, qui a porté les ultimes promenades de Mitterrand et une autre à la poignée arrondie. Elles semblent immenses et bêtement inutiles. A côté s'arrondit la table de nuit en Plexiglas, portant un livre trop sagement posé et une lampe de chevet. Allongé, vêtu d'un costume sombre et chaussé de mocassins luisants, Mitterrand semble somnoler. Sa main gauche recouvre la droite, l'alliance brillant légèrement. La lippe est sceptique et un peu relâchée, comme si Mitterrand, agacé, s'apprêtait à cingler un interlocuteur, et creuse les deux rides qui s'arc-boutent sur le nez. Le plus étrange est qu'il semble avoir retrouvé sa coiffure d'avant la maladie, d'avant la coupe spartiate arborée à partir de février 1995 : le cheveu du cadavre Mitterrand apparaît noir et dru. Le second cliché, pris de profil et de plus près, à contre-jour, confirme l'impression. La coiffure, la grave moue du flâneur du Panthéon : on croirait soudain, la pénombre de la chambre effaçant les griffures de l'âge sur le faciès mortuaire, voir somnoler le Président fraîchement élu en mai 1981. Les deux photographies vaudront à *Paris-Match*, un an plus tard, une condamnation à 100 000 F d'amende, mais l'hebdomadaire ne dévoilera pas l'auteur des clichés. L'enquête, néanmoins, au vu des reflets sur la canne présidentielle, de l'absence du dessus-de-lit blanc sur le corps et de l'installation d'un oreiller réfrigérant par les pompes funèbres, établit que la photo a été prise le mardi 9 janvier au matin.

En publiant dans les pages précédant celui du cadavre un cliché signé Claude Azoulay, représentant dans le même grain – mais en noir et blanc – l'entrée des bureaux, *Paris-Match* semble désigner comme coupable ce photographe attitré du Président. Azoulay, justement, est venu s'incliner devant la dépouille de Mitterrand le mardi 9 janvier en fin de matinée. Choqué par les soupçons qui ont fondu sur lui, Azoulay s'est défendu : « Le chef de la sécurité m'a accompagné dans la chambre. J'y suis resté une minute. J'étais effondré. Je l'ai trouvé beau. A la sortie, un gendarme m'a dit :

" Cette photo, tu la feras pas ! " J'ai trouvé ça de mauvais goût [1]. » Ali, le petit ami de Mazarine, fils d'un diplomate marocain, est soupçonné à son tour, avant que l'entourage de Mitterrand ne le disculpe en affirmant qu'il n'est pas entré dans la chambre mortuaire. Puis le docteur Tarot rejoint la liste des suspects, ayant été seul de longs moments avec le corps du Président, et plusieurs témoins se souvenant l'avoir vu prendre à plusieurs reprises des clichés au cours des mois qu'il a passés près de son patient. Enfin, c'est Patrick Amory du Morne Vert, le conseiller littéraire de Danielle Mitterrand, qui est pointé du doigt, sans plus d'éléments concrets à charge. « Nous savons qui c'est, affirment très vite les proches. L'affaire en restera là. »

L'après-midi du 9 janvier voit reprendre le défilé des célébrités, du chanteur Renaud à Hervé Bourges, en passant par Ivan Levaï, Marcel Amont, Michel Creton, Odile Jacob et, la nuit tombée, Alain Delon : Jack et Monique Lang sont là pour accueillir le petit monde du Tout-Paris. Refoulés la veille par Pierre Tourlier, et après avoir téléphoné pour savoir si leur visite est cette fois opportune, les membres de la Gauche socialiste viennent en délégation, comme lorsqu'ils étaient reçus à l'Elysée pour d'impertinents déjeuners. Marie-Noëlle Lienemann, Jean-Luc Mélenchon, Julien Dray et Harlem Désir sont là, accompagnés du fabiusien Claude Bartolone. « Dans la chambre, je n'arrêtais plus de pleurer, avoue Mélenchon. On me passait des mouchoirs par-dessus l'épaule. Ce n'était pas très viril pour un pied-noir. J'ai compris alors ce que ressentaient les gens que j'avais vu pleurer en touchant Mitterrand, l'année précédente à Athis-Mons. Et je me suis souvenu de ma visite à l'Elysée, en septembre 1994, l'avant-veille de l'émission sur Vichy avec Jean-Pierre Elkabbach. Il m'avait fait venir pour tester sur moi ses arguments : " Ils veulent me détruire dans l'esprit des braves gens, tuer ce que je suis pour eux. " Il était en pantalon de velours, très affectueux avec moi, et m'avait dit en me raccompagnant : " Revenez me voir. A bientôt. " Puis il avait marqué un silence et levé les sourcils avant d'ajouter : " Peut-être. " En voyant mon émotion, il m'avait pris le bras et accompagné une porte plus loin, où il m'avait soufflé : " On se reverra. " Je lui ai alors dit : " On n'est pas croyants, mais on ' prie ' quand même

1. *L'Evénement du Jeudi*, le 27 juin 1996.

pour vous [1]. " » « J'avais la larme facile de son vivant, témoigne de son côté Marie-Noëlle Lienemann, et quand je pleurais il me prenait le bras pour m'encourager. Je m'étais donc lancé un défi : ne pas m'effondrer devant lui mort. Et puis je suis catholique : la vie après la mort existe. Je l'ai dit d'ailleurs à Jean-Luc Mélenchon en sortant de l'avenue Le-Play : " Il y a une telle différence entre lui vivant et lui mort qu'il est certain que l'âme existe [2]. " » A quinze heures quarante, Danielle Mitterrand est arrivée avenue Le-Play. La mise en bière de feu François Mitterrand est prévue pour la soirée. L'épouse du défunt demande à Anne Pingeot d'être présente pour l'ultime regard porté à l'homme de leur vie.

Mais quand le couvercle du cercueil est riveté, voilà quelques heures qu'une boîte de Pandore s'est ouverte dans Paris, au contenu déversé à la dernière page du *Monde* : « François Mitterrand était atteint d'un cancer depuis le début de son premier septennat. » C'est la fascination qui l'emporte alors : comment un tel secret a-t-il pu traverser quinze années ? comment Mitterrand a-t-il pu résister aussi longtemps à un mal aussi terrible ? La publication du livre du docteur Claude Gübler, *Le grand secret*, confirme d'abord cette première réaction. Le 16 novembre 1981, un peu après vingt heures, François Mitterrand a appris de la bouche du docteur Adolphe Steg le diagnostic : « Vous avez un cancer de la prostate qui est diffusé dans vos os, et cette diffusion est importante. » Le Président murmure : « Je suis foutu. » Surhomme, il a mené de front les affaires de l'Etat et le combat contre les métastases. Surhomme, il a survécu quinze ans à un cancer qui ronge d'habitude en trente-six mois ses victimes. Surhomme, il a enlevé l'élection de 1988. Surhomme, il a achevé son second mandat. Mais tout cela escamote l'essentiel : il s'agit ici d'un des plus grands scandales d'Etat de la Ve République, imputable à la personne même du Président, quand l'affaire des écoutes téléphoniques ou celle du *Rainbow Warrior* éclaboussent d'abord son entourage. Le mensonge républicain est constitué par l'addition d'un silence et d'une mascarade, celle des bulletins médicaux bisannuels. « Un mois plus tard, plaide Gübler, les signes apparents de la maladie avaient disparu. (...) Le bulletin de décembre 1981 n'était donc ni mensonger,

1. Entretien avec l'auteur, le 9 avril 1996.
2. Entretien avec l'auteur, le 21 juin 1996.

ni trafiqué, mais incomplet. En jouant sur les mots, on pourrait argumenter, puisque le rendez-vous avec l'opinion sur le plan médical était semestriel, que nous n'étions pas tenus d'évoquer ce qui pouvait survenir entre deux publications. » Rapidement, Mitterrand s'est cru guéri, et a éliminé le cancer de ses préoccupations. Même quand il envisage de démissionner, à l'été 1990, la maladie n'est pas en cause : elle doit servir d'alibi, d'explication officielle, le bulletin de juillet préparant le terrain pour un éventuel départ. Les raisons de cette tentation sont privées et sentimentales, inexplicables. Là encore, il ne s'agit pas d'avouer – bien tardivement – la vérité médicale, mais d'ajouter un mensonge à un mensonge. Les chars de Saddam Hussein écrabouillant le sable du Koweït, et quelques manœuvres de Michel Charasse, envoient aux oubliettes la démission préfabriquée.

Mais le traitement de François Mitterrand comportait des « effets secondaires dangereux » et en 1982, il « a fait une phlébite, une embolie pulmonaire », à Hambourg, lors d'un Conseil européen. C'est un remède de cheval sur un organisme particulièrement réactif qui explique la rémission, et non un miracle ou la volonté nietzschéenne d'un surhomme. Pendant plus de dix ans, jusqu'à la première opération du Président en septembre 1992, les dés démocratiques français ont été pipés. Comment se serait achevée la présidentielle de 1988 si les bulletins bisannuels avaient dit la vérité ? Jusqu'au bout, François Mitterrand ment. En janvier 1995, recevant les vœux pleins de tact de Jacques Chirac, il répond sans fard : « Vous avez fait état de la publication de mon bulletin de santé. Je peux dire que j'avais commis une imprudence : je m'y étais engagé. Je ne pensais pas que cela s'appliquerait à moi ! Mais le jour où c'est arrivé, je ne pouvais pas rester en dehors de l'obligation morale que je m'étais créée à l'égard du pays [1]. » Cette « obligation morale », Mitterrand l'a violée dès la première année de son septennat, par le plus grand mensonge d'Etat de son double septennat. Le 9 janvier 1996, la révélation du grand mensonge ne souille pas le linceul présidentiel. Certes l'appétit est vif de secrets brûlants à décortiquer sur le cadavre tiède, mais l'ancienneté du cancer grandit en fait Mitterrand : qu'il est exceptionnel, le personnage qui a su cacher une telle vérité ! Peu importe l'ampleur de

1. Laure Adler, *L'année des adieux*, op. cit., p. 297.

l'escroquerie républicaine, elle confère, après un labyrinthe d'affaires diverses enchevêtré en cinquante ans et le jardin secret de la seconde famille, une nouvelle dimension à son auteur. Homme à double-vie, Président à double-fond : les Français applaudissent Houdini quand c'est Mirabeau qui les dupe.

Le mercredi 10 janvier, le cercueil de François Mitterrand attend au troisième étage de l'avenue Le-Play, où les visiteurs se font plus rares. Jacques Attali, dit-on, se voit interdire l'accès de l'appartement, ce que l'intéressé fait promptement rectifier. « Quand elle a su qu'il avait appelé pour annoncer sa visite, persiste un témoin, Danielle Mitterrand a lâché : " Epargnez-moi cela. " » « Personne, ni par téléphone, ni par aucune voie, ne m'a interdit de me rendre avenue Frédéric-Le-Play [1] », réplique Jacques Attali. Dont acte. L'auteur des *Verbatim* n'avait certes pas besoin d'explication pour comprendre qu'il ne serait pas le bienvenu au chevet du défunt... Accouru de Belle-Ile, Jean-Louis Goumy, lui, peut accéder à la chambre mortuaire, pour se recueillir devant le cercueil, puis converse une demi-heure avec Danielle Mitterrand. « Nous avons parlé des paparazzi, se souvient le patron du Castel Clara. Un jour, l'un d'entre eux m'avait dit : " Maintenant, on ne le lâchera plus. " " Il l'avait accepté ", m'a répondu Danielle Mitterrand en me voyant surpris de constater qu'il avait jusqu'au bout été persécuté par des photographes [2]. » Ils ignorent alors que la veille, un déclic imperceptible s'est déclenché devant le cadavre du Président, immortalisant sa mort. « Vous savez, poursuit Danielle Mitterrand, quand nous sommes venus pour la première fois à Belle-Ile, en 1992, on ne pensait pas y revenir un jour. Désormais, il faut poursuivre son œuvre avec l'Institut [3]. »

Au même moment, place de la Bastille, ce n'est pas l'océan qui déferle, comme en mai 1981, juste une mare nostrum émue et fidèle, flux silencieux. Alors que l'hommage socialiste s'esquisse, un dernier visiteur entre sous le porche du 9, avenue Frédéric-Le-Play. Il gravit les trois étages et entre dans l'appartement, où on le laisse quelques instants face au cercueil de François Mitterrand. En voyage à Bruxelles et Rome depuis deux jours, le député européen

1. *Le Monde*, le 22 janvier 1996.
2. Entretien avec l'auteur, le 1er juin 1996.
3. Ibid.

Michel Rocard est venu saluer celui qui a brisé ses ambitions. Le destin accompli et désormais achevé est sous le regard du destin pulvérisé et suspendu. A quoi songe alors Michel Rocard ? A la dérisoire vengeance offerte par la mort ? Aux occasions de désarçonner ce rival qu'il a manquées avec application ? A l'après-Mitterrand qui s'ouvre enfin ? Ou simplement aux quelques souvenirs qui le lient, par-delà la haine, au défunt ? Puis Michel Rocard quitte l'immeuble de l'avenue Le-Play et s'enfonce dans la nuit luisante de bruine pour rejoindre la place de la Bastille. De l'ancien Président salué par la foule disparate ou de l'éternel prétendant humilié si près du but, lequel, au regard de l'Histoire, est alors le plus vivant ?

*

* *

Les obsèques de François Mitterrand commencent donc le mercredi 10 janvier, entre chien et loup, place de la Bastille. A partir de dix-sept heures, des entrelacs humains commencent à se former autour de la colonne des Trois Glorieuses, palimpseste endeuillé de la soirée du 10 mai 1981. La bruine picore les pavés. Ses invisibles gouttelettes font sur le sol un léger bruit de scie à métaux, et comme une bouffée de cendres en passant dans le faisceau des projecteurs. Autour de la place se dressent d'immenses photos de François Mitterrand : assis dans un studio de télévision, debout à une tribune, la main gauche invitant l'interlocuteur, le stylo entre les doigts ou levant la dextre derrière un pupitre, en signe d'au revoir. Sur tous ces clichés, Mitterrand arbore la même cravate sombre à rayures claires descendant en diagonale de sa gauche vers sa droite, et un identique sourire retenu. « La photo où il lève la main devant son public a été prise à Grand-Quevilly, lors de la présidentielle de 1988 [1] », note Laurent Fabius. Pour 30 F, on peut acheter une rose rouge, pour 10 F une affiche de SOS Racisme ou un petit lumignon. Ces bougies malingres s'agglutinent au pied de la tribune, où a été installé sous une tente un registre de condoléances, et forment rapidement un vaste essaim de lucioles effarouchées par la pluie. Une partie de la foule défile lentement pour griffonner sur le cahier un mot simple ou un trait réfléchi : « Je

1. Entretien avec l'auteur, le 31 mai 1996.

l'aimais encore plus qu'un idéal », « Allons voir si la rose / qui ce matin avait déclose... », « François Mitterrand, vous serez élu dans l'au-delà », « Un vieil homme est mort, il était ma jeunesse ». Bach, Mozart, Beethoven et la 5e Symphonie de Mahler couvrent le murmure sibilant de la foule et le lointain râle de la ville embouteillée.

Deux bus affrétés par la Rue de Solferino déversent soudain un peloton de notabilités socialistes au pied de l'Opéra. Elles se mêlent d'abord à la foule, le « parti des R 25 » devenant soudain une grande famille toute simple. Lionel Jospin emprunte un lumignon à un militant et en quémande un autre : « Pour ma femme. » Jack Lang distribue les mots historiques sur cet adieu à un homme passé de la lumière à la nuit : « Ce n'est pas une cérémonie d'embaumement, c'est une nouvelle naissance », « C'est une cérémonie de l'au revoir », « S'il pouvait nous parler, il nous dirait : " Oui, pleurez, c'est normal en ce genre de circonstances, mais remettez-vous au travail avec enthousiasme et volonté " ». Humble et désordonné, l'hommage suit son cours. Rassemblés enfin sur la tribune, une rose à la main, les dignitaires socialistes et leurs homologues des autres partis de gauche se préparent à écouter des extraits de discours de François Mitterrand. Les organisateurs ont retenu trois messages ultimes, trois adieux déguisés en message d'espoir. Tout d'abord un passage du dernier discours de la campagne présidentielle de 1988, prononcé à Toulouse : c'est le politicien qui livre ici sa dernière joute. Puis quelques phrases de la dernière allocution des vœux présidentiels, le 31 décembre 1994 : le Président tire sa révérence. Enfin, un extrait du discours improvisé le 17 mai 1995 dans la cour du Parti socialiste : l'homme Mitterrand prend sa retraite et rentre chez lui pour mourir. La sonorisation est exécrable, les façades autour de la place se renvoient les paroles présidentielles en un jeu de paume acoustique, mais la voix est là, lourde et lente, à la fois intime et puissante, cherchant l'interlocuteur derrière l'auditoire, voulant séduire plus que convaincre, et émouvoir plus encore que séduire.

La pluie redouble. Barbara Hendricks s'avance. La veille, elle a appelé Monique Lang pour lui dire qu'elle était disponible. Jack Lang relaie la proposition auprès des instances du PS : le parti est touché, mais réticent, cherchant la cérémonie la plus simple possible. Il accepte enfin, désirant ponctuer la cérémonie de quelques moments forts. La cantatrice envisage d'abord d'interpréter un *Ave Maria*, mais les proches de l'ancien Président lui demandent un chant profane. Ce sont donc les paroles du *Temps des cerises* qui s'élèvent au-dessus de la place, cette immense dalle funéraire pour les morts de la révolution de 1848. Le 10 mai 1981, c'est *L'Internationale*, en polonais, qu'Anna Prucnal avait chantée : la gauche qui pleure a remplacé la gauche qui rêve. Barbara Hendricks, au milieu du grand escalier de l'Opéra, manteau noir et écharpe rouge, chante lentement, accompagnée par le seul gémissement d'un accordéon. Un long silence suit la dernière note du *Temps des cerises*, puis soudain s'élève au-dessus du cylindre luisant de l'Opéra-Bastille une fusée rouge, comme lancée d'un vaisseau en plein naufrage. Elle plane longuement dans la nuit cuivrée, glissant doucement vers le port de l'Arsenal au bout d'un serpentin de fumée blanche serti de fugaces étincelles. Puis elle vire à l'orangé et joint sa cendre à la pénombre.

La foule alors s'étiole sur les boulevards, transie et émue d'avoir été l'alphabet humain d'un nécessaire épilogue. Il s'agissait d'équilibrer la cérémonie à Notre-Dame, officielle, catholique et émanant du pouvoir de droite, par un rassemblement informel, laïque et de gauche. Roland Dumas a fait part à Lionel Jospin de cette décision de l'entourage de Mitterrand, lui rappelant qu'aucun discours, selon les volontés du défunt, ne devait être prononcé. Cet ordre d'aphasie est fortement symbolique, Mitterrand souhaitant qu'aucun verbe ne recouvre son tonitruant silence. Il y aura certes deux sermons, à Notre-Dame et à Jarnac, l'allocution télévisée de Jacques Chirac dès le lundi soir et la nuée éphémère des témoignages, mais aucun orateur pour draper de phrases le cercueil muet. Mitterrand refuse les discours officiels pour que la France l'écoute se taire.

*
* *

A sept heures trente du matin, le jeudi 11 janvier, deux gardes républicains apparaissent au sommet du toit de l'Elysée. Dans la nuit encore tenace, ils mettent en berne, avec des gestes posés, le drapeau tricolore. Quelques minutes plus tard, de l'autre côté de la Seine, le porche du 9, avenue Frédéric-Le-Play s'ouvre devant le cercueil de Mitterrand, porté par huit élèves officiers. Deux bicornes de Polytechnique, deux shakos de Saint-Cyr, deux casquettes blanches de la Navale et deux bleues de l'Armée de l'air font une étrange ponctuation autour du sarcophage de bois clair recouvert d'un drapeau français. Danielle Mitterrand, manteau noir et écharpe rose, suit de près le corps de son mari. Gilbert et Jean-Christophe Mitterrand, Anne et Mazarine Pingeot, puis Roger Hanin et Christine Gouze-Rénal, Robert Badinter et son épouse, Jean-Pierre Tarot et enfin les gendarmes attachés à François Mitterrand descendent le perron. Le cortège est alors encadré par le catafalque luisant de la cellophane qui habille les dizaines de bouquets de fleurs déposés devant la porte. Les proches de l'ancien Président s'installent dans un bus blanc et, quelques mètres plus loin, le corbillard rejoint son escorte : dix-neuf motos blanches disposées en flèche, une escadre lumineuse qui perfore la nuit en filant vers Villacoublay.

Sur la base aérienne, la marche funèbre de Chopin accueille le Président avant qu'il ne soit lentement englouti par le ventre du Transall. Les élèves officiers et les gendarmes, qui doivent tour à tour porter le cercueil, prennent place dans le même appareil, avec Baltique, tenue en laisse par l'un des responsables de la sécurité du Président. Les trois enfants de François Mitterrand les rejoignent, tandis que le reste du cortège se regroupe dans un autre appareil. « A la dernière minute, certains collaborateurs du Président ont dû céder leur place à des invités personnels de Michel Charasse et Roland Dumas », confie un témoin évincé de la liste des passagers. « Il y a là des gens invités et des gens qui se sont invités [1] », philosophe Henri Emmanuelli. La famille s'installe à l'avant de l'appareil, mêlant les Gouze et les Mitterrand autour d'Anne Pingeot, tandis que les amis et les collaborateurs s'assoient à l'arrière. Durant tout le voyage, Danielle Mitterrand et Anne Pingeot évitent avec soin de se parler, n'échangent pas même un regard. « Le silence était profond, se souvient Dominique Bertinotti, et en même temps la vie reprenait le dessus. » Nombreux sont ceux qui se rencontrent pour la première fois, et qui pourtant partageaient avec l'ancien Président des complicités comparables. Le système Mitterrand, aux cercles jamais recoupés, s'est évanoui, et chaque goutte de Mitterrandie rejoint les autres en un flot funéraire. Aréopage

1. Entretien avec l'auteur, le 25 juin 1996.

hétéroclite, camaïeu humain qu'une heure de vol n'arrivera pas à harmoniser, et dont les membres se disperseront ensuite pour narrer leur vérité mitterrandienne.

Dès le lundi précédent, il a été officiellement annoncé que François Mitterrand serait inhumé à Jarnac : le désir était contenu dans le testament présidentiel. Quelques heures après le décès du Président, Michel Charasse a téléphoné à Maurice Voiron, le maire de Jarnac, pour lui demander de prévenir le curé et l'évêque. Pour l'édile, ce n'est pas une surprise, Mitterrand lui ayant confié au mois de mars précédent son intention, mais c'est un soulagement, l'hypothèse du mont Beuvray ayant brouillé les cartes. Geneviève Delachenal, sœur de François Mitterrand, a appelé les sœurs Bordage, Suzanne – soixante-dix-sept ans – et Jeanne – quatre-vingts ans –, camarades de classe du défunt, pour que l'église de Jarnac ne soit pas vide de croyants capables d'entonner les cantiques religieux. Leur avion volant nettement plus vite que le Transall à hélices de l'Armée, la famille et les proches de François Mitterrand arrivent bien avant le cercueil sur la base militaire 709 de Cognac. Ils s'alignent sur le tarmac quand l'appareil ventru apparaît à l'horizon, en une approche lente et lourde. Le Transall se pose entre les hangars renflés, cigarillo kaki roulant au milieu de cigares bruns. Trois sections militaires et une fanfare prennent place de l'autre côté de la piste, le gros œil doré du tuba lorgnant l'arrière du Transall. Danielle Mitterrand, sa bru et ses petits-enfants Pascale, Justine et Adrien s'approchent de la porte avant de l'avion, d'où sont descendus Baltique, les gendarmes et les élèves officiers qui ont porté le cercueil à Paris – huit de leurs camarades les remplacent. Pascale, Justine et Adrien montent dans l'avion, et en redescendent quelques minutes plus tard, suivis par Jean-Christophe, Gilbert et Mazarine. Roland Dumas, président du Conseil constitutionnel, s'écarte du groupe pour rendre les honneurs en compagnie des plus hauts gradés de la base. Pendant ce temps, Alain Juppé arrive à Notre-Dame. La porte arrière du Transall s'abaisse et de la sombre cavité du fuselage apparaît soudain le cercueil empaqueté de tricolore. Il passe entre la famille frigorifiée et l'orchestre calotté, le vent violent giflant les plumets des shakos saint-cyriens, flammes blanches pour hommage funèbre, et gonflant le drapeau, comme si le cercueil soudain s'enflait d'une profonde inspiration.

Puis le corps de Mitterrand est chargé dans un véhicule frappé de son chiffre, qui glisse entre les flaques luisantes pour rejoindre son escorte motocycliste : vingt-six motards en gants blancs, basques rouges relevées, épaulettes rouges à franges dorées, fourragères et casques immaculés. Cette étrave chamarrée s'élance sur la route nationale 141 qui relie Cognac à Jarnac, dont le bitume lustré fait un long crêpe de deuil. A Notre-Dame, Shimon Pérès a franchi le seuil. Le ciel se mire sur la carrosserie briquée à neuf et jette sur le drapeau tricolore, à travers les vitres, des ombres chamboulées. Tous les ciels de Charente semblent s'être donné rendez-vous : des trouées bleues, de grands lambeaux de camaïeux grisés qui fondent le zinc, le plomb et l'argent, de longues écharpes floues et des nuages bosselés et rétamés.

A Paris, Hosni Moubarak, puis Al Gore, Claude Pompidou et Valéry Giscard d'Estaing pénètrent dans la nef. Déjà installé, Rainier de Monaco chausse ses lunettes et se penche sur sa gauche pour lire le nom de son voisin : il s'agit de Fidel Castro, qui arrive, suivi par Boris Eltsine, au milieu des gardes républicains astiqués comme il se doit, sabre au clair et crin noir en sage panache. John Major à son tour prend place dans cette cathédrale du gotha où s'alignent têtes couronnées et grands élus, ceux qui ne se sont donné que la peine de naître et ceux qui ont couru avec succès les pompons du pouvoir, tyrans autoproclamés et podestats plébiscités, souverains sur le déclin et dauphins impatients, présidents-dictateurs et dictateurs-présidents. Quel voisinage est le plus dérisoire : le général Eyadéma du Togo coincé entre le Prince Charles et la Reine du Danemark, Michel Rocard contraint de s'asseoir près d'Edith Cresson ou Alain Carignon installé à côté de l'ancien garde des Sceaux Pierre Arpaillange ?

La première moto, ornée d'un drapeau, s'avance sur le pont surplombant la Charente, grosse des pluies d'hiver, et dont les flots boueux viennent lécher la voûte du tablier. De l'autre côté, c'est Jarnac. « A Jarnac, j'ai une surprise : voici une petite ville qui n'a pas changé [1]. » Le jugement de Chardonne est un truisme. Jarnac est de ces villes qui ne peuvent pas changer. D'une laideur effritée, elle entasse ses bâtisses blanchâtres noircies en leur faîte par les va-

1. Jacques Chardonne, *Le bonheur de Barbezieux*, op. cit., p. 168.

peurs des distilleries, une crasse de cognac que l'on appelle ici « la part d'ange ». Jarnac est devenue célèbre pour une histoire de cocu, le seigneur des lieux s'étant fait à l'occasion coupe-jarret pour gagner un duel sous les yeux d'Henri II et de Diane de Poitiers. La gloire de François Mitterrand a, elle aussi, sa part d'ange. « A Jarnac, vous n'êtes pas en terre présidentielle, comme à Paris. Ni même en Mitterrandie, comme à Château-Chinon. Vous êtes en pays François [1] », écrit Alain Schifres. En retard, une ultime fois, Mitterrand rentre chez lui, passant le pont sur la Charente pour avancer sur la place du Château. A l'enseigne Courvoisier, le château en question occupe un pan de l'esplanade, avec ses pierres blanches, ses briques roses et ses grilles dorées. En face, de l'autre côté de la tourelle du Crédit Lyonnais, se tiennent chaud la Pharmacie du Château et Jarnac Electroménager. Le bric-à-brac des lampadaires plantés comme des bambous dans le marais bitumeux du carrefour répond à celui des arbres dispersés sur la place.

A côté du piédestal de Plexiglas, récupéré de l'entrée au Panthéon des époux Curie, s'entortille dans l'air un arbrisseau maigrelet; de plus grands troncs ont en écharpe encore les guirlandes de Noël, rosée kitsch sur les branches dénudées; au bord de la Charente, de vieux marronniers moussus tendent leurs membres crochus par-dessus la foule, à s'en décrocher leurs dernières feuilles, qui s'agglutinent au fond d'un bassin de faïence bleue, ébréché et vide; un cyprès famélique et un palmier transi complètent l'attroupement végétal de Jarnac centre. Ville de province triste et fade comme tant d'autres, Jarnac est gonflée d'orgueil au moment d'accueillir ce supplément de patrimoine local, appétissant piège à touristes. Le corps de François Mitterrand est un providentiel avenant au budget municipal. Pour l'heure, il franchit en Eurovision le pont de la Charente, salué par un pinceau de soleil. Hissé sur les épaules d'une nouvelle escouade d'élèves officiers repassés de frais, il passe en revue un alignement militaire, où se juxtaposent képis, bérets et calots à pompons, avant d'être déposé sur son piédestal transparent. Helmut Kohl arrive à Notre-Dame. A Jarnac, soudain, il pleut. Les gouttes dégringolent en même temps que s'élèvent les premières notes de la marche funèbre de Chopin, et la pluie tombe dru quand la mélodie s'enfle pareillement. Les parapluies s'épanouissent alors dans la foule, reflet bosselé des nuages.

---

1. *L'Express*, le 18 mai 1995.

Derrière le cercueil, les proches offrent à la France la photo de famille qui immortalisera la cérémonie mortuaire : Danielle Mitterrand, ses deux fils et ses trois petits-enfants, côtoyant Anne et Mazarine Pingeot. Dans ce bras dessus bras dessous des rivales, chacun puise les symboles qu'il souhaite : emblème de la cellule familiale moderne, stigmate de l'humiliation féminine perpétuée, largesse d'esprit de Danielle Mitterrand, ultime fourberie de François Mitterrand. « C'est une grave faute de l'Eglise, admoneste Jean d'Ormesson. Allez voir comment elle traite les divorcés et les parents adultérins quand ils ne sont pas puissants. Non seulement François Mitterrand est mort deux fois catholique, puisqu'il a eu deux messes, mais en plus l'Eglise a glorifié à travers lui le double foyer [1]. » « Constater que côte à côte se trouvaient Danielle, sa grâce, sa présence forte et rayonnante, cette jeune fille, Mazarine, seule malgré la douleur, la dignité de sa maman, présente là avec toute sa tendresse, je dirai et j'ose dire que c'est encore une sorte de miracle Mitterrand », syncrétise Jack Lang sur France Info, le jour même des obsèques, lâchant la bride à son lyrisme idolâtre. Mais qu'y a-t-il d'autre, dans la médiatisation de l'adultère, qu'un *Back Street* à la française, bon plaisir consommé et jeté en pâture au peuple en aumône posthume ? La vérité que nul n'osa dévoiler pendant quinze ans de règne fournit un mièvre scénario pour roman-photo, où l'on se gargarise de la dignité d'une voilette, de l'aménité d'un regard et des chagrins à l'unisson. Une fois encore, le secret est plébiscité quand le mensonge devrait choquer. Oubliés le quai Branly, le château de Souzy-la-Briche, les écoutes téléphoniques illégales, les services de François de Grossouvre et les montages de Roger-Patrice Pelat : il ne demeure qu'un chromo sirupeux.

Paul Yonnet a remarquablement démonté le tour de passe-passe : « La façon dont Mazarine avait été publiquement exhibée, in extremis, et l'importance qu'elle avait soudain prise, y compris dans la succession testamentaire, n'étaient pas sans évoquer les faveurs dont le vieux roi Louis XIV, notamment, avait fait bénéficier ses bâtards [2] », écrit-il, avant de détruire cette comparaison. « Louis XIV enfreint publiquement la règle commune, Mitterrand

1. Entretien avec l'auteur, le 21 octobre 1996.
2. *Le Débat* n° 91, septembre-octobre 1996, p. 43.

ne brave les convenances qu'en organisant le secret. (...) C'est pourquoi le cancer ou la double vie, tous deux oblitérés, sont tellement emblématiques du système de pouvoir à l'œuvre. Or, de même que l'annonce d'un cancer fatal à moyen terme ne pouvait pas ne pas entraîner une transformation psychologique susceptible de porter à conséquence sur le comportement du Président – et rien du comportement d'un Président n'est tout à fait étranger à la politique –, de même la distension des relations ou, plus exactement, la nature réelle des relations entre Danielle et François ne pouvait pas non plus rester sans effet [1]. » Au moment des obsèques de François Mitterrand, le scandale de son cancer n'est pas encore tout à fait garrotté, et Gübler tient le choc dans le bras de fer qui l'oppose aux gardiens du temple. La grande manipulation conjugale, elle, ne gâtera jamais la momie du Président : tradition gauloise ou sensiblerie des masses, l'épiphanie morganatique de Jarnac, dans sa trinité Danielle-Anne-Mazarine, a gélifié pour l'éternité les amours du Président.

La météorologie charentaise offre également sa ration de symboles. Il y a l'alternance chahutée des éclaircies et des giboulées, il y a surtout cette bourrasque qui soulève le drapeau posé sur le cercueil, le froisse et le jette sur le pavé, en pleine cérémonie des honneurs militaires. Danielle Mitterrand hésite, chuchote une consigne à son fils Jean-Christophe, et tous deux ramassent la bannière outragée, secondés par des croque-morts empressés. « Je suis le vent qui a jeté à terre le drapeau français », clamera Jean-Edern Hallier, prompt à faire sienne l'insulte de la bise. Les mitterrandolâtres, eux, y verront l'hommage de la nature, ou l'adieu de la République. Mais ce n'est là que la main du vent glissée sous un drapeau trop léger. Les vrais symboles sont plus discrets. Ils sont cachés dans cette foule amassée près du cercueil et qui lentement se déplie pour suivre dans la Grand-Rue de Jarnac, en direction de l'église, le cercueil du Président alors porté par six des gendarmes qui l'ont, jusqu'au bout, accompagné et protégé.

A côté des vedettes que le chaland épie, de Gérard Depardieu à Pascal Sevran et Roger Hanin, nul ne distingue les deux fils de Roger-Patrice Pelat. « Son vieil ami de captivité et de Résistance descendu dans la tombe, raconte Michel Charasse en évoquant les ob-

1. Ibid.

sèques de Pelat, nous nous sommes éloignés lentement dans les allées du cimetière. En passant derrière une rangée de thuyas, seuls et à l'abri des regards, François Mitterrand m'a pris le bras, l'a serré très fort et j'ai vu couler deux ou trois larmes sur ses joues [1]. » Mais il y a surtout, dans le cortège intime, Laurent Fabius. Il a sans crier gare fait faux bond à la délégation socialiste, qui laisse ce matin-là sa chaise ostensiblement vide à Notre-Dame. Ce choix est le bon, tant les destins se forgent souvent au coin de tombes fraîchement scellées. Jospin est l'héritier, mais Fabius est le dauphin. Quelques pas sur le pavé de la place Monichon, de la rue du Chail et du cimetière achèvent de l'adouber fils spirituel de François Mitterrand, dans une onction de larmes et de bruine charentaise qui, plus tard, lui sera une référence et vaut peut-être, à la mode socialiste, l'immersion d'Achille. « Lui c'était lui, moi, ce sera moi », songe-t-il sans doute en gravissant les marches de l'église Saint-Pierre de Jarnac, tout comme il ne peut manquer de noter la devise de la ville natale de Mitterrand : « Concussus resorgo », « Abattu je me relève ».

Dans les jours qui ont précédé les obsèques, la communauté protestante de Jarnac a tenté une démarche auprès de la famille de François Mitterrand, afin d'être associée à la cérémonie religieuse. La cohabitation chrétienne est en effet très développée dans la ville, et la maison natale de Mitterrand jouxte le temple. « Nous leur avons dit que ce n'était pas notre problème, mais celui des collatéraux Mitterrand de Jarnac, témoigne Gilbert Mitterrand. “ Faites comme vous devez faire à Jarnac, avons-nous simplement ajouté, mais vous dénatureriez ainsi les obsèques qu'il souhaitait [2]. ” » Célébré à huis clos, la messe de Jarnac ne livre aucune image, et s'impose donc celle du perron : Michel Charasse, laïcard convaincu, refuse comme à son habitude de pénétrer dans ce lieu de culte « en fonctionnement », et reste devant le parvis, avec Baltique en laisse. Dans les rues de Jarnac, la foule se dandine pour se réchauffer, sous les haut-parleurs blancs qui diffusent dans la ville le sermon du père Fau. François Mitterrand avait écrit dans son testament « Une messe à Jarnac est possible », et il avait confié à André Rousselet qu'il la voulait simple. L'exécuteur testamentaire

1. Michel Charasse, *55, faubourg Saint-Honoré*, op. cit., p. 222.
2. Entretien avec l'auteur, le 18 novembre 1996

du Président a donc refusé que l'homélie soit prononcée par l'évêque d'Angoulême, présent mais silencieux.

A Notre-Dame, il n'en est pas de même. Et tandis que le glas sonne dans les rues de Jarnac, le *Requiem* de Duruflé s'élève dans la nef parisienne. Il est cocasse que l'hommage de la Nation à François Mitterrand se déroule dans un lieu qu'il aimait si peu. Le 23 octobre 1972, il prend dans les colonnes de *L'Unité* la défense de la Défense et de ses jeunes gratte-ciel, ainsi que celle de la tour Montparnasse, avant d'ajouter : « On aurait volé les tours de Notre-Dame que le mal eût été mince. Je les ferais plutôt raser ! » Elles portent en ce jour son catafalque. Michel Charasse a suggéré en début de semaine d'organiser une cérémonie œcuménique, sans succès : « Je suis persuadé que l'Elysée aurait accepté. Mais les complications seraient peut-être venues du cardinal Lustiger [1]... » En revanche, la cérémonie ne manque pas de faste, comme ce fut le cas pour le général de Gaulle et Georges Pompidou. A l'aréopage des puissants répond la pompe catholique, qui ne plaît pas à tout le monde. « J'ai été très choqué par cette initiative déplacée, commente Pierre Joxe. J'ai été choqué par l'appropriation par une église, dans un lieu de culte, de cette manifestation publique. Les obsèques de Gaston Defferre, à Marseille, s'étaient tenues en plein air, de manière œcuménique : cela avait beaucoup plus d'allure, c'était une cérémonie civile à dimension religieuse [2]. » De même, Jean-Luc Mélenchon est outré par la messe : « Je ne voulais pas y aller. Je trouvais honteux que le dernier mot reste à un curé et non à l'Etat. J'ai quitté Notre-Dame dès le premier cantique, après l'arrivée des grands de ce monde, et j'ai maugréé : " C'est une bande de récupérateurs [3]. " » « Je suis sûre que François Mitterrand aurait voulu qu'on aille à Notre-Dame, tempère Marie-Noëlle Lienemann, sa complice de la Gauche socialiste. Il voulait qu'on occupe son rang, sa fonction, qu'on soit à la place qu'exigent les institutions. Mais ce n'est pas par une messe que la France devait honorer François Mitterrand. Il fallait un hommage civil, ailleurs [4]. » Hubert Védrine, « commis » à Notre-Dame, avec Jean-Louis Bianco, en tant qu'anciens secrétaires généraux de l'Elysée,

1. Michel Charasse, *55, faubourg Saint-Honoré*, p. 300.
2. Entretien avec l'auteur, le 30 septembre 1996.
3. Entretien avec l'auteur, le 9 avril 1996.
4. Entretien avec l'auteur, le 21 juin 1996.

préfère teinter son jugement d'ironie : « La cérémonie était froide mais l'homélie de Lustiger était très bien. Il est vrai qu'il a surtout cité des textes de François Mitterrand [1]... »

Le cardinal entame en effet son homélie par la lecture de la préface rédigée par l'ancien président pour *La mort intime*, l'ouvrage de Marie de Hennezel : « Comment mourir... » Lustiger a visité lui aussi, y célébrant une messe de Noël, le service d'accompagnement thérapeutique, quelque temps avant le passage de Mitterrand. Ecoutant ces paroles, certains sont comblés, comme Jean-Pierre Soisson : « Le sermon de Lustiger était superbe, le plus proche possible de ce que pensait François Mitterrand les derniers mois de sa vie [2]. » Indifférents aux textes de saint Jean l'Evangéliste, insensibles au *Pie Jesu* solfié par Barbara Hendricks, les plus nombreux retiendront, là encore, une image : une larme roulant sur la joue gauche d'Helmut Kohl alors que la chorale entonne le *De Profundis*. « Pour moi, Notre-Dame, c'est un Allemand qui pleure, résume Jean Daniel. C'est ce que François Mitterrand aurait le plus apprécié. Ses six dernières années de pouvoir ont été des années allemandes, et un seul homme le pleure : ce géant teuton qui n'a rien en commun avec lui [3]. » « J'ai communié derrière lui, et je peux dire que son émotion était réelle [4] », complète Jean-Pierre Soisson. Beau et inattendu, ce chagrin tudesque est une sorte de clou du spectacle, instant magique propre à rassasier les journaux télévisés de la planète, mais il est aussi le seul témoignage concret du deuil, au-delà de l'empaquetage crêpé de la cérémonie. Kohl est venu pour pleurer François Mitterrand, les autres invités prestigieux sont là pour autre chose.

Emouvantes et photogéniques, les larmes de Kohl ne distillent pas, en effet, la principale leçon de la cérémonie de Notre-Dame. L'instant, plus que religieux, est éminemment politique. « Tous ces gens qui avaient combattu Houphouët-Boigny, y compris en utilisant l'arme de la dérision, venus tous en chœur l'enterrer... C'est un des meilleurs spectacles de comédie humaine auxquels il m'ait été donné d'assister [5] », confiait le Président Mitterrand au retour des

1. Entretien avec l'auteur, le 8 octobre 1996.
2. Entretien avec l'auteur, le 28 octobre 1996.
3. Entretien avec l'auteur, le 15 octobre 1996.
4. Entretien avec l'auteur, le 28 octobre 1996.
5. Laure Adler, *L'année des adieux*, op. cit., p. 71.

obsèques du chef ivoirien, presque deux ans plus tôt. La comédie de Notre-Dame vaut celle de Yamoussoukro, mais l'essentiel est ailleurs, qui s'observait déjà, plus formel encore, en Côte d'Ivoire. « Mitterrand est au premier rang, note alors Jacques Seguela. A sa gauche, un fauteuil vide où reposent quelques fleurs blanches, symboles de l'absence de l'empereur défunt. Le vieux tigre avait désigné le vieux lion pour ultime compagnon. Qui sera à la droite du bouquet de feuilles de chêne, le jour où François Mitterrand quittera la scène à son tour [1] ? » Il n'y a pas de siège vide à Notre-Dame, hors ceux des absents volontaires qui ont préféré être vus à Jarnac qu'à Paris. Mais il y a, tout près de l'autel, le fauteuil de Jacques Chirac, accompagné par son épouse. Et la symbolique est là, dans ces funérailles sans cercueil, face à ces ouailles rassemblant en leurs mains une bonne part du pouvoir planétaire : il s'agit moins des obsèques de François Mitterrand que du sacre de Jacques Chirac.

Le nouveau Président a réussi la trilogie initiatrice des héros mythiques : désigné par les urnes en mai 1995, confirmé le 8 janvier 1996 par son habile et inspirée allocution télévisée, le voilà glorifié aux obsèques de son ennemi. Nul mieux que le sémiologue danois Peer F. Bundgaard n'a saisi cet instant dynastique, diphtongue prolongée dans le long phrasé de l'Histoire française, dans ce discours séculaire du royaume puis de la République, qui résonne depuis les borborygmes gallo-romains et déroulera sa syntaxe « jusqu'à la dernière syllabe du temps » : « Où, sinon en France, pourrait-on s'imaginer un Président de la République déclarer *de vive voix*... que le Président est mort. Où, sinon en France, un Président gagnerait-il enfin de l'estime en déclarant la mort du... Président [2] ? » Seul à la proue de la nef de Notre-Dame, Jacques Chirac reçoit l'oint symbolique, dont l'absence de rites formels, de gestes accomplis avec précision, est compensée par le prisme médiatique. Pas besoin de couronnement quand la télévision amplifie à ce point le symbole esquissé, et le présente urbi et orbi. La foule des puissants, les volutes d'encens dont le diacre enrubanne avant lecture l'Evangile selon saint Jean, la pourpre cardinalice, le crêpe et l'or : la messe est dite. On enterre à Jarnac, on intronise à Paris. Dans

1. Jacques Seguela, *La parole de Dieu*, Albin Michel, 1995, p. 379.
2. Peer F. Bundgaard, « La France, son président et la mort », *Libération*, le 18 janvier 1996.

quelques minutes, ce sont d'ailleurs moins des condoléances que des félicitations que recevra Jacques Chirac, tout sourire, en haut du perron de l'Elysée, rois et présidents faisant le pied de grue, en file indienne, comme s'il s'agissait d'embrasser un jeune marié. « Il n'y a aucune volonté de profiter de cet événement dramatique pour rassembler autour du Président Chirac les principaux chefs d'Etat du monde, mais il y a le désir d'accueillir dans un geste de courtoisie ceux qui sont venus en France se recueillir à la mémoire de François Mitterrand », a fait savoir l'Elysée en un inutile communiqué. Rien n'y fait : le Président est mort, vive le Président. La continuité de l'Etat se repaît encore mieux de ces obsèques nationales tacites que de l'officielle passation des pouvoirs du 17 mai. Un banquet autour d'un cercueil est une forme millénaire de transmission du sceptre, tandis qu'une poignée de main dans la cour d'un bâtiment public n'a même pas l'âge de la République. Durant huit mois, Jacques Chirac a fait le Président. Désormais, il est le Président.

Pendant ce temps, à Jarnac, le citoyen François Mitterrand achève son parcours. Dans les rues de sa ville natale, de fenêtre en fenêtre, par-dessus les balcons, les autochtones se saluent et conversent. Quand l'*Hymne à la joie* grésille dans les haut-parleurs, la double porte de l'église Saint-Pierre s'ouvre. Hissé à nouveau sur les épaules des gendarmes, le cercueil de Mitterrand tourne le dos à l'autel massif, en pierre jaunâtre, où un bas-relief narre la pêche miraculeuse, passe entre un gros pilier rond et deux colonnes sculptées, laisse à sa droite le baptistère et s'éloigne sur le dallage rose. En bas des marches, une image, là encore, résume la cérémonie, tant elle rassemble ce que l'on voulait voir à Jarnac : quelques pas derrière le corps, Danielle Mitterrand raide et fière, Anne Pingeot recueillie et discrète, Mazarine affligée sur l'épaule de sa mère, le clergé à sa place, liminaire dans l'embrasure de la porte. Au pas, le fourgon s'éloigne dans la Grand-Rue, puis dans la rue Abel-Guy. Au numéro 22, le cortège s'arrête une minute, à la seconde près, devant la maison natale du défunt. La bâtisse est lourde avec ses trois étages, ses fenêtres rectangulaires pour l'habitation et arrondies pour la vinaigrerie. Des fils électriques strient la façade, un bouquet de roses pend du premier étage, les volets sont mi-clos et le heurtoir patiné. A gauche, dans le renfoncement, un portail gris masque le jardin, et sur le mur latéral l'inscription « Fabrique de vinaigre » voit son orthographe falsifiée par les toiles d'araignée. A Notre-Dame, les ouailles s'égaillent sur le parvis : Boris Eltsine salue la foule, Jacques Chirac remercie le cardinal Lustiger et Pierre Mauroy manque d'être trempé par une bassine d'eau qu'un sapin de Noël, bousculé par le vent, a précipité d'un balcon.

Le fourgon funéraire reprend alors cette promenade que Mitterrand effectua à pied lors de sa dernière visite, au printemps 1995, et pénètre enfin dans le cimetière de Jarnac, cimetière des Grand-Maisons pour le cadastre et « cimetière des culs dans l'eau » en langue vernaculaire. Le terrain, il est vrai, est à peine plus haut que le lit de la Charente, dont la moindre crue, par une irrespectueuse capillarité, vient détremper les sépultures. Le 7 frimaire de l'an II, le cimetière quitta les remparts de la ville pour gagner le lieu-dit « Mouille-cul ». A Jarnac, il faut se faire enterrer... hors de la terre si l'on veut rester au sec. C'est ainsi que les riches familles se font bâtir de hauts caveaux, tandis que les pauvres se laissent enterrer, c'est-à-dire immerger. Une cohue de parapluies avance dans l'allée centrale du cimetière, au milieu des couronnes de fleurs, dont les plus grosses ont été envoyées par les chefs d'Etat africains, tandis que, sur un gravier plus prestigieux, les invités de Jacques Chirac s'alignent dans la cour de l'Elysée. « Ce cimetière est sinistre, lugubre et laid, cingle Louis Mexandeau, d'ordinaire plus mesuré. Il n'y a presque pas d'arbres, et beaucoup de tombes renversées [1]. » Pour accéder à l'arrière du caveau où le Président va prendre place, il faut d'ailleurs enjamber ou piétiner plusieurs de ces sépultures affaissées et sinistres : Yves Cremou, Maxime Leroy, Ferdinand Bré et quelques autres vont ainsi composer, sans le savoir, une ultime garde d'honneur pour François Mitterrand, escadron squelettique aux plastrons de pierre noircie, fantômes pathétiques chargés de lui rappeler qu'ainsi passe la gloire du monde.

« En 1971, nous avions visité ce cimetière, se souvient Maurice Benassayag. Il m'a montré le caveau et il m'a dit : " Je veux être enterré là [2]. " » Un quart de siècle plus tard, François Mitterrand rejoint sa place, aux côtés de sa mère. Car il n'y a pas de caveau Mitterrand au cimetière de Jarnac, mais un caveau Lorrain, du nom

1. Entretien avec l'auteur, le 3 octobre 1996.
2. Entretien avec l'auteur, le 9 mai 1996.

de la famille maternelle du Président. Face à l'allée étroite, il s'agit d'une chapelle exiguë, abritant derrière un treillis de bois une Vierge blanche et des plaques d'enfants morts en bas âge, au XIXe siècle. Au-dessus de la porte, une croix et une ancre encadrent un sacré-cœur. Le haut du caveau est, comme les autres, noirci par les vapeurs de distillation, qui flottent dans le cimetière en une odeur âcre de vinaigre. A Jarnac, les tombes sont inondées ou encrassées. De l'autre côté du caveau Lorrain, François Mitterrand occupe le dernier des huit emplacements, en bas à droite. « J'ai été au cimetière de Jarnac avec Lionel Jospin quelques jours après les obsèques, raconte Claude Estier. J'ai vu qu'il occupait la dernière place du caveau, ce qui signifie que Danielle ne sera jamais à ses côtés [1]. » « Danielle a du ressentiment à l'égard de la famille de son mari, confie un autre témoin. Ils ont accaparé François. Et que deviendra la maison natale du Président ? Sa sœur, qui l'habite, n'a pas les moyens de l'entretenir. » Seules compagnes de l'ancien Président, quelques fleurs choisies selon ses dernières volontés : des roses thé, de couleur jaune pâle, symboles d'immortalité et de mysticisme, semblables à celles dont Grecs et Romains, déjà, ornaient leurs sépultures ; des iris, jaunes et violets, fleurs royales. Devant la tombe royale, les parapluies jouent des baleines pour se faire une place et emporter l'ultime vision. Puis chacun gagne la sortie, à l'arrière du cimetière, après quelques pas désordonnés entre les tombes. Mazarine, seule, promène entre les stèles, sous son grand parapluie, une silhouette soigneusement romantique, manteau cintré et regard noir.

« La mort, disait Malraux, est ce qui transforme la vie en destin. Aujourd'hui, à cause de la pacification des mœurs politiques et de l'universelle compassion qui s'abat sur le défunt, la mort transforme l'existence en simulacre, corrige Jacques Julliard. Et vous pouvez compter sur la télévision pour achever le travail [2]. » Le jeudi 11 janvier à l'heure du déjeuner, alors que les pleureuses rangent leurs mouchoirs et que la France replie son deuil, la télévision achève le travail. Elle montre la foule assemblée au pied du « chemin des survivants » à Solutré, avec un portrait officiel et une brassée de roses, les potaches de Château-Chinon écoutant des

1. Entretien avec l'auteur, le 11 octobre 1996.

2. Jacques Julliard, « Un grand moment de narcissisme », *Le Monde*, le 13 janvier 1996.

textes de leur ancien édile tandis que le vent du Morvan bouscule les drapeaux en berne au fronton de la mairie, les fleurs amoncelées selon la volonté du défunt devant l'abbaye de Vézelay, un automobiliste stoppant devant le portail de Latche pour déposer une rose, le carillon lyonnais interprétant le *Requiem* de Mozart, l'inauguration de la place François-Mitterrand à Tomblaine, les employés du Parti socialiste réunis dans la cour de Solferino... Dans la salle des Fêtes de l'Elysée, les dix-huit tables de dix convives sont complètes. Jacques Chirac, roi d'un jour, est assis entre la reine du Danemark et celle des Pays-Bas, face à Bernadette, cernée elle par le prince de Galles et Norodom Sihanouk : la République ne fait plus tomber les têtes couronnées, elle les attire et les honore. Alain Juppé organise la conversation entre le cardinal Lustiger, Boris Eltsine, Fidel Castro et Abdou Diouf, tandis que son épouse prête main-forte à René Monory à la table de John Major et Boutros Boutros-Ghali. Philippe Séguin fait face à Al Gore, Helmut Kohl et Elias Hraoui, Arafat voisine avec Albert de Belgique et le secrétaire général de l'Otan...

Jacques Crozemarie a démissionné de l'ARC, la *Calypso* a coulé dans le port de Singapour, PPDA est suspendu d'antenne jusqu'en avril, un commando tchétchène a pris des otages dans le village de Piervomaïskoc... En Charente, Danielle Mitterrand a déjeuné sur la base militaire de Cognac, avec les autres passagers de l'avion ; la famille de l'ancien Président s'est réunie chez l'une de ses sœurs, emmenant au passage quelques-uns de ses anciens collaborateurs, dont Anne Lauvergeon. Le soir même, les gendarmes du Président se réunissent pour dîner près de Saint-Germain, dans leur « cantine » des soirs de guet, quand François Mitterrand passait voir Anne Pingeot et Mazarine dans leur appartement de la rue Jacob. Vendredi 12 janvier, dans la matinée, toute l'équipe de l'avenue Le-Play se retrouve dans ces bureaux occupés depuis moins de huit mois. « Les vacances d'été étaient arrivées très vite, l'automne avait été marqué par plusieurs voyages, puis il y eut Assouan, résume Jean Kahn. Nous sommes-nous vraiment installés [1] ? » « On ne passe pas impunément huit mois dans un lieu sans en être marqué, corrige Dominique Bertinotti. Soudain, François Mitterrand n'est plus là, son corps n'est plus là, la porte des appartements

1. Entretien avec l'auteur, le 15 mai 1996.

privés ne va plus s'ouvrir [1] ». Le troisième étage du 9, avenue Frédéric-Le-Play n'existait que par la présence de François Mitterrand, et retourne soudain à son sort : appartement trop blanc et trop banal, gîte parfait pour un chirurgien-dentiste, coquille bien exiguë pour un faiseur d'Histoire. Mitterrand ne pouvait y cacher ses secrets ni ses mensonges, ne pouvait adjoindre ces quelques pièces bourgeoises au patrimoine immobilier de son mythe. Latche a le charme des repaires et la houle sur les pins, le Vieux-Morvan de Château-Chinon la saveur interlope des chambres d'hôtel, la rue de Bièvre est tortueuse à souhait pour héberger les ambitions parisiennes : tous ces lieux ont fourni leur décor aux épisodes de la saga Mitterrand. Avenue Le-Play, il ne s'est rien passé. François Mitterrand est mort nulle part. Le vide contemplé le 12 janvier au matin par ses collaborateurs ne donne pas le vertige au pays. S'ils ont joui de la mort du Président comme d'une gorgée d'Histoire, et de l'émotion violente qui les a saisis comme d'une ivresse collective, les Français dégrisent vite. La mort de Mitterrand était attendue, mais pas anticipée, car la sensation forte exigeait la brutalité de la nouvelle. Le 12 janvier débute au calendrier une période entamée dans les faits depuis plusieurs mois, et déjà en proie à sa propre routine : l'après-Mitterrand.

---

1. Entretien avec l'auteur, le 2 mai 1996.

Après

Le 15 avril 1996, un courrier arrive avenue Le-Play. Un peintre de Floride s'est spécialisé dans les grands de ce monde, qu'il portraiture gracieusement pour mieux vendre ensuite son talent aux riches Américains. « Cela fait longtemps que j'ai envie de vous peindre », écrit-il à François Mitterrand, joignant à sa requête un catalogue où figure en bonne place un Jean-Paul II en pleine ascension...

Que reste-t-il de François Mitterrand ? Treize mille cartons s'alignent aux Archives nationales, sur un kilomètre et demi de rayonnages. Sans doute une poignée de secrets d'Etat dorment-ils dans ces dossiers muets, insensibles au cliquetis des ouvre-boîtes d'historiens qui s'élève déjà. Mais l'essentiel est ailleurs, dans quelques mémoires muselées. Une vérité d'ombre attend. Mitterrand est mort, mais ceux qui savent ne parlent pas. Parfois, Mazarine rend visite à Danielle Mitterrand, rue de Bièvre. Elles s'enferment dans le petit bureau, et parlent de Lui. Danielle Mitterrand montre à Mazarine des lettres, et raconte François Mitterrand à cette jeune fille qui ressemble tant à son père. Rue Charlot veille l'Institut voué à l'ancien Président, dont il polit chaque jour la mémoire. « Ils vont se disputer les morceaux de la vraie croix, promet un ancien collaborateur de Mitterrand. L'Institut, ce sont de grands requins dans un petit lac, c'est Mazarine et le lac aux requins, mais c'est elle qui a les dents les plus longues. » Le 11 avril 1996, dans les locaux finissants de l'avenue Le-Play, Roland Dumas a été élu président de l'Institut, et Michel Charasse battu de deux voix par Jean Kahn pour la vice-présidence : les requins votent à bulletins secrets... Plus tard, Hubert Védrine remplacera Roland Dumas : il s'agit alors de soutenir le regard des historiens.

A Jarnac, Mitterrand crée des emplois. Six hôtesses ont été embauchées par l'office du tourisme, dotées de livrées rouges labellisées Jarnaccueil, et distribuent des prospectus aux abords du cimetière des Grand-Maisons. L'itinéraire est fléché, qui suit les traces du cercueil, de la place du Château à l'église, la maison natale et la dernière demeure. Et le quai de l'Orangerie se prolonge par le quai Mitterrand. Un projet d'hôtel est resté en suspens, mais deux fleuristes ont ouvert leurs portes, et trois commerces de souvenirs. Pour 80 F, on peut acheter une bouteille de pineau des Charentes « Tonton François », pour 3 000 F on peut s'offrir un buste en bronze et sa réplique en plâtre pour 320 F. On trouve aussi des écharpes rouges à son chiffre, des pipes en bois à son effigie et des chocolats « à la rose mitterrandienne ».

Le Mitterrand se vend bien en ville, mais dans le cimetière, les voisins de l'ancien Président se sont plaints : la foule piétinait leurs tombes, emmêlées autour du caveau de la famille Lorrain. Une passerelle de bois en U a d'abord été installée, puis l'on a décidé de mentir aux visiteurs : la plaque funéraire « François Mitterrand, 1916-1996 » a été installée dans la petite chapelle adossée aux huit enfeus de la famille Lorrain, pour que les touristes restent dans l'allée. Ils viennent de loin pour invoquer ses mânes, et il leur tourne le dos... Puis le commerce a décliné, et les visiteurs funèbres se sont raréfiés. Mais la jeune garde du nouveau Parti socialiste est venue, elle, plusieurs étés, saluer l'auteur du *Coup d'Etat permanent*, et prône devant sa tombe la VIe République.

Pendant que Jarnac fait la course avec Colombey-les-Deux-Eglises aux jeux intervilles des nécrophiles, Solutré quête comme à la chasse aux papillons l'âme de Mitterrand. Ils sont une centaine à gravir la Roche à la Pentecôte de 1996, derrière Jack Lang, Pascal Sevran, Gilbert Mitterrand et Baltique. Mais l'âme de Mitterrand n'est pas là. Pierre Bergé, lui, préfère retourner à Cormatin, flâner dans les jardins où bruissent les alexandrins de Lamartine, et admirer ce portrait de Vélasquez, un faux qu'il croit authentique parce que Mitterrand le lui a certifié. Mais l'âme de Mitterrand n'est pas là. Danielle Mitterrand ouvre Latche aux journalistes, pour montrer que la vie continue, que les petits-enfants grandissent, que Guillaume François Cornelius Marie va faire ses premiers pas et que l'on se réchauffe bien à brûler quelques souvenirs du patriarche. Mais l'âme de Mitterrand n'est pas là. Les Eduens dorment tranquilles au sommet du mont Beuvray, les premiers chrétiens au fond de l'église troglodyte d'Aubeterre, Ysé à Vézelay, Isis à Philae et l'amour à Venise. Mais l'âme de Mitterrand n'est pas là. L'âme de Mitterrand n'est nulle part.

Rue de Solferino, la démitterrandisation est arrivée à son terme. Après la victoire législative du 1er juin 1997, les passeports antimitterrandistes ont servi de sésame pour le gouvernement. Les émotifs de 1994, troublés par le passé vichyste de Mitterrand, qu'ils découvraient avec surprise, et choqués par l'amitié avec Bousquet, qu'ils débusquaient avec horreur, ont pris le pouvoir. Moins à l'aise avec le fantôme de Mitterrand, confit dans le souvenir glorieux, qu'ils ne l'étaient avec le Président fatigué, ils n'en rabotent pas moins le socialisme pour l'accrocher aux charnières de la social-démocratie. Les rocardiens tiennent leur revanche, qui ont colonisé les cabinets ministériels et perfusent la politique gouvernementale des fonds de pot de la deuxième gauche ; ils ont oublié Rocard au passage, mais qu'importe. Lionel Jospin, quatre ans après avoir déclaré qu'il arrêtait la politique, est devenu Premier ministre. Sensible à son époque, conscient que les Français ont chassé la droite plutôt que choisi la gauche et que ses électeurs veulent une nouvelle éthique du pouvoir, il s'applique à être le contraire de François Mitterrand. Il y avait un Président Dieu, voici un Premier ministre citoyen. Il y avait un être supérieur, voilà un Français moyen. Mitterrand n'avoua jamais, Jospin devance ses juges et plaide le droit à l'erreur.

Le 21 avril 2002, cet échafaudage post-mitterrandien s'effondre : Lionel Jospin n'est même pas au second tour de la présidentielle. Le Parti socialiste s'engage alors dans un profond marécage, où les succès électoraux de 2004 précèdent le schisme référendaire de 2005, sur l'Europe. Parti sans ligne claire, sans projet, sans chef, le PS semble inutile. Les ambitions s'y bousculent néanmoins, pour être le premier – après Mitterrand – à entrer à l'Elysée.

Que reste-t-il de Mitterrand ? Ses réussites font une symbolique pour la sage social-démocratie au conservatisme sympathique. Le « ni-ni » et les « acquis sociaux » ont toujours leurs grands prêtres, et la gauche unie gouverne, où chacun avale son chapeau à tour de rôle. Mitterrand voulait le rassemblement à gauche de toute la gauche, Jospin expérimente le rassemblement au centre de toute la gauche, tandis que le Front national, obèse, écrase sous sa panse la droite famélique. La France de la décennie quatre-vingt fut celle des années fric, la France de la décennie quatre-vingt-dix est celle des années flop. Le pays avait aimé la rupture avec Mitterrand, il a appris l'assoupissement avec Mitterrand. Fatiguée de sa contribution aux siècles, repue d'Histoire, lasse de la conquête, la France a sommeil, qui veut vieillir tranquille, comme en rêvait Mitterrand en évoquant les vieillards corses séchés sur leur banc. Elle désirait Balladur, gériatre habile et rogneur d'ambitions déplacées, et n'a choisi Chirac qu'enivrée par ce jovial sergent recruteur. Dégrisée, elle s'est dotée d'un gouvernement de gauche, parfait airbag pour amortir les secousses du libéralisme mondial. Mitterrand considérait que les institutions, dangereuses avant lui, le seraient à nouveau après son départ. Mais la Ve République est morte le 1er juin 1997, avec un Premier ministre surpuissant, un Président ligoté et un Parlement rétif, avant d'être enterrée le 21 avril 2002. Mitterrand vécut une fin de règne, Chirac subit une fin de régime. Quelques prophètes annoncent la révolution, mais la paix sociale s'achète dans les ministères, et les critères de Maastricht découpent l'avenir en suivant bien le pointillé. Au pays des surprises, le destin peut incendier le peuple sans crier gare, mais le peuple n'a plus envie. Cette France est la fille de François Mitterrand, et elle est son contraire. Il n'eut d'ambition que pour l'inaccessible, et s'accomplit au-delà de ses moyens. La France a cessé de vouloir ce qu'elle ne peut avoir. Elle promet de respecter les règles du jeu, quand Mitterrand trichait avec génie.

Que reste-t-il de Mitterrand ? La parcelle du mont Beuvray a été rendue au parc régional du Morvan, et l'appartement de l'avenue Le-Play restitué à l'Etat. Cette ultime année, ces deux cent trente-sept derniers jours de Mitterrand sont rayés de la carte. Il demeure un sillon invisible sur le sable du Champ-de-Mars, un autre sur le sable de la pinède de Latche et un dernier sur le sable d'Assouan. Trois fleuves secs qui l'ont mené à la mort, en de subtils lacets noués avec soin. Car François Mitterrand a écrit chaque ligne du scénario des derniers mois, donnant à chacun une fonction, un cahier des charges, un morceau de testament. Mai, c'est l'adieu au pouvoir; juin est consacré à la Bourgogne, à Venise et à de Gaulle; l'été est à Latche et à la politique; septembre à Belle-Ile; octobre voué par Mitterrand à la défense de sa politique étrangère; novembre relance le procès en vichysme, avant d'être baigné de littérature; décembre appartient à la religion et à la mort.

Cette dernière, en fait, est présente à chaque instant, préservant son mystère comme Mitterrand préserve sa curiosité et cette force tranquille qui est la coquille de son angoisse. Mais il y a pire que la mort : il y a l'oubli. Enchâssé dans l'Histoire, il n'est pas à l'abri de la lime du temps, et de son nom un jour il ne demeurera qu'une ligne au dictionnaire des puissants. La postérité le méprisera mort comme il fut haï vivant, et le réhabilitera comme il fut élu. Aux saisons des réputations, c'est un long hiver polaire qui attend d'abord François Mitterrand. Rien de ce qu'il fut, rien de ce qu'il fit ne se prête à l'éloge des temps actuels. Révolu comme son époque, il n'est une référence en rien, pour personne. Mais déjà attendent leur heure, si elle vient un jour, ceux qui brandiront son spectre comme un étendard de ralliement. Alors naîtra un mythe, et, dans son costume brodé de mensonges historiques, Mitterrand sera un épouvantail pour les ennemis de ses fils spirituels. Pleuré, honni, oublié, ressuscité : il y aura un Mitterrand après Mitterrand.

Durant deux cent trente-sept jours, François Mitterrand a valsé avec la mort. Le cancer battait la mesure, mais c'est le malade qui décida du dernier pas. Dans le cimetière lugubre de Jarnac ne se dresse qu'un cénotaphe. La poussière de François Mitterrand s'est mêlée à cette terre de France où il moissonna sa liturgie et sa mystique. Mitterrand le tellurique, Mitterrand le chthonien ne fait plus qu'un désormais avec ce qu'il aimait le plus : le paysage.

Durant deux cent trente-sept jours, François Mitterrand a arpenté la terre qu'il allait quitter, l'a embrassée pour mieux s'en séparer. Tous les lieux qu'il vénérait ont reçu sa visite, il a pris ses adieux des beautés du monde, lavant ses plaies aux eaux du Nil, de la Dronne, de l'Atlantique ou du Grand Canal, lavant ses peines aux cieux d'Egypte, d'Italie, de Saintonge ou de Bourgogne.

Durant deux cent trente-sept jours, François Mitterrand s'est épuisé, en vain, à modeler la figure qu'il voulait imposer à la postérité. Mais les vers déjà rongent ce masque maladroit et cherchent l'os de la vérité sous les cachotteries de l'homme et les fables du politicien.

Durant deux cent trente-sept jours, François Mitterrand a questionné le néant pour qu'il entrebâille sa porte. Mais le néant l'a ignoré deux cent trente-sept jours durant, et englouti en une impalpable seconde de sommeil, à l'aube du 8 janvier 1996. Mitterrand a choisi l'instant de sa mort, mais il est mort sans même s'en rendre compte, paupières closes sur les ruines du monde. « Lui seul ne sait pas qu'il est mort. » Nul Bossuet n'a proclamé cette sentence d'adieu que François Mitterrand énonçait à la disparition de ses amis. Et c'est là l'ultime vérité de l'homme : maintenant, il sait.

INDEX

Je souhaite remercier toutes celles et tous ceux qui m'ont accordé quelques minutes et offert quelques souvenirs d'instants vécus avec François Mitterrand entre le 17 mai 1995 et le 8 janvier 1996 :

Laure Adler
Jean-Bernard Alix et son épouse
Jacques Attali
Michel Barnier
Georges Beauchamp
Georges-Marc Benamou
Maurice Benassayag
Michel Benmussa
Pierre Bergé
Dominique Bertinotti
Jean-Louis Bianco
Jacques Chaban-Delmas
Michel Charasse
Thierry Charmasson
Jean Daniel
Marie de Hennezel
Philippe De Kuyper
Stéphane Denis
Muriel de Pierrebourg
Jean d'Ormesson
Roland Dumas
Georges Dussert
Henri Emmanuelli
Claude Estier
Laurent Fabius
Maurice Faure
Christina Forsne
Franz-Olivier Giesbert
Jean Glavany
Jean-Louis Goumy
Elisabeth Guigou
Odile Jacob
Marine Jacquemin
Pierre Joxe
Jean Kahn
Georges Kiejman
Jean Lacouture
Jack Lang
Anne Lauvergeon
Jean-Marie Le Guen
Marie-Noëlle Lienemann
Jean-Luc Mélenchon
Louis Mexandeau
Gilbert Mitterrand
Jean Munier
Olivier Orban
Claude Otorelo
Marie-Claire Papegay
Jacques Pilhan
Paul Quilès
André Rousselet
Charles Salzmann
Pascal Sevran
Jean-Pierre Soisson
Laurence Soudet
Hubert Védrine
Régis Wargnier

J'ai une pensée pour trois témoins qui ont disparu depuis notre rencontre :

Jean-Edern Hallier
Loïc Le Guern
Jean Poperen

Jean-Michel Aphatie, Eric Conan, Jean-François Dessaint, Colombe Pringle, Fabienne Servan-Schreiber, Cyril Viguier et le service documentation de *L'Express* m'ont apporté leur concours. Je leur en sais gré.

Je tiens enfin à exprimer ma plus profonde gratitude à Jean-Paul Enthoven, pour sa patience d'un livre, à Denis Jeambar, pour sa patience d'une carrière, et à Nathalie, pour sa patience d'une vie.

TABLE

Achevé d'imprimer en février 2011
par l'imprimerie SAGIM à Courtry (Seine et Marne)

Nouvelle édition, dépôt légal : janvier 2011
Nouveau tirage, dépôt légal : février 2011
N° d'édition en 16586
N° d'impression : 12242

Imprimé en France

L'imprimerie Sagim est titulaire de la marque
Imprim'vert® depuis 2004